Leo Trepp

Geschichte der deutschen Juden

Verlag W. Kohlhammer
Stuttgart Berlin Köln

Meiner Mutter Selma Trepp,
die ihr Leben für die Heiligung des göttlichen Namens geopfert hat,
und allen jüdischen Märtyrern

Die Deutsche Bibliothek – CIP-Einheitsaufnahme

Trepp, Leo:
Geschichte der deutschen Juden / Leo Trepp. - Stuttgart ;
Berlin ; Köln : Kohlhammer, 1996
ISBN 3-17-013915-0

Umschlagabbildung: *Lavater und Lessing bei Mendelssohn*
Ölgemälde von Moritz Oppenheim (1799 – 1882), 1856.
Photo: Martin Zeitman.
Courtesy Judah L. Magnes Museum, Berkeley (Ca.)

Stuttgart Berlin Köln
Verlagsort: Stuttgart
Umschlag: Data Images
audiovisuelle Kommunikation GmbH
Gesamtherstellung:
W. Kohlhammer Druckerei GmbH + Co. Stuttgart
Printed in Germany

Inhalt

Vorwort

Dieses Buch möchte alle an deutscher Geschichte Interessierten ansprechen. Insbesondere hofft der Verfasser, auch Fragen zu beantworten, die sich im Geschichtsunterricht stellen. Sein besonderes Anliegen ist es, die Quellen selbst sprechen zu lassen.

Die deutsche Geschichte erschließt sich voll nur demjenigen, der sich mit einem ihrer wesentlichen Elemente vertraut macht: dem der deutschen Juden.

Seit der Frühzeit der deutschen Geschichte trugen sie wesentlich zur Wohlfahrt des Landes bei. Obwohl sie um ihres Glaubens willen Erniedrigungen, Verfolgungen und Märtyrerleiden ausgesetzt waren, wurde ihnen ihr Lebensrecht nie grundsätzlich bestritten, und sie fühlten sich mit ganzem Herzen und ganzer Seele als Bürger des Heiligen Römischen Reichs Deutscher Nation. Selbst als sie nach Osteuropa vertrieben wurden, hielten sie nicht nur an ihrer Religion, sondern auch an ihrem deutschen Erbe fest. Sie waren in der Tat "Auslandsdeutsche". Erst die Nationalsozialisten sprachen ihnen ihr Deutschtum, dann ihr Menschsein ab, und schließlich wurden sie unter schrecklichsten Martern ermordet.

Das 19. Jahrhundert brachte ihnen die Bürgerrechte. Sie bezeugten ihre Dankbarkeit in Krieg und Frieden mit dem Opfer ihres Lebens und ihren Leistungen in Kunst und Wissenschaft, Wirtschaft und Technik. Warum gerade Deutschland, welches sie so liebten und dem sie vorbehaltlos dienen wollten, vom Rassenwahn verseucht sie verleumdete und schließlich umbrachte, ist ein tragisches Rätsel. Die deutsche Geschichte wäre besser verlaufen, hätte man den Beitrag der Juden gewürdigt und ihren Ruf zur Ethik nicht überhört.

Eine neue jüdische Gemeinschaft ist in Deutschland wiedererstanden. Sie ist klein und schwach, und es fehlt ihr das Profil der einstigen deutschen Judenschaft. Ihre Zukunft ist unbestimmt, doch wird sie davon abhängen, wie ihre christlichen Nachbarn sich ihrer und ihrer Mitglieder fördernd annehmen.

Wie der große jüdische Philosoph Hermann Cohen, Gründer der neukantianischen Marburger Schule, ausführte, ist es der Majorität erlaubt, Minoritäten, vor allem die Juden, in ihrer Mitte zu bergen, um zu lernen, Mitgefühl zu üben und den Nebenmenschen als Mitmenschen anzuerkennen. Selbst in der schrecklichen Nazizeit gab es deutsche Nichtjuden, welche ihre jüdischen Mitmenschen liebten und, sogar unter eigener Lebensgefahr, retteten. Sie können einer neuen Generation, welche keine Schuld an den Verbrechen trägt, aber für ein neues Deutschland als Vorkämpfer für die Würde und die Rechte aller Menschen besonders Verantwortung trägt, Vorbilder sein.

Unser Buch verfolgt diese Entwicklung deutscher Geschichte, gibt kurze

Auszüge der Worte und Schriften der Mitwirkenden und Leidenden und der Verordnungen des Staates.

Ohne die tatkräftige Hilfe meines Freundes und Mainzer Kollegen Professor Dr. Günter Mayer und seiner Mitarbeiter wäre das Buch nicht zustande gekommen. Günter Mayer hat das Manuskript sprachlich und sachlich durchgesehen, Dr. Michael Tilly zahlreiche Belegstellen aufgespürt und verifiziert sowie die Druckvorlage geschrieben, Oberstudienrat Dr. Hans-Joachim Bechtoldt das Register erstellt, cand. theol. Matthias Höhler die Literatur besorgt. Ihnen sei herzlich gedankt.

Großen Dank schulde ich dem Verlag W. Kohlhammer, der mir vor allem durch seinen Lektor Jürgen Schneider so manches Entgegenkommen erwiesen hat.

Das Buch ist dem Gedächtnis meiner ermordeten Mutter und aller jüdischen Märtyrer gewidmet. Möge es in viele Hände gelangen, nicht nur um neue Horizonte im Verständnis deutscher Geschichte zu öffnen, sondern vor allem durch Erinnern der Vergangenheit der deutschen Juden der Zukunft menschlichen Zusammenlebens aller Menschen in Deutschland und der Welt zu dienen.

Napa, Ca., im Oktober 1995 — Leo Trepp

1. Die Anfänge

Die Anfänge der deutschen Juden liegen im Dunkel der Geschichte verborgen. Nur Sagen künden von ihnen. Als Esra nach dem babylonischen Exil die Juden wieder ins eigene Land zurückführte, habe er die Wormser Juden eingeladen, ebenfalls wieder nach dem heiligen Lande zurückzukehren, doch hätten sie es vorgezogen, in Deutschland zu bleiben, wo sie seit Zerstörung des Ersten Tempels im Jahre 587 vor der christlichen Zeitrechnung gelebt hätten. Eine andere Sage erzählt, das Sanhedrin, der oberste Gerichtshof zu Jerusalem, habe beim Rabbinatskollegium zu Worms angefragt, wie man Jesus entgegentreten solle, und die Wormser Rabbiner hätten ihm geraten, diesen Lehrer mit Güte und Liebe zu behandeln und nicht vor Gericht zu bringen. Eine andere will wissen, daß eine junge Frau mit Cäsars Legionen nach Deutschland gekommen sei. Noch eine andere behauptet, ein römischer Offizier namens Marcellinus, welcher an der Eroberung Jerusalems im Jahre 70 teilgenommen habe, habe einige Juden an den Rhein gebracht und sie in Worms angesiedelt. Da dieser Offizier als Ahne des Hauses von Dalberg, der Wormser Stadtkämmerer, galt, besaß dieses das Recht, den Judenschutz auszuüben. Sagen können die Geschichte zwar nicht ersetzen, doch können sie ihr auch nicht vollkommen widersprechen, sonst würden sie nicht angenommen. In diesem Falle bedeutet dies, daß man fest an eine uralte Ansiedlung der Juden in Deutschland glaubte.[1]

Unmöglich ist es nicht, daß sie als Soldaten oder Marketender mit den römischen Legionen nach Deutschland kamen. Für die folgenden Jahrhunderte sind wir auf römische Edikte, Chroniken, rabbinische Verordnungen und Funde angewiesen, welche die Anwesenheit der Juden bezeugen, ohne uns jedoch im einzelnen über ihr Leben Kunde zu geben. Eigentlich bestand ja auch kein Anlaß, sie besonders zu erwähnen. Seit dem Erlaß des Kaisers Caracalla aus dem Jahre 212 waren sie wie alle Reichsangehörigen römische Bürger, deren Religion und Lebensweise staatliche Anerkennung genossen. Dies änderte sich, als unter Kaiser Konstantin I. (dem Großen) das Christentum zur herrschenden Religion aufstieg. Ihre Lage verschlechterte sich zusehends.

Die Edikte des Kaisers Konstantin

Erstmals urkundlich erwähnt wird die Anwesenheit von Juden im (späteren) Deutschland in den Edikten Konstantins aus den Jahren 321 und 331. Die Edikte richten sich - wahrscheinlich auf Anfrage - an die Dekurionen, d.h. den Stadtrat, von Köln:

> "Allen Stadtratskollegien erlauben wir durch ein allgemeines Gesetz, Juden zum Stadtrat einzuberufen. Damit aber ihnen zum Trost ein Rest der alten Gepflogenheit

bleibt, gewähren wir für je zwei oder drei das immerwährende Privileg, nicht [für den Dienst] nominiert zu werden."[2]

Auf den ersten Blick erscheint dieses Edikt zwar als Privileg, tatsächlich mindert es jedoch die Position der Juden, denn die Berufung zum Stadtrat war keine Ehre, sondern eine schwere Bürde. Die Ratsherren mußten nicht nur zu jeder Zeit, selbst an jüdischen Festen, den Sitzungen beiwohnen, sondern waren vor allem für die Eintreibung der Steuern verantwortlich, d.h. sie hatten die nicht eingezogenen Beträge der von Rom angesetzten Auflagen aus ihren eigenen Taschen zu bezahlen. Das Edikt des Jahres 331 befreite die "Priester, Synagogenvorsteher, Synagogenväter und die übrigen, welche Synagogendienst tun",[3] von dieser Pflicht. Die Edikte erlauben uns, einige wertvolle Schlüsse über das Leben der Juden zu ziehen. Um die Dekurionen zur Anfrage an den Kaiser zu bewegen, mußte es zahlreiche Juden in Köln gegeben haben, welche gleichberechtigte römische Bürger waren. Unter diesen Juden müssen Grundbesitzer und reiche Familien gewesen sein, denn nur solche konnten in städtische Ämter berufen werden. Die Gemeinde war organisiert und hatte verschiedene Kultusbeamte. Eine solche Stellung setzt eine lange Ansässigkeit voraus. Das erste Edikt wendet sich an "alle Stadtratskollegien", d.h. auch an die anderer Städte. Daraus ist zu entnehmen, daß Juden auch in anderen Städten wohnten. In Aachen z.B. zog sich die Judengasse die westliche römische Mauer entlang, was auf eine frühe Niederlassung schließen läßt.

Gegen Ende des Jahrtausends finden wir dann Juden u.a. in Andernach, Bacharach, Bingen, Bonn, Boppard, Frankfurt, Koblenz, Kreuznach, Metz, Passau, Regensburg, Ulm. Mittelpunkte des jüdischen Lebens waren Mainz, Speyer und Worms. In Trier wurde eine aus dem 4. Jahrhundert stammende Öllampe aus Terrakotta gefunden, welche einen siebenarmigen Leuchter zeigt. In allen vor 1100 ummauerten Städten wohnten Juden. Man kann sagen, daß die Juden innerhalb des Gebietes des Römischen Reiches und an Handelsstraßen, dem Rhein, dem Main, der Donau lebten. Nicht wenige waren Handelsherren, deren Verbindungen bis in den Orient reichten. Als solche trugen sie zum wirtschaftlichen Aufschwung des Reiches bei.

Kaiser Karl der Große

Kaiser Karl der Große betrieb gegenüber den Juden, welche ihn auch bei seinen Feldzügen im Süden Frankreichs militärisch unterstützt hatten, eine Politik des gleichberechtigten Gebens und Nehmens. Das Bestehen einer jüdischen Gemeinde zu Aachen geht aus einer Verordnung des Kaisers hervor, daß in den Häusern der jüdischen wie christlichen Kaufleute die Anwesenheit von Landstreichern zu untersuchen sei. Noch als fränkischer König hatte Karl im Jahre 797 eine Gesandtschaft zum Kalifen Harun al-Raschid nach Bagdad geschickt.

Sie bestand aus zwei Rittern und dem Juden Isaak, wohl einem Großkaufmann. Während die Ritter unterwegs starben, kehrte Isaak mit vielen Geschenken, einschließlich eines jungen Elefanten zurück. In den Einhard, dem Biographen des Kaisers, zugeschriebenen Annalen lesen wir:

> "Der Kaiser reiste nach Padua, und erhielt dort die Kunde, daß die Botschafter zum persischen König Harun al-Raschid im Hafen von Pisa angekommen seien. Es wurde dem Kaiser mitgeteilt, daß der Jude Isaak, den der Kaiser vier Jahre früher ... abgesandt hatte, mit großen Geschenken auf dem Heimweg sei ... Daraufhin sandte der Kaiser seinen Notar Erkanbald nach Ligurien, um eine Flotte vorzubereiten, auf welcher der Elefant und alles andere, welches erwartet wurde, verschifft werden konnte ... Am 20. Juli [802] kam Isaak mit dem Elefanten und den übrigen Geschenken des persischen Königs an und gab alles dem Kaiser zu Aachen. Der Elefant hieß Abulabaz."[4]

Vom Leben der Juden

Vom Leben der Juden zu dieser Zeit ist uns nicht viel bekannt. Als Kaufleute handelten sie mit Waren aller Art. Aus dem Osten führten sie Pelze, Salz, geräucherte Fische, Gewürze und Sklaven ein. (Der Sklavenhandel war üblich, wurde auch von der Kirche gebilligt und von Christen wie Juden betrieben). Dank ihren Handelsreisen ergaben sich Verbindungen zwischen den Ländern. Zweimal jährlich auf der Kolner Messe gaben sie einander Kommanditbeteiligungsbriefe, die einzige Form des jüdischen Geldhandels zu dieser Zeit. Sowohl in der Stadt als auch auf dem Land hatten sie Eigentum an Grund und Boden und bestellten das Land selbst mit Hilfe christlicher Arbeiter. Sie übten verschiedene Handwerke aus und praktizierten als Ärzte. Sie besaßen Synagoge, Schule, Friedhof, Bäckerei, Krankenhaus, Bad, Spiel- und Tanzhaus. Als Bürger wurden sie geachtet und zu den Christen, auch zu Priestern, selbst Bischöfen, unterhielten sie gute nachbarliche Beziehungen und Freundschaften. Man heiratete auch untereinander. Einige gingen bei Hofe ein und aus. Auf beiden Seiten kam es zu Übertritten, wie des Diakons Bodo 839, Wezelins, eines Geistlichen des Herzogs Konrad (ca. 1012), und anderer, die im Kreuzzug von 1096 mit den Juden den Märtyrertod starben.

Zur Rechtslage der Juden

Die Juden befanden sich in einer außergewöhnlichen Lage. Einerseits waren sie wie alle anderen Landesbewohner dem Kaiser und den Landesherren, d.h. den geistlichen oder weltlichen Fürsten sowie den freien Städten untertan, welche in dauernden Machtkonflikten standen. Daneben machte sich immer mehr eine Entwicklung geltend, die die Juden zu Bürgern minderen Rechts herabstufte, so daß sie den Schutz eines "Herren" suchen mußten, und die im 13. Jahrhundert in die sog. "Kammerknechtschaft" mündete. Nach dieser Rechtstheorie waren sie "Eigentum" des Kaisers, dessen Sklaven sie im Jahre 70 geworden seien.[5] Dem Kaiser machte der Papst, welcher sich als von Gott ernannter Weltherrscher ansah, den Rang streitig. So wurden die Juden in die Machtkämpfe zwischen Kaiser, Fürsten und Städten einerseits, andererseits zwischen Kaiser und Papst verwickelt, und ihre Lage schwankte je nach der Konstellation. Gelegentlich konnten sie zwar noch ihren Anspruch auf ihre Rechte als ehemalige römische Bürger geltend machen, im Grunde mußten sie jedoch danach streben, die Gunst des jeweiligen Herrschers zu gewinnen und sich zu erhalten.

So waren sie Bürger minderen Rechts und Fremde. Als Fremde verfügten sie über ihre eigene Verwaltung, interne Gerichtsbarkeit und eine eigene Vertretung gegenüber der Stadtobrigkeit. In Köln bestand ein Judenrat; das Siegel von Augsburg ist noch vorhanden. Sie konnten sich jedoch auch an die ordentlichen Gerichte wenden. Wie alle Fremden besaßen sie ihre eigenen Wohnviertel, die sie ursprünglich frei wählen durften und genossen volle Freizügigkeit. Wir erkennen dies an der Lage der ehemaligen Judenviertel in Frankfurt und Worms. Sie mußten jedoch "nützlich" sein. So gewährte Kaiser Heinrich IV. im Jahre 1074 "den Juden und den übrigen Wormsern" Zollfreiheit an den königlichen Zollstätten Frankfurt am Main, Boppard, Hammerstein, Dortmund, Goslar und Enger. Das Privileg zeigt die Bedeutung der Juden im Fernhandel der Stadt.[6] Auf Fürsprache des Bischofs Rüdiger gewährte der nämliche Kaiser 1090 den Speyerer Juden ein umfassendes Privileg, in dem er u.a. verfügte, daß keiner sich erdreisten solle, die Juden

> "... zu behelligen mit irgendwelchen unbilligen Abgaben oder ihnen unberechtigt zuzusetzen noch es wage, von ihrem erblichen Besitz an Grundstücken, Gebäuden, Gärten, Weinbergen, Äckern, Sklaven oder sonstigem beweglichen und unbeweglichem Gut etwas wegzunehmen."[7]

Die Kirche

Während einzelne Bischöfe, den Wert der Juden erkennend, ihnen freundlich gesinnt waren, widersprach ein gutes Verhältnis von Christen und Juden der herrschenden kirchlichen Meinung. Papst Gregor I. (590-604), der politisch sich gegenüber den in seinen Ländern lebenden Juden verhältnismäßig tolerant erwies, betrachtete theologisch das Judentum immer noch als Rivalen des Christentums, und betonte in seinen Sendschreiben die Pflicht der Christen, die Juden als von Gott verworfene zu verkünden und entsprechend zu behandeln. Nach einer verbreiteten typologischen Auslegung von Genesis 25,23 waren die Juden Esau, der ältere, aber von Gott zurückgewiesene Sohn, die Christen Jakob, der von Gott erwählte. Mit solchen aus der Bibel herausgelesenen "Enterbungstheorien" wurden die Grundlagen eines von nun an den Christen ständig eingeschärften Judenhasses gelegt, welcher, immer wachsend, den Juden bittere Not bringen sollte. Zwar standen Bischöfe, wie wir sahen, Juden oftmals freundlich gegenüber, die niedere Geistlichkeit und die Mönchsorden predigten jedoch unnachgiebigen Haß. Die Kaiser nahmen die Juden unter ihren Schutz. Z.B. beklagte sich im 9. Jahrhundert Bischof Agobard von Lyon bitter darüber, daß die Juden unter kaiserlichem Schutz neue Synagogen hätten erbauen dürfen, die Markttage ihretwegen vom Samstag auf den Sonntag verlegt worden seien, die Volksmasse die Vorträge der Rabbiner in der Synagoge lieber hörte als die Predigten der Priester in der Kirche, der Adel den Segen der Rabbiner suche und das Gesetz der Kirche Christen noch immer erlaube, die Gastfreundschaft der Juden in deren Heimen anzunehmen. Aus seinen gehässig-polemischen Denkschriften gewinnen wir ein zwiespältiges Bild: Einerseits leben Juden und Christen immer noch zu einem guten Teil freundlich-nachbarlich zusammen. Andererseits entspricht diese Realität nicht dem angenommenen heilsgeschichtlichen Tod der Juden, so daß die Juden um jeden Preis gesellschaftlich isoliert werden müssen, um Realität und Ideologie in Übereinstimmung zu bringen. Ein Vorhaben, das dann auch tragisch gelang.

Daß die Isolierung der Juden nur langsam voranging und schwer durchzusetzen war, beweist die Tatsache, daß die Konzilien sich immer wieder genötigt sahen, die diesbezüglichen Verfügungen einzuschärfen.[8] Zuerst kam es im Jahre 1012 zu einer kurzen Vertreibung aus Mainz, und 1084 erhob sich in dieser Stadt nach einer Feuersbrunst ein Aufruhr gegen sie, der viele Juden dazu bewog, das Angebot des Bischofs anzunehmen und nach Speyer zu ziehen, doch sind sonst keine Feindseligkeiten bekannt. Dies sollte sich mit den Kreuzzügen ändern.

2. Die Rheinlande als Zentrum des jüdischen Lebens

Die Chronik des Thietmar von Merseburg erzählt, während einer Schlacht in Katalonien zwischen Kaiser Otto II. und den Sarazenen im Jahre 982 habe der Jude Kalonymos aus Lucca dem Kaiser Leben und Freiheit gerettet, indem er ihm sein eigenes Pferd überlassen habe. Aus Dankbarkeit habe der Kaiser seiner Familie, von der einige Mitglieder sich schon in Mainz aufgehalten hätten, das Recht gewährt, sich dauernd in der Stadt niederzulassen.[9]

Das Privileg des Kaisers war nicht ganz uneigennützig. Zurecht sah er in der Kalonymosfamilie Handelsherren, welche dem Fernhandel Auftrieb verleihen konnten. Das Rheinland entwickelte sich zum Ausgangspunkt des Handels bis weit in den Orient hinein. Jedoch machte sich die Familie Kalonymos, nun das führende Haus der rheinischen Juden, auch die Förderung des Judentums zur Aufgabe. Unter den Kalonymiden erreichte das jüdische Leben im Rheinland eine unvergleichliche Blüte.

Mainz als Handelszentrum

Mainz wurde nun zum internationalen Handelszentrum. Hier sammelten sich die Karawanen. Diese Karawanen waren Handelsgesellschaften. Die Waren wurden auf gemeinsame Rechnung gekauft und dann verlost. Von Mainz zog man über Regensburg, Prag, Krakau, Przemysl nach Kiev, von dort durch das Chasarenreich bis in die östliche Krim, den Kaukasus, nach Bagdad und Mossul. Seit dem 11. Jahrhundert wurden die Waren zum Teil ab Regensburg donauabwärts bis nach Budapest verschifft, um von dort über die Karpaten nach Przemysl gebracht zu werden.

Der Doge Pietro II. Candiano von Venedig und der Patriarch Marinus von Grado suchten sich dieser besonders Venedig mißliebigen Konkurrenz zu entledigen, indem sie sich an Kaiser Heinrich I. und den Erzbischof Hildebert von Mainz mit der Forderung wandten, alle Juden hätten sich taufen zu lassen oder die christlichen Gebiete zu verlassen.[10] Kaiser und Erzbischof ließen sich nicht darauf ein, waren sie sich doch der Vorteile dieses Handels voll bewußt. Kaiser Friedrich II. übertrug ihnen sogar die Verwaltung des von ihm eingeführten Seidenmonopols.[11] Nach den Kreuzzügen, mit dem Aufschwung der Städte, nahmen christliche Kaufleute den Fernhandel in eigene Hände. Die Juden wurden verdrängt. Die Hanse hatte keinen Platz für Juden.

Im Binnenhandel des 9. bis 13. Jahrhunderts waren die Juden vor allem im Fleisch- und Weinhandel so bedeutend, daß, wie wir sahen, in Lyon die Markttage vom Sabbat auf andere Tage verlegt wurden Die Mainzer Juden brachten ihre Waren regelmäßig auf den Kölner Markt. Sie handelten u.a. mit Wolle, Häuten, Pelzen, Schmucksachen, Perlen und Edelsteinen. Dieser Handel wurde von den Fürsten und Bischöfen gefördert. Oftmals streckten die Abnehmer, d.h. Bischöfe und Fürsten, den Juden das Geld vor. Handelsgesellschaften von Juden und Christen wurden gegründet, d.h. die Juden hatten kein Monopol. Es gab zwar schon christliche Bankgeschäfte, doch gewannen sie erst später als Konkurrenz der Juden Bedeutung. Anscheinend legte man den Juden im Großhandel keine Schwierigkeiten in den Weg, wohl aber im Kleinhandel. So durften in Frankfurt die Juden Spezereien nur in Fässern und Säcken von über 25 Pfund und Seiden von mindestens einem Pfund verkaufen. Das Verbot des Kleinhandels wurde allerdings oft mißachtet, vor allem an Markttagen, da die Versorgung der Bevölkerung zu einem erheblichen Teil von den Juden abhing. Sie nahmen auch Pfänder an, woraus sich das Trödelgeschäft entwickelte.

Mainz, Grabstein des Jakob ben Jakar (Chronik der Mainzer Juden von Eugen Ludwig Rapp, hrsg. von der Jüdischen Gemeinde Mainz)

Worms, Alte Synagoge vor 1938. Foto: Stadtarchiv Worms. Aus: Otto Böcher, Die Alte Synagoge von Worms, Worms 1960. Unten links: Speyer, Schnitt des Judenbades (nach H. Weisstein) Aus: Geschichte der Juden in Speyer, 1981

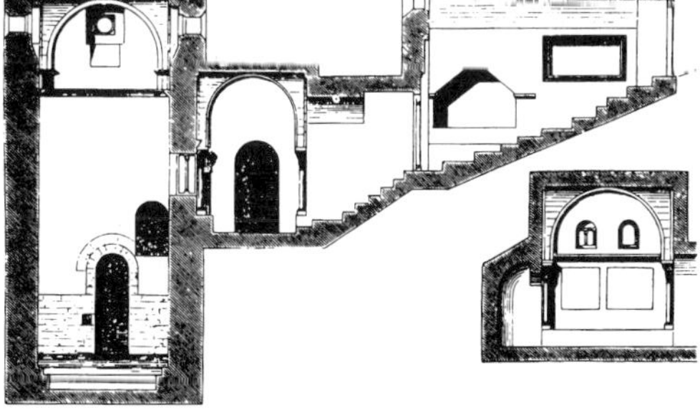

Speyer, Eingang zum Judenbad, Zustand 1968. Foto: Alfred Diehl. Vorlage: Historisches Museum der Pfalz, Speyer

Die Führung der Mainzer Juden

Die Mainzer Juden hatten eine weltliche und eine religiöse Führung. Beide überschnitten sich. Die weltliche Führung lag immer in den Händen einer geschlossenen Aristokratie. Rabbenu Gerschom verordnete:

> "Wenn die Mitglieder einer Gemeinde eine Verordnung zur Unterstützung der Armen oder für einen anderen Zweck erlassen, und die Majorität derer, die zu einer Entscheidung befähigt sind, ihr zustimmen, so dürfen die anderen diese Entscheidung nicht abschaffen."

Nur "die Befähigten", d.h. diejenigen Mitglieder, welche sich durch gute Kenntnis der Tora und des Talmuds auszeichneten, hatten Stimmrecht. Diese Regel galt auch in der christlichen Gesellschaft, wo "die Besseren" Stimmrecht und Ansehen besaßen. Es war noch eine beschränkte Demokratie. In Deutschland fiel die Führung der aristokratischen Kalonymosfamilie zu, welche sich durch Reichtum, Kultur und Opferbereitschaft auszeichnete. Sie brachte auch *Talmud*gelehrte, liturgische Dichter und Mystiker hervor. Immer wieder nutzten sie ihre Stellung als Vertreter der Juden, erwirkten z.B. die Privilegien, welche Heinrich IV. den Juden von Speyer und Worms gewährte (s.u.).

Rabbenu Gerschom ben Jehuda (ca. 960-1028)

Wahrscheinlich war es das Ansehen von Mainz und der Mainzer Gemeinde, die ihn veranlaßte, seine vermutliche Vaterstadt als Wirkungsstätte zu erwählen. Seine Bedeutung würdigend, nannte ihn die Nachwelt "Rabbenu", *unser* Rav, und gab ihm den Ehrennamen "Leuchte der Diaspora". Auf dem alten jüdischen Friedhof von Mainz steht ein Gedenkstein, vielleicht ist es sogar der Grabstein, dessen Inschrift, so weit sie erhalten ist, lautet: "Fels, ausgehauen zum Gedenken an Gerschom, Sohn des J ... , der Leuchte ... ".

Die Jeschiva

Rabbenu Gerschom stand einem talmudischen Lehrhaus, einer *Jeschiva*, vor, die einen solchen Ruf genoß, daß ihr die Schüler von überall her zuströmten und Anfragen aus der gesamten jüdischen Welt des Westens an sie gerichtet wurden. Damit bewirkte er eine "Revolution". Hatten bisher die *Jeschivot* in Babylonien und ihre Rektoren, die *Geonim*, mit ihrer Lehre und ihren Entscheidungen das geistige Leben des Judentums bestimmt, so verlagerte sich das Zentrum nun an den Rhein. Die geistige und seelische Verbindung mit dem heiligen Land blieb bestehen. Zu Mainz gesellten sich die *Jeschivot* von Speyer und Worms. Die Anfangsbuchstaben der drei Städtenamen zusammenziehend, sprach man von "Schum" (Sch+W+M). Rabbenu Gerschoms Beispiel folgten die

Gemeinden anderer Städte, wie Bonns, Kölns, Würzburgs, Nürnbergs, Regensburgs, und errichteten *Jeschivot*. Wie die Studenten der Universitäten wechselten auch die Studenten die *Jeschivot*, um von möglichst vielen großen Lehrern zu lernen. Wie sie zogen sie, den Schwierigkeiten einer solchen Art des Reisens zum Trotz, zu Fuß von einem Studienort zum andern, selbst wenn sie sich Pferd oder Wagen hätten leisten können.

Die Takkanot Rabbenu Gerschoms

Aufgrund seiner Autorität gewannen die Gerschom zugeschriebenen Verordnungen, *Takkanot*, allgemeine Verbindlichkeit. Mit ihrer Betonung der individuellen Rechte muten sie geradezu modern an. Um die Rechte und die Stellung der Frau zu stärken, wurde die Mehrehe, in der Bibel wie in der Tradition gebilligt, doch von den westlichen Juden schon lange nicht mehr geübt, verboten und bestimmt, daß eine Scheidung nicht mehr gegen den Willen der Frau erfolgen dürfe. Die Privatsphäre wurde durch die Verordnung des Briefgeheimnisses geschützt. Niemand darf einen an einen anderen adressierten Brief lesen, selbst wenn der Brief offen ist. Indem es einem Gläubiger verboten wurde, nach Erhalt des ihm zukommenden Hauptbetrages einer Schuld für etwaige Restbeträge Pfänder zurückzubehalten, wurde das Existenzminimum abgesichert und darüber hinaus das Gewissen geschärft. Aus Mitleid mit menschlicher Gewissensnot verordnete Rabbenu Gerschom, daß Juden, welche aus Furcht um ihr Leben oder aus menschlicher Schwäche die Taufe genommen hatten und dann wieder reuevoll zu ihrem jüdischen Glauben zurückkehrten, in keiner Weise Demütigungen und Beschimpfungen ausgesetzt werden dürften, indem er unter Androhung des Bannes verbot, ihre Vergangenheit zu erwähnen.

Zu Rabbenu Gerschoms Zeit fand wahrscheinlich auch eine, wenn auch kurze, Religionsverfolgung, zum mindesten eine Ausweisung der Mainzer Juden auf Befehl Kaiser Heinrichs II, statt, vielleicht aus dessen Verstimmung über den Übertritt des Geistlichen Wezelin zum Judentum heraus. Sie muß den sensiblen Gerschom tief getroffen haben.

Ein bezeichnendes Licht auf seinen Charakter wirft Gerschoms Verhalten in einer Extremsituation. Als sein Sohn sich taufen ließ und vor seinem Tod keinen Weg zum Judentum mehr zurückfand, betrauerte er ihn mit all den Riten, welche das Judentum kennt, während viele Juden sich von ihren getauften Familienmitgliedern lossagten.

Liturgische Poesie

Rabbenu Gerschom verfaßte auch eine Reihe liturgischer Dichtungen. Eine von ihnen wird bis heute am Vortag des jüdischen Neujahrsfestes, *Rosch ha-Scha-*

na, und im Schlußgebet des Versöhnungstages, *Jom Kippur*, *Ne'ila*, vorgetragen. Der Pijjut, das Gedicht, bewegt sich zwar in traditionellen Formen, aber vielleicht dürfen wir doch einen Widerhall der Nöte seines Lebens darin vermuten:

"Gedenke des Bundes mit Abraham und der Fesselung Isaaks
Wende das Geschick der Zelte Jakobs
Und errette uns um deines Namens willen.

Uns ging ein gutes Land gar schnell verloren
Lang her ist jede Prophetie
In Israel gibt es keine Bewohner mehr
In seine Fülle wurde Magerkeit gesandt.

Kehre um in Erbarmen zum Rest Israels
Und errette uns um deines Namens willen.

In ein Exil um das andere
Ganz Juda ging ins Exil
Unwohl ist ihm den ganzen Tag und schwach
Einen, der sich kümmert und fragt, hat es nicht.

Die Stadt, das Heiligtum und die anderen Orte
Sie wurden zu geschmähtem Plündergut
Und alle ihre Kostbarkeiten nahm man und verbarg sie
Und außer dieser Tora gibt es keinen Rest.

Starker Helfer, erlöse uns um deinetwillen
Sieh, daß unsre Macht geschwunden ist
Sieh an, daß unsre Frommen zugrunde gingen
Einen, der für uns eintritt, gibt es nicht.

Des Bundes mit den Vätern, Müttern und Stämmen
Deines Erbarmens und deiner Wohltaten gedenke
Da die Zeiten viel geworden sind.

Herr, gedenke der Erschlagenen und kahl Geschorenen
Und derer, die deinetwegen Tag für Tag dahingeschlachtet werden.

Der die Blutschuld einfordert, führe unsren Rechtsstreit
Wende unser Geschick aus dem Schoß unsrer Bedrücker heraus
Umsonst wurden wir verkauft, und nicht für Geld kaufe uns los
Richte vor unsern Augen dein verwüstetes Heiligtum wieder auf.

Wende das Geschick der Zelte Jakobs
Und errette uns um deines Namens willen."[12]

Die "heilige Gemeinde" Worms

Der Ursprung der Gemeinde Worms liegt, wie gesagt, im Dunkeln (s.o.). Die erste historische Notiz verdanken wir Rabbenu Gerschom, der Geldgeschäfte der Mainzer und Wormser Juden während ihres Aufenthaltes auf der Kölner Messe erwähnt. Die Stadt und die Juden standen unter der Herrschaft des Kaisers, der Bischöfe und der Stadtherren, deren Interessen manchmal übereinstimmten, oftmals jedoch sich widersprachen. Bischof Burchard I. (1000-1025) gelang es, in Übereinstimmung mit Kaiser Heinrich II. die Stadt in seinen Besitz zu bringen. Unter ihm wurde 1018 der Dom geweiht. Nur wenige Jahre später (1034) wurde die Synagoge geweiht. Wahrscheinlich wurde sie von den gleichen Bauleuten gebaut, die auch den Dom errichtet hatten. Trotz wiederholter schwerer Beschädigungen wurde sie immer wieder stilgerecht erneuert, bis die Nazis sie in der "Kristallnacht" des Jahres 1938 niederbrannten und ihre Reste sprengten. Nach dem Zweiten Weltkrieg wurde sie im alten Stil wieder aufgebaut, doch besteht in Worms keine jüdische Gemeinde mehr. Die Synagoge, das Tauchbad, *Mikwe*, die Lehrstube und der alte Friedhof gehören zu den wertvollsten Monumenten der Geschichte Deutschlands und der deutschen Juden.

Im Jahre 1074 gewährte Heinrich IV. den Wormser Bürgern, einschließlich der Juden, die Zollfreiheit (s.o.). Im Jahre 1090 verlieh er ihnen als ihr Schutzherr und auf Fürsprache der Kalonymosfamilie weitgehende Rechte, welche im Jahre 1157 Kaiser Friedrich I. Barbarossa erneuerte und im Jahre 1236 Kaiser Friedrich II. bestätigte und auf alle Juden des Reiches ausdehnte.

"1. Weil Wir also wollen, daß sie wegen jeglicher Rechtssache nur Uns berücksichtigen müssen, bestimmen Wir kraft Unserer königlichen Würde, daß weder Bischof, Kämmerer, Graf, Schultheiß noch überhaupt sonst jemand, es sei denn sie selbst hätten ihn aus ihrer Mitte erwählt, sich herausnehmen soll, wegen irgendeiner Streitsache oder Abgabe infolge eines Rechtsfalles mit ihnen oder gegen sie zu verhandeln, es sei denn allein derjenige, den der Kaiser aufgrund ihrer Wahl, wie zuvor gesagt, über sie setzt - besonders da sie Unserer Kammer zugehören - wie es uns gut dünkt.

2. Von den Sachen, die sie nach Erbrecht besitzen in Form von Grundstücken, Gärten, Weinbergen, Äckern, Knechten oder sonstigem beweglichen oder unbeweglichem Hab und Gut, soll sich keiner vermessen, irgendetwas wegzunehmen. In dem Freiraum, den sie an Baulichkeiten an der Stadtmauer innerhalb und außerhalb besitzen, soll sie keiner behindern. Wenn aber einer versucht, sie gegen diesen Unseren Erlaß irgendwie zu belästigen, so ist er schuldig wider Unsere Huld, er muß ih-

nen aber die Sachen, die er gestohlen hat, in doppelter Höhe zurückerstatten.

3. Sie sollen auch die freie Befugnis haben, in der ganzen Stadt mit jedermann Silber zu wechseln, ausgenommen lediglich vor dem Münzhaus oder wo sich andere Münzleute zum Wechseln niedergelassen haben.

4. Innerhalb des Gebietes Unseres Reiches dürfen sie frei und friedlich umherziehen, um ihre Geschäfte und ihren Handel auszuüben, um zu kaufen und zu verkaufen: und keiner soll von ihnen Zoll fordern noch irgendeine öffentliche und private Abgabe erheben.

5. In ihren Häusern sollen ihnen ohne ihre Einwilligung keine fremden Gäste aufgeladen werden; keiner soll von ihnen ein Pferd für einen Zug des Königs oder Bischofs oder Frondienste für einen königlichen Heereszug fordern.

6. Wenn aber Diebesgut bei ihnen gefunden wird, und wenn der Jude sagt, er habe es gekauft, soll er durch einen Schwur nach seinem Gesetz beweisen, wie teuer er es gekauft hat, und soviel soll er dafür erhalten und die Habe demjenigen, dem sie zu eigen war, zurückerstatten.

7. Niemand soll sich herausnehmen, deren Söhne oder Töchter gegen ihren Willen zu taufen, doch falls er gewaltsam Gefangengenommene, heimlich Geraubte oder Gezwungene tauft, soll er zwölf Pfund Gold an das Schatzamt des Königs zahlen. Wenn aber einer von ihnen freiwillig getauft werden will, so soll dies drei Tage aufgeschoben werden, damit man eindeutig erkennen kann, ob er wirklich wegen des christlichen Glaubens oder wegen eines ihm zugefügten Unrechts sein Gesetz verlassen will; und wie sie das Gesetz ihrer Väter verlassen haben, so sollen sie auch ihren Erbbesitz verlassen.

8. Auch soll keiner ihre heidnischen Knechte unter dem Vorwand christlichen Glaubens taufen und dadurch ihrem Dienst entziehen; wenn er das aber tut, soll er die Bannbuße, das sind drei Pfund Silber, zahlen und den Knecht seinem Herrn zurückgeben; der Knecht aber soll in allem den Anweisungen seines Herrn gehorchen, unbeschadet jedoch der Beobachtung des christlichen Glaubens.

9. Es soll ihnen erlaubt sein, christliche Mägde und Ammen zu halten und Christen zum Ausführen von Arbeiten zu mieten, ausgenommen an Festtagen und an Sonntagen; dagegen darf auch kein Bischof oder Geistlicher Einspruch erheben.

10. Es soll ihnen nicht erlaubt sein, einen christlichen Knecht zu kaufen.

11. Wenn nun ein Jude mit einem Christen oder ein Christ mit einem Juden Streit hat, so sollen beide, je nachdem wie der Fall liegt, sich ihrem Gesetz gemäß Recht verschaffen und ihren Fall beweisen. Und so wie es einem jeden Christen erlaubt ist, durch einen öffentlichen Schwur vor ihm selbst und je einem Zeugen der beiden Rechte zu beweisen, daß die durch ihn dem Juden gestellten Bürgen die Sache zur Erledigung gebracht haben (?), so soll es auch einem Juden erlaubt sein, durch einen öffentlichen Schwur vor ihm und einem Juden und einem Christen zu beweisen, daß die durch ihn dem Christen gestellten Bürgen die Sache zur Erledigung gebracht haben (?); und er soll nicht weiter vom Kläger noch vom Richter behelligt werden.

12. Niemand soll einen Juden zum Gottesurteil mit glühendem Eisen, heißem oder kaltem Wasser zwingen, mit Ruten geißeln noch in den Kerker werfen, viel-

mehr soll er seinem Gesetz gemäß nach vierzig Tagen schwören. Niemand soll in irgendeiner Streitsache durch Zeugen, es sei denn durch Juden und Christen gemeinsam, überführt werden können. In jeder Rechtssache dürfen sie das königliche Hofgericht anrufen, Fristen sollen ihnen gewährt werden. Wer immer sie gegen diese Unsere Verfügung belästigt, soll dem Kaiser die Bannbuße, das sind drei Pfund Gold, zahlen.

13. Wenn jemand gegen einen von ihnen einen Plan ausheckt oder ihm nachstellt, um ihn zu töten, so sollen beide, Ratgeber und Mörder, zwölf Pfund Gold an das Schatzamt des Königs zahlen. Wenn er ihn aber verwundet, nur nicht tödlich, soll er ein Pfund Gold Buße zahlen. Und wenn es ein Knecht ist, der ihn tötet und verwundet, soll sein Herr das obengenannte Bußgeld leisten oder den Knecht zur Bestrafung ausliefern. Wenn er nun aus Armut das Genannte nicht zahlen kann, soll er mit derselben Strafe belegt werden, mit der zu Zeiten Kaiser Heinrichs, Unseres Ahnherrn, derjenige gestraft wurde, der den Juden namens Vivus getötet hat, und zwar sollen ihm die Augen ausgestochen und die rechte Hand abgeschlagen werden.

14. Wenn die Juden einen Streit oder eine Rechtssache untereinander zu entscheiden haben, sollen sie von ihresgleichen und nicht von anderen Leuten gerichtet werden. Und wenn unter ihnen einmal ein Treuloser die Wahrheit über eine unter ihnen verübte Tat verheimlichen will, so soll er dem, der ihr Bischof ist, die Wahrheit zu bekennen gezwungen werden. Wenn sie aber wegen einer großen Sache beschuldigt werden, sollen sie eine Frist beim Kaiser erhalten, wenn sie wollen.

15. Außerdem sollen sie die Erlaubnis haben, ihren Wein, Kräuter und Arzneien an Christen zu verkaufen, und, wie Wir vorher gesagt haben, keiner soll von ihnen Spannpferde, Frondienste oder irgendeine öffentliche oder private Abgabe fordern.

Und damit dieses Verleihungsgebot allzeit unverletzt bleibe, haben Wir daraufhin diese Urkunde ausfertigen und mit dem Aufdruck Unseres Siegels versehen lassen. Zeugen dieses Vorgangs sind: Arnold Erzbischof von Mainz, Konrad Bischof von Worms, Gunther Bischof von Speyer, Hermann Bischof von Verden, Konrad Pfalzgraf bei Rhein, Friedrich Herzog von Schwaben - Sohn König Konrads - Graf Emicho von Leiningen, Ulrich von Horningen, Markward von Grumbach, Handzeichen des Herrn Friedrich, Römischer Kaiser, allzeit Mehrer des Reiches. Ich, Kanzler Rainald, habe in Vertretung des Erzbischofs von Mainz die Ausfertigung beglaubigt.

Gegeben zu Worms, am 6. April, unter der Herrschaft des Herrn Friedrich, unüberwindlichster Römischer Kaiser, in der 5. Indiktion, im Jahre der Geburt des Herrn 1157, im 5. Jahr seines Königtums und im 2. seines Kaisertums, Geschehen in Christus, Heil und Segen. Amen."[13]

Raschi

Der Ruhm des jüdischen Worms gründet sich nicht zuletzt auf die Tatsache, daß Raschi dort studierte. Rabbi Salomo ben Isaak (Schelomo Jizchaki) wurde im Jahre 1040 in Troyes, Frankreich, geboren. Als junger Mann besuchte er zuerst die *Jeschiva* zu Mainz, wo Rabbi Jakob ben Jakar, ein Schüler Rabbenu Gerschoms, zu seinen Lehrern gehörte (Der Grabstein des Rabbi Jakob, welcher 1064 starb, befindet sich auf dem alten Mainzer Friedhof). Dann bezog er die *Jeschiva* zu Worms, vielleicht weil sein Onkel, Rabbi Eli'eser ben Isaak, ein anderer Schüler Rabbenu Gerschoms, dort lehrte. Gerade von ihm mag er viel gelernt haben, denn er erwähnt ihn wiederholt (z.B. in seinem Kommentar zu Psalm 76,11 oder zum talmudischen Traktat *Pesachim 76 b*). Rabbi Eli'eser, genannt "der Große", verstand es, in allgemein verständlicher Sprache zu schreiben. Sein Sittenbuch "*Orchot Chajim*" enthält schlichte moralische Mahnungen, welche immer mit den Worten "Mein Sohn" beginnen. Auch Rabbi Salomo ben Isaak besaß diese Fähigkeit, schwierige Gedanken leichtverständlich darzulegen.

Im Jahre 1065 kehrte er für den Rest seines Lebens nach Troyes zurück. Durch Weinbau und -handel wurde er wohlhabend, genoß die guten Gaben des Lebens und gründete eine *Jeschiva*, deren Studenten er, der Mahnung Rabbenu Gerschoms, man müsse den Talmudstudenten und -lehrern den Lebensunterhalt gewähren, gehorchend, aus eigenen Mitteln betreute. Er war zeitlebens ein überaus bescheidener Mann. Daß ihm Söhne versagt blieben, bereitete ihm Kummer, doch heißt es, es sei ihm in einem Traum offenbart worden, seine Schwiegersöhne und Enkel würden an Bedeutung keinem Gelehrten nachstehen, und so kam es auch. Es wird berichtet, er habe seinen Töchtern erlaubt, den *Tallit* (Gebetsmantel) zu tragen und die *Tefillin* (Gebetsriemen) beim Gebet anzulegen, da er keinen halachischen Grund gesehen habe, ihnen dieses zu verbieten, wenngleich es in der Regel nicht erlaubt wurde. Er starb zu Troyes am 29. *Tammus*, dem 13. Juli 1105. Seine geläufige Bezeichnung Raschi ist ein Akronym seines Namens **R**abbi **Sch**elomo **J**izchaki. Die jüdische Welt deutete diese Abkürzung noch anders: **R**abban **sch**el **J**isra'el "der Lehrer Israels". Denn dies ist er geblieben.

Der Bibelkommentar

Raschi schrieb einen Kommentar fast zur gesamten hebräischen Bibel. Sein Torakommentar gilt als das erste gedruckte hebräische Buch. Mit klaren, schlichten Worten, manchmal bei einem schwierigen Wort die französische Übersetzung einfügend, führt er durch den Text. Oft verknüpft er seine eigene Ansicht mit dem, was er aus Vorgängern und der rabbinischen Tradition schöpft, ohne ihnen jedoch sklavisch zu verfallen. Der Einfluß dieses Kommentars ging über jüdische Kreise hinaus. Der christliche Kommentator Nikolaus von Lyra (ca. 1270-1349), obgleich den Juden nicht freundlich gesonnen, benutzte ihn so, daß man auf ihn die Bezeichnung *simia Salomonis* "Raschis Affe" münzte. Lyras Einfluß auf Luther wiederum war so bedeutend, daß man in Abwandlung eines enkomiastischen Verses auf Nikolaus spottete: "*Si Lyra* (die Leier) *non lyrasset, Lutherus non saltasset.* Hätte Lyra nicht geleiert, so hätte Luther nicht getanzt." So dürfte Raschi sogar die Reformation beeinflußt haben.

Der Talmudkommentar

Aufgrund seiner Lehrvorträge verfaßte Raschi auch einen, wiederum ganz einfach geschriebenen Kommentar zum *Babylonischen Talmud*, der allerdings auch nicht verleugnet, daß er sich - im Gegensatz zu den Bibelkommentaren - an Akademiker richtet. Er war bahnbrechend für das Verständnis des schwierigen Werkes. daher ist er in jeder *Talmud*ausgabe abgedruckt. Schlagen wir den *Talmud* auf, so finden wir in der Mitte den Text, auf dem inneren Rand Raschis Kommentar, auf dem äußeren die Zusätze, Tosafot, seiner gelehrten Schüler, zu denen auch seine Enkel zählten. Ein kurzer Auszug aus Raschis Kommentar zu Deuteronomium 6,4-7, einem Teil des jüdischen täglich morgens und abends gesprochenen Glaubensbekenntnisses (Die Quellen aus *Talmud* und *Midrasch*, welche Raschi zitiert, sind hier nicht angegeben):

<u>Text:</u>

(4) Höre Israel, Er unser Gott, ER einer.

(5) Liebe denn IHN, deinen Gott, mit all deinem Herzen, mit all deiner Seele, mit all deinem Vermögen.

(6) Es seien diese Reden, die ich heuttags dir gebiete, auf deinem Herzen,

(7) einschärfe sie deinen Söhnen, rede davon ...

<u>Kommentar:</u>

(4) "<u>ER</u>, der gegenwärtig unser Gott ist, aber nicht der Gott der heidnischen Völker, wird einstmals der einzige Gott aller sein, wie es geschrieben steht: »Dann aber wandle ich den Völkern eine geläuterte Lippe an, - daß alle anrufen SEINEN Namen« (Zefanja 3,9), und, wie ebenfalls gesagt wird: »An jenem Tag wird ER der Einzige sein und sein Name der einzige« (Sacharja 14,9).

(5) <u>Liebe IHN</u>: erfülle seine Worte aus Liebe, denn wer aus Liebe handelt, kann nicht mit demjenigen verglichen werden, der aus Furcht gehorcht. Wer seinem Meister aus Furcht gehorcht, verläßt ihn, wenn ihm der Meister zuviel Mühe macht.

<u>Mit deinem ganzen Herzen</u>: mit deinen beiden Trieben [dem guten und dem zu überwindenden bösen] - oder auch, daß du Gott nicht halbherzig dienest.

<u>Mit deiner ganzen Seele</u>: selbst wenn er deine Seele [dein Leben] fordert.

<u>Mit deinem ganzen Vermögen</u>: Manchen ist ihr Vermögen wertvoller als ihr Leben, daher folgt diese Mahnung dem Gebot zur Hingabe des Lebens - oder eine andere Erklärung: mit deinem ganzen Vermögen, d.h. Macht - mit allem, welches Gott dir ausmißt, sei es durch Gutes oder durch Bestrafung, wie es David

sagt: »Den Kelch der Befreiung hebe ich und rufe SEINEN Namen an - treffe ich Bedrängnis, Not und Kummer, SEINEN Namen rufe ich an« (Psalm 116,13 u. 3-4).

(5-6) Wie findet diese Liebe ihren Ausdruck? Dadurch, daß diese Reden auf deinem Herzen seien, denn so wirst du den Heiligen, gelobt sei Er, erkennen und Seinem Worte treu bleiben.

(6) welche ich dir heuttags befehle: sie seien dir nicht alte, im Gesetzbuch stehende Verordnungen, auf welche kein Mensch mehr achtet, sondern ein [täglich] Neues, welches alle Menschen gern erfüllen.

(7) Einschärfe sie: so geläufig seien sie dir, daß du auf eine Frage eines anderen nicht erst nachforschen mußt, sondern ihm sofort antworten kannst.

deinen Söhnen: das sind die Schüler, wo immer sie auch sein mögen, sie werden Söhne genannt, denn so heißt es: »Ihr seid Söhne, seid ihr IHM eurem Gott« (Deuteronomium 14,1), ... so nannte sie auch [König] Hiskia, der ganz Israel die Tora lehrte, Söhne: »Söhne Israels, kehrt um zu IHM, dem Gott Abrahams, Isaaks und Jakobs.« (2. Chronik 30,6) - Wie die Schüler als Söhne gelten, so gilt ihr Lehrer als ihr Vater, wie es heißt: »Mein Vater, mein Vater, die Streitwagen Israels ...« (2. Könige 2,12) ...

Rede davon: Sie seien das Hauptthema deines Gesprächs, nicht Nebensache ..."

3. Die Kreuzzüge - Wendepunkt im Schicksal der deutschen Juden

Die Kirche hatte ihre Macht vergrößert und ihre Stellung ausgebaut. Deutschland war christlich geworden. Die Ritterschaft war die führende Klasse der Gesellschaft und fühlte sich berufen, den Geist und das Leben der Volksgemeinschaft zu bestimmen.

Die von dem burgundischen Kloster Cluny ausgehende Reformbewegung gewann überall in Frankreich, weniger in Deutschland, an Einfluß. Die Päpste Gregor VII. und Urban II., die den Vorrang des Papstes vor dem Kaiser betonten, gingen aus ihr hervor. Mit der Durchdringung der Gesellschaft mit gregorianischen Ideen verstärkte sich der Druck auf die Juden. Gregors Vorstellungen widersprachen den Interessen der Fürsten und Bischöfe, wurden aber von der niederen Geistlichkeit aufgenommen, die in ihren Predigten immer mehr gegen die Juden hetzte.

Das Aufgebot zum Kreuzzug

Eine Möglichkeit, ihre absolute Führerstellung über die ganze christliche Welt auszudehnen und zu festigen, sahen die Päpste in der Rückgewinnung des von den Muslimen eroberten Palästinas und des Heiligen Grabes. So rief auf der Synode von Clermont in Frankreich Papst Urban II. im Jahre 1095 zum Kreuzzug nach dem Heiligen Land auf und stieß bei den Rittern wie bei den Massen auf Begeisterung. Tausende nahmen das Kreuz.

Die Juden werden hingeschlachtet - Ihr Opfergang

Die Ungläubigen lebten aber nicht nur in Palästina, sie wohnten mitten unter den Christen: Das waren die Juden. Sogar der Führer des ersten Kreuzzuges, Gottfried von Bouillon, soll geschworen haben, er werde das Blut seines Erlösers am Blute Israels rächen und von jedem, der den Namen Jude trage, weder Rest noch Flüchtling übriglassen.[14] Das Judengemetzel begann in Rouen, breitete sich jedoch in Frankreich nicht aus, da die Kreuzfahrer und die sich ihnen anschließenden Banden nach dem Rhein zogen. Obwohl die französischen Juden ihre deutschen Glaubensgenossen vor der drohenden Gefahr warnten, fühlten sich diese im Vertrauen auf das gerade erst sechs Jahre alte kaiserliche Privileg sicher. Als am 3. Mai 1096 die Kreuzfahrer Speyer erreichten, wurden sie durch den Widerstand der Juden und die energischen Maßnahmen des Bischofs Johannes I. zurückgetrieben. Dennoch stürzten sie sich auf einzelne Juden und stellten sie vor die Wahl zwischen Taufe und Tod. Die Juden wählten den Tod.

Am 5. Mai kam der Haufen des Grafen Emicho von Leiningen nach Worms. Weil die Juden auf die versprochene Hilfe ihrer christlichen Nachbarn zählten, blieben sie in ihren Häusern. Diese blieb jedoch aus. Eine ganze Woche währte die Menschenjagd. In ihrer Not ließen sich einige taufen, die meisten aber gaben ihr Leben *al kiddusch ha-schem* "zur Heiligung des [göttlichen] Namens". Die Leichen wurden nackt auf die Straße geworfen. Die Kinder wurden zwangsgetauft. Als am 18. Mai die Juden, die beim Bischof Schutz gesucht hatten, "an die Reihe kamen", suchten sie den Opfertod. Als die Kreuzfahrer die Juden von Mainz bedrohten, schickte Kalonymos ben Meschullam, der Vorsteher der Gemeinde, einen Boten zu Kaiser Heinrich IV., welcher in Italien weilte, und bat um Hilfe. Der Kaiser ließ sofort Sendschreiben an alle geistlichen und weltlichen Fürsten ergehen und befahl ihnen, die Juden in Schutz zu nehmen. Es war erfolglos. Am 27. Mai drangen sie in Mainz ein, weil Bürger ihnen heimlich ein Tor geöffnet hatten. Gemeinsam mit Emichos Leuten stürmten sie die Verstecke der Juden. Kalonymos, der bei Bischof Ruthard in Gunst stand, bewog ihn, so viele Juden wie möglich in den Hof aufzunehmen. Von ihren christlichen Beschützern im Stich gelassen, leisteten sie heroischen Widerstand, wurden aber durch die Überzahl ihrer Feinde überwältigt. Die meisten Juden töteten sich selbst und ihre Kinder. Kalonymos flüchtete sich nun mit etwa 60 Personen in die Sakristei des Bischofs, der sie gegen hohe Bezahlung aufnahm und sie dann heimlich zu Schiff nach Rüdesheim bringen ließ, wohin er selbst geflüchtet war. Dort erklärte er Kalonymos, er könne sie nicht retten, falls sie sich nicht taufen ließen. Kalonymos opferte seinen Sohn, seine Frau und Gefährten, dann sich selbst. Auch seine zwei Töchter und Schwiegersöhne und sein Bruder fanden dort den Tod. Insgesamt kamen rund 1000 Juden ums Leben.

Der Kölner Erzbischof Hermann III. brachte die Juden in Dörfern unter, wo sie von Christen verborgen wurden. Doch ab dem 24. Juni stöberten die Kreuzfahrer sie auf und brachten sie um. Obwohl die Taufe sie gerettet hätte, kam es kaum zu Übertritten. Auch die anderen Städte am Rhein und an der Mosel wurden verwüstet. Die Zahl der Opfer ging in die Tausende. Die Frage, ob der Bischof von Mainz tatsächlich bedroht war oder die Juden verriet, bleibt offen. Es ist jedoch durchaus möglich, daß seine Truppen sich weigerten, die "Ungläubigen" gegenüber den Kämpfern im Zeichen des Kreuzes zu verteidigen.

Schon 1097 durften die zwangsgetauften Juden mit Billigung Kaiser Heinrichs IV. ins Judentum zurückkehren, die Anführer der Gemetzel wurden vom Kaiser bestraft. Im Zuge der Vorbereitungen für den zweiten Kreuzzug (1146-1147) verfügte Papst Eugen III. im Jahre 1145 eine allgemeine Stundung der Zinsen zugunsten aller lauter gesinnten Kreuzfahrer - eine Maßnahme, die in erster Linie die Juden als die Hauptgläubiger traf. Dies war zwar ganz im Sinne Bernhards von Clairvaux, doch trat er Versuchen, das Volk gegen die Juden aufzuhetzen, energisch entgegen. Den entlaufenen Zisterziensermönch Radulf, der in seinen Predigten den Judenhaß schürte, schickte er, obgleich dieser die Popularität der Massen genoß, ins Kloster zurück.[15] Nach dem Chronisten Ephraim bar Jakob habe Bernhard gepredigt:

> "Wer Hand an einen Juden legt, ihm das Leben zu nehmen, tut übel, er tut so übel, als griffe er Jesus selbst an, denn sie sind sein Bein und sein Fleisch."[16]

Kaiser und Bischöfe nahmen sie in Festungen auf, wofür sie allerdings zahlen mußten. Die Bürger waren hilfsbereiter. Trotzdem hatten die Juden ihren Blutzoll zu entrichten. In Würzburg z.B. fanden mehr als 20 Personen den Tod.[17] Betroffen war auch ein geistiger Führer der französischen Juden, Rabbenu Jakob Tam (der "Fehlerlose"), ein Enkel Raschis. Lebensgefährlich verletzt - man hatte ihm die Wunden Jesu zugefügt - wurde er dank dem Eingreifen eines anderen Kreuzfahrers gerettet.[18]

Unter dem dritten Kreuzzug (1189-1191) litten die englischen Juden. Mußten sie schon bei den Vorbereitungen ein Viertel statt des sonst verlangten Saladin-"Zehnten" zahlen, so löste das Pogrom anläßlich der Krönung von Richard Löwenherz 1189 eine Verfolgungswelle aus, die, nachdem der König 1190 das Land verlassen hatte, ganz England überflutete. Viele erhofften sich, sich so ihrer Gläubiger zu entledigen. Umgekehrt richtete sich das Interesse Richards darauf, sich die Juden und ihre Finanzkraft zu erhalten, so daß er verschiedene Schutzmaßnahmen einleitete, denen aber keine durchschlagende Wirkung beschieden war.[19] In Deutschland erstickte nach dem Bericht jüdischer Chronisten das energische Eingreifen Friedrichs I. Barbarossa und seines Sohns Heinrich (VI.) offensichtlich ähnliche Exzesse.[20]

Kiddusch ha-Schem

Die Heiligung des (göttlichen) Namens war das höchste Gebot: In der Niederlage blieben sie ihrem Glauben treu und gingen lieber in den Tod, bevor sie die Taufe nahmen. Sie zogen es vor, wie einst Abraham den Sohn, die eigenen Kinder zu opfern, statt ihnen den Abfall vom Judentum zu erlauben, und die Kinder nahmen es hin, denn wie einst Isaak würden sie wieder zum Leben erweckt werden, wenn auch nicht in dieser Welt. Sie verweigerten jedes Erbarmen, wenn es mit Aufgabe des Glaubens verbunden war, und trotzten den Feinden im Sterben durch ihr laut bekundetes Glaubensbekenntnis.

Bericht und Klage in liturgischer Poesie

Die Erinnerung an das grausame Geschehen überdauerte die Jahrhunderte. Buß- und Klagelieder vergegenwärtigen die Martyrien im Gottesdienst am Versöhnungstag/*Jom Kippur* und am Fasttag des *9. Av.* Rabbi David ben Meschullam aus Speyer schreit auf:

> "Gott stehe nicht schweigend bei meinem Blut ... Er schaue und es werde geschaut die Tat der frommen Töchter. In der Hitze des Tages wurden sie, nackt ausgespreizt, der Sonne ausgesetzt. Den schönsten Frauen wurde der Leib durchbohrt und aufgeschlitzt, zwischen ihren Beinen brachen Nachgeburt und Kind hervor ... Wer kann so Entsetzliches überhaupt glauben? ... Ewiglebender, bewahre uns das Verdienst dieser Treue und ende unsere Leiden."[21]

Kalonymos ben Jehuda bricht in die Klage aus:

> "O wäre mein Haupt Wasser, mein Auge ein Wasserquell, daß ich alle meine Tage und Nächte beweinen könnte meine Erschlagenen, meine Kinder und Säuglinge und die Greise meiner Gemeinde. Und ihr, antwortet mir: Wehe und Ach. Darum weinet lang und bitter um das Haus Israel und das Volk des Ewigen, daß sie unter dem Schwert fielen ... Meine Augenlider fließen in Tränen über, und ich erhebe bittere Klage über die Ermordeten Speyers. Im zweiten Monat, an seinem achten [Tag], am Tag der Ruhe [des Sabbats] ist es geschehen. Statt Ruhe fanden sie den Feuertod. Sie wurden getötet. Kostbare Jünglinge und glanzvolle Greise. Zusammengepfercht, erfüllen sie ihr Leben in Gotteshingabe ... Die Gemeinde Worms, geprüft und auserlesen, Lehrmeister der Welt und voller Reinheit. Zweimal heiligten sie den einzigeinigen Namen in Erschauern ... Über die mächtig Ragenden der berühmten Gemeinde Mainz, schneller als Adler und stärker als Löwen, die ihr Leben erfüllten in Verkündigung des schauererfüllten Namens, über sie schreie ich mit bitterer Seele auf,

über meine zwei Hauptheiligtümer [Synagogen] und über die Zerstörung meiner kleinen Heiligtümer und Lehrhäuser der Tora ..."[22]

Nachwirkungen

Zwar erholten sich die Gemeinden in überraschend kurzer Zeit. Erneut gingen von *SchUM* die Anordnungen an die jüdische Welt. Aber die Lage der Juden hatte sich grundlegend verändert. Einerseits hatte sie das Martyrium gestärkt, daß sie die folgenden Prüfungen bestehen konnten. Andererseits mußten sie erkennen, daß die besten Schutzbriefe der Wut des Pöbels gegenüber wertlos waren.

4. Die wachsende Not der Juden

Die faktische, wenngleich so nicht gewollte Verschlechterung der jüdischen Rechtsstellung wird deutlich faßbar mit dem Mainzer Landfrieden von 1103, der die Juden mit Geistlichen, Mönchen, Laienbrüdern, Kaufleuten und Frauen zu einer Gruppe besonders zu schützender, weil keine Waffen tragender, Personen zusammenfaßt. Wenn sie Waffen tragen, gehen sie des königlichen Schutzes verlustig, machen sich jedoch keineswegs strafbar.[23] Für den Staufer Friedrich II. sind die Juden dann 1236 "*servi camerae nostrae*" (= Knechte unserer Kammer).[24] Der Sachsenspiegel Eikes von Repkow (entstanden um 1215-1235) teilt die Rechtsauffassung des Landfriedens von 1103 und stellt die Aufnahme der Juden in den Königsfrieden als Privileg dar, das Vespasian als Lohn für die Heilung seines Sohnes Titus von der Gicht durch Josephus gewährt habe. Das Rechtsinstitut der Kammerknechtschaft kennt er noch nicht,[25] wohl aber der ein knappes halbes Jahrhundert jüngere Schwabenspiegel.[26] Daß die Juden Knechte der kaiserlichen Kammer sind, besagt, daß sie keine freien Bürger mehr sind. Zwar wird ihnen die freie Religionsausübung garantiert, aber im übrigen verfügt der Kaiser über Person und Gut seiner Knechte. Das Eigentum von Juden, die ohne Erlaubnis das Land verließen, wurde eingezogen. Was das bedeutete, erfuhr Rabbi Me'ir von Rothenburg am eigenen Leib, als er 1286 versuchte, mit seiner Familie und einigen gleichgesinnten Glaubensgenossen ins Heilige Land auszuwandern. Als ihr Eigentum konnten die Kaiser die Juden, die sie immer mehr lediglich als Einkommensquelle ansahen, verpfänden oder sie als Lehen aus der Hand geben. So wurde die *servitus camerae* immer mehr ausgehöhlt, zumal mit ihr die Ansprüche anderer Herren konkurrierten.

In der goldenen Bulle, de facto eine Art Reichsverfassung, verlieh 1356 Karl IV. das Judenregal den Kurfürsten.[27] Die Judensteuer machte einen erheblichen Teil der kaiserlichen Einkünfte aus. Nach der Steuerliste von 1241 ruhte die

Steuerpflicht auf der jeweiligen Gemeinde, die sie auf die Mitglieder je nach Zahlungskraft umgelegt haben wird. Ludwig der Bayer führte dann 1342 eine reichseinheitliche Kopfsteuer ein, den "guldin pfenning". Zu diesen regelmäßigen Steuern traten noch die verschiedensten Sonderabgaben, z.B. anläßlich von Krönungen. Schließlich preßten noch habgierige Beamte ihren eigenen Teil aus den Juden heraus. An den Juden waren die Kaiser und andere Herren nur noch insofern interessiert, als sie eine beachtliche Steuerquelle darstellten, die man sich nicht verschütten lassen wollte.[28]

Die Kirche macht ihre Macht geltend - Das 4. Laterankonzil

Wie sich Papst Innozenz III., der auf den Vorrang der Kirche vor den weltlichen Herren pochte, gegenüber den Juden zu verhalten gedachte, kündigt der Schluß seiner Bulle "*Licet perfidia*" vom 15. September 1199 an:

> "Wir wollen aber lediglich diejenigen [Juden] durch diesen Schutz gesichert sehen, die nichts zu unternehmen wagen, was den christlichen Glauben untergräbt."[29]

Dies ist eine Klausel, die in ihrer Dehnbarkeit der Willkür Tür und Tor öffnet. Fast genau zwei Jahre später nimmt er in "Maiores ecclesiae", gerichtet an den Erzbischof von Arles, die von Gregor dem Großen ausgesprochene Ablehnung der Zwangsmission zurück.[30] Im Decretale "Etsi non displiceat" von 1205 wettert er gegen die Dreistigkeit der Juden:

> "Auch laufen die Juden am Karfreitag, entgegen einer alten Gepflogenheit, öffentlich auf Straßen und Plätzen hin und her ..."[31]

Das von ihm 1215 einberufene Vierte Laterankonzil befaßt sich mit den Juden in den Canones 67-71. Als besonders folgenreich sollte sich Canon 68 erweisen. Nicht nur, daß hier die gezeigte "Dreistigkeit" strengstens verboten wird und vorgeschrieben wird,

> "daß Missetäter dieser Art durch die weltlichen Herrscher mittels Zuerkennung einer angemessenen Strafe in ihre Schranken gewiesen werden, damit sie nicht den für uns Gekreuzigten irgendwie zu lästern wagen."[32]

Die darin enthaltene Kleidervorschrift, die sich zwar auch auf Muslime bezieht, praktisch sich aber nur auf die Juden auswirkte, vertiefte in ihrem Anspruch auf Allgemeinverbindlichkeit den Graben zwischen Juden und Christen:

> "In gewissen [Kirchenprovinzen] hat sich jedoch eine Art von Durcheinander so eingebürgert, daß sie durch keinen Unterschied auseinandergehalten werden können. Daher geschieht es manchmal, daß irrtümlich Christen mit jüdischen und muslimischen, Juden und Muslime mit christlichen Frauen Geschlechtsverkehr haben. Damit also nicht Sünden in Gestalt eines so verbrecherischen Verkehrs künftig unter dem Deckmantel des Irrtums eine Ausflucht dieser Art haben können, bestimmen

wir, daß solche Leute beiderlei Geschlechts in jeder Kirchenprovinz und jederzeit durch eine besondere Tracht öffentlich sich von der übrigen Bevölkerung unterscheiden sollen, zumal zu lesen ist, daß eben dies ihnen schon durch Moses auferlegt ist."[33]

Letztere Bemerkung, die wohl auf die biblisch gebotenen Schaufäden (Numeri 15,37- 41; Deuteronomium 22,12) anspielt, verhöhnt die Opfer als Täter. Die praktische Durchführung unterschied sich nach Zeit und Ort. Bildliche und plastische Darstellungen schon aus der Zeit vor 1215 zeigen die Juden mit sog. Judenhüten in der Form des Konus, des Trichters oder der phrygischen Mütze. Wahrscheinlich geht dieses Kennzeichen ursprünglich nicht auf eine Zwangsmaßnahme zurück,[34] wohl aber das Judenrädchen (*signum rot[a]e*), ein speichenloses Rad, das das Konzil von Narbonne im Jahre 1227 genau beschreibt und verlangt.[35] Einen verheerenden Nebeneffekt zeitigte das "*Quartum symbolum*", das vom Konzil verabschiedete Glaubensbekenntnis, mit seiner Dogmatisierung der Transsubstantiationslehre, daß nämlich Wein und Brot des Abendmahls in Blut und Leib Christi verwandelt würden. Sie wirkte sich als Einlaßtor und Verstärker der Judenfeindschaft aus, indem sie den theologischen Überbau etwa zum Vorwurf des Hostienfrevels abgab (s.u.).

Unter dem Einfluß des Laterankonzils

Das kanonische Recht trat in Deutschland erst allmählich in Kraft, aber dann wurde die Trennung von Christen und Juden rigoros durchgeführt. Wohnten die Juden ursprünglich gern zusammen, weil dies das jüdische Leben erleichterte,[36] so wies ihnen etwa die Provinzialsynode von Breslau 1267 ein abgeschlossenes Viertel zu. Einen allenfalls nötigen Häusertausch sollte die Obrigkeit erzwingen. Da die Ummauerung bzw. Umwallung die Erweiterung erschwerte, wenn nicht gar unmöglich machte, kam es zu einer drangvollen Überbevölkerung. Als Ghetto im eigentlichen Sinne, das nachts geschlossen wurde, ist erstmals das Judenviertel von Venedig 1516 bekannt. Die nämliche Synode suchte durch die Androhung der Exkommunikation, jeden gesellschaftlichen Verkehr von Christen mit Juden zu unterbinden - ein Anliegen, das auch die imselben Jahr tagende Synode von Wien teilte.[37]

Die Zünfte nahmen keine jüdischen Mitglieder auf. Die christlichen Kaufleute waren im Gefolge der Kreuzzüge mit dem nationalen wie internationalen Handel vertraut und durch ihn reich geworden. Sie waren entschlossen, die Konkurrenz der Juden auszuschalten. Das strenge Zinsverbot einerseits, andererseits die wirtschaftliche Notwendigkeit von Geldgeschäften, zwang die Juden geradezu, sich auf das "Bankgewerbe", den sog. Wucher, zu konzentrieren. Dies zog den Juden nun den weiteren Haß der Bevölkerung zu und führte oftmals zu ihrer Vertreibung, durch welche die Schulden gelöscht wurden. Das Verbot des 4. Laterankonzils, zu hohen Zins zu nehmen, schlug sich in Maximaltarifen nieder. So setzte der Mainzer Städtetag von 1255 als Obergrenze einen Zinsfuß von umgerechnet 43 1/3 % auf die Woche, von 33 1/3 % auf das Jahr fest.[38] Doch allmählich erkannten auch christliche Kaufleute die Gewinnmöglichkeiten des Geldgeschäftes und begannen, sich über das Verbot der Kirche hinwegzusetzen. Die aufsteigenden christlichen Geldverleiher in der Lombardei forderten 216 %. So rief man die gerade vertriebenen Juden nicht selten wieder zurück.

Das Verbot des 4. Laterankonzils, Juden mit öffentlichen Ämtern zu betrauen (Canon 69), machte diese zu bloßen Zahlbürgern. Ausnahmsweise hören wir von Juden, die Funktionen in der fürstlichen Finanzverwaltung innehatten. Der Nürnberger Bischof Otto (1207-1232) soll einen jüdischen Münzmeister gehabt haben. 1257 sind zwei Brüder als "Kammergrafen des Herzogs" von Österreich nachweisbar. Ab 1323 vertreten nacheinander Muskin, Jakob ben Daniel und Michael von Bingen Erzbischof Baldwin von Trier bei seinen Finanztransaktionen.[39] Beliebt dürften sie sich damit nicht gemacht haben.

Die Folgen

In Frankreich wurde der *Talmud* im Jahre 1240 als ein unmoralisches, das Christentum schmähendes Buch verurteilt. Alle im Lande zu findenden Exemplare wurden konfisziert und über zwanzig Wagenladungen hebräischer Bücher in den folgenden Jahren öffentlich in Paris verbrannt. Der Verleumder war ein zum Christentum übergetretener Jude.

Soweit kam es zwar in Deutschland nicht, doch auch hier wandten sich die Prediger der Bettelorden an das Volk. Besonders tat sich der Franziskaner Berthold von Regensburg hervor:

> "Zwölf von ihnen [d.h. ihre Führer?] haben ein Talmud genanntes Buch verfaßt, das so ketzerisch ist und so viel verfluchte Häresien enthält, daß es übel ist, daß sie noch leben."[40]

Auch der mittelhochdeutsche Dichter Konrad von Würzburg (gest. 1287) kann sich talmudfeindlicher Anspielungen nicht enthalten. In seiner vollen Schärfe sollte der Kampf um den *Talmud*, in dem Reuchlin aufseiten des *Talmuds* zu finden war, erst Jahrhunderte später entbrennen, dank dem Buchdruck publizistisch wirkungsvoll geführt, als der Konvertit Johannes Pfefferkorn die Wegnahme aller jüdischen Bücher propagierte; dann würden sie sich endlich zum Christentum bekehren. Jedenfalls war nun der Grund für das folgenreiche Klischee des "Talmudjuden" gelegt.

Rabbi Me'ir ben Baruch von Rothenburg

Diese Ereignisse beklagte Rabbi Me'ir von Rothenburg (1220-1293) 1242 mit den Worten, die noch heute am Fasttag des *9. Av* gebetet werden:

> "Frage, du Feuerverbrannte [sc. die Tora] nach dem Frieden der um dich Trauernden, die sich sehnen, im Hof deines Hauses zu wohnen ... Ach, wie wurde sie, die im verzehrenden Himmelsfeuer gegeben wurde, im menschlichen Feuer verzehrt, ohne daß die Fremden durch deine Kohlen versengt wurden ... Mitten auf dem Markt, einer Ausgestoßenen gleich, verbrannten sie das Eigentum des Höchsten ... Ich will weinen über weinen über das Licht des Tages, das über allen aufgeht, aber mir und dir dunkel bleibt ... Erheben wird sich mein Herz, wenn der Fels [d.i. Gott] dir wieder leuchtet und dein Dunkel durchbricht, daß deine Finsternis sich in Licht verwandelt."[41]

Um des Lösegelds willen im Gefängnis

Rabbi Me'ir war der bedeutendste jüdische Gelehrte im Deutschland des 13. Jahrhunderts. In seine *Jeschiva* in Rothenburg strömten Schüler aus dem ganzen Reich. Seine Rechtsentscheide prägten das jüdische Leben. Von seinen zahlreichen Kommentarwerken hat sich leider kaum etwas erhalten. Des steten Kampfs und der Erpressung müde, beschloß er, wie viele andere auch, nach dem Heiligen Land auszuwandern.

Er kam bis zur Lombardei. Dort wurde er erkannt, auf Befehl Kaiser Rudolfs von Habsburg ins Reich zurückgebracht und von 1286 bis zu seinem Tode in Haft gehalten, zunächst in Wasserburg, dann in Ensisheim im Elsaß. Der Kaiser duldete es nicht, daß Juden, seine persönlichen Sklaven, auswanderten und er damit eine Einnahmequelle verlor. Rabbi Me'ir sollte als abschreckendes Beispiel dienen.

Die Juden sollten für seine Freilassung ein enormes Lösegeld zahlen, aber Rabbi Me'ir verbot es, damit andere nicht ebenfalls zum Gegenstand der Erpressung würden. Dennoch wurde das Lösegeld, allerdings erst vierzehn Jahre später, nach dem Tode des Rabbis für die Freigabe seiner Leiche bezahlt. Alexander Süßkind Wimpfen, ein reicher Frankfurter Jude, opferte sein ganzes Vermögen dafür und erbat sich lediglich, neben Rabbi Me'ir beerdigt zu werden. Ihre in der Form gleichen Steine befinden sich auf dem alten Friedhof in Worms.[42]

Die Juden in der christlichen Kunst

Die bildende Kunst diente im Mittelalter der Belehrung der Masse, die nicht lesen konnte. Auch die zündendsten Predigten verhallten; doch was man immer

Wormser Dom, Südportal: „Kirche“
Foto: Stadtarchiv Worms

Wormser Dom, Südportal: „Synagoge“
Foto: Stadtarchiv Worms

Speyrer Judengassenordnung von 1354. Vorlage: Stadtverwaltung Speyer, Stadtarchiv

wieder sah, setzte sich im Gedächtnis fest. So nahmen die Gedanken der Theologen buchstäblich Gestalt an. Am Portal des Straßburger Münsters und an der Liebfrauenkirche zu Trier stehen die Figuren der Kirche und Synagoge, die eine eine majestätische Gestalt mit einer Krone auf dem Haupt und dem Modell des Münsters in der Hand, mit stolzem Blick auf die Welt schauend, die andere gebeugt, die Tafeln der Zehn Gebote aus den Händen gleiten lassend, mit gebrochenem Stab und verbundenen Augen. Am Dom zu Regensburg und anderswo saugen häßliche Juden an den Zitzen einer Sau. Im Dom zu Mainz werden sie unter den Verdammten der Hölle gezeigt. Es ist die Zeit, wo man die Juden mit der Hakennase darzustellen beginnt.[43]

Die Lügen gegen die Juden: Ritualmord und Hostienschändung

Zwei Lügen fanden weite Verbreitung und führten zu schweren Verfolgungen. Der Vorwurf, die Juden besorgten sich zur rechten Feier des *Pesach*festes Christenblut, zumal von Kindern, kam in England auf (Norwich 1144) und verbreitete sich dann über ganz Europa. Als die Juden der Stadt Fulda im Jahre 1235 des Ritualmordes beschuldigt wurden, ließ Kaiser Friedrich II. Gutachten von Gelehrten, unter ihnen getaufte Juden, einholen, die einstimmig die Unwahrheit der Anklage bestätigten. Diese Erklärung wurde vom Kaiser veröffentlicht:

> "Sie, denen sogar das Blut erlaubter Tiere untersagt ist, haben keinen Durst auf Menschenblut."[44]

Obwohl Papst Innozenz IV., des Kaisers Feind, Bullen ähnlichen Inhalts ergehen ließ und den Gläubigen verbot, die Lüge weiter zu verbreiten, verstummte die Verleumdung nicht. Eine tragische Ironie dieser Verleumdung liegt darin, daß die Christen des zweiten Jahrhunderts von den Heiden, welche die Elemente des Abendmahls falsch deuteten, sich dem gleichen Vorwurf ausgesetzt gesehen hatten, den sie jetzt über die Juden verbreiteten.

Der Vorwurf der Hostienschändung verbreitete sich ab 1243 im ganzen Reich. Die Juden sollen die Hostie mit spitzen Gegenständen durchstochen, sie in kochendes Wasser gelegt oder sie in einem Mörser zerstampft haben. Bei den Gebildeten stießen solcherlei Phantasien auf geringen Glauben, wohl aber ließen sich von Gestalten wie Rindfleisch Pogrome damit inszenieren.[45]

Verleumdung und Hetze, Degradierung, Aberglaube, Fremdenhaß und Konkurrenzneid verbanden sich so zu einem Zündstoff, welcher im Jahre 1349 zur Explosion kommen sollte.

5. Chaside Aschkenas: Der Einfluß der Mystik auf die deutschen Juden

Chasid heißt "Frommer". In diesem Zusammenhang gewinnt das Wort die ganz spezifische Bedeutung "Mystiker". Da die Juden traditionell Deutschland mit dem Aschkenas der biblischen Völkertafel von Genesis 10,3 identifizierten, sind mit Chaside Aschkenas die Mystiker Deutschlands gemeint. Sie hatten im 12. und 13. Jahrhundert ihre Blüte. Ihre religiösen Ideen verliehen den deutschen Juden die innere Kraft, die Verfolgungen der kommenden Jahrhunderte in Glaubenstreue zu tragen.

Die führenden Meister

Die Familie Kalonymos machte sich nicht nur um die talmudische Gelehrsamkeit verdient. Auch die drei Männer, welche diesen *Chasidismus* prägten, gingen aus ihr hervor. Es waren Samuel *he-Chasid*, der Sohn des Kalonymos aus Speyer, sein Sohn Jehuda *he-Chasid* (ca. 1150-1217) aus Worms, welcher später nach Regensburg zog und diese Stadt zu einem Zentrum der Lehre machte, wo er auch starb, und dessen Verwandter und Schüler El'asar ben Jehuda aus Worms (1176-1238).

Jehuda *he-Chasid* erfuhren seine Zeitgenossen als so vom Geist Gottes erfüllt, daß man von ihm sagte:

> "Hätte der Fromme in der Zeit der Propheten gelebt, so wäre er ein Prophet gewesen, und ebenso zur Zeit der Tannaiten ein *Tanna*, in der Zeit der Amoräer ein *Amora*."[46]

Eine Legende erzählt, seine mit ihm hochschwangere Mutter sei einst die schmale Gasse neben der Wormser Synagoge entlanggegangen, als ihr ein Ritter mit Gefolge entgegengaloppierte. Sie wußte, er würde sie bedenkenlos überrennen. Daher preßte sie sich gegen die Synagogenmauer, und diese gab nach und bildete eine Nische. Die Mutter und das Kind, welches sie trug, waren durch ein Wunder gerettet. Die Nische ist noch immer in der Ostwand der Synagogenmauer zu finden.

Das "*Sefer Chasidim*", "Buch der Frommen", geht in der Hauptsache auf ihn zurück. Von allen jüdischen Werken des Mittelalters handelt es am eingehendsten von der Ethik. Im Zusammenhang mit seinen Ausführungen zeichnet uns Rabbi Jehuda ein Bild des Lebens seiner Zeit: Familienleben, Erziehung, Gemeinschaftsleben, Aberglauben, Volksbräuche, das Verhalten zu Nichtjuden, Studium, Gebet und Gottesdienst. Diesen Einblick in das Leben der Juden seiner Zeit macht das Sefer Chasidim zu einem äußerst wichtigen Dokument.

El'asar ben Jehuda ist uns bereits begegnet. Er war der Gatte der frommen und gelehrten Dulza, welche die Kreuzfahrer, zusammen mit ihren Kindern, vor seinen Augen ermordeten. Er war ein vielseitiger Autor. So schrieb er über Tradition und Leben, wie er auch ein halachisches Werk über die Festtage und Speisegesetze verfaßte, welches er "*Rokeach*", "Salbenmischer", betitelte. Diesen religionsgesetzlichen Darstellungen stellte er einen Abschnitt über Gottesfurcht, Demut und Ethik voraus, so daß das Werk wiederum die typische Geisteshaltung der *Chasidim* verkörpert: Die Verbindung von *Halacha* und Ethik im Leben. Der Einfluß dieser volkstümlichen Werke ist in der gesamten aschkenasischen Literatur spürbar.

Über Ursprünge und Entwicklung der jüdischen Mystik

Die Wurzeln der jüdischen Mystik reichen in Bibel und *Talmud* zurück. Nach Ausweis der sog. *Hechalot* ("Paläste")-Literatur (3.-6. Jh.) steigt der Mystiker durch die Himmel zur Schau des göttlichen Thronwagens ("*Merkava*"). Als Urheber der einzelnen Schriften gelten teils Rabbi Akiba, teils dessen notorischer Kontrahent, Rabbi Jischma'el.

Ungefähr aus der gleichen Zeit stammt das *Sefer Jezira* ("Buch der Schöpfung"), das von den zehn Urzahlen und den 22 Buchstaben des hebräischen Alphabets als den Elementen der Schöpfung handelt. Seine Entstehung versetzte die Tradition sogar in die Zeit der Patriarchen und schrieb sie Abraham zu. In Babylonien lebte sie weiter. Der *Gaon* Saadja (882-942) galt den *Chasidim* als bedeutender "Meister der Mystik". Über Italien gelangte sie dank der Kalonymosfamilie nach Deutschland. Aber das mystische Wissen beschränkte sich auf eine kleine Elite, die auf Distanz zum Volk achtete.

Ganz anders verhielten sich die *Chaside Aschkenas*. Obwohl selbst zur Aristokratie zählend, fühlten sie sich mit dem Volk und seinem Gemeinschaftsleben verbunden und gaben ihm Ermahnungen, Richtlinien und Trost.

Katastrophen und das Erwachen mystischer Bewegungen

Daß die Mystik gerade während der Zeit der Kreuzzüge aufblühte, mag zwei Gründe haben. Einmal wurde auch im Christentum dieser Zeit die Mystik gepflegt. Franz von Assisi, ein Zeitgenosse des Rabbi Jehuda *he-Chasid*, verband mystische Erfahrung mit der Liebe zur Welt.

Die christlichen Ideen wurden vom *Chasidismus* übernommen. Zum anderen scheinen Katastrophenzeiten, wo alle Logik zunichte wird und nur das Vertrauen auf Gott Hoffnung gibt, der Mystik förderlich zu sein. So sah die Zeit der Kreuzzüge das Erstehen der *Chaside Aschkenas*, nach der Vertreibung aus Spanien blühte die Mystik in Safed auf, auf die opferreichen Chmelnizkij-Pogrome in Polen und das Scheitern der Messiashoffnungen, welche auf Sabbatai Zevi gesetzt wurden, folgte der osteuropäische Chassidismus des Baal Schem Tov, und heute, nach dem Holocaust, finden wir erneut ein wachsendes Interesse an jüdischer Mystik.

Der *Chasid*

Das Neue in der Bewegung war das Konzept des *Chasid*. Die Meister selbst waren Talmudgelehrte, der *Chasid* aber brauchte es nicht zu sein. Hingabe war wesentlicher als Gelehrsamkeit. Die höchste Aufgabe des Menschen ist die Hingabe an Gott. Gott fordert sie vom Menschen, welcher sein ganzes Wesen zu vergeistlichen hat.

Die Toragebote dienen dem Zweck, den Menschen zu prüfen. Durch sie gewinnt der Mensch die Kraft, alle seine Neigungen zu überwinden, um Gott allein zu dienen. Dabei gibt nicht die bloße Tat, sondern vor allem der Geist, der sie bewegt, den Ausschlag. Nach ihm wird er von Gott beurteilt. Jede Sünde birgt in sich ein Vergnügen, jede *Mizwa* eine Entsagung. Die höchste *Mizwa* ist daher *Kiddusch ha-Schem*, die Heiligung des (göttlichen) Namens durch die Hingabe des Lebens.

Der *Chasid* mußte sich durch drei besondere Eigenschaften bewähren: asketische Entsagung, völlige Gelassenheit des Geistes, schrankenlose Nächstenliebe. Die asketische Entsagung fordert von ihm den völligen Rückzug aus dem Alltagsleben des Durchschnittsmenschen. Selbst ein Gespräch zur Unterhaltung, Plauderei oder ein harmloses Spiel sogar mit seinen eigenen Kindern hatte er zu meiden. Er mußte sich aller Vergnügungen, selbst der geringsten und unschuldigsten, enthalten und sah nie eine Frau an. Dadurch würde er des Lebens in der Zukünftigen Welt teilhaftig, wo er im Rang über den Engeln die Herrlichkeit der göttlichen Gegenwart, der *Schechina*, mit eigenen Augen schauen sollte.

Die Gelassenheit des Geistes forderte von ihm die völlige Gemütsruhe angesichts von Beleidigung, Beschämung und Verwundung. Er mußte so über diesen stehen, daß sein Gesicht sich nicht verfärbte, d.h., daß auch seine Seele völlig unberührt war.

Die schrankenlose Nächstenliebe forderte von ihm die vollkommene Selbstlosigkeit. Er durfte niemanden im geringsten kränken. In einer Auseinandersetzung gab er nach, selbst dann, wenn das Wort der Tora auf seiner Seite stand. Dann ging er über das Maß des strengen Rechts hinaus und folgte dem "Gebot des Himmels". Schon die Weisen sagten: "Wer sagt: »Was mein ist, ist dein, und was dein ist, ist [ebenfalls] dein«, ist ein *Chasid*" (*Mischna Avot* 5,13). Auch damit würde er die Freuden des Ewigen Lebens erringen.

Die Buße

Mit der Askese verbunden war die Buße. Für die chasidischen Meister ging sie weit über Reue und künftige Vermeidung der Sünde hinaus. Sie konnte auch dazu dienen, der Sünde vorzubeugen, d.h. sie war ohne spezielles Sündenbewußtsein angebracht. Das Maß der Askese hing von dem Vergnügen ab, welches eine Sünde bereitet hatte. Für Sünden, welche die Tora mit dem Tod bedroht, mußte der Büßer sich Martern, so bitter wie der Tod, unterziehen. Freiwillig verließ er Haus und Hof, um unstet durch die Welt zu wandern. Von einem, der sich schuldig fühlte, wird berichtet, er habe sich ein Jahr lang ausgestreckt auf die Schwelle der Synagoge gelegt, so daß die Besucher des Gottesdienstes über ihn treten mußten.

Aber die *Chasidim* taten Buße nicht nur um ihrer selbst willen, um damit der Freuden der Kommenden Welt würdig zu sein. Sie taten Buße auch um der Sünden ihrer Zeitgenossen willen, da der Messias unter den Sünden der Welt leide. Auf ihn bezogen sie das Wort: "Er litt unter unserer Schuld" (Jesaja 53,4). Sie verzögerten sein Kommen; die Buße konnte es beschleunigen.

Zum Zweck der Buße unterzogen sie sich schwersten Qualen. Wir hören von vielen, welche sich im Winter stundenlang Schnee und Eis und im Sommer der Hitze und dem Stechen der Insekten aussetzten. Die Askese erstreckte sich jedoch nicht auf das Sexualleben in der Ehe, denn in ihm, als von Gott geboten, spiegelt sich die Verbundenheit von Gott und Mensch.

Die magische Kraft des Gebets

Die *Chasidim* schufen keine neuen Gebete, sie waren im Gegenteil von der Macht der bestehenden überzeugt. Aber weil sie die Lehre des *Sefer Jezira* übernahmen, daß die Welt von Gott durch die Buchstaben des Alphabets geschaffen worden sei, maßen sie jeder Konstellation von Buchstaben und Worten eine schöpferische Bedeutung bei. Sie dachten über die Gebete wie über einzelne Worte in den Gebeten und Gesängen nach, zählten sie, suchten in Worten die Anfangsbuchstaben anderer Wörter und Sätze, erforschten den Zahlenwert von Wörtern - die hebräischen Buchstaben haben auch einen Zahlenwert -, und vertauschten Buchstaben nach bestimmten Regeln. Damit bemühten sie sich, die mystische und magische Bedeutung der Worte und Gebete zu finden. Folglich durfte auch kein Gebet, weder ein Satz noch ein Wort, geändert oder ausgelassen werden.

Sie glaubten, die einfachen Menschen dürften Gott in jeder Weise anrufen. Selbst wenn einer nicht auf hebräisch beten konnte, würde Gott ihn erhören, wenn nur sein Herz ihm völlig zugewandt sei.

Die *Chasidim* als Meister des "Namens"

Als Menschen, die nichts für sich verlangten, keine Bedürfnisse hatten, und zugleich die geheime Kraft der Buchstaben auszuschöpfen imstande waren, galten sie als Meister des göttlichen Namens. Sie konnten den "Himmel" beeinflussen und besondere Gaben von Gott erlangen, da diese ja niemals für sie selbst waren.

Wie ihre Umwelt glaubten sie an Dämonen und Geister, an die Wiederkehr der Seelen der Verstorbenen ins Gotteshaus und den Familienkreis. Als Meister des schöpferischen Alphabets besaßen sie jedoch die magische Kraft, diese zu bannen und auszutreiben. Einige unter ihnen fanden die Formel zur Gestaltung eines *Golem*, d.h. humanoiden Geschöpfes, welches allerdings nicht in der Außenwelt, sondern nur in ihrem eigenen ekstatischen Zustand existierte.

Der Gottesbegriff der *Chasidim*

Die chasidischen Meister übernahmen die Vorstellung von Gott als reinem uns unzugänglichen Geist und unmeßbarer Endlosigkeit. Ihr fügten sie die Idee der göttlichen Allgegenwart hinzu. Gott steht über uns, ist aber zugleich mit uns und in uns. Er ist gleichzeitig der Nächste wie der Fernste. Er wird angesprochen mit dem "Du" des Freundes. Wie Gott als reiner Geist sich den Menschen offenbart, dafür suchten die *Chasidim* nach Erklärungen.

In einer von ihnen sprechen sie vom "*Kavod*", dem Ehrenschein Gottes. Der unerkennbare Gott brachte den *Kavod* hervor, "einen großen Strahlenkranz, *Schechina* genannt". Durch die *Schechina* offenbart sich der ewig schweigende Gott den Propheten und Mystikern, gemäß den Umständen der Zeit. Nur mit dem *Kavod* kann der Mensch in Verbindung treten.

Sie kennen auch einen Cherub, der dem Throne Gottes entsprang und eine Mittelstellung zwischen dem unerfaßbaren Gott und der geschaffenen Welt einnimmt. Darüber hinaus sprechen sie von Gottes "Heiligkeit" und Größe", seinem "Reich", für die *Chasidim* keine Attribute Gottes, sondern Ausstrahlungen seines Wesens.

Im Gebet ruft der Betende zwar den "König", d.h. die sichtbare Erscheinung Gottes, an, doch richtet sich seine Intention auf den verborgenen, heiligen Gott. Die Theologie hat keine systematische Logik. Aber die Liebe zu Gott durchzieht, bestimmt und heiligt das gesamte Leben der *Chasidim*.

Der Einfluß der *Chaside Aschkenas* auf die jüdische Nachwelt

Die *Chaside Aschkenas* hinterließen in der gesamten Geschichte der deutschen

Juden ihre tiefen Spuren. Trotz Prüfungen und endlosen Verfolgungen blieben sich die Juden der Gegenwart Gottes bewußt. Sie schöpften Kraft in ihren Nöten und gaben ihr Leben zur Heiligung des Namens. Dies war ja das höchste alle Gebote.

Das Verantwortungsgefühl der Juden füreinander wurde gestärkt. Auch ein einfacher Jude, der nicht zu Füßen der Gelehrten gesessen hatte, wußte, daß sein Leben und Leiden vor Gott einen Sinn und Zweck hatten. Durch seine Hingabe an Gott konnte er göttlichen Beistand bewirken, nicht nur für sich, sondern auch für seine Glaubensbrüder. Es wird berichtet, ein Jude habe während der Pogrome des Schwarzen Todes seine Gemeinde dadurch gerettet, daß er das Buch der Psalmen so innig rezitierte, daß er Gottes Schutz herbeirief.

Das Denken der *Chaside Aschkenas* spiegelt sich in der liturgischen Poesie aller Jahrhunderte. Selbst im amerikanischen Reformgebetbuch des 20. Jahrhunderts finden wir Anklänge:

> "O Gott, wie können wir Dich kennen? Wo können wir Dich finden? Du bist uns so nahe wie das Atmen, doch zugleich ferner als der fernste Stern.
>
> Du bist so geheimnisvoll für uns wie die weite Einsamkeit der Nacht, und uns doch so vertraut wie das Licht der Sonne. Zu Mose sagtest Du: »Du kannst mein Antlitz nicht sehen, doch will ich alle meine Güte vor dir vorüberziehen lassen.«
>
> So zieht Deine Güte vor uns vorüber im Reich der Natur und in den Freuden und Sorgen des Lebens."[47]

Obwohl der osteuropäische *Chassidismus*, der im 18. Jahrhundert entstand, sich vom mittelalterlichen deutschen *Chasidismus* in zahlreichen Zügen unterscheidet, teilt er mit diesem die Hochschätzung des einfachen Juden und seiner Hingabe an Gott, die Vorstellung von der Inspiration und Wunderkraft des "Meisters des Namens", den "Himmel" zu beeinflussen, das Gemeinschaftsgefühl unter den Anhängern, die Standhaftigkeit unter Prüfungen, die Kraft des Gebets u.a.m.

Auch die Idee des *Golem* hatte eine Nachgeschichte. Die Vorstellung, der auserwählte, schöpferische Mensch könnte unter Berufung auf den Namen Gottes einen *Golem* erschaffen, wurde weiterhin verfolgt. Der "hohe" Rabbi Jehuda Löb (Maharal) zu Prag soll im 17. Jahrhundert einen solchen erschaffen und sich dienstbar gemacht haben, bis jener über die Stränge geschlagen habe.

Wie anderwärts hatte der Aberglaube auch im Judentum ein zähes Leben. Denken wir z.B. an den *Dybuk*, die Seele eines Verstorbenen, welche einen Lebenden heimsucht und ausgetrieben werden kann, ein Thema, das An-Ski (i.e. Salomon Rappaport, 1863-1920) auf die moderne Bühne gebracht hat.[48]

Wesentlich ist jedoch vor allem, daß die *Chaside Aschkenas*, welche selbst

Wormser Maschor.
Fotos: Stadtarchiv Worms

inmitten schwerster Verfolgungen lebten und litten, allen folgenden Generationen die Stärke gaben, in Not und Tod, glaubensgewaffnet und ohne Zögern, Gott zu verherrlichen.

6. Unsicherheit und Wirren

Der Schwarze Tod hatte die Gesamtbevölkerung schwer dezimiert. Nach den Morden und der Auswanderung gab es weniger als 50.000 Juden in Deutschland. So weit es ihnen erlaubt war, blieben jüdische Familien in den Städten, doch ließen sich viele auf dem Land nieder. Die anhaltende Unsicherheit ihrer Lage beruhte auf der allgemeinen wirtschaftlichen Situation und der Einflußnahme durch die Kirche, wie sie in den Predigten, vor allem der Bettelmönche, und den geistlichen Schauspielen zum Ausdruck kam.

Die Juden als Opfer der Wirtschaftslage

Die Landwirtschaft befand sich in Schwierigkeiten, weil sich die Nachfrage nach ihren Produkten durch den Bevölkerungsschwund stark verringert hatte. Die Preise verfielen, und Bauern wie Grundherren verschuldeten sich. So zog man die Juden zur Kapitalbeschaffung heran, welche unter diesen Umständen außerordentlich riskant war, so daß sie sich gezwungen sahen, hohe Zinsen zu fordern, was ihnen wiederum den Haß der christlichen Schuldner einbrachte.

Als Produktion und Handel, welche in der Zeit des Schwarzen Todes darniedergelegen hatten, sich erholten, kam es zum Aufstieg der Städte. Die Nachfrage nach Gebrauchsgegenständen und Werkzeugen wuchs, da es der Bevölkerung nicht nur um die bloße Wiederbeschaffung ging, sondern weil man darüber hinaus die erlittenen Leiden mit einem höheren Lebensstandard kompensieren wollte. Der Wohlstand der Kaufleute mehrte sich. Die Geburtenzahl stieg an. Bauern, welche ihre Existenz gefährdet sahen, zogen dahin, wo sie angemessenen Lebensunterhalt erwarten konnten. Die Stadtbürger brauchten daher die Juden nicht länger als Kapitalbeschaffer und waren sogar in der Lage, Grundbesitz auf dem Lande zu Niedrigpreisen aufzukaufen.

Mit dem Wachsen der Städte wuchs nun die Nachfrage nach Agrarprodukten wieder, ihre Preise stiegen. Die Kaufleute der Städte hatten zwar ihre Kapitalreserven ausgebaut, fühlten jedoch, daß diese unter Druck standen. Die Konkurrenz der Juden empfanden sie jetzt als unerträgliche Rivalität. Fürstliche und städtische Schuldner hatten die Wahl, den Kaiser zum Erlaß der Schulden bei seinen "Knechten" zu bewegen, welchen z.B. König Wenzel im

Jahre 1390 auf dem Fürstentag zu Nürnberg gewährte, oder die Juden auszuweisen, ihren Schutz nicht mehr zu verlängern und durch ihre Vertreibung die Schulden, die man bei einem hatte, zu tilgen. Indes stellte sich die so gewonnene Erleichterung auf lange Sicht als Eschwerung der Lage heraus, da nun der Kredit von Städten und Dorfgemeinden in Frage gestellt war und die Zinsen, welche von nichtjüdischen Geldgebern gefordert wurden, noch höher waren.

Beispiele deutscher Städte und Landesherren

Unter den zahlreichen deutschen Städten, in denen die Juden nun ausgewiesen wurden, finden wir Straßburg (1388), Freiburg i.Br. (1401 und endgültig 1424), Speyer (1405 und endgültig 1435), Trier (1418), Köln (1424), Konstanz (1432), Augsburg (1438), München (1442), ganz Bayern (1450), Würzburg (1453), Erfurt (1458), und viele andere. Im Jahre 1498 waren Rat und Bürgerschaft der Stadt Nürnberg nach fünfundzwanzigjährigen Verhandlungen mit dem Kaiser schließlich in der Lage, die Juden auszutreiben.

Die Vertreibung der Mainzer Juden und der Rechtsstreit über ihren Wert

Im Jahre 1438 wurden die Juden mit rücksichtsloser Brutalität aus Mainz vertrieben. Mainz stand in finanziellen Schwierigkeiten und war zudem von innerem Zwist zwischen den Patriziern und den Zünften zerrissen. Die Zünfte haßten die Juden aus Konkurrenzneid; gleichzeitig wollten sie die als judenfreundlich bekannten Patrizier treffen. Da die Zünfte die Hälfte der Ratssitze gewonnen hatten, war die Zeit zur "ewigen Ausweisung" der Juden gekommen.

Nun waren die Schuldner von ihren Schulden befreit. Die Juden verloren ihre gesamte Habe, die Synagoge wurde als städtisches Kohlenlager benutzt, sogar der alte Friedhof wurde von der Stadt konfisziert, und seine Grabsteine verwandte man für öffentliche Bauten (s.u.). Als Menschen waren die Juden den Machthabern belanglos, aber als Gegenstand der Ausbeutung hatten sie Wert. So kam es nun zu einem Rechtsstreit zwischen Erzbischof Diether von Erbach und der Stadt Mainz. Der Erzbischof verklagte die Stadt, die Juden widerrechtlich vertrieben zu haben. Die ihm vom Kaiser zum Lehen gegebenen Juden habe er der Stadt zur Nutznießung gegen eine jährliche Gebühr von 112 Mark Aachener Pfennige überlassen. Daraus lasse sich aber kein Recht zur Ausweisung ableiten. Nur der Kaiser könne eine solche verfügen. Der Bischof bezifferte seinen Schaden auf 100.000 rheinische Gulden, den die Stadt gutmachen solle; andernfalls solle sie die Juden zurückkehren lassen. Er erwähnte, daß die Stadt mit den Grabsteinen des jüdischen Friedhofs, der ebenfalls bischöfliches Besitztum war, eine Ufermauer am Rhein gebaut habe (Etwa hundert Grabsteine wurden in der Tat im Jahre 1859 bei der Neueindämmung des Rheins gefunden, der jüngste aus dem Jahre 1428). Der Magistrat erklärte hingegen, er habe die Juden nicht ausgewiesen; vielmehr habe man ihnen "lediglich" weiteres Aufenthaltsrecht und Schutz entzogen. Sie hätten daher "freiwillig" die Stadt verlassen. Die Klage des Erzbischofs mag den Stadtrat bewogen haben, die Juden im Jahre 1445 wieder zuzulassen. Der Konflikt wurde im Jahre 1449 beigelegt. Dem Anspruch auf Schadensersatz wurde nicht stattgegeben, aber die Stadt hatte weiterhin die jährliche Gebühr von 112 Mark Aachener Pfennige für die Ausbeutung der Juden zu zahlen.

Eine neue Gemeinde entsteht - ihre schweren Lasten

Die kleine Mainzer Gemeinde von ca. 200 Personen wurde hart besteuert. Seit 1449 mußte jeder von ihnen jährlich gegen eine steigende Abgabe die Erneuerung seines Schutzbriefs erwirken. Auswärtige Juden, welche die Stadt betraten, mußten für Judengeleite zahlen. Für Beerdigungen auf dem jüdischen Friedhof mußte ein Zoll entrichtet werden. Das Domkapitel erhielt jährlich 120 Mark, d.h. die Gebühr, welche die Stadt an den Erzbischof zu zahlen hatte, mußte von den Juden aufgebracht werden. Er gab sie dann dem Domkapitel. Für nicht eingesessene *Jeschiva*studenten war eine Sondersteuer fällig. Daneben wurden einzelnen schwere Bußen für größere und kleinere Vergehen auferlegt, selbst wenn diese nur das innergemeindliche Leben der Juden betrafen. So wurde ein Mann mit 1000 Gulden dafür bestraft, daß er verschwiegen hatte, er habe im Bann gelegen. Darüber hinaus kamen die Juden für das Gehalt des Rabbiners und der Kultusbeamten, für die Versorgung der Jeschivastudenten und für den Unterhalt von Synagoge und Friedhof sowie die wachsende Zahl ihrer Bedürftigen auf.

Erneute Vertreibung und der Plan ihrer Ausweisung aus ganz Deutschland

Die Zeit der Entspannung war von kurzer Dauer. Schon 1470/71 wurden sie von Erzbischof Adolf II. aus dem gesamten Erzbistum ausgewiesen. Die Synagoge wurde in eine christliche Kapelle umgewandelt. Von nun an war Mainz über hundert Jahre lang (bis etwa 1583) ohne jüdische Gemeinde.

Das genügte dem Erzbischof Albrecht von Brandenburg (1514-43) nicht. Nach dem Vorbild Englands, Frankreichs und, kurz zuvor, Spaniens (1492), die die Juden aus ihrem ganzen Territorium ausgewiesen hatten, wollte Albrecht die Vertreibung aller Juden nun auch aus Westdeutschland durchsetzen, doch widersetzte sich Kaiser Maximilian dem gegen seine Kammerknechte gerichteten Plan, was der Fürsprache des "*Schtadlans*" Josel von Rosheim (s.u.) zuzuschreiben sein kann. Während dieser Zeit durften sich gelegentlich Juden vorübergehend in der Stadt aufhalten oder in Vororten, wie Weisenau, leben.

Unter diesen befand sich einer meiner Vorfahren, Hirtz Trepp, der Leibarzt des Fürstabtes von Fulda, welchem Albrecht das vorübergehende Aufenthaltsrecht in Mainz gewährte, "solange er meinen lieben Freund, den Abt von Fulda, wegen seines Podagra (Gicht) behandelt."

Im Jahre 1941 ersuchten die Nationalsozialisten das Mainzer Diözesanarchiv, ihnen die Dokumente des Projekts Albrechts von Brandenburg zu übermitteln, da sie sich von ihnen eine historische Bestätigung ihrer eigenen Aktivitäten erhofften.

Die Juden als Opfer innerkirchlicher Spannungen

Wie der gescheiterte Plan Albrechts von Brandenburg zeigt, waren wirtschaftliche Umstände nur zum Teil der Grund zur Vertreibung der Juden. Die Autorität der Kirche begann sich aufzulösen. Die Renaissance und der Humanismus, welche an die Antike anknüpften und das menschliche Ich in den Mittelpunkt rückten, bedeuteten eine Gefahr für die Kirche. Die im Aufstieg begriffenen christlichen Bankiers setzten sich über das Zinsverbot der Kirche hinweg.

Der Verkauf von "Ablässen" durch den Mainzer Erzbischof Albrecht von Brandenburg, um Gelder für seine Projekte aufzubringen, hatte Martin Luther auf den Plan gebracht. Durch Kauf eines "Ablasses" konnte der Gläubige durch Vermittlung des Papstes für sich oder selbst bereits Verstorbene die Befreiung aus dem Fegfeuer erwirken. Luther bestritt nun nicht nur die Legitimität der Ablässe, sondern griff auch die Autorität des Papstes als solche an. Könnten da nicht schwankende Christen der Versuchung anheimfallen, darüber nachzudenken, ob die Existenz der Juden nicht noch einen anderen Grund haben könnte, als den lebenden Beweis für den Triumph der Kirche abzugeben?

Predigende Bettelmönche als Schürer des Judenhasses

Die Aufgabe, die Bevölkerung gegen die Juden aufzustacheln, fiel in erster Linie den Mönchsorden der Dominikaner und Franziskaner zu, welche mit Hetzpredigten gegen die Juden durch die Lande zogen. Im Mainz hatten vor der Vertreibung des Jahres 1438 die Predigten des Dominikaners Heinrich Kalteisen die Gefühle der Bürger zum Sieden gebracht.

Johannes von Capistrano (1386-1456), ein Franziskaner, kam von Italien und zog in ganz Deutschland und Polen so gegen die Juden vom Leder, daß man ihn "die Geißel der Hebräer" nannte. 1453 war er aktiv an einem Prozeß wegen angeblichen Hostienfrevels gegen die Juden von Breslau beteiligt, der zur Verbrennung von 41 Juden auf dem Scheiterhaufen und der Vertreibung der anderen führte. In seinen Predigten erklärte der Mönch, er habe in Erfahrung gebracht, die Juden verbreiteten die "schreckliche" Idee unter den Christen, jeder Mensch könne durch seinen eigenen Glauben selig werden, was natürlich unmöglich sei. Hier werden die Angst der Kirche vor den neuen Regungen und ihre Furcht vor einem möglichen Einfluß der Juden deutlich. Johannes wurde später kanonisiert.[49]

Nicht zuletzt infolge der Predigten Bernardinos da Feltre, ebenfalls eines Franziskaners, kam es im Jahre 1475 in Trient zu einem Ritualmordprozeß. Die ganze jüdische Bevölkerung, die aus Deutschland stammte, wurde verhaftet und der Tortur unterworfen, unter welcher einige "gestanden". Die "Schuldigen" wurden verbrannt und die gesamte Gemeinde ausgewiesen.

Hatten sich die Päpste bislang der Ritualmordlüge aufs energischste widersetzt, so ist bezeichnend für die neue Haltung der Kirche in dieser Zeit der Spannung, daß Simon, das ermordete Kind, im Jahre 1582 selig gesprochen wurde. Die Seligsprechung wurde im Jahre 1965 widerrufen und die Unschuld der Juden von Trient bestätigt.[50]

Der Einfluß geistlicher Spiele (Passionsspiele u.ä.) auf die Stimmung gegenüber den Juden darf nicht gering veranschlagt werden. Oft genug wurden die auf der Bühne agierenden Juden mit äußerster Bosheit ausstaffiert.[51] Verheerend müssen sich indes Spiele ausgewirkt haben, die Hostienfrevel oder Ritualmord thematisierten, wie z.B. das Endinger Judenspiel, das vorführt, wie die Endinger Juden 1470 zum Feuertod verurteilt werden, nachdem sie acht Jahre zuvor eine christliche Familie ermordet hatten, um sich in den Besitz ihres Bluts zu setzen.[52] Zwiespältiges Verhalten legte der Maler Albrecht Altdorfer an den Tag. Als Mitglied des Äußeren Rats sicher am Regensburger Beschluß beteiligt, die Synagoge zu enteignen und zu zerstören, dokumentierte er ihren Zustand vor der Zerstörung mit zwei Radierungen. Die erste trägt die Überschrift:

> ANNO. D[OMI]NI. D. XIX
> IVDAICA. RATISPONA
> SYNAGOGA. IVSTO
> DEI. IVDICIO. FVNDIT[V]S
> EST. EVERSA.

Über der zweiten steht zu lesen:

> PORTICVS. SINAGOGAE
> IVDAICAE. RATISPONEN̄
> FRACTA. 21. DIE FEB.
> ANN. 1519.[53]

7. Humanismus und Reformation

Das innere Leben der jüdischen Gemeinden

In den Städten brachten es nun einige Juden wieder zu Wohlstand; in den Landgemeinden betrieb der Viehjude den Handel unter den Bauern und versorgte die Stadtbevölkerung mit Fleisch und Leder. In Stadt und Land verdienten sich Pfandleiher, Hausierer und auch Trödler mühsam ihren Lebensunterhalt.

Die Gemeindeorganisation war straff. Die Gemeindevorsteher führten ein autokratisches Regiment. Zwar wurden sie von den Gemeindemitgliedern gewählt, doch immer nur aus einer kleinen reichen und aristokratischen Schicht. Als Vertreter der Judenschaft nach außen und Verantwortliche für die kollektiv auferlegten Steuern, die Finanzierung der Gemeindeinstitutionen und die Versorgung der Bedürftigen, sahen sie sich als berechtigt an, die Gemeinde nach ihrem Gutdünken zu regieren.

Die Gemeindemitglieder richteten sich in ihrer Lebensführung hingebungsvoll an der Tora aus. Ihren Rabbiner umgaben sie mit einem Ehrenschein und folgten seinen Verordnungen. In seinem Haus wurden die Maße und Gewichte aufbewahrt, an denen die Händler in regelmäßigen Abständen ihre eigenen eichten.

Die Zahl der Bedürftigen, die in jeder Gemeinde durch die wachsende Not der Juden rapide anstieg, forderte große Opferbereitschaft von den Gemeindemitgliedern und ihren Führern. Man trug diese schwere Bürde, wie es die Tora gebietet. Kein Jude durfte brotlos oder ohne ein Dach über seinem Kopf sein. Allerdings machten es sich die jüdischen Gemeinden zur Regel, nur solche Zuwanderer aufzunehmen, die ihnen menschlich keine Unehre bereiteten und auch ihr Brot selbst verdienen konnten. Doch ließ sich diese Regel nicht durchsetzen, da so viele Heimatlose an die Türen ihrer Brüder und Schwestern pochten. Man konnte daher den einzelnen Juden trauen, daß sie ihr Vermögen ehrlich erklärten. Hatte man hingegen Zweifel, so ließ man den Betreffenden schwören.

Die jüdischen Landgemeinden im Umkreis einer Stadt wurden von den jüdischen Stadtgemeinden eingemeindet, wodurch ihnen alle für das religiöse Leben notwendigen Institutionen zur Verfügung standen. Sie waren in den Gremien der Stadtgemeinde vertreten, unterstanden aber grundsätzlich der Jurisdiktion des Stadtrabbiners und der Gemeindevorsteher. Versuche, regionale oder gar überregionale Behörden zu schaffen, scheiterten am Widerstand der lokalen Rabbiner.

Juden und Christen

Immer noch waren Juden diskriminierenden Landesgesetzen unterworfen, und ihr "Schutz" gewährte ihnen lediglich einen zeitlich begrenzten, immer gefährdeten Aufenthalt. Dennoch bahnten sich engere Beziehungen zu Christen an. Geschäftlich kam es immer wieder zu Kontakten. Auf den Dörfern lebten sie als Nachbarn, so daß sich den Christen die Gelegenheit bot, das Leben der Juden zu beobachten. Ein seltsames Verhältnis entstand. Man sah auf die Juden und ihre absonderlichen Lebensformen herab. In ruhigen Zeiten konnte man ihnen jedoch gewisse mitmenschlichen Gefühle nicht versagen. Einerseits spottete man über sie, andererseits brachte man ihnen eine gewisse Sympathie entgegen. Das Vorurteil gegen sie verschwand nie und konnte jederzeit in mörderische Tat umschlagen, wenn es durch Verhetzung oder Konkurrenzneid genährt wurde. Man sah sie niemals als Mitbürger an. Das Volksbuch von Ahasver, welches um diese Zeit sich schlagartig verbreitete, erklärte ihr Schicksal. Sie waren Ahasver, welcher Christus auf seinem Weg zur Kreuzigung geschmäht hatte und darum verflucht war, für alle Ewigkeit unstet durch die Welt zu wandern. Trotz dieser Stereotype konnte man einzelnen Juden zeitweilig eine gewisse Zuneigung entgegenbringen, eine Haltung, die im Prinzip die Jahrhunderte hindurch bis zur Nazizeit unverändert blieb.

Die Erfindung des Buchdrucks als Wende im Leben der Menschheit

Die Erfindung des Buchdrucks durch Johannes Gutenberg in Mainz veränderte das gesamte Leben der Menscheit. Bücher wurden zugänglich. Ideen konnten verbreitet, Meinungskonflikte durch Pamphlete in der Öffentlichkeit ausgetragen werden. Vor allem aber konnte die Heilige Schrift unters Volk gebracht und damit dem Monopol der Geistlichen entzogen werden.

Johannes Reuchlin - Die Humanisten und ihre Gegner

Der Humanismus mit seiner Hinwendung zur Antike und seiner kritischen Beschäftigung mit den klassischen Quellen brachte auch eine Rückbesinnung auf die *Hebraica veritas* mit sich. Insbesondere Johannes Reuchlin (1455-1522), von Haus aus eigentlich Jurist, förderte mit seinem Lehrbuch *"De rudimentis Hebraicis"* (1506) das Studium der hebräischen Sprache. Wie der italienische Philosoph Giovanni Pico della Mirandola beschäftigte er sich eingehend mit der Kabbala, die er mit der Christologie zu verbinden suchte. Reuchlins Hebräischlehrer war der Arzt Jakob ben Jechi'el Loans, mit dem er auch angeregt korrespondierte.

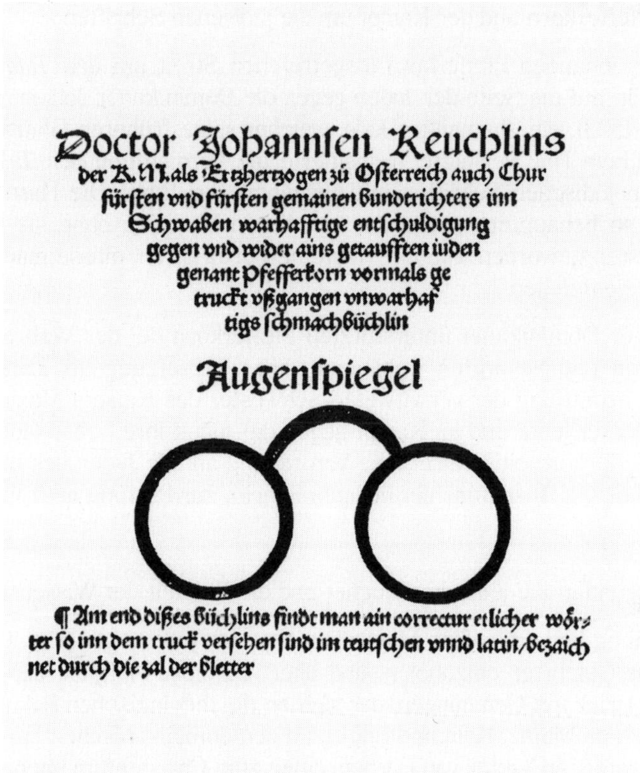

Doctor Johannsen Reuchlins
der K.M. als Ertzhertzogen zů Osterreich auch Chur
fürsten vnd fürsten gemainen bundtrichters inn
Schwaben warhafftige entschuldigung
gegen vnd wider ains getaufften iuden
genant Pfefferkorn vormals ge
truckt vßgangen vnwarhaf
tigs schmachbüchlin

Augenspiegel

¶ Am end dißes büchlins findt man ain correctur etlicher wör-
ter so inn dem truck versehen sind im teutschen vnnd latin/bezaich
net durch die zal der bletter

Reuchlin, Augenspiegel, Titelblatt

Johannes Pfefferkorn und der Kampf um die jüdischen Schriften

In dem von Johannes Pfefferkorn losgetretenen Streit um den *Talmud* stellte sich Reuchlin auf die Seite der Juden gegen die Dominikaner. Johannes Pfefferkorn (1469-1523), ein ehemaliger Jude, welcher seine früheren Glaubensbrüder mit fanatischem Haß verfolgte, propagierte die Vernichtung des *Talmuds* und der anderen jüdischen Schriften mit Ausnahme der Bibel. Die Hartnäckigkeit der Juden, so behauptete er, beruhe auf diesen Büchern; ohne sie wären sie längst Christen geworden. Um ihre Taufe herbeizuführen, müsse man ihnen lediglich diese entziehen.

Die Kölner Dominikaner unterstützten Pfefferkorn bei der Verbreitung seiner Schriften und besorgten wohl auch ihre Übersetzung ins Lateinische.[54] Durch die Vermittlung der verwitweten Schwester des Kaisers Maximilian, die in einem Kloster lebte und im Kampf gegen die Juden ihre Lebensaufgabe sah, erwirkte Pfefferkorn eine kaiserliche Verordnung an alle Juden des Reiches, alle ihre Bücher, mit Ausnahme der heiligen Schrift, zur Prüfung auszuliefern.

Reuchlin verteidigt die jüdischen Bücher und die Freiheit der Wissenschaft

Die Einziehung begann sofort. Maximilian sah sich jedoch genötigt, Gutachten bedeutender Gelehrter einzuholen, und übertrug diese Aufgabe dem Mainzer Kurfürsten Uriel von Gemmingen, der sich an die theologischen Fakultäten der Universitäten zu Mainz, Köln und Erfurt, an den dominikanischen Inquisitor Jakob Hochstraten, an Viktor von Carben, einen zum Christentum übergetretenen Juden, und an Johannes Reuchlin wandte. Dieser war der einzige, welcher sich gegen die Vernichtung der jüdischen Bücher aussprach. Sein Gutachten veröffentlichte er im Herbst 1511 im:

> "Augenspiegel. Warhafftige entschuldigung, gegen und wider ains getaufften Juden genant Pfefferkorn vormals ussgangen unwarhafftigs Schmachbüchlein."

Darin führte er aus: Sowohl der *Talmud* als auch die Bücher der *Kabbala* enthielten wertvolle Beweise für die Wahrheit des christlichen Glaubens. Die Kommentarwerke seien unersetzlich für das Verständnis der heiligen Schrift. Christus selbst habe den Juden geboten, ihre Schriften zu erforschen, um darin die Bestätigung seiner Botschaft zu finden, daher sei der *Talmud* ihnen zu belassen. Dem Kaiser rät er, in jeder Universität zwei Dozenten des Hebräischen auf zehn Jahre zu bestellen. Dazu sollten die Juden ihre Bücher freundnachbarlich ausleihen.

> "Wenn so verfahren wird, zweifle ich nicht, daß in wenigen Jahren unsere Studenten in eben dieser hebräischen Sprache so wohl unterrichtet sein werden, daß sie mit vernünftigen und freundlichen Worten die Juden in Sanftmut zu uns zu führen wüßten und vermöchten."[55]

Außerdem erklärt er, das römische Recht betrachte sie als Bürger des Reichs. Reuchlin lag weniger an der Verteidigung der Juden als an der Freiheit des gesprochenen und geschriebenen Wortes und der Forschung. Sein Anliegen war die Unabhängigkeit der Wissenschaft. Reuchlin wurde von einer Reihe von Humanisten, darunter Ulrich von Hutten, unterstützt, die mit ihren "Dunkelmännerbriefen" (*Epistolae obscurorum virorum*, Hagenau 1515) die Dominikaner und die scholastische Philosophie nebst ihrem verschrobenen Latein verspotteten. Die Polemik wogte auf beiden Seiten jahrelang weiter. Reuchlin wurde 1520 zwar vom Papst verurteilt, und der Augenspiegel und seine kabbalistischen Werke kamen 1559 auf den *Index librorum prohibitorum* Papst Pauls IV., aber er hatte seinen Kampf gewonnen. Der *Talmud* wurde nicht konfisziert, und die jüdische Nachwelt hat Reuchlins dankbar gedacht. Ohne es zu wissen oder zu wollen, waren die Juden zu Katalysatoren eines neuen Geistes geworden.

Martin Luther und die Reformation

Martin Luther (1483-1546), durch dessen Reformation die Einheit des westlichen Christentums zerbrach, war ein Mann innerer Gegensätze. Seine betonte Individualität, seine Rückkehr zum ursprünglichen Sinn der Heiligen Schrift, entgegen der autoritativen Exegese der Kirche, wie sein Mut im Widerstand gegen Papst und Kaiser zeigen den Renaissancemenschen und Humanisten. Seine tiefe Frömmigkeit stempelte ihn zu einem Christen des Mittelalters, dem das Seelenheil des Menschen sein höchstes Anliegen war. Nachdem er aus seiner Erfahrung der Schrift zum Schluß gekommen war, daß nur der Glaube und nicht die Werke selig machten, setzte er seinen ganzen Willen und seine grenzenlose Energie für die Reformation der Kirche nach diesem Glaubensgrundsatz ein.

Luther hofft, die Juden für seinen Glauben zu gewinnen

Als Reformator hegte er die Überzeugung, er werde die Juden für einen nun von allen Mißständen gereinigten Glauben gewinnen, sie zum Heil führen und damit einen Fremdkörper aus der Christenheit entfernen zu können. In seiner Schrift "*Daß Jhesus Christus eyn geborner Jude sey*", welche er im Jahre 1523 in Wittenberg veröffentlichte, drückte Luther sich ganz klar aus:

> " ... unsere narren die Bepste, Bischoff, Sophisten und Munche, die groben esels kopffe, haben bis her also mit den Juden gefaren, das, wer eyn gutter Christ were geweßen, hette wol mocht eyn Jude werden. Und wenn ich eyn Jude gewesen were und hette solche tolpell und knebel gesehen den Christen glauben regirn und leren, so were ich ehe eyn saw worden denn eyn Christen.

Denn sie haben mit den Juden gehandelt als weren es hunde und nicht menschen, haben nichts mehr kund thun denn sie schelten und yhr gutt nehmen, wenn man sie getaufft hat, keyn Christlich lere noch leben hat man yhn beweyset, sondern nur der Bepsterey unnd muncherey untherworffen. Wenn sie denn gesehen haben, das der Juden ding so starck schrifft fur sich hat und der Christen ding eyn lautter geschwetz gewesen ist on alle schrifft, wie haben sie doch mugen yhr hertz stillen und recht gutte Christen werden? Ich habs selbs gehort von frumen getaufften Juden, das, wenn sie nicht bey unser tzeyt das Euangelion gehort hetten, sie weren yhr leben lang Juden unter dem Christen mantel blieben. Denn sie bekennen, das sie noch nie nichts von Christo gehort haben bey yhren teuffern und meystern.

Ich hoff, wenn man mit den Juden freuntlich handelt und aus der heyligen schrifft sie seuberlich unterweyßet, es sollten yhr viel rechte Christen werden und widder tzu yhrer vetter, der Propheten unnd Patriarchen glauben tretten, davon sie nur weytter geschreckt werden, wenn man yhr ding furwirfft und ßo gar nichts will seyn lassen und handelt nur mit hohmut und verachtung gegen sie. Wenn die Apostel, die auch Juden waren, also hetten mit uns heyden gehandelt, wie wyr heyden mit den Juden, es were nie keyn Christen unter den heyden worden. Haben sie denn mit uns heyden so bruderlich gehandelt, so sollen wyr widderumb bruderlich mit den Juden handeln, ob wyr etlich bekeren mochten, denn wyr sind auch selb noch nicht alle hynan, schweyg denn hyn uber."[56]

Ein enttäuschter Luther läßt dem Judenhaß freien Lauf

Luthers Hoffnung sollte sich nicht erfüllen. Die Juden strömten ihm nicht zu, sondern blieben ihrem Glauben treu. Im Gegenteil dürften einige sich sogar in der Hoffnung gewiegt haben, Christen und vielleicht sogar Luther selbst für das Judentum zu gewinnen. Luther, der keinerlei Widerspruch ertragen konnte, wurde mit jedem Mißerfolg wütender. Im Jahre 1543 schrieb er ein Pamphlet: "*Von den Jueden vnd iren Luegen*". Darin erzählt er vom folgenden Begebnis:

"Drey gelerte Jueden kamen zu mir, der hoffnung, sie wuerden einen newen Jueden an mir finden, weil wir hie zu Wittemberg Ebreisch anfiengen zu lesen, gaben auch fur, Weil wir Christen ire Buecher beguensten zu lesen, solts bald besser werden. Da ich nu mit jnen disputirt, Thetten sie jrer art nach, gaben mir jr glosen. Da ich sie aber zum text zwanck, entfielen sie mir aus dem text und sprachen, Sie muesten jren Rabinen gleuben, wie wir dem Bapst und Doctorn etc. Nu hatte ich barmhertzigkeit mit jnen, gab jnen eine furbitte an die Gleitzleute, das sie umbs Christus willen sie solten frey zihen lassen. Ich erfur aber hernach, wie sie mir den Christum hatten einen »Tola« genennet, das ist einen erhenckten Schecher. Darumb wil ich mit keinem Jueden mehr zu thun haben. Sie sind, wie S. Paulus sagt, dem zorn ubergeben, je mehr man jnen helffen wil, je herter und erger sie werden. Las sie faren."[57]

Es ist zu fragen, ob das Gespräch mit den drei Juden wirklich Luthers Haltung so radikal ändern konnte oder ob er im Bewußtsein seiner unbestrittenen Autorität gegenüber der katholischen Kirche wieder zu der von dieser seit je vertretenen Stereotype des Juden zurückkehrte, da sie dem eingefleischten Vorurteil des Volkes entsprach.

Die Vorschläge, welche er zur Behandlung der Juden unterbreitete, sind von einem unerbittlichen Haß geprägt:

> "Was wollen wir Christen nu thun mit diesem verworffen, verdampten Volck der Jueden? Zu leiden ists uns nicht, nach dem sie bey uns sind, und wir solch liegen, lestern und fluchen von jnen wissen, damit wir uns nicht teilhafftig machen aller irer luegen, flueche und lesterung. So koennen wir das unleschliche feur Goettlichs zorns (wie die Propheten sagen) nicht lesschen, noch die Jueden bekeren. Wir muessen mit gebet und Gottes furcht eine scharffe barmherzigkeit uben, ob wir doch etliche aus der flammen und glut erretten kuendten, Rechen duerffen wir uns nicht."[58]

"Scharffe barmherzigkeit" bedingt:

> "Erstlich, das man jre Synagoga oder Schule mit feur anstecke und, was nicht verbrennen wil, mit erden uber heuffe und beschuette, das kein Mensch ein stein oder schlacke davon sehe ewiglich (...) Zum andern, das man auch jre Heuser des gleichen zebreche und zerstöre, Denn sie treiben eben dasselbige drinnen, das sie in jren Schuelen treiben. Dafur mag man sie etwa unter ein Dach oder Stal thun, wie die Zigeuner, auff das sie wissen, sie seien nicht Herrn in unserm Lande, wie sie rhuemen, Sondern im Elend und gefangen, wie sie on unterlas fur Gott uber uns zeter schreien und klagen. Zum dritten, das man jnen neme alle jre Betbuechlin und Thalmudisten, darin solche Abgoetterey, luegen, fluch und lesterung geleret wird. Zum vierten, das man jren Rabinen bey leib und leben verbiete, hinfurt zu leren, Denn solch Ampt haben sie mit allem recht verloren (...) Zum fuenfften, das man den Jueden das Geleid und Straffe gantz und gar auffhebe, Denn sie haben nichts auff dem Lande zu schaffen, weil sie nicht Herrn noch Amptleute noch Hendeler, oder des gleichen sind (...) Zum sechsten, das man jnen den Wucher verbiete und neme jnen alle barschafft und Kleinot an silber und Gold, und lege es beiseit zu verwaren (...) Zum siebenden, das man den jungen starcken Jueden und Juedin in die hand gebe flegel, axt, karst, spaten, rocken, spindel, und lasse sie jr brot verdienen im schweis der nasen, wie Adams kindern auffgelegt ist (...) Besorgen wir uns aber, das sie uns moechten an Leib, Weib, Kind, Gesind, Viehe etc. schaden thun, wenn sie uns dienen oder erbeiten solten, weil es wol zu vermuten ist, das solch edle Herrn der Welt und gifftige, bitter wuerme, keiner erbeit gewonet, gar ungern sich so hoch demuetigen wuerden unter die verfluchten Goijm, So lasst uns bleiben bey gemeiner klugheit der andern Nation, als Franckreich, Hispanien, Behemen etc. und mit jnen rechen, was sie uns abgewuchert, und darnach guetlich geteilet, Sie aber jmer zum Land ausgetrieben."[59]

Die Nachwirkungen von Luthers gehässigen Vorschlägen

Luthers ungezügelte Worte schockierten selbst einige seiner Mitarbeiter. Andreas Osiander (1498-1552) wagte es, die Juden in einem (nicht erhaltenen) Brief an Luther in Schutz zu nehmen. Ihres religiösen Kontexts entkleidet. erlaubten sie den Henkern des Holocaust, sich auf sie zu berufen.

Die lutherische Kirche schwankte zwischen Luthers früherer und späterer Haltung gegenüber den Juden. Zwar übernahm sie seine radikalen Vorschläge nicht, doch blieb die Animosität gegenüber den Juden im Bewußtsein der Geistlichen wie der Gläubigen tief verankert. Da nach Luther der unter dem Evangelium stehenden weltlichen Macht in allen Dingen mit Ausnahme des Glaubens Gehorsam geschuldet werde, so versagte sich die evangelische Kirche den Protest, auch als die Obrigkeit nicht mehr unter dem Evangelium stand.[60] Nach dem Holocaust, welcher den Abgrund menschlicher Verderbtheit geöffnet hatte, bekannte die lutherische Kirche ihre Mitschuld. Seitdem hat sich ihre Haltung gegenüber den Juden positiv geändert.

Die Konsequenzen der Reformation für die Juden in Deutschland

Die Reformation hatte für die deutschen Juden unselige Konsequenzen. Die evangelische Kirche wurde in vielen Staaten des Reiches zur Landeskirche, welche dem jeweiligen Fürsten unterstand. Dieser hielt sich an Luthers Worte und unterdrückte die Juden, allerdings nur, wenn dies seinen sonstigen Interessen, zumal den ökonomischen, nicht widersprach. In einem Gutachten für den Landgrafen Philipp von Hessen von 1538 sprach sich der oberdeutsche Reformator Martin Butzer (Bucer; gest. 1551) dafür aus, die Juden auf seinem Territorium nur zu dulden, wenn sie sich regelmäßig Missionspredigten anhörten, auf alles verzichteten, was ihren eigenen Glauben förderte, und ihren Lebensunterhalt nur durch solche Arbeiten gewännen, für die sich keine Christen fänden, weil sie entweder zu hart oder entehrend seien.[61] Wenn sich die Spannungen zwischen Volk und Patriziern in Städten wie Frankfurt (1614) und Worms (1615) in Judenvertreibungen entluden, konnten sich die Übeltäter auf die Worte von Reformatoren berufen.

Im Jahre 1612 wurde Erzherzog Matthias in Frankfurt zum Kaiser gewählt. Die Thronwechsel waren in der Regel mit der Erneuerung und der Verbesserung der städtischen Privilegien verbunden. Daß der Rat diesbezügliche Verhandlungen unterlassen hatte, hatte die Unzufriedenheit und den Unmut der Bürger hervorgerufen, welchen sie nun freien Lauf ließen. Die Patrizier waren die Zielscheibe, die Juden das Opfer. Die Zünfte drängten darauf, die Juden als für die Arbeitslosigkeit und Inflation verantwortlich zu vertreiben. Dieses Ansinnen wurde vom Stadtrat, welcher vom Kaiser unterstützt wurde, abgelehnt.

Unter der Führung des Bäckers Vinzenz Fettmilch stürmte der Pöbel am 22. August 1614 das Ghetto. Trotz ihrem hartnäckigen Widerstand wurden die Juden überwältigt und die Judengasse ausgeplündert. 1380 Juden flohen in die benachbarten Dörfer, wo sie von Juden und Christen hilfsbereit aufgenommen und versorgt wurden. Der Kaiser war über die Vertreibung "seiner" Juden entrüstet und befahl, sie ohne Verzug zurückzuholen. Mit Zustimmung des Stadtrats wurden sie feierlich wieder in die Stadt zurückgeholt. Fettmilch und drei seiner Mittäter wurden vor Gericht gestellt und hingerichtet. Das Ghetto wurde restauriert, aber nicht erweitert. Im Jahre 1711 hatte es 203 Häuser, in denen 505 Familien mit insgesamt 3024 Menschen zusammengepfercht lebten.

Die katholische Gegenreformation

Nach der unwiderruflich gewordenen Spaltung im westlichen Christentum besann sich die katholische Kirche auf ihre Erneuerung, welcher das Konzil von Trient (1545-63) dienen sollte. Die Kirche betonte ihre alten Dogmen und machte gegenüber den Protestanten wie den Juden keinerlei Konzessionen, zumal die Päpste Paul IV. (reg. 1555-1559) und Pius V. (reg. 1566-1572) ehemalige Inquisitoren waren.

Die Anklagen gegen den *Talmud* wurden erneuert, und Julius III. ordnete die Konfiszierung und Verbrennung an, die am 9. September 1553, dem *Rosch ha-Schana* des jüdischen Jahres 5314, in Rom durchgeführt wurde. Im Jahre 1564 wurde von Pius IV. der Druck des *Talmuds* unter der Bedingung wieder erlaubt, daß er nichts Abwertendes über die christliche Religion sage, d.h. er wurde der christlichen bzw. der vorauseilenden jüdischen Zensur unterworfen. Gleichzeitig durfte im Titel das Wort "*Talmud*" nicht mehr erscheinen; es wurde durch "*Gemara*" ersetzt. Die Haltung Pauls IV. faßt seine Bulle "*Cum nimis absurdum*" vom Juli 1555 progammatisch zusammen. Juden und Christen waren völlig voneinander zu trennen. Daher wurde unter anderen Verordnungen das Judenzeichen erneuert, das Ghetto angeordnet, in welches die Juden jeden Abend einzuschließen waren, Christen war das Betreten des Ghettos untersagt. Der Bau neuer Synagogen war verboten. Als von Gott zu Sklaven verurteilte Menschen durften sie sich nicht mit "Herr" anreden lassen. Ihre Buchhaltung mußte in lateinischer Schrift und der Volkssprache geführt werden, um jederzeit geprüft werden zu können. Die Juden Roms lebten in diesen schmachvollen Umständen bis zum Ende des päpstlichen Staates im Jahre 1870.[62]

Im Jahre 1569 vertrieb Pius V. alle Juden aus dem Kirchenstaat. Nur in Rom und Ancona durften sie bleiben. Als Begründung gab er in der Bulle "*Hebraeorum gens*" u.a. an:

> "Das Volk der Juden allein wurde einst von Gott erwählt (...) Aber so sehr es vor allen übrigen sich durch seine Gnade und Würde ausgezeichnet hat, so sehr hat es

später durch die Schuld seines Unglaubens verdient, nachdem es die Gnade verachtet und vernachlässigt hatte, verjagt zu werden, weil es, als die Fülle der Zeit kam, treulos und undankbar seinen Erlöser ungläubig verwarf und einem unwürdigen Tod überlieferte. Nachdem es sein Priestertum verloren hat, irrt es seit so vielen Jahrhunderten über den Erdkreis, ist verhaßt und ein Gegenstand der Schmähungen und allen Hohnes und ist genötigt, schändliche und unerhörte Künste (...) zu betreiben und sich zu eigen zu machen (...) Denn wenn wir so viele Arten des Wuchers nicht erwähnen, durch die die Juden das Vermögen der bedürftigen Christen ganz und gar verzehren, so glauben wir aber, daß es klar genug ist, daß sie Diebe und Räuber bei sich aufnehmen und mit ihnen gemeinsame Sache machen (...) Häufig gehen sie unter dem Anschein, in eigener Sache zu kommen, in die Wohnung ehrbarer Frauen und drängen viele von ihnen zu ganz scheußlicher Kuppelei. Was aber verderblicher als alles andere ist: sie haben sich dem Wahrsagen, Zaubereien, magischen Kulten und Hexereien hingegeben, durch die sie viele unvorsichtige Kranke und Schwache den satanischen Gaukeleien zuführen."[63]

Da die katholischen Fürsten Deutschlands sich jedoch als unabhängige Landesherren ansahen, vollzogen sie die päpstlichen Verordnungen nur, insoweit sie ihren eigenen Interessen und denen ihrer Länder dienlich waren. Dadurch wurde dort das Leben der Juden gegenüber den im Kirchenstaat niedergelassenen etwas leichter. Trotz ihres Religionszwistes unterschieden sich Katholiken und Protestanten in ihrer Behandlung der Juden kaum.

8. Die Hofjuden

Josel von Rosheim, der ideale Fürsprecher der deutschen Juden

In dem Elsässer Josel von Rosheim (Josef ben Gerschom; Hagenau 1478 - Rosheim 1554) erstand den Juden des Römischen Reiches der Fürsprecher, der dank seinem Gerechtigkeitssinn und seiner universalen Bildung, seinem weltmännischen Auftreten wie seiner Zuwendung zu den Idealen der *Chaside Aschkenas* (s.o.) es vermochte, Obrigkeiten, vor allem den Kaiser, immer wieder von der Berechtigung der jüdischen *Gravamina* zu überzeugen und die gegen sie verhängten brutalen Maßnahmen wenn nicht abzuwenden, so doch zu mildern. Im Gegensatz zu den auch mit dem Einzug von Steuern betrauten Reichsrabbinern (Hochmeistern), die vom Kaiser ernannt wurden, beruhte Josels Mandat auf dem Vertrauen seiner Glaubensgenossen. Wie ihn 1509/10 (= A.M. 4270) die Landjudenschaft des Unterelsaß zu ihrem *Parnas u-manhig* (Vorsteher und Leiter) erwählt hatte, so machten ihn die Vertreter der Gemeinden im Reich, die sich 1529 nach den Pösinger Ritualmordbeschuldigungen in Günzburg an der Donau versammelten, zu ihrem "Vorgänger und Befehlshaber" (s.u.).

> "Es war, wie zur Zeit der Richter, die Not seines Jahrhunderts, die sein Amt gebar. Eine auf das tiefste gedemütigte, in den Grundlagen ihrer Existenz bedrohte, von Fanatismus und Aberglauben umgebene, ihrer unsicher gewordene jüdische Masse wählte sich einen Führer, wie die Bauern, die Ritter, die Protestanten, die Wiedertäufer, alle diese eine neue Lebensform und einen neuen Glauben Suchenden sich ihre Führer erwählten"[64]

Josel rettet die Juden und die Stadt Rosheim

Als die Bauern sich 1525 erhoben, empfand Luther zunächst durchaus Sympathie für ihre Anliegen, doch schlug seine Stimmung alsbald um. Den Mißbrauch des Evangeliums wie auch die blutigen Spuren, welche die bäuerlichen Haufen hinterließen, fürchtend, riet Luther, der nun alle Teufel der Hölle am Werk sah, sie zu erschlagen und zu erwürgen, wobei er die Empfänger seiner Ratschläge durchaus nicht von ihrer Verantwortung vor dem göttlichen Gericht entband.[65] Aber wie die Fürsten in ihrer Rache weder Maß noch Ziel mehr kannten, so hielten es die Bauern für ihre Pflicht, Pfaffen, Mönche, Nonnen und Juden erbarmungslos zu strafen. Die Bemühungen des Landvogts des Unterelsaß, des Magistrats von Straßburg wie der Reformatoren Bucer (Butzer), Capito und Zell, mit dem Anführer der am Odilienberg vereinigten und geeinten Bauern, Erasmus Gerber aus Molsheim, wenigstens ins Gespräch zu kommen, scheiterten. Als Rosel erfuhr, daß dieses Heer, das noch Verstärkung erhalten hatte, sich aufmachte, die Stadt Rosheim anzugreifen, beschloß er, sich in die Höhle des Löwen zu wagen und die Anführer aufzusuchen. Josel erinnert sich:

> "Durch Gottes Gnade kam ich zu ihnen in das Kloster namens Altorf, und dort redete ich ihnen zu ihren Herzen mit der Bibel, auch den Anführern, so daß sie ausriefen, daß niemand gegen die Juden die Hand erhebe. Viele Sendschreiben wurden geschrieben an jede Stadt und jedes Land, und obwohl sie zuletzt ihr Wort zurücknahmen, brachte doch diese Proklamation den Juden Erleichterung und Befreiung bis zur Zeit ihrer [sc. der Bauern] Niederlage."[66]

Josels Mut, sein psychologisches Verständnis der Bauern und seine Diplomatie retteten die Juden. Allerdings machte er den Hauptleuten auch noch ein Geschenk von 80 Goldgulden. Sein Geschick, auf die Bauern einzugehen, rettete seine Stadt. Er hatte die Bürgermeister von Rosheim vor der drohenden Gefahr gewarnt, und diese hatten daraufhin die zur Verteidigung nötigen Maßnahmen ergriffen. Bei seiner Zusammenkunft mit den Bauernführern zu Altorf bewog er dann diese, von einem Sturm auf die Stadt so lange abzusehen, bis sie die anderen Städte im Elsaß erobert hätten. Die Stadt wurde nie angegriffen, da der Aufstand vorher niedergeschlagen wurde. Aus Dankbarkeit gewährte man Josel dauerndes Wohnrecht.[67]

Verteidiger und Befehlshaber

Im Jahre 1529 wurde Josel nach Pösing in Ungarn gerufen, wo schon etwa 30 Juden aufgrund einer Denunziation wegen Ritualmords verurteilt und verbrannt worden waren. Zur Verteidigung der Juden legte Josel die wiederholten päpstlichen und kaiserlichen Proklamationen vor, welche die Ritualmordbeschuldigung als falsch nachwiesen und verdammten. Abschriften dieser Dokumente und seine Verteidigungsrede sandte er an König Ferdinand. Es stellte sich heraus, daß das "jämmerlich gemarterte, geschlagene, gestoßene, geschnittene und gemordete Kind" noch am Leben war, und zwar bei voller Gesundheit, und die Beschuldigung ein Graf in die Welt gesetzt hatte, der solcherart seine Schulden bei den Juden loswerden wollte.

Die in Günzburg an der Donau anläßlich dieses Falles, wie aus Sorge um ihre mährischen Glaubensgenossen, denen gleichfalls eine Verfolgung drohte, zusammengekommenen Rabbiner und Gemeindevorsteher, schätzten auch die Lage im Reich so ein, daß sie bereit waren, die sonst so gehütete Eigenständigkeit der Gemeinden aufzugeben und Josel zu ihrem Sprecher zu machen.[68] Daß er sich 1535 in einer Eingabe an das Reichskammergericht als "Regierer" der Juden bezeichnete, wie er es auch in der Unterschrift unter die unten erwähnten "*Artikel und Ordnung*" und seitdem öfter getan hatte, sollte ihm zwei Mark in Gold als Strafe eintragen. Auch die Prozeßkosten hatte er zu übernehmen, da er mit dieser Selbstbezeichnung das Ansehen des Kaisers habe mindern wollen.[69] Im Jahre darauf (1530) überreichte er dem Kaiser eine Rechtfertigungsschrift gegen die Anschuldigung, die Juden würden mit den Türken zusammenarbeiten.

Die Disputation von Augsburg

Im Jahre 1530 veröffentlichte Antonius Margaritha, ein Jude, der sich hatte katholisch taufen lassen und später Protestant geworden war, in Augsburg ein Werk

> "Der gantz Judisch glaub mit sampt ainer gründtlichen und warhafften anzaygunge / Aller Satzungen / Ceremonien / Gebetten / Haymliche und offentliche Gebreuch / deren sich dye Juden halten / durch das gantz Jar / mit schönen und gegründten Argumenten wyder jren Glauben. Durch Anthonium Margaritham Hebrayschen Leser [sic] der Löblichen Statt Augspurg beschriben und an tag gegeben."[70]

Obwohl es sich als "Sachbuch" gab, enthielt es dennoch schwerwiegende Vorwürfe gegen die Juden. Sie verfluchten in ihren Gebeten Christus und die Christen, um den Untergang von Kaiser und Reich herbeizuführen, und steckten mit den Türken unter einer Decke. Es war eine gefährliche Anklage. Kaiser Karl V., welcher zum bevorstehenden Reichstag in Augsburg weilte, ordnete eine öffentliche Diskussion zwischen Margaritha und Josel an, der nach Augsburg gekommen war, um die Anliegen der Juden auf dem Reichstag zu vertreten. Josels Argumentation war so überzeugend und seine Worte waren so eindrucksvoll, daß der vollkommen geschlagene Margaritha als subversiver Verleumder aus Augsburg ausgewiesen wurde. Dennoch wurde das Werk noch mehrmals gedruckt, zuletzt 1713.[71]

Vor Kaiser und Reich

Als Josel schließlich als "Gesandter aller Juden" auf dem Reichstag zu Augsburg vor Karl V. und den Reichsständen erschien, kam ihm sein durch seine Debatte mit Margaritha gewonnenes Ansehen zugute. Seinen Ausführungen legte er die Überzeugung zugrunde, daß alle Menschen, seien sie Juden oder Christen, vor dem Gesetz gleich seien, wie es auch das natürliche Gesetz ausweise, und kein Unterschied zwischen den Menschen auf Erden bestehe.[72]

Im Namen der Juden legte Josel dem Reichstag "*Artikel und Ordnung*", welche diese bereits für sich selbst angenommen hatten, vor. Die Juden verpflichteten sich, den Zinssatz zu erniedrigen, keine Zinseszinsen zu nehmen, bei der Annahme von Pfändern Vorsicht bezüglich deren Ursprungs walten zu lassen, unverheirateten Söhnen der Bürger oder Bediensteten ohne Zustimmung der Eltern oder Arbeitgeber keine Darlehen zu gewähren, Witwen und Waisen bei der Abzahlung von Schulden oder Entrichtung von Zinsen entgegenzukommen und bei Klagen von Christen gegen Juden, welche vor jüdischen Gerichten verhandelt würden, absolute Gerechtigkeit und Unparteilichkeit walten zu lassen. Übertretungen waren mit Geldstrafen zu belegen, welche zum Teil der christlichen Obrigkeit zufließen sollten.

Diese Ordnungen waren bewußt streng gefaßt. Den Vertretern der Stände auf dem Reichstag sollte bewiesen werden, daß die Juden sich selbst reglementieren könnten, so daß bereits geplante härtere Judengesetze überflüssig seien.[73]

Im Kampf gegen Luthers Judenhaß und dessen Auswirkungen

1536 hatte Kurfürst Johann Friedrich die Juden aus Sachsen ausgewiesen, wofür Josel in der Rückschau Luthers Schrift "*Von den Juden und ihren Lügen*" von 1543 verantwortlich machte. Obwohl er mit Empfehlungsschreiben des Reformators Wolfgang Capito wie des Straßburger Rats versehen war, gelang es ihm weder bei Luther vorgelassen zu werden noch zum Kurfürsten vorzudringen, um eine Rücknahme des Mandats zu erreichen.[74] Wohl aber glückte es ihm, als er 1539 auf dem sogenannten "Frankfurter Anstand", einer Fürstenversammlung, mit dem brandenburgischen Kurfürsten Joachim II. zusammentraf, diesen dazu zu bewegen, zunächst den Juden zu erlauben, durch sein Territorium zu reisen und die Märkte zu besuchen, in den folgenden Jahren ihnen sogar die Niederlassung zu gestatten.[75]

Unermüdlich reiste er durch die Lande, argumentierte vor den Protestanten mit der Bibel und betonte gegenüber den Katholiken die alten Privilegien der Juden. In Straßburg erreichte er das Verbot, Luthers antijüdische Schrift "*Von den Juden und ihren Lügen*" zu verbreiten.[76] Josel, der die Lutheraner und ihre Absicht fürchtete,

> " ... die Nation Israel durch allerlei Arten harter Erlasse und durch Zerstörung zu entwurzeln, daß sie kein Volk mehr sei ..."[77]

kam zu dem vorsichtigen Schluß, daß die Hoffnung auf Beschützung für die Juden beim katholischen Kaiser lag. Darum legte er seinen Glaubensbrüdern ans Herz, für die kaiserliche Majestät regelmäßig zu beten.

Josel gewinnt Kaiser Karl V.

In der Tat zeigte sich Karl V. den Juden gegenüber großherzig. Wiederholt empfing er Josel zu Audienzen in Brabant und Flandern und hatte für dessen Anliegen ein offenes Ohr. Für Josel waren seine Reisen nicht selten gefährliche Unternehmungen.

Im Schmalkaldischen Krieg verbot der Kaiser seinen Soldaten unter Androhung der Todesstrafe, Juden Schaden zuzufügen oder sie gar zu töten.[78] Als die kaiserliche Armee die Lutheraner besiegte, dankte Josel Gott dafür, daß er die Bedrängnis seines Volkes gesehen und "Unserem Herrn, dem Kaiser Karl, Stärke und Kraft" gegeben hatte.

Das Privileg von Speyer

Zu Josels größten Erfolgen zählte indes, daß es ihm 1544 gelang, im sogenannten "Speyrer Privileg" vom Kaiser, der seinerseits an den kaiserlichen Judenschutz des Mittelalters anknüpfte, die weitestgehenden Rechte zu erlangen, welche die Juden je erhalten hatten. Unter anderem wurde ihnen sicheres Geleit auf Straßen und Flüssen zugesichert. Die Schließung von Synagogen sowie Vertreibungen wurden verboten. Außerhalb seines Wohnorts sollte kein Jude das Judenzeichen tragen müssen. Prozesse aufgrund von Ritualmordbeschuldigungen wurden verboten, da diese längst als haltlos erkannt seien. Alle Anklagen gegen Juden waren dem Kaiser als oberstem Schutzherrn vorzubringen. Aufgrund ihrer großen Risiken war es Juden erlaubt, höhere Zinsen zu fordern. Jetzt galt Josel vor Kaiser und Reich als der "gemeinen Judischait im Hailigen Reiche Teutscher Nation Bevelchaber".[79] Dieses Privileg wurde vom Augsburger Reichstag im Jahre 1548 bestätigt.

Der Tröster und Friedensstifter

Josel wurde immer wieder zu Gemeinden gerufen, um innere Konflikte zu lösen. Mit seinem - nur teilweise erhaltenen - *Sefer ha-Mikne* ("Buch des Erwerbs"), das er 1546 in Regensburg abschloß, schrieb er ein Erziehungs- und Moralbuch, in dem er u.a. seinen Glaubensgenossen vor Augen führte, welches Leid der Abfall vom Glauben der Väter immer wieder über die Juden gebracht habe. Gleichzeitig wollte er sie trösten und belehren.[80] Als Botschaft an seine jüdischen Brüder und Schwestern hatte er 1537 eine "*Iggeret Nechama*", einen Trostbrief, verfaßt, der in hessischen Gemeinden sogar am Sabbat verlesen wurde. Darin gab er ihnen Argumente an die Hand, insbesondere Butzers Vorwürfe zu widerlegen, und sprach ihnen Mut und Hoffnung zu.

Die Versammlung von Frankfurt

Mit Josels Tod erlitten die deutschen Juden einen unersetzlichen Verlust Sie hofften allerdings, durch eine Versammlung von Rabbinern und Gemeindeoberhäuptern, deren Verordnungen halachischen Charakter trugen, die Einheit der gesamten deutschen Judenschaft schaffen zu können.

Die Versammlung wurde 1603 nach Frankfurt am Main berufen. Wesentliche Verhandlungsgegenstände waren die Schaffung einer Gerichtsorganisation, die Regelung der Rabbinerausbildung, die Einführung einer Steuer zur Besoldung der Vorsteher - Josel hatte die Aufwendungen im Dienste seiner Glaubensbrüder und -schwestern aus eigener Tasche bestritten - sowie die Hebung der Moral. Der Versammlung waren weder Dauer noch Erfolg beschieden. Sie wurde als Verschwörung gegen den Staat denunziert und aufgelöst.[81] Angesichts der schwindenden Macht des Kaisers gegenüber den Landesfürsten hätte es auch eines unermüdlich tätigen jüdischen Diplomaten bedurft, der die Höfe und Städte besuchen und die Rechtslage der Juden nach den ihnen verliehenen Privilegien verteidigen konnte. Eine solche Persönlichkeit fand sich nach Josel nicht mehr.

Die neue Klasse jüdischer Fürsprecher: die Hoffaktoren

Der Westfälische Friede, der dem Dreißigjährigen Krieg (1618-1648) ein Ende setzte, brachte die Unabhängigkeit der Territorialherren von der kaiserlichen Autorität mit sich. Sowohl Kaiser wie Landesherren, in dauernden Geldnöten, erkannten, daß die Führung eines ordentlichen Staatshaushalts nur durch geregelten Steuereinzug und eine geschulte Verwaltung möglich war.

Die geeigneten Männer fanden sie in Juden. Zu deren Aufgaben gehörte es, die Fürsten zu beraten, die Mittel für die nicht selten viel zu aufwendige Hofhaltung und die Ausrüstung und Versorgung der Armeen bereitzustellen sowie das Silber für die Münzen aufzutreiben und diese zu prägen. Die Besetzung dieser Ämter mit Juden bot den Landesherrn noch den Vorteil, daß man diese für die Unzufriedenheit des Volkes über hohe Steuern und fürstliche Verschwendung verantwortlich machen und sie bestrafen konnte, um so den Unwillen der Untertanen vom Fürsten selbst abzulenken.

Es entstand die sehr kleine Klasse der Hofjuden oder Hoffaktoren, welche ihren Herren oft bis zur Selbstaufgabe dienten. Von den Judengesetzen befreit, gingen sie bei Hofe ein und aus und nahmen sich in ihrer Lebensgestaltung den Adel zum Vorbild. Die Hoffaktoren können als der Vortrupp eines gehobenen jüdischen Bürgertums gelten, welches sich allmählich entwickeln sollte. Der Gefahren ihres Berufs blieben sie sich aber immer bewußt.

Diese Hofjuden lebten in zwei Welten: am Hofe und in ihrer jüdischen Gemeinschaft. Als Fürsprecher ihrer jüdischen Glaubensbrüder im herrschaftlichen Gebiet bemühten sie sich nach Kräften, deren Los zu verbessern. Ihr diesbezüglicher Einfluß hing allerdings von der Laune des Fürsten bzw. ihrem Erfolg bei der Befriedigung seiner oftmals unersättlichen finanziellen Bedürfnisse ab.

Auch politisch waren sie von Gewicht. Einige Beispiele sollen dies illustrieren. Samuel Oppenheimer (1630-1703) hatte die schwierige Aufgabe zu lösen, die Mittel zur Verteidigung Wiens bereitzustellen, als die Türken die Stadt belagerten. Die Mitglieder seines Haushalts bildeten den Kern der neuen jüdischen Gemeinschaft nach der Vertreibung der Juden im Jahre 1670.[82] Sein Nachfolger Samson Wertheimer (1658-1724) wie sein Sohn und Nachfolger Wolf dienten den österreichischen Habsburgern als "Finanzminister" mit allen Aufgaben, welche diesem Amt heute zufallen. Ihr Einfluß erstreckte sich über das ganze Reich.[83] Samsons Vorstellungen gegenüber Kaiser Leopold bewirkten, daß dieser die Verbreitung von J.A. Eisenmengers berüchtigtem Werk "*Entdecktes Judentum*" verbot.[84] Als Maria Theresia 1744-45 die Juden aus Prag und dem Königreich Böhmen vertreiben wollte, gelang es Wolf Wertheimer, die Hofjuden gegen den Beschluß zu mobilisieren und die Kaiserin zu seiner Zurücknahme zu bewegen.[85] Behrend Lehmann half seinem Herrn, dem Kurfürsten von Sachsen, zu seiner Wahl als König von Polen.

Mendelssohns Heimat: Dessau

Der Hofjude Moses Benjamin Wulff verdient unser Interesse nicht nur, weil sein Leben das Schicksal dieser Männer spiegelt, sondern vor allem, weil er die religiöse und intellektuelle Atmosphäre schuf, in welche der Dessauer Jude Moses Mendelssohn hineingeboren wurde und wo er seine Jugend verbrachte.

Moses Benjamin Wulff lebte 40 Jahre lang in Dessau und war Hoffaktor unter Fürst Johann Georg II. von Anhalt und seinem Sohn Leopold, dem "alten Dessauer". Er brachte die Finanzen des Staates in Ordnung, beschaffte die Gelder für den Unterhalt der Armee, entwickelte ein Transport- und Postsystem und führte die persönlichen Geschäfte des Fürsten mit Erfolg. Er begleitete ihn auf seinen Reisen und verteidigte ihn in einer Reihe von Prozessen vor den Handelsgerichten. In seinem Haus verkehrten die Mitglieder des Fürstenhauses.

Im Jahre 1691 verschaffte er dem Herzog von Gotha und Altenburg zur Sanierung der Währung ein Darlehen in Höhe von einigen Hunderttausenden von Gulden, für das er sich mit seinem ganzen Vermögen verbürgte. Da der Herzog die Rückzahlung verweigerte, ja sogar seinerseits Wulff verklagte, ihm Geld zu schulden, wurde Wulff wiederholt inhaftiert und starb im Jahre 1729, ohne sein Geld zurückerhalten zu haben, obwohl sich Leopold wie Sachsen und Preußen für ihn ohne Wenn und Aber eingesetzt hatten.[86]

Wulff war ein frommer Mann von tiefer jüdischer Bildung. Gegenüber seiner Gemeinde war er überaus großzügig. Aus eigenen Mitteln und im eigenen Haus unterhielt er ein privates Lehrhaus, eine "Klaus", und gründete eine Druckerei, aus welcher eine Reihe bedeutender Werke hervorgingen. Er nahm Rabbiner und Gelehrte als geehrte Gäste in sein Haus auf, wo sie monatelang wohnen durften, um die Drucklegung ihrer Manuskripte zu überwachen. Dies war ein Gewinn für die ganze Stadt. Dessau wurde zu einer "Stadt von Gelehrten und Schriftstellern".[87]

Wenige Tage nach Wulffs Tod wurde Moses Mendelssohn geboren.

"Jud Süß" und sein außergewöhnliches Leben

Der aufsehenerregendste Hofjude war Joseph ben Issachar Süßkind Oppenheimer (ca. 1699-1738), welcher als "Jud Süß" bekannt wurde. Der Sohn einer frommen und angesehenen Heidelberger Bankiersfamilie erhielt eine jüdische Erziehung und wurde dann zu Verwandten ins Ausland geschickt, wo ihm eine ausgezeichnete Ausbildung im Finanzwesen zuteil wurde. Im Dienst des Herzogs Karl Alexander von Württemberg (1733-1739) bewirkte er radikale Reformen, welche ihn als einen weitsichtigen und "modernen" Mann zeigen. Er setzte die Auflösung der aus Vertretern der Stände bestehenden Staatskammer durch, statt ihrer wurde das Konferenzministerium errichtet, zu dem nur dem Herzog verantwortliche Minister, und zwar meistens geschäftstüchtige Ausländer, welche den Ständen nicht verbunden waren, herangezogen wurden. Die Finanzen des Herzogs wurden der Kontrolle der "Landschaft" entzogen und einem herzoglichen Kontrolleur unterstellt. Der Einzug der Steuern wurde gestrafft, die Industrie wurde mit Nachdruck gefördert. Mit diesen Reformen, aber auch mit der Einführung des Ämterkaufs und der Niederschlagung von Gerichtsverfahren nach der Zahlung hoher Summen, zog er sich den Haß der Stände wie der nun steuerlich gepreßten Bürger zu.

Oppenheimer war ein Lebemann und Schürzenjäger. Sein Lebensstil war prunkvoll; er besaß Häuser in Stuttgart, Mannheim und Frankfurt, Karossen, Pferde, Juwelen und Gemälde von Meistern wie Rembrandt und Rubens. Auch damit erregte er den Unwillen der Bevölkerung.

Als der Herzog nach kurzer Regierungszeit während eines Gelages starb, rächte sich die Partei der Landschaft an seinem Hofjuden. Oppenheimer wurde verhaftet, des Hochverrats und anderer schwerer Verbrechen beschuldigt und nach einer langen Gerichtsverhandlung zum Tode verurteilt. In seiner Not fand er Kraft in seinem Glauben, den er in guten Zeiten beiseite geschoben hatte. Ein Angebot, sein Leben zu schonen, falls er zum Christentum übertrete, lehnte er ab.

Seine Hinrichtung in Stuttgart wurde zu einem Volksfest. Ein besonderer Käfig war gebaut worden, in welchem er in guter Sicht der Zuschauer gehängt wurde. Als er die 52 Stufen zu diesem Käfig hinaufstieg, sprach er die Worte des jüdischen Glaubensbekenntnisses, "*Schema Jisrael* ... Höre Israel, ER un-

Joseph (Jud) Süß Oppenheimer (1692–1738)
Foto: Stadtarchiv Stuttgart

Mitte: „Ephraimit“ (Sachsen 1756–1762).
Abgebildet ist Kurfürst Friedrich August II. von Sachsen. – Germanisches Nationalmuseum Nürnberg

Unten: Palais Ephraim, um 1930
Unbekannter Fotograf
Besitzer: Berlin, Stadtmuseum Berlin
Fotografie: Stadtmuseum Berlin

ser Gott, Er ist einig-einzig" (5. Mose 6,4). Oppenheimers Schicksal reizte verschiedene Autoren zur romanhaften Ausgestaltung. Berüchtigt ist der nationalsozialistische Tendenzfilm "Jud Süß" des Regisseurs Veit Harlan.[88]

Die Hofjuden Berlins sind so stark mit dem Aufstieg dieser Stadt und Preußens verbunden, daß sie in diesem Zusammenhang Erwähnung finden werden.

9. Kräfte und Strömungen

Die Situation der jüdischen Bevölkerung

Gegen Ende des 17. Jahrhunderts lebten unter den ca. 40 Millionen Einwohnern des Heiligen Römischen Reiches etwa 60.000 Juden, ein verschwindend kleiner Prozentsatz. Ihre Mehrheit wohnte in den Städten. Die durch den Fettmilchaufstand dezimierte Gemeinde zu Frankfurt wuchs wieder auf 2-3.000 Mitglieder an. In Worms bildeten die 700 Juden 13 % der Gesamtbevölkerung. In Städten wie Mannheim und Hanau, welche vertriebene Juden aufnahmen, zählten die Gemeinden bald je 1.000 Mitglieder.

In Amsterdam belief sich gegen Ende des 18. Jahrhunderts die jüdische Gemeinschaft, welche aus sephardischen und aschkenasischen Juden bestand, auf 24.000 Personen oder 12 % der Bevölkerung. Diese Juden genossen völlige Handelsfreiheit. Sie waren führend im Überseehandel, gründeten private Banken, waren Mitglieder der Börse und spielten eine bedeutende Rolle im Versicherungswesen, vor allem in der Schiffsversicherung. Auf den Diamantenhandel und die Diamantenschleiferei besaßen sie praktisch das Monopol.

Die Beziehungen der deutschen Juden zu Amsterdam, dem Ausgangspunkt des Handels mit der neuen Welt, waren eng. Amsterdamer Sephardim, unter ihnen viele ehemalige Marranen, ließen sich in Hamburg nieder und trugen zum wirtschaftlichen Aufschwung der Stadt bei. Die wirtschaftlichen Aktivitäten der Amsterdamer Juden fanden bei ihren deutschen Glaubensgenossen Nachahmung. Auch sie betrieben die von den Amsterdamern bevorzugten Geschäfte auf Gebieten, an welchen die Zünfte, aus denen die Juden ausgeschlossen waren, kein Interesse hatten. Mit dem Aufkommen der bedeutenden privaten jüdischen Bankhäuser ging der kleine Geldverleih zurück. Die Schikanen der Behörden machten es ihnen jedoch unmöglich, sich in größerem Rahmen an der Industrie zu beteiligen. Sie gründeten Webereien, Gerbereien, Zigarrenfabriken. Dem Weingeschäft und, auf den Dörfern, dem Viehhandel gingen sie weiterhin nach.

Da die Juden auch die Messen in Leipzig, Breslau und Danzig besuchten, entfiel ein wesentlicher Anteil des Warenverkehrs mit Polen auf sie. Gleichzeitig kamen sie mit ihren polnischen Glaubensgenossen, mit deren Leben und Schicksal sie eng verbunden waren, in persönlichen Kontakt.

Gesellschaftsklassen

Die jüdische Oberschicht, welche haupsächlich zu wohlhabenden Christen in Beziehung stand, paßte sich deren Lebensformen an. Man schnitt sich die Bärte ab, trug westliche Kleidung und mühte sich, gutes Deutsch zu erlernen. Man wollte die Zeitung lesen können, um der Entwicklung der Zeit zu folgen, ganz abgesehen davon, daß diese Kenntnis Prestige eintrug. Die ganz Reichen ließen ihren Kindern sogar Französisch- und Klavierunterricht erteilen.

Es war die Zeit der Aufklärung, wo Christen wie Juden der Religion des anderen mit etwas größerer Toleranz entgegentraten. So trafen sich gelegentlich auch Familien in ihren Heimen. Dadurch schwächte sich der Zusammenhalt unter den Juden, die Befolgung der religiösen Vorschriften wurde leichter genommen. Es kam sogar zu Ehen zwischen Juden und Christen. Kulturell gehörten nun auch Juden zur Oberschicht der Gesamtbevölkerung, die bürgerliche Gleichberechtigung hingegen war allen Juden immer noch versagt. Die Schicht der wohlhabenden Juden war allerdings recht dünn. Das eigentliche Rückgrat des traditionellen religiösen Lebens bildeten immer noch die ärmeren Juden. Ihren Kindern stand nur die jüdische Schule offen.

Ganz unten stand die zunehmende Schicht der Verarmten. Zu ihr gehörten die Betteljuden, welche von Stadt zu Stadt ziehend ihr Leben von Almosen fristeten. Die Zuwendung zum Nächsten zählte schon immer zu den jüdischen Tugenden. Ihrer eigenen Unsicherheit eingedenk unterstützten die Stadtjuden ihre wandernden Brüder. Allerdings erregten sie damit das Mißfallen der Behörden, die bestrebt waren, nur wohlhabenden Juden "Schutz" zu gewähren und ihnen mit dessen Entzug drohten, sollten sie "ausländische Juden", unter welche selbst die aus einem benachbarten Territorium vertriebenen fielen, und Landstreicher beherbergen und sie nicht sofort der Polizei zur Ausweisung melden.

Das Leben der jüdischen Frau im Mittelalter

Über das Leben der jüdischen Frau im Mittelalter hören wir wenig. Die Verordnungen des Rabbenu Gerschom hatten ihre Stellung verbessert. Sie war die Herrin des Hauses, Beraterin ihres Mannes und Erzieherin der Kinder. Sie sah darauf, daß ihr Haus streng *koscher* war, d.h. allen Speisevorschriften entsprach, und gab deren Kenntnis an ihre Töchter weiter. Mit größter Gewissenhaftigkeit befolgte sie, selbst im eiskalten Winter, das Gebot der *Mikwe*, des Tauchbads, durch welches sie nach der Menstruation ihrem Mann wieder erlaubt wurde. Sie bereitete das festliche *Sabbat*mahl vor und zündete die *Sabbat*kerzen an. Den Bibelvers "Die ganze Ehre der Königstochter ist im Inneren [des Hauses]" (Psalm 45,14) bezog man auf sie. Das bedeutete gleichermaßen Anerkennung, denn sie war "Königstochter", und Zurücksetzung, denn nach außen war sie minderen Rechts.

Obwohl die Erziehung der Männer ihnen versagt war, lernten viele Frauen lesen. In der Synagoge mußten sie auf der Galerie oder, wie in Worms, in einem Seitenschiff sitzen. In jedem Fall waren sie dem Blick der Männer durch ein Gitter oder sogar eine Trennmauer entzogen. In Worms hatte die Wand ein Fenster, an welchem eine Frau ihren Schwestern die Gebete des Vorsängers nachsprach. Sie zählten nicht zum Quorum der Zehn, dem *Minjan*, welches zu einem öffentlichen Gottesdienst notwendig ist. Eine Frau konnte zwar gegen ihren Willen nicht geschieden werden, doch konnte sie sich auch von ihrem Mann ohne dessen Einwilligung nicht scheiden lassen.

Wenn wir auch nicht viel darüber wissen, so dürfte sie ihrem Mann im Geschäft geholfen haben, vor allem wenn dieser seine Tage dem Torastudium widmete, oder, als Witwe, das Geschäft weitergeführt haben. Die Stadtrechnungen von Mainz aus dem Jahre 1449 erwähnen die Gebühr, die die jüdische Ärztin Goldchen für ihre Aufenthaltserlaubnis zu zahlen hatte. Es gab also jüdische Ärztinnen.[89] Aus der folgenden Zeit erfahren wir mehr.

Techinnes - Gebete für Frauen

Im 17. Jahrhundert fingen Frauen an, für ihre Schwestern "*Techinnes*" zu verfassen, jiddische Bittgebete und Meditationen mit hebräischen Zitaten aus der Tora für Frauen, die sich nach den allgemeinen Gebetbüchern ausrichteten.[90] Offensichtlich besaßen die Autorinnen Kenntnis der Tora und des *Midrasch*. Diese Techinnes haben einen weiblichen Charakter. Beziehen sich die Gebete der Synagoge auf das Verdienst der "Väter" Abraham, Isaak und Jakob, so rufen die Techinnes die "Mütter" Sara, Rebekka, Lea, Rahel an.

Der folgende Auszug aus einer Techinne zum jüdischen Neujahrstag *Rosch ha-Schana* zeigt die Vertrautheit der Autorin mit jüdischer Tradition und Folklore. Der Neujahrstag ist der erste der zehn Bußtage, welche im *Jom Kippur*, dem Versöhnungstag, ihren Höhepunkt finden. Nach der Überlieferung steht jeder Mensch an diesen Tagen vor Gottes Gericht. Das ihm von Gott für das kommende Jahr bestimmte Schicksal wird in das göttliche Buch eingetragen und am Jom Kippur gesiegelt. Reue, Gebet und gute Taten können durch Gottes Gnade ein hartes Urteil abwenden. Die bewährten Vorfahren werden als Fürsprecher vor Gott angerufen. Am *Rosch ha-Schana* wird das *Schofar* (ein Widderhorn) im Gottesdienst geblasen. Nach einer volkstümlichen Überlieferung verscheuchen seine Töne den Satan, den Ankläger.

"Herr der Welt, barmherziger Vater, sei barmherzig mit uns und nimm unsere Gebete an. Denn Du hast Deinem Volke Israel geboten, das Schofar zu blasen, um den Satan zu verwirren, daß er uns nicht anklage ... Blase alle unsere Sünden mit dem Ton des Schofars weg ... das Verdienst unserer Mütter und der drei Patriarchen und Moses und Aarons stehe uns im Gericht bei, denn sie sind aufgestanden [um für uns Fürsprecher zu sein]. (...)

Wir bitten unsere Mutter Sara für uns in der Stunde des Gerichts Fürsprecherin zu sein, daß wir frei vor Gericht ausgehen ... Habe Erbarmen, o unsere Mutter, mit deinen Kindern. (...)

Ich bitte ebenso unsere Mutter Rebekka, für unsere Väter und Mütter zu flehen, daß sie nicht, Gott behüte, von uns getrennt werden. (...)

Und wir bitten ebenfalls unsere Mutter Lea, für mich und meine Kinder zu flehen. Denn jetzt könnt ihr alle für uns flehen, denn heute ist der erste Tag der zehn Bußtage ... Ich weiß, wie viele Tage ich habe verstreichen lassen, ohne in Reue umzukehren ... Daher rufen wir alle unsere Mütter an, für uns zu flehen, daß wir ale zum Leben, Frieden und Lebensunterhalt eingeschrieben werden. Mögen wir, Gott behüte, nicht von menschlicher Wohltätigkeit abhängen, ... sondern aus deiner heiligen Hand ernährt werden. Amen Sela."

Das Backen des *Sabbat*brots wird der Frau zu einem heiligen Dienst und sie betet:

"Herr der Welt! In Deiner Hand ist jeder Segen. Ich komme nun, Deine Heiligkeit zu verehren, und flehe Dich an, Deinen Segen auf das Gebäck zu legen. Sende einen Engel, das Backen zu beschützen, daß alles wohl gebacken sei, schön aufgehe, nicht verbrenne, zur Ehre des heiligen Sabbats ... und über welches man den heiligen Segen spricht - wie Du den Teig unserer Mütter Sara und Rebekka gesegnet hast (...)"[91]

Beide *Techinnes* erschienen gegen Ende des 18. Jahrhunderts.

Glückel von Hameln

In ihren Memoiren[92] schildert uns Glückel von Hameln (1645[93]-1724) das jüdische Leben ihrer Zeit aus weiblicher Perspektive. Ihr Vater war Schutzjude in Hamburg, wo er Vorsteher der aschkenasischen Gemeinde war. Im Alter von vierzehn Jahren wurde Glückel mit Chaim (Heine) Goldschmidt aus Hameln verheiratet, welcher nach seiner Übersiedlung nach Hamburg den Namen seiner Geburtsstadt als Familiennamen annahm. Mit ihm hatte sie zwölf Kinder, von denen acht überlebten. Gemeinsam betrieben sie einen Gold-, Perlen- und Juwelenhandel, "handelten mit allem, womit ein Jude eben handeln kann", und wurden sehr reich. Als ihr Mann 1689 starb, führte Glückel das Geschäft weiter und gründete noch eine Strumpffabrik. Sie löste dann das Geschäft auf, um im Jahre 1700 den Bankier Cerf Levy in Metz zu heiraten, welchen sie überlebte. Sie starb in Metz.

Obwohl sie mehrfach einflicht, sie wolle kein Moralbüchlein schreiben, verfaßte sie doch ihre Memoiren zur Mahnung an ihre Kinder, denen sie das Vorbild des Vaters vor Augen halten wollte. Für die Kenntnis des Lebens der Juden jener Zeit sind sie von großer Bedeutung. Glückel befleißigte sich eines anschaulichen Stils, der Vertrautheit mit der Bibel und dem rabbinischen Schrifttum sowie der seinerzeit gängigen Erbauungsliteratur verrät.

Die folgenden Auszüge mögen uns einen Eindruck von ihrer Persönlichkeit vermitteln, von ihrer Liebe zu Gott, ihrer tiefen Frömmigkeit, ihrem jüdischen Wissen, ihrer Selbsterkenntnis und ihrer Liebe zu ihren Kindern. Nahezu jedes Wort offenbart eine frauliche Sensibilität, welche ihrem Werk einen besonderen Reiz gibt.

"Im Jahre 5451 nach Erschaffung der Welt (= 1690/91 n. Chr.) beginne ich dies in meinen großen Nöten und in meinem schweren Herzeleid zu schreiben - Gott möge uns erfreuen und bald unsern Erlöser senden!

Meine lieben Kinder, ich habe dieses Buch zu schreiben angefangen nach dem Tode eures frommen Vaters, um meine Seele ein wenig zu beruhigen, wenn mir die melancholischen Gedanken kamen und schwere Sorgen mich bedrückten, da wir unsern treuen Hirten verloren haben. So habe ich manche Nacht schlaflos zugebracht, dann bin ich oft aufgestanden, um mir die schlaflosen Stunden damit zu verkürzen. Meine lieben Kinder, ich bin nicht darauf aus euch ein belehrendes Buch zu schreiben, ich bin auch nicht kapabel dazu, unsere Weisen haben gar viele Bücher zur Belehrung geschrieben und wir haben unsere heilige Thora, aus der wir alles sehen und begreifen können, was uns nützlich ist und was uns von dieser Welt zur künftigen Welt führt.

Da ist ein Hauptpunkt: Liebe deinen Nächsten wie dich selbst! Aber wir finden es in unserer Zeit sehr selten und gar wenig, daß ein Mensch den andern von Herzen liebt - umgekehrt, wenn einer den andern von Grund auf verderben kann, so geschieht es gern.

Es gibt nichts Besseres für euch, liebe Kinder: dient Gott mit eurem ganzen Herzen, ohne alle Falschheit und Heuchelei, daß ihr euch nicht etwa nur vor Leuten so stellet und - Gott behüte - in euren Herzen anders denket. Euer Gebet sollt ihr mit Andacht und Gottesfurcht verrichten und nicht zur Zeit des Gebet stehen und über andre Dinge sprechen. Haltet solches für eine Hauptsünde, mitten drin, während man zu dem großen Weltschöpfer betet, mit einem Menschen über eine ganz andre Sache zu reden. Soll denn der liebe Gott so lange auf ihn warten, bis er mit jenem fertig ist? Danach muß man regelmäßig ein Stück aus der Thora lernen, so gut man es weiß und kann, und alsdann fleißig auf seine Nahrung bedacht sein, daß man

Weib und Kinder ehrlich ernährt, was auch ein wichtiges Gottesgebot ist, und besonders, daß man sein Geschäft ehrlich treibt, sowohl mit Juden wie mit Nichtjuden, daß nicht - Gott behüte - eine Entweihung des göttlichen Namens vorkommt. Hat man Geld oder Waren von anderen Leuten in Händen, so muß man mehr Sorge dafür haben als für das Eigene, damit man keinem - Gott behüte - ein Unrecht tut. Denn das ist die erste Frage in der künftigen Welt, ob man auch treu im Handel und Wandel war. Wenn man sich auch in dieser Welt viel bemüht und - Gott behüte - viel Geld auf unehrliche Weise gesammelt hat und davon seinen Kindern große Mitgiften gibt und ihnen nach seinem Tode große Erbschaften hinterläßt - wehe und abermals wehe den Frevlern, die um des Reichtums ihrer Kinder willen die künftige Welt verlieren und ... das Zeitliche für das Ewige verkaufen.[94]

Du großer Gott weißt es wohl, wie ich meine Zeit in großen Sorgen und in Betrübnis des Herzens zubringe. Ich bin eine Frau gewesen, die so lange in großer Aestimation bei ihrem frommen Gatten gestanden hat und ihm wie sein Augapfel gewesen ist. Aber mit seinem Absterben ist mein Reichtum, meine Ehre, alles mit hinweggegangen, was ich alle meine Tage und Jahre zu bejammern und zu beklagen habe. Ich weiß wohl, daß es eine Schwachheit ist und daß ich einen großen Fehler begehe, wenn ich meine Zeit in solchem Elend und Jammer zubringe. Viel besser wäre es, daß ich alle Tage auf meine Kniee fiele und Gott für die große Gnade dankte, die er mir Unwürdigem erweist. Ich sitze noch bis dato an meinem Tisch, esse, was mich gelüstet, lege mich zu Abend in mein Bett, habe noch einen Schilling zu verzehren, so lange es dem großen Gott beliebt. Ich habe meine lieben Kinder; ob es auch zuzeiten dem einen oder dem andern nicht so geht, wie es gehen soll, so leben wir doch und erkennen unsern Schöpfer. Wie viele Leute gibt es in dieser Welt, die besser, frommer, gerechter und wahrhaftiger sind als ich, auch solche, die ich selber kenne, daß es ausbündig fromme Leute sind und die doch viel weniger, sogar nicht einmal Speise für eine Mahlzeit haben! Wie sollte ich da meinen Schöpfer genug loben und ihm danken können für alle Wohltaten, die er uns erweist, ohne daß wir es ihm vergelten.[95]

Also, meine herzlieben Kinder, seid getrost und geduldig in euren Leiden und dienet Gott dem Allmächtigen mit ganzem Herzen, sowohl wenn es euch übel, wie wenn es euch wohl geht. Denn obschon wir meinen, daß manches, was Gott uns zuschickt, für uns zu schwer und fast nicht zu ertragen ist, so müssen wir doch wissen, daß der große Herr seinen Knechten nicht mehr auferlegt, als wir ertragen können.[96]

Darum bitte ich auch meinen Schöpfer, daß er mir die Kraft gebe, alles, was uns in dieser Welt konträr geht - es geschieht ja alles nach unseren Werken - mit Geduld auszuhalten. »Wie man für das Gute Gott preist, so preist man ihn auch für das Böse.« (*Mischna Berachot* 9,5).“[97]

Geschichtliche Krisen

Mehrere Ereignisse im 17. und 18. Jahrhundert waren für die Juden von einschneidender Bedeutung.

Bogdan Chmelnizkij und die Pogrome - Rückwanderung nach dem Westen

Die in der Ukraine, welche zum Königreich Polen gehörte, lebenden Kosaken genossen weitgehende Privilegien und innere Autonomie. So erwählten sie ihr Oberhaupt, den "Hetman", der dann vom König von Polen bestätigt wurde. Im Gegensatz zu den römisch-katholischen Polen gehörten sie der russisch-orthodoxen Kirche an. Als diese Privilegien 1638 vom polnischen Reichstag widerrufen wurden, löste dies Unruhen aus. Mit dem Joch der Polen wollten sie auch den Einfluß der römisch-katholischen Kirche abschütteln.

Der Tod des polnischen Königs Wladislaw IV. im Jahre 1648 schwächte die Macht der Regierung. Die Kosaken nutzten die Gelegenheit zum offenen Aufstand. Ihr Hetman Bogdan Chmelnizkij stellte sich an die Spitze bewaffneter Scharen, welche die Polen besiegten und weit ins Land hineindrangen. Da die Juden Polens vielfach die Güter des polnischen Adels in sogenannten Arenda-Verträgen gepachtet hatten, unterstanden die Bauern ihrer Verwaltung, deren Haß sich nun gegen sie wandte, zumal sie keine Christen waren. Sie schlossen sich Chmelnizkijs Banden an und wüteten mit Pogromen gegen die Juden, welche an Grausamkeit alle bisherigen übertrafen. Der Chronist Nathan Hannover berichtet:

> "Den einen zogen die Kosaken die Haut ab, um das Fleisch den Hunden vorzuwerfen, den anderen brachten sie schwere Wunden bei, ohne ihnen jedoch den Gnadenstoß zu versetzen, und warfen sie sodann auf die Straße hinaus, um ihre Todesqualen zu verlängern; andere wieder wurden bei lebendigem Leibe begraben. Sie erdolchten Säuglinge in den Armen ihrer Mütter und rissen viele wie einen Fisch in Stücke. Schwangeren Frauen schlitzte man den Bauch auf, riß die Frucht aus dem Leibe und schleuderte sie der Mutter ins Gesicht; anderen preßte man lebende Katzen in den Leib hinein, nähte ihn dann wieder zu und hieb den Unglücklichen die Arme ab, damit sie sich nicht helfen könnten. Säuglinge wurden auf der Brust ihrer Mutter aufgehängt. Manche wurden auf Lanzen aufgespießt, gebraten und den Müttern gereicht, damit sie ihr Fleisch kosten mögen. Mitunter warf man Haufen jüdischer Kinder ins Wasser, um die Furten zu ebnen (...)"[98]

Man schätzt, daß über 100000 Juden auf diese Weise ermordet wurden. Andere wurden in die Türkei als Sklaven verkauft und mittels in jüdischen Gemeinden wie Hamburg und Amsterdam erhobener Kollekten freigekauft. Viele hatten ihre Heimat verloren. Mit der Niederlage Chmelnizkijs im Jahre 1651 endeten die Pogrome, die zwangsgetauften Juden durften wieder zu ihrem Glauben zurückkehren und ihre Arbeit wieder aufnehmen. Ihre Lage verschlechterte sich jedoch.

Es begann die Rückwanderung polnischer Juden nach dem Westen. Einer der Flüchtlinge war Hoffaktor Moses Benjamin Wulff. Um sein Leben zu retten, war er in Polen äußerlich zum Christentum übergetreten, widerrief jedoch seine "Bekehrung", als er Hamburg erreichte, und kam dann über Zwischenstationen in Halberstadt und Berlin nach Dessau. Glückel von Hameln berichtet von jüdischen Flüchtlingen aus Wilna, die von den Juden Hamburgs versorgt wurden. Die Zusammensetzung der deutschen Judenschaft änderte sich.

Schabbetai (Sabbatai) Zevi

Als Schabbetai Zevi (1626-1676)[99] auf der Bühne der Geschichte auftrat, konnte es den Juden erscheinen, als seien die Chmelnizkij-Massaker die Vorboten, "Geburtswehen", der Erlösung gewesen.

Schabbetai Zevi war der Sohn einer wohlhabenden Familie in Izmir (Smyrna). Seine Beschäftigung mit der jüdischen Mystik überzeugte ihn davon, daß er der Messias sei. Im Jahre 1665 begann er öffentlich mit diesem Anspruch aufzutreten. Er war ein stattlicher und charismatischer Mann, welcher bald eine große und begeisterte Gefolgschaft um sich sammelte und wie ein Fürst Hof hielt. Als Messias sah er sich berufen, den göttlichen Namen, das Tetragrammaton, welches nie gesprochen wird, öffentlich auszusprechen und die bestehenden Gebote der Tora, welche mit dem jetzt angebrochenen messianischen Zeitalter nicht länger bindend seien, aufzuheben. Die Juden der Welt rief er dazu auf, sich für die Rückkehr nach dem Heiligen Land vorzubereiten und auf seinen baldigen Ruf zu warten. Er sagte die Unterwerfung aller Feinde und den Beginn einer ewigen Zeit des Friedens und des Glücks voraus.

Schabbetais Botschaft versetzte die jüdische Welt in einen Taumel der Erwartung. Alle Kreise wurden erfaßt. In Hamburg riefen die Vorsteher der sephardischen Gemeinde ihre Glaubensbrüder zu ekstatischen Tänzen in die Synagoge. Einer dieser Vorsteher war Manuel Texeira, welcher als Bankier und Botschafter der Königin Christina von Schweden der jüdischen Elite angehörte. Glückel von Hameln erzählt:

> "Was für [eine] Freude herrschte, wenn man Briefe bekam, [die von Sabbatai Zewi berichteten,] ist nicht zu beschreiben. Die meisten Briefe haben die Portugiesen [Sephardim] bekommen. Sie sind immer damit in die Synagoge gegangen und haben sie dort vorgelesen. Auch Deutsche, jung und alt, sind in die Portugiesen-Synagoge gegangen. Die portugiesischen jungen Gesellen haben sich allemal ihre besten Kleider angetan und sich grüne, breite Seidenbänder umgebunden - denn das war die Livrei von Sabbatai Zewi. So sind sie alle "mit Pauken und Reigentänzen" in ihre Syn-

agoge gegangen und haben mit einer Freude, "gleich der Freude des Wasserschöpfens" [= Ritual beim Laubhüttenfest zur Zeit des Tempels], die Schreiben vorgelesen. Manche haben Haus und Hof und alles Ihrige verkauft, da sie hofften, jeden Tag erlöst zu werden."[100]

Sie kauften sich Wagen und Pferde sowie Proviant und hielten sich bereit, auf den Ruf des Messias nach Palästina auszuwandern. Glückel von Hameln berichtet, daß ihr Schwiegervater sein Haus mit der ganzen Einrichtung aufgab und statt dessen Linnen und Nahrungsmittel für die Reise kaufte und nach Hamburg zur baldigen Einschiffung sandte.

Nur der Rabbiner Jakob Sasportas, welcher zeitweilig in Hamburg und dann in Amsterdam fungierte, stemmte sich mit aller Kraft gegen die messianische Verirrung. Er sollte recht behalten. Die Juden wurden bitter enttäuscht. Schabbetai, bezichtigt, das osmanische Reich stürzen zu wollen, wurde verhaftet und im Jahre 1666 vor Sultan Mohammed IV. gebracht, welcher ihn vor die Wahl stellte, entweder zum Islam überzutreten oder als Hochverräter hingerichtet zu werden. Er entschied sich für den Übertritt und verbrachte die letzten zehn Jahre seines Lebens als Häftling des Sultans in komfortabler Gefangenschaft.

Zwar behaupteten seine engsten Anhänger, dieser Übertritt sei für Schabbetais Mission notwendig gewesen, da der Messias die Tiefen der Scham auf sich zu nehmen hatte, aber die Masse der Juden war durch seinen Abfall zutiefst erschüttert. Der messianische Traum war aus, schlimmer noch, Schabbetai hatte sich als treulos herausgestellt. Sie mußten wieder in ihre Entrechtung zurück. Die Nachwirkungen der Bewegung machten sich jedoch noch weiterhin bemerkbar.

Israel ben Elieser, Baal Schem Tov und der neue Chassidismus

Die schreckliche Tragödie der Chmelnizkij-Pogrome und die tiefe Enttäuschung über das Scheitern der messianischen Hoffnungen löste, wie schon einmal, eine mystisch orientierte Bewegung aus. Ihr Gründer war Israel ben Elieser (1700-1760) aus Podolien, ein Mann einfacher Herkunft, der eine Zeit lang Synagogendiener und Lehrgehilfe war, bis er sich in Abgeschlossenheit mystischen Studien und Meditationen widmete, welche ihn nach einigen Jahren zu einer inneren Offenbarung, "*Hitgallut*", führten. Er verkündete, jeder Jude könne ein Wegbereiter des Messias sein. Nicht Wissen, sondern die Hingabe an Gott gebe den Ausschlag. Nicht nur im Gebet, sondern in jeder täglichen Aufgabe, in der Arbeit des Handwerkers wie in den Mühen des Bauern werde die Verbindung mit Gott geknüpft, vorausgesetzt daß alles um Gottes willen getan werde. "*Hitlahavut*", ein inneres Entflammtsein für Gott, müsse das ganze Leben durchziehen. Auch der Dienst an Gott sei in Freude zu erfüllen. Tanz und Gesang seien geboten und wurden auch im und als Gottesdienst eingeführt.

In seinem Streben nach Gottes Nähe konnte allerdings nicht jeder das Ziel erreichen. Nur wenigen war dies vergönnt, und wem es vergönnt war, war ein "Zaddik", ein Bewährter. Ihm offenbarte Gott die Geheimnisse der Schöpfung und der Tora und verlieh ihm die Kraft des göttlichen Schöpfernamens, durch welchen er Wunder vollbringen konnte. Um des Zaddik willen wurde die Welt geschaffen.

Rabbi Israel ben Elieser war der *Zaddik* seiner Zeit, der Meister des (göttlichen) Namens., "*Baal Schem Tov*", abgekürzt "Bescht". Er konnte Wunder vollbringen. Wie die *Chaside Aschkenas* war die Bewegung volksnah; anders als sie zog sie die Massen an, da sie nicht asketisch war. Hier war der Hoffnungsfunke nach der Verzweiflung. Während die *Chaside Aschkenas* das Studium der Tora für unerläßlich hielten, betrachteten es die *Chas(s)idim* dieser Zeit als etwas zu Vernachlässigendes. Dem ungebildeten *Chassid* wurde das Bewußtsein gegeben, daß er den gleichen oder vielleicht noch einen höheren Rang einnehme als der Talmudist. Um ihre Eigenständigkeit zu betonen, nannten und nennen sie ihre *Zaddikim* nicht "Rabbi", sondern "Rebbe".

Der Wilnaer Gaon - Gegnerschaft und Aussöhnung

Unter dem Bescht und seinen Nachfolgern wuchs die Bewegung rapide an und entwickelte ihre eigenen Formen des Gebets und der Gebotserfüllung. Dabei erwuchsen ihr Gegner, vor allem in der Gestalt des Rabbi Elijahu ben Salomo Salman (1720-1797) aus Wilna, welches als "Jerusalem Litauens" das Zentrum jüdischen Lernens war. Rabbi Elijahus Wissen war so überragend, daß man ihm nach dem Vorbild der babylonischen Schulhäupter den Ehrentitel "*Gaon*" (Exzellenz) von Wilna beilegte.

Der *Gaon* war der Welt gegenüber relativ aufgeschlossen und erlaubte auch einige weltliche Studien, das Wesen allen Lernens aber war das Lernen der Tora. Ohne es, so war er überzeugt, würde das Judentum seine Kraft verlieren. In der prinzipiellen Herabwürdigung des Torastudiums durch die *Chassidim* lag die große Gefahr einer Schwächung der Treue zur Tora und zu den Geboten.

Auf seine Initiative hin wurden die Anhänger des Baal Schem Tov und seiner Nachfolger mit dem Bann belegt, doch ließ sich die Bewegung nicht aufhalten. Erst nach jahrelangen Kämpfen kam es zu einer Aussöhnung. Die *Chassidim* erkannten wie ihre Gegner, die "*Mitnaggedim*", in der "*Haskala*", der jüdischen Aufklärung, und der Reformbewegung im Judentum einen gemeinsamen Feind, den es mit vereinten Kräften zu bekämpfen galt.

Unter dem Einfluß der *Chassidim* erstand in den *Jeschivot* der *Mitnaggedim* die "*Mus(s)ar*-Bewegung", welche zusätzlich zum *Talmud*studium auf die ethische Belehrung wieder Wert legte.

Beide Gruppen sollten das deutsche Judentum stark beeinflussen. Aus den *Jeschivot* der *Mitnaggedim* gingen Rabbiner hervor, welche in Deutschland Gemeinden führten; deutsche Rabbiner besuchten diese *Jeschivot* zu weiterer Ausbildung. Die chassidische Bewegung übte auf das deutsche Judentum wie nach dem Holocaust auf das ganze Judentum einen tiefgreifenden Einfluß aus. Aus ihrem Kreis kamen bedeutende Denker. Martin Buber erforschte sie und setzte ihnen in seinen Büchern ein poetisches Denkmal. Abraham Joshua Heschel, wohl einer der bedeutendsten jüdischen Theologen der Neuzeit mit großem Einfluß auch auf Christen, entstammte einer Familie chassidischer Rebben.

10. Moses Mendelssohn und seine Zeit

Brandenburg-Preußen, Berlin und ihre Entwicklung bis zur Zeit Mendelssohns

Aus kleinsten Anfängen entwickelten sich Brandenburg-Preußen zu einer Großmacht und Berlin zur Weltstadt. Den Anstoß dazu gab Friedrich Wilhelm, "der Große Kurfürst" (1640-1688). Durch einschneidende Sparmaßnahmen und rücksichtslosen Steuereinzug steigerte er das Staatseinkommen von einer halben Million auf zwei Millionen Taler. Den Großteil verschlang die Armee, derer es bedurfte, um sich gegenüber den Mächten zu behaupten. Der Dreißigjährige Krieg hatte Brandenburg besonders hart getroffen. Als bevorzugtes Instrument zur Behebung seiner Folgen galt die Bevölkerungspolitik, die die Einwohnerzahl zu mehren trachtete. Besonders willkommen waren als Einwanderer Fachleute für Landwirtschaft, Gewerbe und Geldwesen. So siedelte er Holländer in Preußen an, um die Landwirtschaft zu heben. Die Hugenotten, Calvinisten, die ihres Glaubens wegen in Frankreich verfolgt wurden, durften sich in Preußen niederlassen, um Handel und Industrie zu stärken. Als Kaiser Leopold I. die Juden als "Feinde Christi" aus Wien vertrieb, gewährte Friedrich 50 Familien von ihnen, "daferne es reiche, wohlhabende Leute wären, welche ihre Mittel ins Land bringen und hier anlegen wollten",[101] 1671 das Niederlassungsrecht als Schutzjuden. Allerdings unterlagen sie noch einengenden Bestimmungen. Sie durften keine Synagoge bauen und nur in ihren Häusern Gottesdienste abhalten.[102]

Jost Liebmann genoß als Münzmeister große Gunst beim Kurfürsten und auch bei seinem Sohn Friedrich (1688-1713), III. als Kurfürst von Brandenburg, seit 1701 als König in Preußen Friedrich I. Diesem Hofjuden oblag es vor allem, die Mittel für den Aufbau und den Unterhalt der militärischen und politischen Macht des Staates zu beschaffen. Unter Friedrich I. stieg die Zahl der Juden in Berlin auf 117 Familien an, viele jedoch besaßen keinen Schutzbrief. Nach langen Verhandlungen und innergemeindlichen Querelen kam es schließlich zur Errichtung einer allgemeinen Synagoge.

Trotz der festzustellenden Toleranz interessierten die Juden im Grunde nur aus fiskalischen Gründen. Als im Jahre 1700 Johann Andreas Eisenmenger in Frankfurt am Main sein "*Entdecktes Judentum*" veröffentlichte, welches von Lügen und Schmähungen gegen Juden und Judentum strotzte, wurde die Verbreitung des Buches auf Bitten des Hoffaktors Samuel Oppenheimer vom Kaiser verboten. Friedrich I. hingegen ließ 1711 seine Herausgabe zu. Allerdings wurde als Erscheinungsort das ostpreußische Königsberg angegeben, da diese Stadt außerhalb des Reiches lag. Die Judenhasser des 19. und 20. Jahrhunderts beuteten das Werk für ihre Zwecke weidlich aus.[103] Unter Friedrich Wilhelm I. (1713-1740) und vor allem, seinem Sohn Friedrich II. "dem Großen", stieg Preußen zur Großmacht auf.

Friedrich der Große

Daß Friedrichs II., "des Großen", (1740-1786) Politik nicht immer von Skrupeln geplagt war, bewiesen zwei seiner außenpolitischen Aktionen, welche für die Juden bedeutende Folgen hatten.

Der Siebenjährige Krieg, die Teilung Polens und die Juden

Kaiser Karl VI. (1711-1740), welcher keinen männlichen Erben hatte, erlangte die Zustimmung der Fürsten zu einem Hausgesetz, das die Erbfolge für den österreichischen Hausbesitz auch in der weiblichen Linie regelte, der "Pragmatischen Sanktion". Dennoch griff Friedrich Maria Theresia, die Tochter Karls VI., unmittelbar nach seiner und ihrer Thronbesteigung (1740) an, um die vermeintliche Schwäche einer Frau zur Erweiterung seines Landes auszunutzen. Im Österreichischen Erbfolgekrieg (1740-1748), in welchen sich auch andere Mächte einmischten, gewann er die Provinz Schlesien von Österreich. Zur Festigung seines Anspruchs begann Friedrich einen zweiten, den Siebenjährigen Krieg (1756-1763), als dessen Ergebnis er Schlesien behielt und damit die Landfläche Preußens beinahe verdoppelte.

Der Siebenjährige Krieg wurde von Friedrichs Hofjuden und Münzmeister Veitel Heine Ephraim (ca. 1700-1775) finanziert. Der König hatte ihn zudem dazu gedrängt, den Gehalt an Edelmetall in den Münzen zu reduzieren, so daß diese an Wert verloren. Das Volk nannte sie "Ephraimiten". Zur Belohnung durfte Ephraim sich in den Jahren 1762-1765 ein großartiges Haus bauen, das Ephraim-Palais, welches noch immer zu den Sehenswürdigkeiten Berlins gehört.[104] Mit dem Erwerb Schlesiens kamen nun auch dessen zahlreiche Juden unter preußische Herrschaft.

Das nächste Unternehmen war die Aufteilung des innerlich geschwächten Polens zwischen der Kaiserin Katharina von Rußland, Maria Theresia und Friedrich. Dies erschien den Monarchen besser und billiger als darum Krieg zu führen. In drei Teilungen (1774, 1793, 1796) wurde Polen von der Landkarte getilgt. Diese Teilungen zeitigten für die Juden nachhaltige Folgen.

Rußland, welches niemals Juden in seiner Mitte geduldet hatte, erhielt die weitaus größte Masse der polnischen Juden. Damit begann der Leidensweg der osteuropäischen Juden. Österreichs jüdische Bevölkerung vergrößerte sich, zum Mißvergnügen der Kaiserin, durch die Annexion Galiziens. Preußen erhielt die Provinz Posen, deren zahlreiche Juden nun preußische Untertanen wurden. Mit der Annexion Schlesiens und der Provinz Posen änderte sich die Struktur des gesamten deutschen Judentums. Das Schwergewicht verschob sich nach Osten mit Berlin als Mittelpunkt.

Das Generalreglement

Friedrich betrachtete sich als "aufgeklärten Monarchen", d.h. einen Fürsten, der sich von den Prinzipien der Humanität und Menschenwürde, der Toleranz und der Gerechtigkeit leiten ließ, soweit es seine Interessen nicht beeinträchtigte. Die Freundschaft zu dem französischen Philosophen der Aufklärung François Marie Arouet Voltaire (1694-1778) funktionierte nur, wenn beide sich nicht nahe kamen.

Friedrich hatte selbst keine religiösen Überzeugungen und er rühmte sich seines Mottos: "In meinen Landen kann jeder nach seiner eigenen Façon selig werden". Dies galt aber nicht für die Juden.

Am 17. April 1750 erließ er das "*Revidierte General-Privilegium und Reglement für die Judenschaft im Königreich Preußen*", dessen Ziel es war, die Vermehrung der Juden zu unterbinden, die Beschwerden der Bevölkerung gegen die Konkurrenz der Juden zu beschwichtigen, und ihre Wohnberechtigung von ihrer "Nützlichkeit" abhängig zu machen. Es blieb bis 1812 in Kraft. Es galt nicht für die Juden Schlesiens, Ostfrieslands und Westpreußens, welche noch härteren Bestimmungen unterlagen.

Die Juden wurden in sechs Gruppen eingeteilt: 1. Die dünne Oberschicht der Reichen hatte ein "Generalprivileg", konnte frei handeln, überall Grundbesitz erwerben und ihr Privileg vererben. 2. Die Gruppe der "ordentlichen Schutzjuden" hatte beschränktes Wohnrecht und konnte ihren "Schutz" höchstens auf zwei ihrer Kinder vererben, vorausgesetzt, daß diese ein bedeutendes Vermögen nachweisen konnten. 3. Die "außerordentlichen Schutzjuden", wie Ärzte und Gewerbetreibende mit besonderer der Gemeinschaft nutzbringender Ausbildung, konnten den "Schutz" nicht auf ihre Kinder vererben. 4. Die Angestellten der jüdischen Gemeinde, Rabbiner, Vorbeter, Schächter usw. bildeten die nächste Gruppe. 5. Die "geduldeten Juden", unter ihnen die Söhne der außerordentlichen Juden, konnten jederzeit ausgewiesen werden. 6. Die Hausdiener der Juden mit Generalprivileg stellten die unterste Gruppe dar; sie hatten Aufenthaltsrecht, solange sie im Dienst standen. 90 % der Juden waren bestenfalls "geduldet" und lebten von der Hand in den Mund.

In Berlin gehörten nur ganz wenige der ersten Gruppe an, 203 Juden der zweiten, 63 Juden gehörten zur dritten Klasse, und 500 arme Juden wurden ausgewiesen.[105] Die Besteuerung und Abgaben waren exorbitant und erstreckten sich auf Quisquilien. So mußte jede Familie gemäß ihrem Vermögen jährlich durch Kauf von Porzellan zum Absatz der preußischen Porzellanmanufaktur beitragen.

Moses Mendelssohn

Selbst Friedrich konnte schließlich dem Juden Moses Mendelssohn (1729-1786) das Privileg der ersten Klasse nicht verweigern, da der jüdische Denker weltberühmt geworden war und Berlin zu einem geistigen Zentrum gemacht hatte.

In Beantwortung einer Bitte von Johann Jacob Spieß im Jahre 1774 um eine Autobiographie zur Veröffentlichung in einem Journal schrieb Mendelssohn:

> "Hochehrwürdiger Herr,
> Insonders hochgeehrter Herr Prediger!
> Ich erkenne die Ehre, die Ew. Hochehrwürden mir zu erzeigen beschlossen, mit dem ergebensten Dank; allein ich bedaure, daß ich nicht im Stande bin, Ihrem Verlangen Genüge zu leisten. Meine Lebensumstände sind von so geringer Erheblichkeit, daß ich Ihren Lesern keine sonderliche Unterhaltung davon versprechen kann; mir selbst haben sie so unwichtig geschienen, daß ich nicht das Mindeste davon aufgezeichnet habe. Jetzt würde es mir unsägliche Mühe machen, verschiedene Particularitäten meines Lebens ins Gedächtniß zurückzurufen und gehörig vorzutragen. Die Hauptfacta, auf die ich mich jetzt besinnen kann, sind ungefähr diese: Ich bin im Jahre 1729 (den 12 Ellul 489 nach jüdischer Zeitrechnung) zu Dessau geboren. Mein Vater war daselbst Schulmeister und Zehngebotschreiber, oder Sopher. Unter Rabbi Fränkel, der damals in Dessau Oberrabbiner war, studierte ich den Talmud. Nachdem sich dieser gelehrte Rabbi, durch seinen Commentar über den hierosolymitanischen Talmud, bei der jüdischen Nation großen Ruhm erworben, ward er etwa im Jahre 1743 nach Berlin berufen, wohin ich ihm noch in demselben Jahre folgte. Allhier gewann ich durch den Umgang mit dem nachherigen Doctor der Arzneigelahrtheit, Herrn Aron Gumperz (der vor einigen Jahren zu Hamburg verstorben), Geschmack an den Wissenschaften, dazu ich auch von demselben einige Anleitung erhielt. Ich ward hierauf in dem Hause eines reichen Juden Informator, hernach Buchhalter, und endlich Aufseher über desselben seidene Waaren-Manufactur, welches ich noch auf diese Stunde bin. In meinem drei und dreißigsten Jahr habe ich geheirathet, und seitdem sieben Kinder gezeugt, davon fünfe am Leben. Übrigens bin ich nie

auf einer Universität gewesen, habe auch in meinem Leben kein Collegium lesen hören. Dieses war eine der größten Schwierigkeiten, die ich übernommen hatte, indem ich alles durch Anstrengung und eigenen Fleiß erzwingen mußte. In der That trieb ich es zu weit, und habe mir endlich durch Unmäßigkeit im Studiren seit drei Jahren eine Nervenschwäche zugezogen, die mich zu aller gelehrten Beschäftigung schlechterdings unfähig macht.

Selbst das Briefschreiben wird mir jetzt zu einer lästigen Arbeit, zu der ich nur selten aufgelegt bin. Dahero ich denn Ew. Hochehrw. um Verzeihung bitten muß, daß Dero Schreiben einige Posttage unbeantwortet geblieben ist. Ich habe die Ehre, mit aufrichtiger Hochachtung und Ergebenheit zu seyn

Euer Hochehrwürden
gehorsamst ergebener
Moses Mendelssohn
Berlin, den 1. März 1774"[106]

Der Brief, in welchem er nur drei Persönlichkeiten erwähnt, den Vater, den Rabbiner und den Freund, gibt uns Einblick in Mendelssohns Stil und bescheidenes Wesen. Er läßt mehr aus, als er berichtet.

Mendelssohn entstammte einer ganz armen Familie. Infolge von Unterernährung verkrümmte sein Rücken. In Dessau konnte er neben dem *Talmud* auch des Maimonides "*Führer der Verwirrten*" dank der Neudrucke, welche der Hoffaktor Wulff veranlaßt hatte, studieren. Bei seiner Ankunft am Stadttor in Berlin wurde von ihm als Juden, wie vom Vieh, der Zollkreuzer erhoben. Er gehörte keiner der privilegierten Klassen der Juden an, so daß er jederzeit ausgewiesen werden konnte. Nur als *Talmud*schüler hatte er Wohnrecht; um es zu behalten, mußte er sich in Dienst begeben. Rabbiner Fränkel brachte ihn in einem Haus unter, wo man ihn liebevoll betreute.

Der sechs Jahre ältere Aaron Salomon Gumpertz, Abkömmling einer gelehrten und frommen Familie von Hofjuden, nahm sich seiner an und führte ihn in Literatur und Philosophie ein. Gumpertz hatte einen gestaltenden Einfluß auf Mendelssohn. Einmal war er ihm Vorbild, denn Gumpertz widmete sich der Philosophie und den Wissenschaften und ging in intellektuellen Kreisen ein und aus, somit zeigend, daß man der Weltwissenschaft obliegen und zugleich ein frommer Jude sein konnte. Mendelssohn blieb sein ganzes Leben lang allen Geboten der Tora treu. Zum anderen führte ihn Gumpertz bei den Dichtern und Denkern ein, welche in der gleichen Gegend wie die Juden, im Bezirk der Nikolaikirche, wohnten. Für Mendelssohn kamen nun Jahre unermüdlichen harten Studiums. Er blieb arm und ritzte sein Brot täglich so ein, daß er niemals an einem Tag zuviel davon aß.

Im Jahre 1750 verbesserte sich seine Lage. Er wurde Privatlehrer, später Buchhalter und schließlich Teilhaber im Hause und in der Seidenfabrik des Isaak Bernhard. Im Jahre 1754 lernte er Gotthold Ephraim Lessing kennen, der sein engster Freund werden sollte. Ihm verdankte er sein geschliffenes Deutsch und den Mut, seine Arbeiten zu veröffentlichen. Lessing, ein großer Freund der Juden und Kämpfer für ihre Anerkennung und Rechte, nahm seinerseits die Gestalt Moses Mendelssohns zum Vorbild der Hauptperson seines Dramas "*Nathan der Weise*".

Der deutsche Sokrates

Mendelssohns Werk trat im Jahre 1761 ins Rampenlicht, als er im Preisausschreiben der Königlichen Akademie den ersten Preis gewann. Unter den Mitbewerbern war kein Geringerer als Immanuel Kant.

Sein im Jahre 1767 veröffentlichtes Werk, Dialoge in bewußter Anlehnung an Sokrates, unter dem Titel "*Phädon oder die Unsterblichkeit der Seele in drey Gesprächen*", trugen ihm den Ehrentitel "der deutsche Sokrates" ein. Seiner jüdischen Verpflichtungen bewußt, schrieb er, er wünsche, er könne ein Werk über die Unsterblichkeit der Seele unter Berufung auf die Tora und die jüdischen Weisen auf hebräisch schreiben.

Die Herausforderung durch Lavater und Mendelssohns Bekenntnis

Die Wende, von welcher an er sich nun ganz dem Judentum widmete, kam mit der Herausforderung des Züricher Geistlichen Johann Caspar Lavater. Lavater und Mendelssohn kannten sich. Sie hatten oft miteinander private Gespräche und Korrespondenz geführt. Darin hatte Mendelssohn zum Ausdruck gebracht, daß er der Religion Jesu Respekt entgegenbringe, daß jedoch die Interpretation seiner Lehre durch die Kirchenväter den Juden unsägliches Leid bis zum Tod zugefügt hätte.

Diese Ansicht deckte sich mit der Meinung des von ihm verehrten Rabbi Jakob Emden (1687-1776), des Führers der deutschen orthodoxen Juden, welcher darüber hinaus den sehnlichsten Wunsch geäußert hatte, die Christen möchten doch gemäß der Lehre Jesu leben, denn damit würde Friede geschaffen werden.

In ihrem enthusiastischen Bekehrungsstreben sahen Lavater und seine Freunde in Mendelssohns Erklärung die Bereitschaft, zum Christentum überzutreten und damit vielen Juden ein Beispiel zu setzen. Lavater sandte ihm im Jahre 1769 einen Teil des Werks des Genfer Theologen Charles Bonnet, "*Palingénésie philosophique*", den er selbst übersetzt hatte. Er hatte der Übersetzung einen offenen Brief hinzugefügt, in welchem er Mendelssohn aufforderte, entweder die Beweise der Wahrheit des Christentums zu entkräften oder zu ihm überzutreten:

"(...) Und unvergeßlich ist mir jene sanfte Bescheidenheit, mit welcher Sie, bey aller Ihrer Entferntheit von dem Christenthum, dasselbe beurtheilen; und die philosophische Achtung, die Sie in einer der glücklichsten Stunden meines Lebens über den moralischen Charakter seines Stifters bezeugt haben (...) daß ich es wagen darf, Sie zu bitten, Sie vor dem GOtte der Wahrheit, Ihrem und meinem Schöpfer und Vater zu bitten und zu beschwören: Nicht, diese Schrift mit philosophischer Unpartheilichkeit zu lesen (...) Sondern, dieselbe öffentlich zu widerlegen, wofern sie die wesentlichen Argumentationen, womit die Thatsachen des Christenthums unterstützt sind, nicht richtig finden: Dafern Sie aber dieselben richtig finden, zu thun, was Klugheit, Wahrheitsliebe, Redlichkeit Sie zu thun heissen; - was Socrates gethan hätte, wenn er diese Schrift gelesen, und unwiderleglich gefunden hätte."[107]

Mendelssohn war über Lavaters Mißbrauch und falsche Interpretation privater Gespräche, wie über seine Herausforderung entrüstet, entschloß sich aber nach reichlicher Überlegung, sich nicht in theologische Kontroversen verwikkeln zu lassen. Religionsdisputationen, vor allem öffentliche, "seien nutzlos. Sie riefen mehr Haß unter den Menschen als Aufklärung hervor".

Statt dessen legte er ein Bekenntnis ab. Er habe sich von der Wahrheit des Judentums überzeugt, durch es habe er Ruhe auf seinem Lebensweg gefunden. Er werde ihm treu bleiben. Er habe das Recht, dies zu tun, ohne der Welt für seine innersten Überzeugungen Rede und Antwort stehen zu müssen.

"(...) ich bezeuge hiermit vor dem Gott der Warheit (...) daß ich bey meinen Grundsätzen bleiben werde, so lange meine ganze Seele nicht eine andere Natur annimmt."[108]

Sein ganzes Wesen müßte sich ändern, bevor sein Geist sich wandeln könne. Aber dies sei unmöglich, da die Dogmen des Christentums den Lehren des gesunden Menschenverstands und der Heiligen Schrift widersprächen.

Die Verachtung, welche dem Judentum entgegengebracht würde, finde ihre beste Widerlegung im tugendhaften Leben der Juden, nicht in polemischen Traktaten, und es sei unter seiner, Mendelssohns, Würde, mit "Kenner(n) oder Halbkenner(n) des Rabbinischen" zu argumentieren, die ihre Kenntnisse "aus Schartecken, die kein vernünftiger Jude liest noch kennet", herleiteten. Es war ein Hieb gegen Machwerke à la Eisenmengers "*Entdecktes Judentum*".

Mendelssohn begründete seine Weigerung, in eine Religionsdebatte einzutreten, einmal mit praktischen Überlegungen. Er konnte es nicht wagen, den christlichen Staat, welcher die Juden zum mindesten tolerierte, zu verärgern. Er hatte darüber hinaus grundsätzliche religiöse Gründe. "Nach den Grundsätzen meiner Religion soll ich niemand, der nicht nach unserm Gesetze gebohren ist, zu bekehren suchen." Es ist zweifelhaft, ob er glaubte, seine Opponenten würden zum Judentum übertreten, sollten sie seine Argumente stichhaltig finden. Davon war in der Herausforderung gar keine Rede. Doch bot sich ihm die

Möglichkeit, auf seine innerste Überzeugung hinzuweisen, daß alle guten Menschen des Heils teilhaftig werden. Das Judentum ist eine Religion der Toleranz.

> "Wenn unter meinen Zeitgenossen ein Confucius oder ein Solon lebte; so könnte ich, nach den Grundsätzen meiner Religion, den großen Mann lieben und bewundern, ohne auf den lächerlichen Gedanken zu kommen, einen Confucius oder Solon bekehren zu wollen. Bekehren? wozu? Da er nicht zur Gemeinde Jacobs gehöret; so verbinden ihn meine Religionsgesetze nicht, und über die Lehren wollten wir uns bald einverstehen. Ob ich glaubte, daß er seelig werden könnte? - O! mich dünkt, wer in diesem Leben die Menschen zur Tugend anführet, kann in jenem nicht verdammt werden (...)."[109]

Mendelssohn gestand zu, daß es im Judentum "Vorurteile" gab, und diese, wie er kühn erklärte, bestünden auch im Christentum. Fanatismus, Haß, Verfolgungswut, Leichtfertigkeit, überheblicher Luxus und moralisches Freidenkertum zerstörten die Grundlagen des Staates und müßten daher bekämpft werden. Viele andere seien jedoch harmlos, könnten sogar der Moral dienen und daher Gutes bringen, so daß man sie "beinahe heilig" nennen konnte. Diese seien zu "tolerieren".

> "Man ist zu dieser Bescheidenheit um so viel mehr verbunden, wenn die Nation, welche nach unserer Meinung dergleichen Irrthümer heget, sich übrigens durch Tugend und Weisheit verehrenswerth gemacht hat, und eine Menge großer Männer unter sich zählet, die Wohlthäter des menschlichen Geschlechts genennt zu werden verdienen (...) Wer darf sich erkühnen, die Vortrefflichkeiten einer so erhabenen Nation aus den Augen zu setzen, und sie da anzugreifen, wo er eine Schwäche bemerkt zu haben glaubet?"[110]

Die Tora auf deutsch

Um ihre von Mendelssohn gesehene Aufgabe, Wohltäter der Menschheit zu sein, erfüllen zu können, mußten die Juden aus ihrer Isolierung auf das Bildungsniveau der Umwelt gebracht werden. Vor allem mußten sie Hochdeutsch sprechen. Getreu seiner Überzeugung, daß die Juden in zwei Welten zu leben berufen waren, bemühte er sich, sie anhand ihres eigenen höchsten Besitzes, der Tora, in die Umwelt einzuführen. Zusammen mit einigen Mitarbeitern übersetzte er den Pentateuch und die Psalmen in anspruchsvolles Deutsch. Indem Juden Deutsch lernten, vertieften sie gleichzeitig ihre Verbundenheit mit ihrem Erbe. Die Übersetzung versah er mit einem hebräischem Kommentar, "*Biur*".

Die orthodoxen Rabbiner bekämpften diese Übersetzung, sahen sie doch in der Kenntnis eines guten Deutschs eine Gefahr für die Treue zur Tora wie für ihren eigenen Einfluß. Mendelssohn hatte diese Opposition erwartet und ließ sich nicht sonderlich davon beirren.[111]

"Je mehr sich die sogenannten Weisen der Zeit widersetzten, desto nöthiger ist sie [sc. die Bibelübersetzung]. Ich habe sie Anfangs für den gemeinen Mann gemacht, finde aber, daß sie für Rabbiner noch viel nothwendiger ist."[112]

"Jerusalem"

Im Jahre 1783 erschienen Mendelssohns Psalmenübersetzung und ein neues Werk, *"Jerusalem oder über religiöse Macht und Judentum"*.

Staat und Religion - Der Gesellschaftsvertrag

Wie andere Philosophen vor ihm, z.B. Hobbes und Locke, geht Mendelssohn davon aus, daß der Mensch ursprünglich in einem Naturzustand lebte, dann aber zu seinem Vorteil in einen Gesellschaftsvertrag eintrat. Im Naturzustand besitzt der Mensch vollkommene Freiheit. Er allein verfügt über seinen Besitz und bestimmt, welche seiner Besitztümer er der Wohlfahrt anderer opfern will. Gerät er in einen Konflikt zwischen der eigenen Wohlfahrt und dem Wohlergehen des anderen, so ist er zu dessen Lösung nur dem eigenen Gewissen verantwortlich.

Dies änderte sich, als er freiwillig einen Gesellschaftsvertrag schloß, um durch ihn seine Freiheit zu bewahren. Er übertrug das Verfügungsrecht über gewisse Güter an andere, z.B. den Staat. Die Verpflichtungen, welche er im Naturzustand freiwillig übernahm, werden ihm nun gesetzlich geboten.

Der Gesellschaftsvertrag erstreckt sich lediglich auf das Guttun des Menschen gegenüber dem Mitmenschen, nicht aber auf sein Verhältnis zu Gott. Der Mitmensch benötigt unsere Wohltaten. Gott benötigt sie nicht. Daher besteht kein Gesellschaftsvertrag mit der Kirche (Mendelssohn gebraucht "Kirche" und "Religion" gleichbedeutend). Wir erfüllen unsere Pflichten gegenüber Gott ausschließlich dadurch, daß wir anderen Menschen beistehen, wie dies die Vernunft uns sagt. Die Religion gibt lediglich eine feierliche Sanktion zu diesen Pflichten und Verantwortlichkeiten. Die Kirche darf daher niemals das Recht beanspruchen, Zwang auszuüben, noch können ihre Mitglieder gezwungen werden, sich einem solchen Zwang durch die Kirche zu unterwerfen.

Nach dem Gesellschaftsvertrag hat auch der Staat nur das Recht, das Tun und Lassen des Menschen unter Zwang zu stellen, nicht aber dessen Gesinnungen. Diese befinden sich weiterhin im Naturzustand des Menschen, seiner natürlichen Religion. Soweit diese in Frage kommt, haben weder Kirche noch Staat ein Zwangsrecht, "denn auch der Staat hat durch keinen Vertrag das mindeste Zwangsrecht über Gesinnungen erhalten können."[113] Er muß selbst häretische und atheistische Formen erlauben.

Jerusalem

oder

über religiöse Macht

und

Judentum.

Von

Moses Mendelssohn.

Mit allergnädigsten Freyheiten.

Berlin,
bey Friedrich Maurer, 1783.

Damit griff Mendelssohn einmal den Staat an, welcher die Gleichberechtigung seiner Bürger von deren Religion anhängig machen wollte, zum anderen die Kirche und die Rabbiner, welche durch Kirchenstrafen und Bann ihre Mitglieder zu religiösem Gehorsam zu zwingen bestrebt waren. In Wirklichkeit seien Synagoge und Kirche freiwillige Zusammenschlüsse von Gläubigen. Es sei notwendig, sie aller Macht zu entheben.

Judentum ist lediglich Gesetz

Da Mendelssohn fest an eine natürliche Religion, d.h. eine Religion, welche die Natur in der menschlichen Vernunft eingepflanzt hatte, glaubte, so mußte er diese Vorstellung mit dem Judentum in Einklang bringen. Er kam dabei zu dem überraschenden Schluß, daß die Lehren des Judentums vollkommen mit der natürlichen Vernunftreligion identisch seien. Gott habe den Juden keine besonderen moralischen Ideen und kein Dogma, sondern lediglich ein Gesetz gegeben.

> "Es ist wahr: ich erkenne keine andere ewige Wahrheiten, als die der menschlichen Vernunft nicht nur begreiflich, sondern durch menschliche Kräfte dargethan und bewährt werden können. Nur darin täuscht ihn ein unrichtiger Begriff vom Judentum, wenn er glaubt, ich könne dieses nicht behaupten, ohne von der Religion meiner Väter abzuweichen. Ich halte dieses vielmehr für einen wesentlichen Punkt der jüdischen Religion, und glaube, daß diese Lehre einen charakteristischen Unterschied zwischen ihr und der christlichen Religion ausmache. Um es mit einem Worte zu sagen: ich glaube, das Judentum wisse von keiner geoffenbarten Religion, in dem Verstande, in welchem dieses von den Christen genommen wird. Die Israeliten haben göttliche Gesetzgebung. Gesetze, Gebote, Befehle, Lebensregeln, Unterricht vom Willen Gottes, wie sie sich zu verhalten haben, um zur zeitlichen und ewigen Glükseligkeit zu gelangen; dergleichen Sätze und Vorschriften sind ihnen durch Mosen auf eine wunderbare und übernatürliche Weise geoffenbaret worden; aber keine Lehrmeinungen, keine Heilswahrheiten, keine allgemeine Vernunftsätze. Diese offenbaret der Ewige uns, wie allen übrigen Menschen, allezeit durch Natur und Sache, wie durch Wort und Schriftzeichen."[114]

Ein gütiger Gott hatte sicherlich allen Menschen die Wahrheiten, welche zu seinem Heil notwendig waren, durch die Vernunft ins Herz gelegt. Wären diese Wahrheiten nur durch Offenbarung bekannt geworden, so wäre einem Großteil der Menschheit, der diese nicht empfangen hatte, das ewige Heil versagt gewesen, was man einem gerechten und liebenden Gott nicht zuschreiben könne.

Tora und Gebote (*Mizwot*)

Für Mendelssohn ist jedoch die Tora kein trockenes Gesetzbuch. Sie begeistert ihn.

"Ob nun gleich dieses göttliche Buch, das wir durch Mosen empfangen haben, eigentlich ein Gesetzbuch seyn, und Verordnungen, Lebensregeln und Vorschriften enthalten soll; so schließt es gleichwohl, wie bekannt, einen unergründlichen Schatz von Vernunftwahrheiten und Religionslehren mit ein, die mit den Gesetzen so innigst verbunden sind, daß sie nur Eins ausmachen. Alle Gesetze beziehen, oder gründen sich auf ewige Vernunftwahrheiten, oder erinnern und erwecken zum Nachdenken über dieselben (...)

Die Erfahrung vieler Jahrhunderte lehret auch, daß dieses göttliche Gesetzbuch einem großen Theil des menschlichen Geschlechts Quelle des Erkenntnisses geworden, aus welchen sie neue Begriffe schöpfen, oder die alten berichtigen. Je mehr ihr in demselben forschet, desto mehr erstaunt ihr über die Tiefe der Erkenntnisse, die darin verborgen liegen (...) Allein je näher ihr hinzudringet, je reiner, unschuldiger, liebe- und sehnsuchtsvoller der Blick ist, mit welchem ihr auf sie hinschauet, desto mehr entfaltet sie euch von ihrer göttlichen Schönheit, die sie mit leichtem Flor verhüllt, um nicht von gemeinen unheiligen Augen entweihet zu werden."[115]

Das Judentum hat daher keine Glaubensartikel. Nur wenige Grundsätze, wie die dreizehn Prinzipien des Maimonides, wurden formuliert, die eigentlich wieder auf drei Grundprinzipien zurückgeführt weden können: Gott, Vorsehung und Gabe des Gesetzes. Es beruht auf mündlicher Überlieferung.

Das Zeremonialgesetz ist ein lebendiger Anstoß zum Nachdenken durch Tun, wie eben ein Schüler mehr durch den Umgang mit seinem Lehrer lernt als aus Büchern. Gerade im "Papierzeitalter" ist dies von Bedeutung, wo die Menschen Buchwissen besitzen, aber die alte Weisheit vergessen.

Juden als Gottes Zeugen - Religion der Vernunft - Der ewige Bund

Durch ihr Dasein inmitten der Völker bezeugten die Juden Gottes Gegenwart und Vorsehung.

"Die Stammväter unserer Nation, Abraham, Isaak und Jakob, sind dem Ewigen treu geblieben, und haben lautere, vor aller Abgötterey entfernte Religionsbegriffe bey ihren Familien und Nachkommen zu erhalten gesucht. Und waren diese ihre Nachkommen von der Vorsehung ausersehen, eine priesterliche Nation zu seyn; das ist, eine Nation, die durch ihre Einrichtung und Verfassung, durch die Gesetze, Handlungen, Schicksale und Veränderungen immer auf gesunde unverfalschte Begriffe von Gott und seinen Eigenschaften hinweise, solche unter Nationen gleichsam durch ihr blosses Daseyn, unaufhörlich lehre, rufe, predige und zu erhalten suche. Sie lebten unter Barbaren und Götzendienern (...) Gott befreite sie aus diesem sklavischen Zustande, durch außerordentliche Wunderthaten, ward der Erretter, Anführer, König, Gesetzgeber und Gesetzweser dieser von ihm gebildeten Nation, und legte ihre Verfassung so an, wie es die weisen Absichten seiner Vorsehung erforderten."[116]

Mit dem Fall des Tempels und dem Untergang des jüdischen Staates verlor das Judentum seine Macht über das religiöse Leben seiner Anhänger. Der Bund ist jedoch auf Ewigkeit geschlossen. Ihm müssen alle Juden treu bleiben. Das Judentum ist nun eine Religion geworden, ein Lehrer und Mahner zum Guten, ohne weltliche Macht. Da dem Denken keine Grenzen gesetzt sind, konnte nur das Zeremonialgesetz die Juden vor dem Abfall bewahren, und war daher lebensnotwendig.

Mendelssohn sorgte sich für seine Brüder und Schwestern, sie könnten den Verlockungen des christlichen Staates zum Opfer fallen, welcher den Übertritt belohnte. Er sah auch die Gefahren einer "Vereinigung aller Religionen", ein Unternehmen, welches Juden umgarnen konnte. Er schloß sein Buch mit einem aus tiefstem Herzen kommenden Appell zur gegenseitigen Duldung:

> "Belohnet und bestrafet keine Lehre, locket und bestechet zu keiner Religionsmeinung! Lasset niemanden in euern Staaten Herzenskündiger und Gedankenrichter seyn; niemanden ein Recht sich anmaßen, das der Allwissende sich allein vorbehalten hat! Wenn wir dem Kaiser geben, was des Kaisers ist; so gebet ihr selbst Gotte, was Gottes ist! Liebet die Wahrheit! Liebet den Frieden!"[117]

Mendelssohns Denken als Zeitenwende im Judentum

Mendelssohns Denken kann als eine Zeitenwende im Judentum angesehen werden. Trotz seiner unbedingten Treue zum Religionsgesetz war er ein Reformator. Mit ihm beginnt die "*Haskala*", die jüdische Aufklärung. Jede Richtung, jede jüdische Gemeinde in der gesamten Welt wurde von seinen Gedanken beeinflußt, das gesamte jüdische Leben in neue Bahnen geleitet. Wir werden Gelegenheit haben, den Nachhall seiner Worte im weiteren Verlauf der Geschichte zu erkennen.

Der Kreis der Jünger

Ein Kreis junger Männer scharte sich um Mendelssohn, welche seine Ideen in die jüdische Welt trugen. Einige wenige, deren Leben und Wirken von nachhaltigem Einfluß auf die Entwicklung des deutschen Judentums waren, sollen erwähnt werden.

Marcus Herz (1747-1803), zeitlebens ein frommer Jude, bewies, daß auch die Juden wissenschaftliche Leistungen erbrachten und über gesellschaftliche Umgangsformen verfügten, wie sie in der Umwelt erwartet wurden. Wie Mendelssohns Vater war auch der seine Toraschreiber. Er besuchte die jüdische Schule, welche der Hoffaktor Veitel Heine Ephraim gegründet hatte, und sollte dann in Königsberg eine kaufmännische Lehre absolvieren. Statt dessen studierte er vier Jahre lang bei Immanuel Kant, dessen Lieblingsschüler er wurde. Ihm, neben Mendelssohn, sandte Kant 1781 die erste Ausgabe seiner "*Kritik der reinen Vernunft*". Dennoch entschloß er sich schließlich zum Studium der Medizin und veröffentlichte 1782 ein Lehrbuch der Medizin "*Grundriß aller medizinischen Wissenschaften*". Bereits 1778 hatte er begonnen, neben seiner medizinischen Praxis Vorlesungen über philosophische und medizinische Themen zu halten,. welche die höchsten Kreise der Gesellschaft, Mitglieder des Königshauses eingeschlossen, anzogen. Das Haus, das er mit seiner schönen Frau aus einer reichen sephardischen Familie führte, war ein Treffpunkt der Berliner Gesellschaft. König Friedrich Wilhelm II. verlieh ihm den Professortitel.

David Friedländer (1750-1834), ein wohlhabender Kaufmann, widmete sich der Erziehung jüdischer Kinder im Geiste der Aufklärung. Als Schwiegersohn des Hofjuden Daniel Itzig und Gründer einer Seidenfabrik genoß er hohes gesellschaftliches Ansehen in Berlin und wurde sogar Stadtrat. Unter Mendelssohns Einfluß errichtete er die "Jüdische Freischule". Sie war für Kinder unbemittelter Eltern bestimmt und erhob kein Schulgeld. Insofern hier jüdischen Kindern nicht nur Unterricht in Hebräisch, sondern vor allem in Deutsch, Französisch und anderen weltlichen Gegenständen erteilt wurde, um ihnen den Zugang zu Sprache und Kultur Deutschlands zu ermöglichen, beschritt sie neue Bahnen. Friedländer selbst verfaßte Lehrbücher für die Kinder. Der Schule wurde eine Druckerei angegliedert, deren Werke die neuen Gedanken unter den Juden verbreiteten. Die Schule, welche bis zu ihrer Zerstörung durch die Nationalsozialisten bestand, diente vielen ähnlichen Einrichtungen als Vorbild und wurde richtungsweisend für das Erziehungswesen der deutschen Juden.

Salomon Dubno (1738-1813) kann als der Initiator der Veröffentlichung der Mendelssohnschen Bibelübersetzung angesehen werden. Im Besitz einer außergewöhnlichen talmudischen Ausbildung war er von Lemberg über Amsterdam nach Berlin gekommen. Um ihm einen anständigen Lebensunterhalt zu sichern, stellte ihn Mendelssohn als Hebräischlehrer für seinen Sohn Joseph an. Er unterrichtete den Knaben in hebräischer Grammatik und übersetzte Stücke der Bibel für ihn. Mendelssohn erkannte in ihm die Autorität, mit deren Hilfe er an das große Projekt einer Bibelübersetzung herangehen konnte. Da er darüber hinaus ein Dichter war, stellte Dubno einen idealen Mitarbeiter Mendelssohns bei dieser für die Entwicklung des deutschen Judentums grundlegenden Übersetzung dar.

Naphtali Herz (Hartwig) Wesselys (1725-1805) Schicksal wirft ein Licht auf die Schwierigkeiten, welche die Aufklärer nicht nur im Kampf um jüdische Gleichberechtigung im Staat, sondern auch bei ihrem Streben, das Judentum im Innern zu modernisieren, zu bewältigen hatten. Ihr Anliegen, Tora mit weltlichem Wissen und allgemeinen Sitten zu verbinden, stieß immer wieder auf den hartnäckigen Widerstand der "Altgläubigen".

Der gebürtige Hamburger Wessely kam von Kopenhagen und Amsterdam, wo er eine enge Freundschaft mit Dubno geschlossen hatte, als Geschäftsführer eines der Unternehmen der Ephraim-Familie nach Berlin. Er war von einer tiefen Liebe zum biblischen Hebräisch erfüllt und versuchte, die ganze Tradition des Judentums auf dessen Nuancen in der Bibel zurückzuführen. Den Geist der Aufklärung mit der Treue zur Tradition verbindend, betrachtete er die Erziehung des Judentums seiner Zeit, welche nicht nur der deutschen Kultur, sondern auch der klassischen der Bibel entfremdet war, als fehlgeleitet. Seinem "*Jen Levanon*" (der Wein des Libanons), einem Kommentar zum *Mischna*traktat *Avot*, konnten selbst die orthodoxen Rabbiner ihre Anerkennung nicht versagen.

Indirekt beeinflußte Wessely auch die osteuropäische Orthodoxie. Als im Jahre 1777 ein osteuropäischer Rabbiner, Baruch von Schklov, welcher in England Medizin studiert hatte, Berlin besuchte, fand er in Mendelssohns Kreis, aber vor allem bei Wessely die herzlichste Aufnahme. Als er im folgenden Jahr wieder nach Litauen zurückkehrte, wurde er vom Wilnaer *Gaon* (s.o.) empfangen, der ihn beauftragte, wissenschaftliche Werke, so weit wie möglich, ins Hebräische zu übersetzen, da Tora und Wissenschaft "miteinander verbunden" seien. So drangen Ideen der Zeit über Mendelssohns Berlin selbst in die Hochburg des traditionellen Judentums ein.

Wesselys Enthusiasmus für eine weltliche Erziehung stürzte ihn jedoch in schwerste Konflikte mit einer Reihe orthodoxer Rabbiner. Im Jahre 1782 erließ Kaiser Joseph II. ein Toleranzedikt für die Juden seines Reiches.

Es sah u.a. vor, daß die jüdischen Kinder, um der Umwelt eingegliedert zu werden, eine weltliche Erziehung haben müßten, zu welcher sie entweder die christlichen Schulen oder moderne jüdische besuchen müßten. Wessely war begeistert und veröffentlichte eine Flugschrift "*Divre Schalom we-Emet*" (Worte des Friedens und der Wahrheit). Die Rabbinen, so führte er darin aus, hätten gelehrt, daß Tora und *Derech Erez*, d.h. Tora und gute Sitten, unzertrennlich seien. Um sechsundzwanzig Generationen, nämlich von Adam bis zur Verkündung der Tora, habe sich laut dem *Midrasch* Gott nur darum gekümmert, weil sie *Derech Erez* hatten. Die Erziehung in guten Sitten durch den Erwerb einer weltlichen Ausbildung gehe nicht nur chronologisch der Tora voraus, sie müsse auch erzieherisch die Grundlagen legen, auf welche aufbauend die Erziehung in der Tora erst erfolgreich sein könne. Rabbiner, welchen die guten Sitten fehlten, seien für das Judentum nutzlos.

Viele Rabbiner des Ostens, jeder weltlichen Erziehung abhold, waren wütend und drängten den Oberrabbiner von Berlin, Wessely ein Schreibverbot aufzuerlegen und seine Ausweisung aus Berlin bei den Behörden zu betreiben. Nur die Vermittlung Mendelssohns, welcher Wesselys Vorstellungen teilte, vereitelte den Anschlag.

Etwa 50 Jahre später, im Jahre 1836, machte Samson Raphael Hirsch, der Begründer der Neo-Orthodoxie in Deutschland, Wesselys Prinzip von Tora und *Derech Erez* zum Fundament seiner Theologie (s.u.).

Mendelssohn als *Schtadlan*

Mendelssohns Ruhm war so groß, daß sich viele jüdische Gemeinden an ihn mit der Bitte um Hilfe wandten. Er wurde ihr *Schtadlan*, Fürsprecher. Doch anders als bei anderen, deren Einfluß sich auf ihren Reichtum gründete, beruhte sein Ansehen auf seinem Ruf als Gelehrter und "Weltweiser". Mendelssohn zählte in ganz Deutschland unter den höchsten Würdenträgern Freunde und Bewunderer. Selbst Friedrich der Große lud ihn ein, ließ sich dann aber bei der Audienz vertreten, weil er vielleicht doch eine gewisse Verlegenheit empfand, nachdem er sich geweigert hatte, die Wahl des berühmtesten Denkers seines Landes zum Mitglied der Preußischen Akademie zu bestätigen, weil dieser Mann ein Jude war. Immanuel Kant, der bedeutendste Philosoph Deutschlands, schätzte ihn und war beglückt, als er ihn in Königsberg besuchte. Die Anerkennungen, Ehrungen und Freundschaften, welche ihm von den führenden christlichen Persönlichkeiten entgegengebracht wurden, trennten ihn nicht von seinen Glaubensgenossen, sondern stärkten seine Entschlußkraft, ihnen zu helfen.

Als z.B. den Juden Dresdens eine so übermäßige Judensteuer auferlegt wurde, daß viele dadurch ruiniert wurden und nun vor der Ausweisung standen, trat Mendelssohn in einem Schreiben an einen hohen Beamten für sie ein. Seine scharfen Worte bringen seine tiefe Entrüstung zum Ausdruck.

> "(...) ich vernehme mit der Post, daß viele Hunderte meiner Mitbrüder aus Dresden vertrieben werden sollen. Unter denselben befinden sich so Manche, die ich persönlich kenne, von deren Rechtschaffenheit ich überführt bin, die zwar von Vermögen abgekommen, und vieleicht nicht im Stande sind, die ihnen auferlegten Lasten zu tragen (...)
>
> Gütiger, allwohlthätiger Vater! wo sollen diese Elenden mit ihren schuldlosen Weibern und Kindern hin? wo Schutz und Schirm finden? wenn das Land, in welchem sie um ihr Vermögen gekommen sind, sie ausschleudert? Das Vertreiben ist für einen Juden die härteste Strafe: mehr als bloße Landesverweisung, gleichsam Vertilgung von dem Erdboden Gottes, auf welchem das Vorurteil ihn von jeder Gränze mit gewaffneter Hand zurückweist. Und diese härteste der Strafen sollen Menschenkinder leiden ohne Schuld und Vergehung, bloß weil sie andern Grundsätzen zugetan und durch Unglück verarmt sind? Und der Israelit soll ehrlich seyn, an dem Armuth so hart als Unehrlichkeit bestraft wird?"[118]

Wir gewinnen hier ein Bild der allgemeinen Lage der deutschen Juden, vor allem der armen, mit welchen sich Mendelssohn identifiziert. Wie kann man von

Juden Ehrlichkeit erwarten, wenn Armut als Verbrechen gilt? Seine mutigen Worte hatten Erfolg. Die Vertreibung wurde rückgängig gemacht.

Im Jahre 1780 erreichte Mendelssohn von Herz Cerfberr, dem Vorsteher der Juden im Elsaß, ein dringender Hilferuf. Dort hatte ein Judenhasser in einem Buch die Vernichtung der Juden oder, zum mindesten ihre Vertreibung, gefordert, und wilde Judenverfolgungen ausgelöst. Es war notwendig, dem König von Frankreich, Ludwig XVI., eine Denkschrift (Mémoire) mit der Darstellung der jüdischen Lage und der Bitte um Beseitigung der unerträglichen Ausnahmegesetze zu unterbreiten.

Es gelang Mendelssohn, einen Freund, den Kriegsrat Christian Wilhelm von Dohm, als Verfasser des Mémoire und außerdem zu einer Verteidigungssschrift für die deutschen Juden zu gewinnen. Sie erschien unter dem Titel "*Ueber die bürgerliche Verbesserung der Juden*". Sie erregte enormes Aufsehen und sollte historischen Einfluß haben. Mit ihr beginnt die Emanzipation der deutschen Juden. Mendelssohn hielt sich im Hintergrund, doch war er mit seinem Rat und seinen Anregungen ständig präsent, sandte Dohm ihm doch seine Arbeit je nach Fortschritt zur Stellungnahme.

Mendelssohns Krankheit

In seinem Brief bezeichnet Mendelssohn seine Krankheit als ein wesentliches Element seines Lebens. Es war eine Körperlähmung, welche ihn, mit Unterbrechungen, sein ganzes Leben lang heimsuchte. Er trug sie mit beispielhafter Ergebung.

11. Dohm und die Haltung der Aufklärer

Dohm und sein Werk "*Ueber die bürgerliche Verbesserung der Juden*"

Christian Wilhelm (von) Dohm (1751-1820) war der Sohn eines lippischen Pfarrers. Nach Studien an der Universität Leipzig kam er 1773 als Erzieher der königlichen Pagen nach Berlin und schloß sich dem Kreis der Aufklärer an, wo er auch Mendelssohn getroffen haben dürfte. Weitere Studien in Göttingen in Verfassungsrecht, neuzeitlicher Geschichte und Statistik folgten. Im Jahre 1776 wurde er als Professor der Finanzwissenschaft und Statistik an das Carolinum in Kassel berufen, 1779 folgte seine Ernennung zum Archivar der Geheimarchive und Geheimen Kriegsrat im preußischen Außenministerium. Von seinen Vorgesetzten geschätzt, hatte er unter vielen Intrigen seiner Kollegen zu leiden, so daß er sich in seinen Unternehmungen äußerste Vorsicht auferlegte. Es ist daher zu bewundern, daß er sich für die Gleichberechtigung der Juden ein-

Ueber die bürgerliche Verbesserung der Juden

von

Christian Wilhelm Dohm.

Mit Königl. Preußischem Privilegio.

Berlin und Stettin,
bei Friedrich Nicolai,
1781.

setzte. Dabei befolgte er seinen Vorsatz, Deutschland mit sich selbst besser bekannt zu machen und unter den Bürgern den Geist der Verpflichtung gegenüber der Gesamtheit zu wecken.

Harmonie aller Schichten als Aufgabe des Staates - Die Juden als Bürger

Seiner Auffassung nach fordert es die Aufgabe des Staates, die verschiedenen gesellschaftlichen Gruppen in Harmonie zu bringen,

> "dass sie der großen Verbindung (...) nicht nachtheilig werden, daß jede dieser Trennungen nur den Wetteifer und die Thätigkeit wecken, nicht Abneigung und Entfernung hervorzubringen, und daß sie sich alle in der grossen Harmonie des Staats auflösen (...) und sie hat ihre grosse Absicht erreicht, wenn der Edelmann, der Bauer, der Gelehrte, der Handwerker, der Christ und der Jude noch mehr als alles dieses, Bürger ist."[119]

Die unvoreingenommene Vernunft müsse erkennen,

> "daß die Juden eben so gut, wie alle andre Menschen, nützliche Glieder der bürgerlichen Gesellschaft seyn können."[120]

Die Mängel, welche man den Juden vorwerfe, seien das Ergebnis ihrer Unterdrückung und beruhten auf Grundsätzen, welche aus "finstern Jahrhunderte(n)" stammten. Diese seien "der Aufklärung unsrer Zeiten unwürdig, und verdienen schon längst nicht mehr befolgt zu werden".[121]

> "Die Drückung, in der sie bisher gelebt, ist Schuld, daß sie in den Wissenschaften und schönen Künsten nicht mehr gethan haben; an Fähigkeit dazu fehlt es ihnen sicher nicht (...) Der moralische Charakter der Juden ist, so wie der aller Menschen, der vollkommensten Ausbildung und der unglücklichsten Verwilderung fähig, und der Einfluß der äussern Lage (...) hiebey nur zu sichtbar. Wenn man indeß zugibt, daß die Juden in gewisser Absicht sittlich verderbt sind, so muß es doch auch dem unpartheyischen Beobachter einleuchten, daß sie durch manche andre Vorzüge sich desto vortheilhafter auszeichnen."[122]

Maßnahmen zur Einbürgerung der Juden

Um das Ziel der Einbürgerung der Juden zu erreichen, seien folgende Maßnahmen notwendig, wobei die Regierungen jedoch schrittweise vorgehen sollten: Die Juden sollten alle Rechte der anderen Untertanen des Staates erhalten; sie sollten in der Ausübung ihres Berufes volle Freiheit besitzen, wobei er allerdings rät, sie sollten sich mehr dem Handwerk widmen; ihre Geschäftsbücher seien in der Landessprache zu führen; ihre Teilnahme an Kunst und Wissenschaft seien gemäß ihrer Begabung zu fördern; ihre sittliche Ausbildung und

Aufklärung sei zu heben, die Christen sollten durch Erziehung von ihren Vorurteilen abgebracht werden:

> "Früh in der Jugend müßten sie schon gelehrt werden, die Juden wie ihre Brüder und Mitmenschen zu betrachten, die auf einem andern Wege das Wohlgefallen Gottes zu erhalten suchten."[123]

Freie Religionsausübung, der Bau von Synagogen, die Anstellung von Kultusbeamten müsse den Juden gewährleistet sein; in ihrem Gemeindeleben sollten sie volle Autonomie genießen. Dohm war der Überzeugung, daß dies im besten Interesse der Staaten liege:

> "Ich wage es sogar, demjenigen Staat Glück zu wünschen, der zuerst diese Grundsätze in Ausübung bringen wird. Er wird sich aus seinem eignen Mittel neue treue und dankbare Unterthanen bilden, er wird seine eigne Juden zu guten Bürgern machen (...) auch die fremden an sich ziehn, welche sicher den Staat vorziehn werden, der auch ihnen die Rechte der Menschheit und die Vortheile der Gesellschaft zu bewilligen verspricht."[124]

Bis auf den letzten Punkt entsprechen diese Ratschläge Mendelssohns Vorstellungen. Da die volle Autonomie der jüdischen Gemeinden auch das Bannrecht der Rabbiner beinhaltet hätte, war sie für ihn untragbar. Sie wurde auch nicht Gesetz.

Der Einfluß der Dohmschen Schrift

Der weitgehende Einfluß der Vorschläge Dohms kann an einem Beispiel gezeigt werden. Das kleine Herzogtum Oldenburg zählte zwar nur an die 400 Juden, dennoch gab sein Großherzog Peter Friedrich Ludwig, unmittelbar vor oder kurz nach seiner Thronbesteigung im Jahre 1785, den Gedanken Dohms Raum, als er zu seinem eigenen Gebrauch ein Memorandum schrieb. Der Weg zur bürgerlichen Gleichberechtigung solle ein langer sein, denn die Juden müßten sich erst bewähren. Zu ihrer Erziehung habe der Großherzog Landesrabbiner als Staatsbeamte mit dem Auftrag zu berufen, die Juden durch neuzeitliche Erziehung und Belehrung wie auch moderne Formen des Gottesdienstes der Umwelt anzupassen, um sie allmählich des Militärdienstes und schließlich der Gleichberechtigung würdig zu machen. So wurden Nathan Markus Adler, der erste deutsche Rabbiner, welcher promoviert hatte, und nach ihm Samson Raphael Hirsch, welcher in Bonn studiert hatte, vom Herzog bestallt. Ihre Universitätsausbildung gab bei ihrer Berufung den Ausschlag. Dies bedeutete gegenüber Dohm einen Rückschritt, doch faßte der Herzog im Prinzip die "Verbesserung" der Juden und ihren Aufstieg zum Bürgertum ins Auge, was er ohne Dohms Schrift wohl kaum getan hätte.

Gotthold Ephraim Lessing - ein Fürsprecher der jüdischen Gleichberechtigung

Dohms Schrift, welche in Lessings Todesjahr erschien, atmete dessen Geist. Gotthold Ephraim Lessing (1729-1781), ein Pfarrerssohn, sollte ebenfalls Theologe werden. Er erwarb in diesem Studium auch eine gründliche Kenntnis des Hebräischen. Doch das Wirkungsfeld seiner Neigungen fand er in der Theaterkritik, als deren Gründer er angesehen werden kann, in der philosophischen Theologie und der dramatischen Dichtung.

Von Anfang an kam er zur Erkenntnis, daß der Charakter eines Menschen nicht von seiner Religion abhänge, ja, daß selbst unter Menschen, welche jede offenbarte Religion ablehnten, gute Menschen zu finden seien. Dieser Gedanke lenkte seine Aufmerksamkeit auf die Juden.

Bereits im Jahre 1749 verfaßte er das Lustspiel "*Die Juden*", ein etwas naives, aber von hohem Idealismus getragenes Werk, in welchem er die Gesellschaft ihrer Vorurteile wegen satirisch angriff. In diesem Spiel wird ein junger Mann wegen seines edlen Wesens von seiner ganzen Umgebung hoch gefeiert, bis sich herausstellt, daß er Jude ist, und ein Jude kann doch, in den Augen der Gesellschaft, keinen guten Charakter haben.

1753/54 machte Lessing Mendelssohns Bekanntschaft. Beide Männer schlossen eine lebenslange enge Freundschaft. Über Mendelssohn lernte Lessing auch führende Juden Berlins kennen. Als Bibliothekar des Herzogs von Braunschweig-Wolfenbüttel fand Lessing seinen - freilich nicht üppigen - Lebensunterhalt und die Muße, sich weiterhin kritisch zu betätigen. In seinen "*Wolfenbütteler Fragmente(n) eines Ungenannten*"[125] setzte er sich mit dem "Ungenannten", in Wirklichkeit dem Judengegner Reimarus, so scharf auseinander, daß der Herzog ihm schließlich untersagte, die öffentliche Kontroverse weiter zu führen.

Lessings letztes Werk, das Schauspiel "*Nathan der Weise*" (1779), hat den Juden Hoffnung und Kraft gespendet und vielleicht auch ihren Reformbestrebungen einen Anstoß gegeben. Das Spiel vertritt die Religion der Vernunft und verurteilt die starre Haltung aller fundamentalistischen Glaubensrichtungen. Lessing verlegte es absichtlich in die Zeit der Kreuzzüge, als der Antagonismus von Christentum, Judentum und Islam sich so tragisch entlud. Der Ort der Handlung ist Jerusalem, das Zentrum der drei Religionen.

Dort lebt Nathan, der weise Jude. Herrscher der Stadt ist der islamische Sultan, das Oberhaupt der Christen der Patriarch. Nathan hat eine schöne Tochter, Recha. Als ein junger christlicher Ritter sich in sie verliebt, stellt sich heraus, daß Recha gar nicht Nathans Tochter ist, sondern ein christliches Waisenkind, welches Nathan, dessen leibliche Kinder bei einem Pogrom ermordet worden waren, vor dem Tod gerettet, adoptiert und als eigenes Kind erzogen hat - aber nicht als Jüdin, sondern in einer Religion der Vernunft. Da sich nun auch eine

Verwandtschaft zwischen dem Sultan und dem Ritter herausstellt, sind die drei Religionen miteinander verwandtschaftlich verbunden.

Diesen der Vernunft und Liebe ergebenen Menschen steht der Patriarch als Kontrast gegenüber. Was immer eines Juden Verdienste sein mögen, der Patriarch hat nur eine Antwort parat: "Tut nichts, der Jude wird verbrannt!"

Kernstück des Dramas ist die Parabel von den drei Ringen. Nathan, vor die schwierige Aufgabe gestelt, dem Sultan eindeutig zu erklären, was die wahre Religion sei, antwortet mit einer Parabel: Ein Vater hatte einen Ring, welcher die Kraft besaß, seinem Träger die Gunst und Liebe der Umwelt zu gewinnen. Dieser Ring, der nach dem Willen des Ahnen immer vom Vater auf den meist geliebten Sohn zu vererben war, gelangte nun zu einem Mann, der seine drei Söhne gleichermaßen liebte. Daher ließ er zwei Kopien des Rings anfertigen, die einander so glichen, daß selbst er den echten Ring nicht mehr erkennen konnte, und gab jedem Sohn insgeheim einen davon. Nach dem Tod des Vaters stritten sich die Söhne und gingen schließlich zum Richter. Da keiner beweisen konnte, daß die Umwelt ihn besonders liebte, meinte der Richter: "Der wahre Ring vermutlich ging verloren", doch fällte er kein Urteil, sondern sprach nur die Mahnung aus, jeder Sohn solle im Wettstreit mit seinen Brüdern danach streben, durch seine Gerechtigkeit und Liebestaten die Liebe der Menschheit zu erringen. Am Ende werde dann der echte Ring erkenntlich werden - wenn dies überhaupt notwendig sei, denn jetzt seien ja alle Menschen in Liebe miteinander verbunden und somit alle Ringe "echt".

Die Ringe repräsentieren die drei Religionen. Sie sind alle echt, soweit sie der Vernunft folgend sich der Liebe widmen, alle falsch, soweit sie sich einander bekämpfend anderen Menschen Unheil stiften. Der Mittler und Erzieher der Menschheit ist der Jude Nathan. An anderer Stelle sagt Lessing:

> "Er (sc. Gott) erzog in ihm (sc. dem jüdischen Volk) die künftigen Erzieher des Menschengeschlechts. Das wurden Juden, das konnten nur Juden werden (...)"[126]

Die Juden haben Lessings Andenken geehrt, indem sie beispielsweise seinen Namen als Familiennamen annahmen, ihre Töchter "Recha" nannten. So wie er hat sich in der Tat niemand für ihren Glauben und ihre Menschenrechte eingesetzt. Gleichzeitig verstanden Juden "Nathan" als Mahnung, das Judentum aus der engen Orthodoxie herauszuführen.

Lessing wurde im Leben wie nach seinem Tod von gewissen Kreisen bezichtigt, Spinozist oder Deist gewesen zu sein, d.h. einen persönlichen Gott und dessen dauerndes Wirken geleugnet zu haben. Mendelssohn verteidigte seinen Freund gegen derlei Vorwürfe. Manche glauben sogar, der Kummer über die Verleumdung seines Freundes habe zu seinem vorzeitigen Tod beigetragen.

Aufklärer als Judenhasser

Nach Lessing und Dohm widersprach die Unterdrückung der Juden der aufgeklärten Vernunft. Auch die Juden waren Menschen und hatten daher Anspruch auf die gleichen Rechte.

Ihre Ansicht wurde von führenden Vertretern der Aufklärung zurückgewiesen. In ihrem Kampf gegen das Christentum als verderblichen Aberglauben hofften sie, dessen Fundamente durch Verunglimpfung seiner Mutterreligion zu untergraben. In der Tat besaßen alle Menschen die gleichen Rechte, aber waren die Juden überhaupt Menschen? Sie waren es nicht, sondern als eine barbarische, grausame und verderbte Nation der Auswurf der Menschheit.

Denis Diderot (1713-1784), der Herausgeber der französischen *Encyclopédie*, ein Feind der christlichen Religion, ließ seinen Haß an den Juden aus.[127]

Voltaire, der Gesprächspartner Friedrichs des Großen, gab sich als Vorkämpfer der Toleranz aus, welche, soweit die Juden in Frage kamen, nur so weit gehen dürfe, sie nicht auf dem Scheiterhaufen zu verbrennen. Denn wie er sie im Artikel "Juifs" seines *Dictionnaire philosophique* (Genf 1764) beschreibt, waren die Juden ein vollkommen ignorantes Volk von abscheulichem Geiz und abstoßendem Aberglauben, gepaart mit einem zügellosen Haß auf alle Völker, welche sie duldeten.

Der materialistische Philosoph Paul-Henri Thiry, Baron d'Holbach (1723-1789), ein Freund Diderots und Mitarbeiter an der *Encyclopédie*, charakterisierte sie als "Feinde der menschlichen Rasse".

Daß nicht einmal Kant sich von Bedenken bezüglich der jüdischen Religion freimachen konnte und hoffte, die Juden durch Abschaffung ihres Glaubens retten zu können, dürfte allerdings auf ein Mißverständnis der Mendelssohnschen Idee zurückgehen, daß das Judentum nur "Gesetz" sei, was die sittliche Autonomie des einzelnen, den Kern der Kantschen Ethik, ausschloß.

Obwohl Johann Gottfried Herder (1744-1803) Mendelssohn seine Freundschaft antragen konnte, galten ihm die Juden als "eine parasitische Pflanze auf den Stämmen anderer Nationen".[128] Dann wiederum kann er schreiben:

> "Es wird eine Zeit kommen, da man in Europa nicht mehr fragen wird, wer Jude oder Christ sei; denn auch der Jude wird nach europäischen Gesetzen leben und zum Besten des Staats beitragen. Nur eine barbarische Verfassung hat ihn darin hindern oder seine Fähigkeit schädlich machen mögen."[129]

Gotthold Ephraim Lessing war in der Tat der einzige, welcher ohne jeden Vorbehalt auf ihrer Seite stand.

Verkünder des alldeutschen christlichen Staates

Die Alldeutschen betrachteten die Juden als einen Fremdkörper, der abzustoßen sei. Der "Turnvater" Friedrich Ludwig Jahn (1778-1852) popularisierte den Gedanken des "deutschen Volkstums", indem er ihn mit dem Aufruf zur Leibeserziehung im Dienst von König und Vaterland verband. "Haß alles Fremden ist des Deutschen Pflicht" war sein Wahlspruch. Er bedeutete Judenhaß.[130]

Johann Gottlob Fichte (1762-1814) übte wohl den nachhaltigsten Einfluß auf das deutsche Denken aus. Der Philosoph und erste gewählte Rektor der Universität Berlin genoß in weiten Kreisen des Volkes hohes Ansehen. Im Krieg gegen Napoleon hatte er durch seine "Reden an die deutsche Nation" das Volk zu heroischem Patriotismus entflammt, indem er es, das Urvolk unbeschmutzter völkischer Reinheit, aufrief, der Welt zum Vorbild der Erneuerung zu werden. Dieser Krieg sei nicht nur ein Befreiungskrieg vom Joch des Fremdherrschers Napoleon, sondern bezwecke zugleich die Befreiung des deutschen Volkes von den Fremdkörpern, welche es vergifteten. Dazu gehörten vor allem die Juden.

Fichte bekämpfte daher unerbittlich die rechtliche Gleichstellung der Juden, die niemals treue Bürger werden könnten. Sie seien "ein mächtiger feindseelig gesinnter Staat, der mit allen übrigen im beständigen Krieg steht, und der in manchen fürchterlich schwer auf die Bürger drückt".

> "Menschenrechte müssen sie haben, ob sie gleich uns dieselben nicht zugestehen (...) Aber ihnen Bürgerrechte zu geben, dazu sehe ich wenigstens kein Mittel, als das, in einer Nacht ihnen allen die Köpfe abzuschneiden, und andre aufzusetzen, in denen auch nicht eine jüdische Idee sey. Um uns vor ihnen zu schützen, dazu sehe ich wieder kein ander Mittel, als ihnen ihr gelobtes Land zu erobern, und sie alle dahin zu schicken."[131]

Wie der Dichter Heinrich von Kleist gehörte Fichte der "Christlich-deutschen (später: Christlich-germanischen) Tischgesellschaft" an. Nach dem Willen ihres Gründers Achim von Arnim sollte sie nur "geborene Christen" aufnehmen.[132] Fichtes Argumente verbreiteten sich zumal bei deutschen Patrioten und machten die Judenfeindschaft unter Gebildeten "salonfähig".

Die Verlockungen der Umwelt

So sehr Mendelssohns Ideen dem deutschen Judentum inneren Halt verliehen und seine Entwicklung bestimmten, so sehr trogen ihn seine Hoffnungen für seine Familie und manche Freunde. Nur zwei seiner Kinder, Joseph und Recha, blieben dem Judentum treu. Sein Enkel, der Komponist Felix Mendelssohn-Bartholdy, hielt zwar an seinem Namen fest, obwohl sein Vater ihm geraten hatte, ihn abzulegen, und regte auch die Herausgabe der gesammelten Werke seines

Großvaters an, war aber aus tiefer Überzeugung Protestant, nachdem schon sein Vater, Abraham Mendelssohn, sich hatte taufen lassen.

Seine Tochter Brendel, ursprünglich mit Simon Veit verheiratet, einem Schwiegersohn, welcher in jeder Weise Mendelssohns Vorstellungen entsprach, löste später alle Bande zur Familie und zum Judentum. Sie verließ ihren Mann, nannte sich Dorothea und heiratete den Dichter Friedrich von Schlegel.

Unter ihren Zeitgenossinnen war Rahel Levin, die Tochter eines reichen Juweliers. Auch sie trat zum Christentum über, nannte sich Antonie Friederike und heiratete den Diplomaten Karl August Varnhagen von Ense.

Die jüdischen Salons als Mittelpunkte des geistigen Lebens

Das glanzvolle Heim des Dr. Marcus Herz und seiner Frau Henriette war inzwischen zum Treffpunkt der gebildeten Welt geworden, und die schöne, lebenslustige und geistig brillante Henriette sein Mittelpunkt. Unter den Gästen konnte man den Brüdern Humboldt, Friedrich Schleiermacher, sogar dem preußischen Kronprinzen, dem späteren Friedrich Wilhelm III., und anderen begegnen. Selbst Fichte kam. Goethe fand sich ein, wenn er in Berlin war, und wurde zum Gegenstand der Anbetung. In diesem Kreis von Juden wurde sein Preis gesungen, von ihm ging sein Ruhm aus. Henriette zog sich nach dem Tod ihres Mannes zurück und blieb Jüdin. Dorothea und Rahel öffneten nun ihre Salons der gesellschaftlichen Elite, wo sich das gebildete Berlin traf.

Wir müssen uns fragen: Hätten diese Frauen ihr Judentum aufgegeben, wenn es ihren ästhetischen und intellektuellen Wünschen entsprochen hätte und, vor allem, wenn der jüdischen Frau eine Funktion im Gemeindeleben zuerkannt worden wäre, oder empfanden sie vielleicht als Jüdinnen ein Gefühl von Minderwertigkeit, welches sie durch ihren Übertritt zu verlieren hofften, oder spielten alle diese Elemente zusammen eine Rolle?

David Friedländers Verirrung

Unter Mendelssohns Anhängern entfernte sich David Friedländer, der Gründer der Freischule, am weitesten von seinem Lehrer. Mit fortschreitendem Alter entfremdete er sich immer mehr den Lehren der Tora, der jüdischen Tradition und den Geboten des täglichen Lebens. Andererseits wollte er das Gedankengut des Judentums nicht ganz aufgeben. Er richtete an den Propst Wilhelm Abraham Teller, den führenden Geistlichen der evangelischen Kirche zu Berlin, einen offenen Brief, in welchem er vorschlug, ihn und seine Freunde als eine Art Sekte in die Kirche aufzunehmen, wenn ihnen die Taufe und einige Dogmen erlassen würden. Beide Religionen hätten so viele Gemeinsamkeiten, daß

Markus Herz (1747–1803), 1795. Foto: H.-J. Bartsch, Berlin.
© Collection Israel Museum, Jerusalem; Dauerleihnehmer: Stadtmuseum Berlin

Henriette Herz (1764–1847).
© Bildarchiv Preußischer Kulturbesitz, Berlin

dies der Kirche im Geist der Aufklärung wohl möglich sei. Damit, so bekannte Friedländer, würde er auch Vollbürger werden können. Propst Teller lehnte den Vorschlag höflich ab. Er war sich der Gefahr einer Verwässerung, vor der Mendelssohn so ernsthaft gewarnt hatte, wohl bewußt, während Friedländer die Mahnung seines großen Lehrers beiseite schob.

Die Aufklärung hatte Christen die Fundamente der Vernunft geraubt und sie dahin gebracht, ihre Vorurteile "logisch" zu begründen. Sie hatte Juden in Verwirrung gebracht, so daß sie nicht mehr wußten, wohin sie gehörten. Und dennoch war sie der Weg zur Emanzipation.

12. Hoffnungen und Enttäuschungen - Reformen und Revolutionen

Die Niederlande und England

In den Niederlanden wurde bereits 1657 den eingeborenen Juden vollkommene Freizügigkeit gewährt. Allerdings konnten sie noch keine öffentlichen Ämter bekleiden oder Mitglieder der Zünfte werden, da sie hier christliche Eidesformeln hätten sprechen müssen.

England gestand ihnen im Jahre 1740 für die Kolonien die vollen Rechte zu, wenn sie sich sieben Jahre dort aufgehalten hätten. Die christliche Eidesformel wurde abgeschafft. Für das Mutterland selbst verabschiedete das Parlament zwar im Jahre 1753 ein gleiches Gesetz, mußte dessen Einführung aber aufgrund heftigen Widerstandes in der Bevölkerung bis zum Jahre 1826 verschieben.

Beide Staaten erlegten ihnen jedoch weder Sondersteuern noch Niederlassungs- oder Handelsbeschränkungen noch Geleit- oder "Schutz"-Gelder auf.

Die Vereinigten Staaten von Amerika

In den Vereinigten Staaten von Amerika gab es überhaupt keine "Judenfrage". Juden waren überzeugte amerikanische Patrioten, nahmen an den Befreiungskriegen gegen England teil, wurden zu Beamten und Offizieren befördert, sicherten während des Befreiungskrieges das Überleben der jungen Republik durch hohe zinslose Darlehen. Ihre Zahl war klein, ihr Beitrag bedeutend. Sie waren Bürger und wurden als solche anerkannt.

Das Gesetz zur Einführung der Religionsfreiheit in Virginia (1786), dessen Autor, Thomas Jefferson, auch der Vater der Unabhängigkeitserklärung der Vereinigten Staaten war, besagte:

"Es wird hiermit in der allgemeinen Versammlung beschlossen, daß niemand dazu gezwungen werden soll, irgendeinen Gottesdienst zu besuchen oder Gotteshäuser und die Geistlichkeit zu unterstützen, noch soll gezwungen, eingeschränkt, belästigt noch leiblich oder an seinem Gut geschädigt werden oder sonst irgendwie wegen seines Glaubens oder seiner religiösen Anschauung leiden, sondern allen Menschen soll es freistehen, zu bekennen und durch Argumente zu unterstützen, was ihre religiöse Meinung ist, wodurch ihre bürgerlichen Rechte in keiner Weise verringert oder vergrößert werden sollen."[133]

Die Verfassung legt eindeutig fest:

"Doch darf niemals ein religiöser Bekenntnisakt zur Bedingung für den Antritt eines Amtes oder einer Vertrauensstellung im Dienst der Vereinigten Staaten gemacht werden" (Artikel VI).[134]

In seiner Antwort auf ein Glückwunschschreiben der jüdischen Gemeinde zu Newport, Rhode Island, erklärte George Washington, der "Vater" der Vereinigten Staaten, zu Staatsbürgerschaft und Judentum:

"Die Bürger der Vereinigten Staaten von Amerika können sich mit Recht dafür Beifall spenden, daß sie der Menschheit Beispiele einer welt- und freisinnigen Weltanschauung gegeben haben. Alle besitzen in gleicher Weise Gewissensfreiheit und Freiheiten des Bürgerrechts (...) Zum Glück verlangt die Regierung der Vereinigten Staaten, welche weder scheinheilige Frömmigkeit gutheißt, noch Glaubensverfolgungen duldet, von den unter ihrem Schutz Lebenden lediglich, daß sie sich als gute Staatsbürger bewähren, indem sie sich jederzeit tatkräftig für sie einsetzen. Mögen die Nachkommen Abrahams, die in unserem Lande leben, sich auch weiterhin des guten Willens der übrigen Einwohner würdig erweisen und erfreuen, so daß jeder in Sicherheit unter seinem Rebstock und Feigenbaum wohnen kann und es keinen gebe, der ihn ängstigt [Micha 4,4]."

Thomas Jefferson hegte keinen Zweifel daran, daß sich die Juden den Wissenschaften und Künsten widmen würden. Er sah es daher als "eine grausame Ausdehnung des Unrechts [an], das diese so sehr verwundete Sekte erlitten hat", wenn ihre Jugend durch den Pflichtbesuch christlicher Religionslehre an den Universitäten vom Studium ausgeschlossen sei, den "zu hören ihr Gewissen ihnen nicht erlaubt". Aus diesem Grund verlangte und erreichte er dessen Abschaffung.

James Madison forderte die völlige Religionsfreiheit. Eine Mauer müsse Staat und Religion trennen. Die verschiedenen Gruppen müßten miteinander wetteifern und Kompromisse schließen, damit einer Tyrannei der Mehrheit vorgebeugt würde. Zwar wurde in einzelnen Bundesstaaten noch eine Zeitlang um die Gleichberechtigung gerungen, doch konnten sie sich auf die Dauer der Bundesverfassung nicht widersetzen.

Die Juden der Vereinigten Staaten waren vom Anbeginn an Staatsbürger mit allen Rechten und Pflichten. Sie hatten sich nicht erst zu "bewähren".

Die französische Revolution

Zweifellos diente die amerikanische Revolution der französischen als Anstoß und Vorbild. Der französische Staatsmann Turgot (1727-1781) schrieb im Jahre 1778:

> "Es [sc. das amerikanische Volk] ist die Hoffnung des Menschengeschlechts. Es kann zu dessen Vorbild werden. Es soll das Beispiel der politischen Freiheit, der religiösen Freiheit, der Freiheit des Handels und der Freiheit der Industrie geben. Die Zuflucht, die es allen Unterdrückten aller Nationen eröffnet, soll die Erde trösten. Die Leichtigkeit, daraus Nutzen zu ziehen, um den Folgen einer schlechten Regierung auszuweichen, wird die europäischen Regierungen zwingen, gerecht zu sein und aufgeklärt zu werden; der Rest der Welt wird allmählich die nichtigen Illusionen durchschauen, in welchen die Staatsmänner sich gewiegt haben."[135]

Bedeutende Vertreter der Aufklärung waren, wie wir sahen, den Juden feindlich gesinnt. Andere, wie der Staatstheoretiker Montesquieu in seinem Werk "*De l'esprit des lois*", traten für sie ein. Die Treue der Juden zum Gott der Menschheit, welchen sie dieser gegeben hatten und dem sie gemäß ihrer Tradition dienten, verdiene Verständnis, nicht Verfolgung und Tod. Der Politiker Mirabeau erklärte, ihre Makel würden verschwinden, sobald sie als Staatsbürger anerkannt seien.

Die kontroversen Haltungen lösten auch erregte Debatten in der Nationalversammlung aus. Der amerikanischen Verfassung folgend, erließ die Nationalversammlung im August 1789 eine Deklaration der Menschenrechte, in welcher es u.a. hieß:

> "Niemand soll wegen seiner Ansichten, auch nicht wegen der religiösen, beunruhigt werden, sofern ihre Äußerung die durch das Gesetz errichtete öffentliche Ordnung nicht stört (Art. 10)."[136]

Die Konservativen wie die Vertreter der Geistlichkeit widersetzten sich der Gleichberechtigung der Juden mit aller Kraft und wurden von der rechtsgerichteten Presse unterstützt. Für sie waren die Juden keine religiöse Glaubensgemeinschaft, sondern ein heruntergekommenes fremdes Volk.

Unter den Fürsprechern fand sich der Abbé Henri Grégoire, welcher von Dohms Buch beeinflußt war. Er veröffentlichte einen Gesetzesentwurf zugunsten der Juden. Allerdings sollten sie ihre Gemeindeautonomie aufgeben. Robespierre, der Anführer der Radikalen, sprach sich für sie aus. In einer Rede vor der Nationalversammlung erklärte er: "Die schlechten Eigenschaften der Juden stammen von dem Maße der Erniedrigung, welcher Sie sie ausgesetzt haben (...) jeder Bürger, der die Bedingungen erfüllt, welche Sie niedergelegt haben, hat das Recht zur Bekleidung eines öffentlichen Amts". Die Presse der Linken verteidigte sie, die Jakobinerklubs verabschiedeten Resolutionen, und der Stadtrat von Paris entsandte eine Deputation an die Nationalversammlung, um für ihre Gleichberechtigung zu plädieren. Am hartnäckigsten widersetzte sich der Gleichberechtigung der Juden die Bevölkerung des Elsaß, darin die Nähe zu Deutschland spiegelnd.

Der Abgeordnete Stanislas Comte de Clermont-Tonnerre, Mendelssohns und Dohms Gedanken aufgreifend, fand die entscheidenden Worte:

> "Indem ihr in der Deklaration der Menschenrechte erklärt habt, daß niemandem, selbst seiner religiösen Überzeugungen wegen, Beschränkungen auferlegt werden dürften, habt ihr euch bereits festgelegt (...) Das Gesetz darf das Glaubensbekenntnis des Menschen nicht antasten, es hat keine Macht über seine Seele; die Macht des Gesetzes erstreckt sich lediglich auf die Handlungen des Menschen, die es, soweit sie der Gesellschaft nicht abträglich sind, auch in Schutz nehmen muß (...) So lasset denn dem Gewissen seine Freiheit! (...) Den Juden als Nation ist alles zu verweigern, den Juden als Menschen aber ist alles zu gewähren. Sie sollen Bürger werden. Nun behauptet man, sie selbst wollten keine Bürger sein; mögen sie es nur ausdrücklich erklären - dann sollen sie des Landes verwiesen werden, denn es darf keine Nation in der Nation geben."[137]

Das Judentum wurde zur Religion, zur Privatsache. Die Autonomie und innere Gerichtsbarkeit wurden aufgehoben. Auf dieser Grundlage verabschiedete die Nationalversammlung in ihrer letzten Sitzung Ende September 1791 das Gesetz zur bürgerlichen Gleichstellung aller Juden. Die Kämpfe waren bitter gewesen, aber die Juden hatten ihre Bürgerrechte durch das gewählte gesetzgebende Organ des französischen Volkes erhalten.

Die Freiheit wird in die Welt getragen

Im revolutionären Schwung trugen die französischen Armeen den Geist der Freiheit und Gleichheit in die Länder, welche sie eroberten. Die Tore der Ghettos wurden abgebrochen, die Juden in den deutschen, von den Franzosen besetzten Gebieten waren nun frei, allerdings nicht durch den Willen des eigenen Volkes oder der Regierung, sondern nur unter dem Druck der Besatzungsmacht.

Nach der Einnahme der Festung Mainz und der Konstituierung der Mainzer Republik durch die Franzosen wurden den Mainzer Juden die Bürgerrechte zuerkannt. Der jüdische Politiker und Staatsmann Ludwig Bamberger (s.u.) schrieb darüber:

"In allen Dingen hat die rheinische Republik dem französischen Muster folgen können; Gott, König und Vaterland hat sie überwunden: über den spezifisch deutschen Judenhaß kann sie nicht hinaus."[138]

Die zwiespältige Politik Napoleons

In den Wirren nach der Revolution gelang es Napoléon Bonaparte, die Macht an sich zu reißen. 1802 wurde er zum Konsul auf Lebenszeit ernannt, 1804 setzte er sich die Kaiserkrone auf. Er war vom Geist der Revolution beseelt. Mit seinem Gesetzbuch, dem *Code Napoléon*, setzte er sich an die Spitze neuzeitlicher Gesetzgebung. Er führte das Dezimalsystem ein. Gleichzeitig erfüllte ihn unersättlicher Ehrgeiz, dessen Befriedigung den Idealen der Revolution zuwiderlief.

Gestützt auf die Macht der Waffen, schwang er sich zum Herrscher Europas auf. Er besiegte Preußen, das zu einem Kleinstaat herabsank. Aus zerteilten Staaten schuf er Königreiche, die er seinen Brüdern gab. So entstand das Königreich Westphalen aus preußischen und benachbarten Territorien, das Jérôme Bonaparte im Auftrag seines Bruders regierte. Nur England widerstand. Die Juden erhielten in diesen Ländern die bürgerlichen Freiheiten.

Das "Große Sanhedrin"

Napoleon war aber auch ein Diktator, welcher entschlossen war, seine Untertanen gleichzuschalten. Da er der absoluten Treue der Juden (wie auch aller christlichen Gruppen), auch unter jüdischem Gesetz, sicher sein wollte, befahl er die Einberufung eines "Großen *Sanhedrin*" nach Paris, welches, wie einst in Jerusalem, alle Juden bindende Gesetze erlassen sollte. Ihm sollten führende Rabbiner und Gemeindevorsteher aus allen unter seiner Herrschaft stehenden Ländern angehören.

Zunächst wurde eine Notabelnversammlung einberufen, welche Napoleons Fragen zum Verhältnis von *Halacha* und staatlicher Gesetzgebung entgegennehmen sollte. Das *Sanhedrin* sollte dann die autoritative Antwort geben. Die Notabelnversamlung trat im Juli 1806 zusammen. Napoleon stellte ihr zwölf Fragen, darunter: Betrachten die Juden Frankreich als ihr einziges Vaterland und sind sie bereit, es zu verteidigen? Gelten ihnen ihre nichtjüdischen Mitbürger als ihre Brüder und Schwestern? Steht das jüdische Eherecht in Widerspruch zum französischen, dürfen Juden auch Christen heiraten? Welche Macht haben die Rabbiner, haben sie Polizeigewalt? Wie steht das Judentum zum Wucher? Man ließ die Versammlung wissen, welche Antworten der Kaiser erwartete.

Das "Große *Sanhedrin*" trat im Februar 1807 zusammen und wurde mit großem Pomp eröffnet. Einige Fragen konnte es bedenkenlos und sogar mit Enthusiasmus beantworten. Bis zum Tode würden sie Frankreich, ihrem einzigen Vaterland, dienen und es verteidigen. Alle seine Bürger seien aller Juden Brüder und Schwestern.

Dann wurde es schwieriger. Man erklärte, das jüdische Eherecht stehe in keinem Konflikt mit dem französischen, die Polygamie sei nach ihm verboten. Zwar müßten Trauung und Ehescheidung nach jüdischem Gesetz vollzogen werden, doch sollte jeder jüdischen Trauung die standesamtliche vorangehen und jeder Ehescheidung die gerichtliche Trennung der Ehe. Die Rabbiner entsagten aller exekutiven Gewalt, einschließlich des Bannes. Da das Christentum eine monotheistische Religion sei, sei eine Ehe zwischen Juden und Christen nach dem Staatsgesetz gültig, wenngleich Rabbiner ein solches Paar nicht trauen könnten. Der Wucher wurde wie alle Mißbräuche im Geschäftsleben verurteilt.

Um Gehorsam zu erzwingen, wurden nun alle jüdischen Gemeinden Frankreichs Konsistorien unterstellt, welche ihrerseits dem Konsistorium zu Paris Rechenschaft abzulegen hatten. Dieses wiederum war der Regierung verantwortlich. So wurde allen Rabbinern aufgegeben, die jungen "Israeliten" zu belehren, daß für die Dauer ihres Militärdienstes alle Religionsgesetze durch die Tora selbst aufgehoben waren. Alle Juden hatten bürgerliche Familiennamen anzunehmen.

Das "schändliche Dekret"

Aus dem Elsaß kamen weiterhin Anschuldigungen gegen die Juden. Um diese Stimmen zu beschwichtigen, erließ Napoleon ein Sondergesetz für die "mosaische Religion", das mindestens zehn Jahre in Kraft bleiben sollte, um dann einer Überprüfung unterzogen zu werden, vorausgesetzt, daß sich die Juden "gebessert" hätten. Kein Jude durfte sich im Elsaß neu niederlassen. Die Juden benötigten besonderer von den Präfekten ausgestellter Leumundszeugnisse, um Handel treiben zu können, die Darlehensgeschäfte wurden staatlich überwacht. Im Gegensatz zu den Christen war es den Juden verboten, Ersatzleute für den Militärdienst zu stellen.

Da das Gesetz de facto ihnen die gesetzlich zuerkannte bürgerliche Gleichberechtigung wieder entzog, bezeichneten es die französischen Juden als *Décret infâme*, das "schändliche Dekret". In den Satellitenstaaten, z.B. im Königreich Westphalen, trat es nicht in Kraft.

Das Königreich Westphalen

Unter König Jérôme (1807-1813) wurde im Jahre 1808 das Konsistorialsystem auch im Königreich Westphalen eingeführt. Sieben Gemeindebezirke, Konsistorien, wurden dem zentralen Konsistorium zu Kassel unterstellt. Der König war großzügiger als sein kaiserlicher Bruder. Im Jahre 1810 erließ er ein Dekret:

> "Unsere Unterthanen, welche der Mosaischen Religion zugethan sind, sollen in unseren Staaten dieselben Rechte und Freiheiten genießen, wie unsere übrigen Unterthanen. Denjenigen Juden, welche, ohne unsere Unterthanen zu seyn, durch unser Königreich reisen oder sich darin aufhalten, sollen dieselben Rechte und Freiheiten zustehen, die jedem andern Fremden eingeräumt werden. Diesem zufolge sind alle Auflagen und Abgaben, welche allein von den Juden zu entrichten sind, bei welcher Gelegenheit und unter welcher Benennung sie auch erlegt werden mögen, hiermit gänzlich aufgehoben (...) Sie können, ohne, wie vormals, einer besonderen Erlaubnis zu bedürfen, sich verheirathen, für die Erziehung und häusliche Niederlassung ihrer Kinder sorgen, ihnen ihre Güter abtreten, jedoch unter der Verpflichtung, bei diesen verschiedenen Handlungen nach den Vorschriften des Gesetzbuches Napoleons sich zu richten. Es steht ihnen gleichfalls frei, in jeder Stadt oder an jedem anderen Orte sich niederzulassen und daselbst ihren Handel einzurichten, vorausgesetzt daß sie der Municipalobrigkeit davon gehörige Anzeige machen und die Verordnungen der Zünfte und Handwerke, in welchen sie aufgenommen zu werden wünschen, beobachten."[139]

Vorsitzender des Kasseler Konsistoriums war der Hoffaktor Israel Jacobson, der die besondere Gunst des Königs genoß. Ein Vorkämpfer der religiösen Reform, nutzte er die Gelegenheit, in Seesen eine Reformsynagoge zu gründen, von welcher noch die Rede sein wird.

Das preußische Emanzipationsedikt

Die Bevölkerung des geschlagenen Preußen sah die Reformen Napoleons und forderte ähnliche, wie die Freizügigkeit, auch für sich selbst. Der Staatskanzler Freiherr Karl August von Hardenberg setzte diese, als "Revolution von oben", in den Jahren 1797-1806 durch. Verbunden damit war ein Emanzipationsedikt für die Juden, das König Friedrich Wilhelm III. 1812 erließ. Es löste das Generalreglement Friedrichs II. ab, dem die Juden noch immer unterworfen waren. Das Edikt erklärte u.a.:

> "§ 1: Die in Unsern Staaten jetzt wohnhaften, mit General-Privilegien, Naturalisations-Patenten, Schutzbriefen und Konzessionen versehenen Juden und deren Familien sind für Einländer und Preuß. Staatsbürger zu achten.

§ 7: Die für Einländer zu achtende Juden hingegen sollen, insofern die V.[erordnung] nichts Abweichendes enthält, gleiche bürgerliche Rechte und Freiheiten mit den Christen genießen."[140]

Gewährt wurden Freizügigkeit, das Recht zum Grundbesitz, zu freiem Handel, zur Eheschließung auch mit Christen, Befreiung von allen Sondersteuern und Auflagen. Zu Lehrämtern auf den verschiedenen Ebenen erhielten sie Zugang. Sie unterlagen der Wehrpflicht. Allerdings waren gewisse Verpflichtungen zu erfüllen. Z.B. mußten sie bürgerliche Familiennamen annehmen und ihre Geschäftsbücher auf deutsch führen. Die Gemeindeautonomie wurde ihnen entzogen. Gleichzeitig wurde ausgeführt:

"In wie fern die Juden zu anderen öffentlichen Bedienungen und Staats-Ämtern zugelassen werden können, behalten Wir uns vor, in der Folge der Zeit gesetzlich zu bestimmen (§ 9)."

Das Gesetz fußte auf Dohms Schrift. Anders als die Grundgesetze Amerikas und Frankreichs erklärte es jedoch nicht alle Juden zu Bürgern mit gleichen Rechten und Pflichten, sondern machte Ausnahmen. Vor allem erstreckte sich seine Geltung nur auf bislang privilegierte Juden. Da die Provinz Posen zu dieser Zeit von Preußen abgetrennt worden war, fiel sie nicht in seinen Geltungsbereich. Als sie nach 1815 wieder Preußen angegliedert wurde, blieben die dortigen Juden, d.h. die Majorität der preußischen Juden, von diesem Gesetz ausgeschlossen. Die Zulassung zu Staatsämtern machte § 9 von künftigen Gesetzen abhängig, die freilich nie ergingen. So wurden unter Friedrich Wilhelm IV. Juden von allen Staatsämtern ausgeschlossen, einschließlich der akademischen Lehrberufe, da die Universitäten staatliche Anstalten waren. Andererseits gewährte das Edikt den Juden Handels- und Gewerbefreiheit und trug dadurch zu ihrem wirtschaftlichen Aufschwung bei.

Die Befreiungskriege und der Wiener Kongreß

Nachdem mehrere Koalitionen gegen ihn militärisch gescheitert waren, stand Napoleon 1808 auf dem Gipfel seiner Macht. Im Jahre 1812 griff er Rußland mit einem gewaltigen Heer an und erreichte Moskau, das in Flammen stand. Er mußte sich mitten im Winter unter Verlust des größten Teils seiner Armee zurückziehen. So geschwächt wurde er 1813 von einer neuen Koalition in der Leipziger "Völkerschlacht" besiegt und im Jahre darauf zur Abdankung gezwungen. Er ging nach Elba ins Exil, kehrte aber kurz danach wieder zurück, organisierte eine neue Armee, die jedoch bei Waterloo im Jahre 1815 von den verbündeten Mächten völlig geschlagen wurde. In diesen "Befreiungskriegen" hatte Europa Napoleons Joch abgeworfen. Der Kaiser wurde nach der Insel St. Helena verbannt, wo er die Jahre bis zu seinem Tod (1821) als Gefangener verbrachte.

Voller Patriotismus, der sie die Freiheiten, die Napoleon ihnen gebracht hatte, vergessen ließ, strömten junge Juden, viele von ihnen freiwillig, zu den Fahnen. Sie zeichneten sich aus, und nicht wenige trugen stolz das Eiserne Kreuz. So hofften sie auf eine glückliche Zukunft als Bürger des geliebten Vaterlands.

Der Wiener Kongreß

Die Vertreter Preußens, Österreichs, Großbritanniens und Frankreichs, wie der Kleinstaaten versammelten sich in Wien, um die alte Ordnung wieder herzustellen. Auch die "Judenfrage" stand auf der Tagesordnung des "Wiener Kongresses". Man war bestrebt, eine für alle deutschen Bundesstaaten einheitliche Lösung zu finden. Da jedoch viele davon, vor allem die freien Städte, die Gleichberechtigung der Juden ablehnten, wurde die Behandlung dieser Frage auf eine spätere Konferenz vertagt. Inzwischen sollten "den Bekennern dieses Glaubens bis dahin die denselben in den einzelnen Bundesstaaten bereits eingeräumten Rechte erhalten werden."[141]

Diese Formulierung stieß auf den heftigsten Widerstand, waren doch Juden durch Napoleon gegen den Willen der Bundesstaaten Bürger geworden. Der Vertreter Bremens fand eine allen genehme Lösung: Man änderte nur ein einziges Wort; statt *in* schrieb man *von*. Es " werden (...) die (...) *von* den einzelnen Bundesstaaten bereits eingeräumten Rechte erhalten werden". Mit der Änderung dieses einen Wortes verloren die Juden ihre Rechte, denn diese waren ihnen *in* den Staaten, aber, mit Ausnahme Preußens, nicht *von* den Staaten, sondern von Napoleon gewährt worden. Die reaktionären Elemente hatten gesiegt. Die Juden mußten ihren Kampf neu beginnen, und dies in einer Zeit, die sich von der Aufklärung abgewandt hatte und sich statt von der Vernunft vom Gefühl leiten ließ, zu einer Zeit, wo Regierungen es als ihre Aufgabe betrachteten, jede freiheitliche Regung mit Gewalt zu unterdrücken.

13. Aufstieg und Kämpfe

Einführung

Wir werden uns im Folgenden mit dem Aufstieg und, später, dem Niedergang der deutschen Juden unter dem Druck des Antisemitismus zu befassen haben Die Frage, warum dieser gerade in Deutschland so ausgeprägt war, kann nur versuchsweise beantwortet werden.

Vor der Aufklärung speiste sich der Judenhaß aus theologischen Motiven: Die Juden waren die Mörder Christi. Diese Begründung hatte in der Aufklärung an Bedeutung verloren, obgleich sie nicht völlig verschwand, denn die Menschen waren damit jahrhundertelang indoktriniert worden.

Der Aufklärung folgte die Romantik, welche im Gefühl, in der Intuition, das ausschlaggebende Moment sah. Die Romantik sehnte sich nach vergangenen Zeiten. Die Demütigung durch Napoleon lenkte den Blick zurück auf die vermeintliche Stärke des mittelalterlichen Reiches, man erinnerte sich der germanischen Heldensage und entdeckte ein heldisches Christentum der Vergangenheit. Die Erneuerung der deutschen Nation müsse aus einem deutschen heldischen Christentum hervorgehen.

Um diese Erneuerung zu bewirken, war der Feind nicht nur in die Flucht zu schlagen, sondern auch sein Geist und seine Werte mußten gebannt werden Der Fremde und das Fremde waren zu hassen. Der Haß wurde zur Triebkraft.

Fichtes "*Reden an die deutsche Nation*" spiegeln alle diese Elemente wider. Im Unterbewußtsein wirkte aber die Tatsache, daß eine solchermaßen verklärte Vergangenheit gar nicht existiert hatte. Das Mittelalter war von Fehden erfüllt, die kaiserliche Macht wurde immer wieder bestritten, das Reich zerfiel in viele Territorien, die sich immer wieder der Zentralgewalt entzogen.

So blieb nur das "völkische" Bewußtsein, verbunden mit einem Selbsthaß aufgrund des in Wirklichkeit fehlenden Glanzes. Diesen konnte man übertünchen, indem man die anderen verantwortlich machte und haßte. Man "fühlte": Das deutsche Volk und der deutsche Mann waren die Heldenrasse, denen eine feindliche Umwelt die Freiheit der Entfaltung mit Gewalt entrissen hatte. Ihr galt der Kampf bis zum Tode, welcher höchste Lebenserfüllung war. "Völkisches" Bewußtsein und Haß, das Schwert und die Erlösung durch den Tod durchziehen sowohl das volkstümliche Liedgut als auch die Opern Richard Wagners.

So wurde Frankreich zum Erbfeind, die Juden, die man dazu noch mit den Franzosen im Bunde glaubte, waren und blieben der Erzfeind. Weil die Juden zu allen Zeiten schöpferisch gewesen waren und, vor allem, nie das Bewußtsein ihres eigenen Wertes verloren hatten - sie sahen sich, nach Mendelssohn, berufen, im Dienst der Welt ein moralisches Leben zu führen - mußte man sie der Wertlosigkeit und Unmoral beschuldigen: sie seien eine Rasse, der diese im Blut lägen. Nun konnte selbst der niedrigste Deutsche, auf sein "Volk" pochend, im Haß gegen sie seine Bewährung finden.

Der Aufstieg

Mit dem Schwinden der Ausnahmegesetze begann der Aufstieg der deutschen Juden, welchen wir bis ins 20. Jahrhundert verfolgen wollen.

Bevölkerungszuwachs

Im 19. Jahrhundert führten bessere sanitäre Einrichtungen und der Fortschritt der Medizin zu einem allgemeinen Bevölkerungszuwachs, der sich unter den Juden noch ausgeprägter darstellte. Heiratsbeschränkungen waren gefallen (bis auf Bayern); zum Rückgang der Säuglings- und Altersmortalität unter ihnen trug ihre Familienbetreuung wesentlich bei. In den Jahren von 1820 bis 1848 stieg die Zahl der deutschen Juden von etwa 75.000 auf etwa 350.000, bis 1871 auf etwa 520.000 an.

Berufswahl

Unsere Betrachtung der Berufswahl der Juden erstreckt sich bis ins 20. Jahrhundert. Die Berufswahl der Juden wurde durch drei Faktoren bedingt: ihren Wissensdurst, ihre wirtschaftliche Erfahrung und ihren Ausschluß von Staatsämtern. Sie wollten sich in die Gesellschaft eingliedern und ihr "nützlich" sein. Die Erfahrungen ihrer Vergangenheit bezogen sie auf die neue Lage.

Die Bankhäuser

Die Hoffaktoren wandelten sich zu Bankiers. Jede bedeutende Stadt Deutschlands hatte ein führendes jüdisches Bankhaus. Das größte war das Frankfurter Haus Meyer Amschel Rothschild & Söhne. Des Aufstiegs und des Reichtums der Rothschilds, die man sich anders nicht zu erklären vermochte, bemächtigte sich die Legende, die in antisemitischen Zirkeln immer farbenprächtiger ausgemalt wurde. Meyer Amschels Sohn Nathan, der sich in London niedergelassen hatte, soll dank einem eigenen Nachrichtendienst als erster von Napoleons Niederlage bei Waterloo erfahren haben und so imstande gewesen sein, an der Londoner Börse riesige Gewinne zu erzielen.[142]

1299

Freiherrlich

Amschel Mayer von Rothschild'sche

Stiftung zur Ausstattung

unbemittelter Israelit. Jungfrauen

in Frankfurt a. M.

Aus dieser Stiftung sind gegen Ende dieses Jahres Sechstausend Gulden als Heurathsgut einer unbemittelten und unbescholtenen Jungfrau, Bürgerstochter aus der **hiesigen** Israelitischen Gemeinde, zu verwenden.

Die Bewerberinnen dürfen nicht jünger als 17 und nicht älter als 36 Jahre seyn; unter mehreren nach den näheren Bestimmungen des Stiftungsbriefes gleichberechtigten Angemeldeten entscheidet eine Verloosung, welche am Sterbetage des seeligen Herrn ***Mayer Amschel von Rothschild*** (Vaters des Stifters), am 14. des Monats Tischri, in diesem Jahre am 18. September, stattfindet.

Der Ablauf der Anmeldungsfrist wird hierdurch **auf den 15. August 1861** bestimmt und Anmeldungsformulare sind bei der unterzeichneten Stelle (Fahrgasse 146) zu erhalten.

Frankfurt a. M., den 14. Juni 1861.

Die Verwaltungs-Commission.

Oben: Beilage Frankfurter Intelligenz Blatt v. 18. Juli 1861: Stiftung Rothschild.
Vorlage: Stadt- und Universitätsbibliothek Frankfurt am Main

Rechts: Postkarte aus dem Rothschild-Museum in der Börnestraße.
© Jüdisches Museum Frankfurt am Main

Unten: Ludwig Börne (1786–1837).
© Jüdisches Museum Frankfurt am Main

Andere Söhne Meyer Amschels gründeten Niederlassungen in Paris, Wien und Neapel. Man wagte sich an neue Erfindungen, deren Finanzierung nichtjüdischen Bankiers zu riskant erschien. So finanzierten die Rothschilds den Eisenbahnbau in Frankreich, Belgien, Österreich und Italien, während andere jüdische Bankhäuser am Bau der preußischen Bahnen großen Anteil hatten.[143]

Der Bankier Gerson von Bleichröder war als der Finanzberater Otto von Bismarcks wesentlich an der Finanzierung des Krieges gegen Österreich im Jahre 1866 beteiligt. Nach der Niederlage Frankreichs im Jahre 1871 führte er die Verhandlungen über die Reparationen, welche dieses zu zahlen hatte.

Während die Nachkommen dieser Bankiersfamilien vielfach zum Christentum übertraten und dann nobilitiert wurden, blieb das Haus Rothschild dem Judentum treu.

Industrie

In der Industrie wurden alte Berufserfahrungen zu Fundamenten neuzeitlichen Ausbaus. Aus dem unter Juden weit verbreiteten Schneiderhandwerk erwuchs die Textilindustrie. Aus Althändlern wurden Unternehmer in der Metallindustrie. Das Potential der Zukunft erkennend, erwarb Emil Rathenau das Patent der elektrischen Glühbirne von Thomas Alvin Edison, und gründete die AEG ("Allgemeine Elektrizitäts-Gesellschaft"), deren Produkte das ganze Leben verändern sollten.

Einzelhandel

Der Einzelhandel blieb weit verbreitet, doch erweiterte der ehemalige Krämer sein Geschäft mit Hilfe der neu aufgekommenen Reklame. Schließlich entstand daraus das Warenhaus. Das "Kaufhaus des Westens" (KaDeWe) und die Häuser Tietz (der Name des gegenwärtigen Hertie ist eine Abkürzung des von den Nationalsozialisten enteigneten Hauses *Her*mann *Tie*tz) seien als Beispiele genannt. Der Druck hebräischer Bücher war seit langem eine jüdische Berufsbranche. Nun entstanden die Verlagshäuser Mosse, Ullstein, Fischer und andere.

Aber nicht alle jüdischen Geschäftsleute waren so erfolgreich. Viele blieben klein, andere wurden Angestellte oder Reisende. Die Zahl der Arbeiter wie auch der auf dem Land Lebenden ging hingegen zurück.

Philanthropie

Bezeichnend für die wohlhabenden Juden waren ihre Philanthropie und die Liebe zu Wissenschaft und Bildung. Die Generosität der Reichen ermöglichte den Juden der östlichen Länder ihr Überleben. Sie traten als Fürsprecher für sie ein und stellten ihnen die Mittel zur Auswanderung zur Verfügung. So finanzierte das Haus Rothschild die ersten Ansiedlungen der Juden in Palästina. Jüdische wie allgemeine Institutionen Deutschlands, darunter die Universitäten Frankfurt und Hamburg, verdanken diesen Mäzenen ihre Gründung und ihren Ausbau.

Freie Berufe

Nach anfänglichem Zögern wandten sich immer mehr Juden den freien und künstlerischen Berufen zu. Während die Söhne christlicher Unternehmer das Erbe ihrer Väter zu großen Konzernen ausbauten, finden wir unter der zweiten Generation der Juden eine Neigung zu freien Berufen. Man widmete sich dem Journalismus und gründete Presseagenturen und Zeitungen von Weltruf wie das "*Berliner Tageblatt*" und die "*Frankfurter Zeitung*". Sie wurden Schauspieler, Kritiker, Künstler und Schriftsteller.

Da ihnen Karrieren als Universitätsprofessor, Lehrer und Richter verschlossen waren, wurden sie Ärzte und Rechtsanwälte. Selbst am Ende der Weimarer Republik, nachdem offiziell alle Beschränkungen aufgehoben waren, fiel der Anteil der Juden in staatlichen Ämtern kaum ins Gewicht: 2,7 % der Richter, 2,6 % der Universitätsprofessoren, 0,5 % der Volksschullehrer, 0,8 % der Lehrer an höheren Schulen waren Juden, dagegen in den freien Berufen 16,2 % der Anwälte, 10,8% der Ärzte und 8,6 % der Zahnärzte.[144]

Mit der beruflichen Umorientierung war die Urbanisierung der Juden verbunden. Lebten im Jahre 1871 noch über 80 % aller Juden auf dem Lande, so 60 Jahre später nur noch 23 %. Ein Drittel davon wohnte in Berlin, das sich zum Zentrum der deutschen Juden entwickelte. Dafür gab es mehrere Gründe: In den Großstädten waren die Aufstiegsmöglichkeiten bedeutend größer; die Juden waren entschlossen, ihre Kinder aufs Gymnasium und, wenn möglich, auf die Universität zu schicken; außerdem konnte der einzelne dort in der Masse verschwinden, so daß er dem Antisemitismus nicht so unmittelbar ausgesetzt war.

Das Verhältnis zur christlichen Umwelt

Das Verhältnis der Christen zu den Juden war zwiespältig. Einer meiner Lehrer im Gymnasium erklärte in der Klasse: "Wir haben nichts gegen einzelne Juden, aber sind gegen das Judentum." Man schätzte den jüdischen Arzt wegen seiner Kenntnisse und Gewissenhaftigkeit, den Anwalt wegen seiner Rechtskunde und seines Einsatzes für die Klienten; man wußte, die Warenhäuser waren reell, die Händler ehrlich. Die Beziehungen zwischen Christen und ihren unmittelbaren jüdischen Nachbarn konnten freundlich, manchmal sogar eng sein. Man half sich gegenseitig. Zur Gesellschaft hatten sie aber kaum Zutritt.

Auf den Dörfern und in den Kleinstädten traf man einerseits auf herzliche Beziehungen, andererseits bestand die dauernde Angst vor dem schwelenden Antisemitismus, den ein Hetzer zum Ausbruch bringen konnte.

Beispiel eines kleinen Dorfes

Im Frankenland, in der Nähe von Schweinfurt, liegt das verschlafene Dorf Oberlauringen. Es war der Geburtsort meiner Mutter Selma Hirschberger, wo ich einen großen Teil meiner Kindheit verbrachte.

Im Jahre 1676 erwarb der Freiherr von Truchseß zu Wetzhausen das Rittergut Oberlauringen. Im Jahre 1679 belehnte ihn der Fürstbischof von Würzburg mit dem Ort, in dessen Besitz die freiherrliche Familie blieb, bis das Dorf an Bayern fiel. Bereits im Jahre 1678 finden wir Juden im Ort. Falls dem Mädchennamen meiner Mutter ein Hinweis entnommen werden darf, kamen einige aus Schlesien. Der Beweggrund zur Zulassung und Beschützung war sicher die "Nützlichkeit" der Juden. Wir wissen aus dem Jahre 1804, daß 32 Familien "Beisassen" waren, welche jährlich 150 Gulden Schutzgeld zu zahlen hatten (was etwa 21,5 % des Kaufwertes eines kleinen Schlosses entsprach). So mußten sie unternehmungslustig sein. In den Jahren 1763 und 1764 werden Oberlauringer Juden in Göttingen als Hausierer mit optischen Gläsern erwähnt.

Im Jahre 1800 wohnten in Oberlauringen 501 Protestanten, 27 Katholiken und 143 Juden, d.h. über 27 % der Bevölkerung waren Juden. Anscheinend hatten sie bis dahin inmitten der übrigen Bevölkerung gelebt, denn im gleichen Jahr errichtete der Freiherr von Truchseß die Judengasse. Dort wurde auch 1825 eine Judenschule eingerichtet.

Das Judenviertel bestand aus breiten luftigen Gassen und umfaßte sogar einen Teil der Hauptstraße. Später wohnten auch Christen dort, aber Juden ließen sich niemals anderswo nieder. Ihre Zahl wuchs. Während die Gesamtbevölkerung konstant blieb, in manchen Jahren sogar zurückging, stieg die Zahl der Juden bis zum Jahre 1851 auf 172 an, was ein Wachstum von über 20 % bedeutet. Eine neue geräumige jüdische Schule mußte erbaut werden, die 1871 eingeweiht wurde.

Von nun an jedoch ging die jüdische Bevölkerung zurück. Das Gefühl der Unsicherheit einesteils, andernteils die besseren Verdienstmöglichkeiten in den Städten führten zur Abwanderung. Kinder, die aufs Gymnasium nach Schweinfurt geschickt worden waren, kehrten nicht mehr ins Heimatdorf zurück. Die judenfeindliche Atmosphäre der zwanziger Jahre beschleunigte die Abwanderung. Im Jahre 1933 lebten nur noch 48 Juden im Dorf, 1938 wurde die Synagoge verwüstet, 1942 wurden die letzten dreizehn Juden zu ihrer Ermordung nach dem Osten deportiert.[145]

Zu meiner Zeit besaß die jüdische Gemeinde eine schöne große Synagoge mit wertvollen antiken Kerzenlüstern aus Messing und das geräumige Schulhaus, wo sich auch die *Mikwe* befand. Es gab einen Metzger und einen Bäcker, wo auch von Freitag nachmittag bis zum Mittag des Sabbats der Schalet brodelte. Sie wurde von dem Lehrer, welcher zugleich Vorbeter und Schächter war, betreut. Allerdings besuchten die Kinder jetzt die allgemeine Volksschule, da sie für einen eigenen Schulbetrieb zu wenige geworden waren.

Die meisten Juden waren Viehhändler, keiner sehr reich, einige bitter arm. Mein Onkel Hugo ging hausieren. Der größte Laden des Ortes, wo alles zum täglichen Gebrauch Notwendige zu haben war, gehörte dem allseits angesehenen Vorsteher der jüdischen Gemeinde, Emanuel Meyer. Der jüdische Metzger versorgte das ganze Dorf mit Rindfleisch (Schweine wurden auf den Höfen geschlachtet), der Bäcker mit Brot, er buk auch den Kuchen der Frauen in seinem Ofen.

Sie waren einfache Dorfjuden und tief religiös. Jeder kehrte zum *Sabbat* heim und kam zum Gottesdienst. Sie feierten den heiligen Tag in ihren Familien. Die Kinder der christlichen Nachbarn löschten gegen ein kleines Entgelt das Licht am Abend und steckten am Morgen die Öfen an, was an diesem Tag den Juden verboten ist. Ganz alte Menschen trugen mir bei meinen kürzlichen Besuchen noch Stücke der Tischlieder vor, welche sie gehört und im Gedächtnis behalten hatten. Die Frömmigkeit der Juden ist vielen von ihnen noch in lebhafter Erinnerung.

Am Nachmittag des *Sabbats* gingen die jüngeren ins Wirtshaus "Zum Schwarzen Adler", wo sie ihre Zeche erst nach Ende des Sabbats bezahlen mußten. Die jungen Leute waren starke, derbe Menschen, und manchmal kam es zu Raufereien, bis der Einbruch der Nacht sie wieder ins Gotteshaus rief.

Man hatte sich gegenseitig angepaßt, half sich, nahm gemeinsam an den Ortsfesten teil. Man berichtet sogar, daß jüdische Frauen die Säuglinge ihrer christlichen Nachbarn stillten, wenn deren Müttern die Muttermilch ausging. Dennoch ließ sich ein Gefühl der Unsicherheit nicht aus der Welt schaffen, das sogar die wenigen Katholiken empfanden. "Sie [die Protestanten] waren nicht gut zu uns", sagte mir vor wenigen Jahren eine alte katholische Frau.

Man wußte niemals, was die "Honoratioren" im Sinn haben könnten, was der Pfarrer, der Hauptlehrer oder Agitatoren von außen der leichtgläubigen Bevölkerung einflößen würden.

Als zur Jahrhundertwende Oberlauringen an eine Nebenbahn des Eisenbahnnetzes angeschlossen werden sollte, agitierte der Hauptlehrer Geuter mit aller Kraft dagegen: "Die Judde brauche keine Eisenbahn". Die Bahnlinie sollte in der Tat im benachbarten Stadtlauringen enden. Dort wurden wir zu unserer großen Freude vom christlichen Nachbarn mit Pferd und Wagen abgeholt. Die

Viehhändler erlitten jedoch auf die Dauer schweren Schaden, da sie ihr Vieh nicht auf die Bahn verladen konnten, sondern es treiben mußten.

In den zwanziger Jahren verbreitete sich der Antisemitismus der aufkommenden Nazis. Ein Hetzredner sprach vor einer Versammlung auf dem Marktplatz. Die Juden, so sagte er, hätten, um die Deutschen zu unterdrücken, die gesamte Großindustrie an sich gebracht. Keiner der christlichen Zuhörer fand ein Wort des Widerspruchs. Aber mein Onkel rief dazwischen: "Stinnes!" (Dieser, bekanntlich ein Nichtjude, hatte den größten industriellen Konzern Deutschlands geschmiedet). Sofort kam der Amtmann: "Wenn Sie noch einmal den Mund aufmachen, verhafte ich Sie sofort als Friedensstörer". In diesem Sommer war die Atmosphäre im Dorf gespannt, die Angst der Juden spürbar. Es geschah uns aber nichts.

So wagten selbst Gutgesinnte nicht, zur Rechtfertigung der Juden den Mund aufzumachen. Ihre Verteidiger, wie Bruno Bauer richtig erkannte, "kämpfen in der besten Meinung für die Juden, aber die wahre Begeistrung fehlt ihnen, da sie die Sache der Juden als eine ihnen fremde behandeln".[146]

Das Vaterlandsgefühl der deutschen Juden

Die deutschen Juden sahen den Fortschritt gegenüber der Vergangenheit und rechneten damit, daß sich die Judenfeindschaft mit der Zeit legen würde. Deutschland war ihr Heimatland. Ihm mit ganzer Seele verbunden, waren sie höchst patriotisch und bereit, ihm ihr Bestes zu geben. Sie durften nun inmitten christlicher Nachbarn wohnen, konnten sich schöne Wohnhäuser erwerben oder bauen und hofften auf ein gutes Zusammenleben. Im Gefühl der Zugehörigkeit errichteten sie in vielen Städten großartige Synagogen, die nicht zuletzt auch zur Verschönerung des Stadtbildes beitragen sollten.

Der Kampf um die Gleichberechtigung

Die Hoffnung der Juden bezeugte ihre Verbundenheit mit ihrem Vaterland, denn der Kampf um die Gleichberechtigung war schwer und langwierig, von dauernden Rückschlägen begleitet und führte niemals zum vollen Erfolg.

Der Staat entrechtet die Juden

Nach dem Wiener Kongreß kam es zwischen den Staaten zu keiner Einigung über die Juden. Jede Regierung handelte nach eigenem Gutdünken. Im allgemeinen verschlechterte sich ihre rechtliche Lage. Ein Teil der Staaten widerrief die Verleihung der Bürgerrechte an die Juden, andere schränkten sie ein.

Die *"Freien Städte"* wie Hamburg und Lübeck wiesen sie aus. In *Preußen* versperrte man ihnen, wie wir sahen, die akademische Laufbahn sowie die bürgerlichen Ämter. Die Juden der *Provinz Posen* fielen überhaupt nicht unter das Edikt von 1812. Man teilte sie ein in solche, welche zur Naturalisierung geeignet waren, und solche, die es nicht waren. Selbst der ersten Klasse war jedoch eine Auswanderung nach dem Westen Preußens verboten. Im *Rheinland*, das an Preußen gefallen war, galt Napoleons "schändliches Dekret" auf unbegrenzte Zeit weiter. In *Baden* waren sie zwar als "erbfreie Staatsbürger" von der Zahlung von Schutzgeld befreit, konnten aber nur durch einen Gnadenakt des Großherzogs individuell Ortsbürger werden. Grundsätzlich konnten somit wohlhabende Juden, welche "nützlich" waren, für sich das Bürgerrecht erhalten, während den anderen die Ausweisung drohte. *Bayern* führte alle früheren Rechtsbeschränkungen wieder ein. Die Juden verloren die Freizügigkeit, das Recht zu freier berufsausübung, und Eheschließungen wurden auf einen Sohn beschränkt.

Presse, Bühne und Dichter hetzen gegen die Juden

Die Animosität gegen die Juden schürte die reaktionäre Presse. Denker "begründeten" sie, und das Volk setzte die Worte in Taten um.

Man hatte den Juden empfohlen, sich der Umwelt anzugleichen. Kleideten sich nun Juden gemäß der Mode, so wurden sie verspottet, gingen sie als Hausierer in schäbiger Kleidung von Haus zu Haus, so wurden sie verhöhnt. Sprachen sie ihr Judendeutsch, so wurden sie lächerlich gemacht. Widmeten sie sich der Literatur oder den Künsten, so wurden sie als Verseucher des Volkes angeprangert. Waren sie geschäftlich erfolgreich, so wurden sie als Ausbeuter des Volkes verdammt. Unablässig wurden sie als verderblicher Fremdkörper im christlichen Staat dem Publikum vor Augen geführt. Sie waren dem "deutschen Wesen" fremd und schädlich.

Ein gehässiges Theaterstück, 1813 uraufgeführt, "*Unser Verkehr*" von Karl Borromäus Alexander Sessa, erfreute sich größter Popularität. Nach heutigen Begriffen war es ein Kassenschlager. Darin ermahnten die Eltern auf Judendeutsch ihren Sohn, sich allen Erniedrigungen zu unterziehen, wenn er nur reich werde. Der Sohn folgt dem Rat. Sei es Erziehung oder die Suche nach einer Frau, Geld ist sein einziger Maßstab.[147] Später stellte es sich heraus, daß es sich bei dem Autor um den evangelischen Theologen und nachmaligen Halberstadter Superintendenten Maertens handelte.[148]

Richard Wagner (1813-1883) hetzte gegen die Juden in Schriften und verführte durch seine Musik. In seinem boshaften Werk "*Das Judentum in der Musik*" erklärte er die Juden jeden echten musikalischen Gefühls für unfähig. Sie seien schmarotzende Freibeuter.[149] In seinen Opern ließ und läßt er die Zuhörer in brausenden Tonwellen schwelgen. In ihnen, zu denen er auch die Libretti schrieb, vor allem im "*Ring des Nibelungen*", vergötterte er die nordische Heldensage als Erbe des wahren Deutschtums und lieh den Intriganten (wie Loki und Mime) jüdische Züge. Das Deutschtum steht im Gegensatz zu "welschem Tand" (Meistersinger).

Als ein in jeder Beziehung unmoralischer Mensch ließ er seinem Neid gegenüber dem Komponisten Giacomo Meyerbeer freien Lauf, dessen große Opern ihm Konkurrenz machten. Es gelang ihm mit seinen Schmähungen, die Opern des jüdischen Komponisten bis heute von der Bühne weitgehend zu verbannen.

Wagners verbissener Antisemitismus und seine antijüdische Propaganda, die er unaufhörlich und unerbitterlich vortrug, waren von einem tiefen und anhaltenden Einfluß. Hitler war ein begeisterter Anhänger seiner Opern.

Ernst Moritz Arndt (1769-1860) sieht keine Hoffnung für die Juden:

"Juden und Judengenossen, getaufte und ungetaufte, arbeiten unermüdlich und auf allen äußersten (...) an der Zersetzung und Auflösung dessen, worin uns Deutschen bisher unser Menschliches und Heiliges eingefaßt schien, an der Auflösung der Vaterlandsliebe und Gottesfurcht (...) Indem sie sich der guten Hälfte unserer Tagesliteratur bemächtigt haben, spielen sie Hohn und Haß und radikale Lüge in alles Spiel des Tages hinein und schauen und lauschen ringsum, wo im Vaterlande noch eine Kraft gesund und stark ist, sie zu mindern und aufzulösen."[150]

Hoffmann von Fallersleben veröffentlichte im Jahre 1841 ein Gedicht "*Emancipation*". Getauften Juden gestattet er Rechte, Glaubensjuden aber nicht:

Du raubtest unter unsern Füßen / Uns unser deutsches Vaterland:
Ist das dein Leiden? das dein Büßen? / Das deines offnen Grabes Rand?

O Israel, von Gott gekehret, / Hast du dich selbst zum Gott gemacht,
Und bist, durch diesen Gott belehret, / Auf Wucher, Lug und Trug bedacht.

Willst du von diesem Gott nicht lassen, / Nie öffne Deutschland dir sein Ohr!
Willst du nicht deine Knechtschaft hassen, / Nie ziehst du durch der
Freiheit Thor.[151]

Denker "erklären" das Judentum theoretisch

Fichte hatte den Judenhaß an den Universitäten legitimiert und ihm so hier eine Heimat verschafft. Da die Universitätsprofessoren in Deutschland ein hohes Ansehen genossen, lag darin eine besondere Gefahr. Die Aussagen der Judenhasser unter ihnen wogen schwer.

Friedrich Rühs (1779-1820), Professor für Geschichte an der Universität Berlin, wiederholte Fichtes Anklage, daß die Juden ein Staat im Staate seien, so daß ihre Einbürgerung in den christlich-deutschen Nationalstaat unmöglich sei.

Jakob Friedrich Fries (1773-1834), Kantianer und Philosophieprofessor an der Universität Heidelberg, bezeichnete die Juden als Anführer von Räuberbanden, und erklärte es als eine unermeßliche gute Tat, "unser Volk von dieser Plage zu befreien."[152]

Der konservative Staatsdenker Friedrich Julius Stahl (1802-1861), ein getaufter Jude, Professor und Parteiführer der Konservativen, vertrat die Ansicht, daß Religion und Staat eine Einheit bildeten und der christliche Staat die höchste Moralität vertrete. Wer, wie die Juden, sich in diese Einheit von christlichem Glauben und Staat nicht füge, habe keinen Anspruch auf das Bürgerrecht. In Wirklichkeit verteidigte er damit wohl seinen Übertritt.

Die Junghegelianer, Propagandisten des Judenhasses

Bedeutender, weil radikaler, waren die linksgerichteten "Junghegelianer", die mit Hegel in bezug auf ihr Verhältnis zum Judentum nichts gemein hatten. Dieser sah das Judentum zwar als eine Vorstufe in der Entfaltung des Absoluten zu seinem Höhepunkt im Christentum an, respektierte es aber als notwendige Entwicklungsstufe und trat für die Gleichberechtigung der Juden seiner Zeit ein.

Die Junghegelianer bekämpften das Christentum und griffen das Judentum als dessen Grundlage an. Dieses habe seine "asiatischen" Elemente beigesteuert, welche jenes dann in die Welt getragen habe. Ihre zügellose Verdammung des Judentums bezeugt ihr Vorurteil und ihre völlige Unkenntnis jüdischer Lehre und jüdischen Lebens. Ihre Karikatur des Juden und seines Glaubens zeitigte bittere Folgen.

Ludwig Feuerbach (1804-1872) sah den Grundcharakter des Judentums in einem unverrückbaren Egoismus. Durch das Fressen (nicht die Beschneidung!) werde der Jude seinem Glauben verbunden, denn die Fresserei sei in der Bibel mit jedem Gottesdienst verbunden.

Bruno Bauer (1809-1882), welcher als Privatdozent der evangelischen Theologie an der Universität Bonn "wissenschaftliche" Glaubwürdigkeit beanspruchen konnte, äußerte in seiner Abhandlung "*Zur Juden-Frage*" die Erwartung, das Judentum werde sich bald auflösen. Feuerbach folgend betont er den Egoismus des Judentums und seine Opposition gegenüber jedem Fortschritt. Die Juden hätten ihre Religion und ihr Nationalgefühl aufzugeben.

Dies führt ihn zum eigentlichen Objekt seines Angriffs: dem Christentum. Für ihn ist es "vollendetes Judentum", dessen Egoismus und Unmenschlichkeit es zum Gipfel geführt habe. Mit seiner Kritik glaubte er, beide widerlegt zu haben.

Karl Marx (1818-1883), welcher im Alter von sechs Jahren getauft worden war, bringt dem Judentum den Haß entgegen, dem wir schon öfter bei Konvertiten begegnet sind. Sein Mitgefühl gilt allen Unterdrückten, nur nicht den Juden. Er folgt Bruno Bauers Gedanken, nur daß er sich von dessen "Theologie" trennen will.

Das Geheimnis des wirklichen Juden müsse man nicht in seiner Religion suchen, sondern in der Person und dem Leben des Alltagsjuden.

Die weltliche Grundlage des Judentums, welche dieses Leben bestimmt, ist für Karl Marx die Selbstsucht, seine Religion das Hausieren, sein Gott das Geld.

Befreit sich die Menschheit von der Gegenwart von Hausieren und Geld und damit vom wirklich gelebten Judentum, so befreit sie sich selbst. Schafft sie die Voraussetzungen und somit die Möglichkeit von Geld und Hausieren ab, so macht sie den Juden unmöglich. Sein religiöses Bewußtsein schwindet. Das Judentum repräsentiert in Wirklichkeit das antisoziale Element in der Gesellschaft der Gegenwart, das zu beseitigen Karl Marx´ Bemühen gilt.

Warum er es als notwendig ansieht, die unterdrückten Juden statt ihrer Unterdrücker für die soziale Ungerechtigkeit verantwortlich zu machen, kann nur aus einem tiefen inneren Judenhaß (Selbsthaß?) erklärt werden. Die Juden hatten dank ihrem Geist überlebt, was Marx´ Materialismus widersprach, wonach nur wirtschaftliche Überlegungen und Klassenkampf die Welt bestimmten. Die Juden betonten die Würde des Einzelnen, welcher nach Marx in der Masse und ihren Interessen aufzugehen hatte. Als den stärksten Gegnern der Ideologie von Karl Marx, die diese Gegnerschaft durch ihr Überleben bezeugten, mußten sie herabgesetzt werden. Das Leid, das er damit den Juden, vor allem in den sozialistischen Ländern wie der ehemaligen UdSSR zufügte, ist unermeßlich.

Das Volk - Die Hep-Hep-Aufstände

Das Volk sah seinen Judenhaß durch die Aussagen angesehener Gelehrter bestätigt. Die alten Vorurteile, die Juden seien die Christusmörder und schlachteten christliche Kinder, um an ihr Blut für ihre Gottesdienste zu kommen, waren noch keineswegs ausgerottet. Verhetzung und Konkurrenzneid lieferten weitere Munition. Arbeitslose Handwerker und verschuldete Bauern suchten in den nun zu allen Gewerben zugelassenen Juden die Ursache ihrer Not.

Im Jahre 1819 kam es zu schweren Krawallen. Der Kampfruf lautete "Hep(p)-Hep(p)", vielleicht eine Abkürzung von "Hierosolyma est perdita" (= Jerusalem ist verloren), doch wahrscheinlicher handelt es sich um den Treiberruf der Ziegenhirten, mit dem man die Juden verspottete, weil sie Spitzbärte wie die Ziegen trugen. Flugschriften stachelten die Bevölkerung auf:

> "Brüder in Christo! Auf, auf, sammelt euch, rüstet euch mit Muth und Kraft gegen die Feinde unseres Glaubens (...) Diese Juden, die hier unter uns leben, die sich wie verzehrende Heuschrecken unter uns verbreiten, und die das ganze preußische Christentum dem Umsturz drohen, das sind Kinder derer, die da schrieen: Kreutzige, kreutzige! Nun auf zur Rache! Unser Kampfgeschrey sey Hepp! Hepp! Hepp!!! Aller Juden Tod und Verderben, Ihr müßt fliehen oder sterben."[153]

In einem der übelsten Machwerke, betitelt "*Der Judenspiegel*", scheute sich der Verfasser, Hartwig von Hundt-Radowsky, nicht zu erklären:

> "Obgleich ich meines Orts, die Tödtung eines Juden weder für Sünde, noch für ein Verbrechen, sondern blos für ein Polizeivergehen halte (...)"[154]

Man solle die Juden als Sklaven zur Arbeit auf indischen Plantagen oder in Bergwerken verkaufen, die Männer kastrieren, die Frauen in Bordelle schaffen, oder sie nach dem "Gelobten Land" verbannen.

> "Mit einigen tausend Kanonen, könnte man das Ungeziefer über die Türkei bequem fortschüppen (...)."[155]

Die Ausbrüche begannen in Würzburg. Jüdische Läden wurden geplündert, einige Juden umgebracht. Auf Druck der Bevölkerung mußten die jüdischen Einwohner die Stadt zeitweilig verlassen. Von dort pflanzte sich der Aufruhr durch ganz Bayern, Württemberg, Baden, Hessen, Hamburg, Berlin, das Elsaß nach Österreich, ja bis nach Kopenhagen und Helsingfors (Helsinki) fort. Die Juden wurden gejagt, Häuser und Geschäfte verwüstet, Synagogen in Brand gesteckt.

Die Revolution des Jahres 1848 brachte erneut schwere Ausschreitungen des Pöbels mit sich, welche über 130 Städte erfaßten. Da die Behörden die Aufstände entweder aktiv begünstigten oder sie wenigstens mit wohlwollenden Augen betrachteten, blieb die Polizei gewöhnlich untätig. In Heidelberg kamen einige Professoren und Studenten den Juden zur Hilfe, als sich die Polizei weigerte, einzugreifen. Zeitweilig wurden Truppen eingesetzt, aber nicht so sehr, um die Juden zu schützen, als weil zu weitgehende Störungen der öffentlichen Ordnung für die Regierungen den Keim der Revolution in sich trugen.

Der Kampf um die Freiheit

Auf drei Wegen suchten Juden ihre Freiheit zu erlangen: durch Auswanderung, durch die Taufe und durch beharrlichen Kampf.

Auswanderung

Viele Juden fanden ihre Lage so hoffnungslos, daß sie sich zur Auswanderung, vor allem nach den Vereinigten Staaten von Amerika, entschlossen. Dazu gehörten vor allem die Juden Bayerns, denen oft sogar eine Familiengründung untersagt war. Es wird geschätzt, daß 120.000 Juden Deutschland verließen (Daneben wanderten 600.000 Christen aus, und Deutschland verlor bedeutende Köpfe der demokratischen Bewegung).

Übertritt zum Christentum

Der Übertritt war für viele Juden verlockend. Für Frauen konnte er im Zusammenhang mit einer Eheschließung stattfinden. Vielfach war er mit einer tiefen Tragik verbunden, wie am Beispiel Ludwig Börnes und Heinrich Heines gezeigt werden soll.

Ludwig Börne (1786-1837) ist heute weitgehend vergessen. Seine Veröffentlichungen waren alle zeitbezogen. Uns gewährt sein Leben Einblick in das Schicksal und die inneren Kämpfe von Juden.

Ursprünglich hieß er Löb Baruch. Sein Vater Jakob war ein sehr reicher und angesehener Bankier in Frankfurt, dazu ein frommer Jude. Da der Sohn Medizin studieren sollte, schickte er ihn nach Berlin ins Haus des Dr. Herz, wo er durch Henriette und ihren Salon seinen Schliff erhielt und Mendelssohns Schriften kennenlernte. Er gab das Studium der Medizin auf, studierte an mehreren Universitäten Jura und Wirtschaftswissenschaften und promovierte in Gießen. Seit 1809 betätigte er sich journalistisch und veröffentlichte patriotische Aufsätze gegen Napoleon. Im Jahre 1811 wurde er von der Stadt Frankfurt als Polizeiaktuar angestelt, aber schon drei Jahre später wieder entlassen, als Frankfurt nach dem Wiener Kongreß die Judenemanzipation rückgängig machte. Den Vater, welcher auf dem Wiener Kongreß die Sache der Juden vertrat, hatte er für diese Aufgabe gründlich vorbereitet und mit dokumentarischen Unterlagen versehen.

Ein hohes Amt im österreichischen Staatsdienst, das ihm der Vater, der sich Metternichs Gunst erfreute, verschafft hatte, lehnte der freisinnige Sohn ab. Statt dessen gründete er 1818 im Selbstverlag "*Die Waage, Zeitschrift für Bürgerleben, Wissenschaft und Kunst*". Da politische Aufsätze in dieser Zeit von der Zensur verboten waren, veröffentlichte er Theaterkritiken, in welchen er seine Gedanken verhüllt zum Ausdruck brachte. Sie begründeten seinen literarischen Ruf. Er wurde Mitarbeiter und Redakteur einiger Zeitschriften, deren Herausgabe von der Zensur überwacht und teilweise verboten wurde. Er selbst wurde während der Hep-Hep-Aufstände 1820 als Verfasser aufrührerischer Schriften verhaftet, aber nach vierzehntägiger Untersuchungshaft wieder auf freien Fuß gesetzt. Um seine Unabhängigkeit vom Religionsgesetz zu bezeugen, hatte er sich 1818 geheim taufen lassen und den Namen Ludwig Börne angenommen. Zwei Jahre lang verschwieg er seinem Vater den Glaubenswechsel. Er bedauerte diesen Schritt zeitlebens und schrieb später, er wünsche, er könne die drei Louisdor, welche er dem Taufpfarrer als Honorar gezahlt hatte, wieder zurückhaben.

Als Teil seines Kampfes für die allgemeinen Menschenrechte trat er weiterhin für die Juden ein. Auch schrieb er mehrere Abhandlungen über jüdische Themen. Das Judentum könne die Welt geistig anregen; daher verdiene es zu überleben und gehört zu werden. Finanziell unabhängig, reiste er viel. Die Julirevolution von 1830 zog ihn nach Paris, wo er sich im Haus seiner langjährigen Freundin Jeannette Wohl niederließ, doch kehrte er immer wieder nach Deutschland zurück, dem er mit ganzem Herzen verbunden war. Er nahm am Hambacher Fest teil (1832) und bereiste dann Süddeutschland, wo er einerseits als Führer der Freiheitsbewegung gefeiert, andererseits von Gegnern als Vaterlandsverräter und Jude heftig angegrifen wurde. Die Taufe hatte ihm nichts genutzt. Von Paris aus veröffentlichte er Artikel sowohl auf französisch als auch auf deutsch.

Börnes Leben spiegelt das Schicksal der damaligen deutschen Juden und die schweren inneren Kämpfe, welche ihre junge Generation mit sich auszufechten hatte. Nach seiner Taufe lebte er im Niemandsland. Er war Jude, empfand jedoch das Religionsgesetz als zu einengend, er wurde Christ, praktizierte aber diesen Glauben nie. Er war deutsch, doch konnte er das Reaktionäre im deutschen Leben als Jude nicht ertragen. Er wurde Freiheitskämpfer für Deutschland, ein typischer Vertreter des "jungen Deutschlands", und sah sich gleichzeitig als Weltbürger an. Er gilt als der erste deutsche Journalist und ist der Schöpfer des unterhaltsamen Feuilletonstils.[156]

Heinrich Heine (1797-1856) kann als der bedeutendste Lyriker der deutschen Romantik angesehen werden. Seine "*Lorelei*" drückt die Gefühle der Deutschen so vollkommen aus, daß selbst die Nationalsozialisten das Gedicht nicht verbieten konnten, sondern sich auf die Sprachregelung beschränkten, der Verfasser sei unbekannt.

Als Sohn des Kaufmanns Samson Heine in ein aufgeklärtes Haus zu Düsseldorf geboren, war er Rheinländer. In Frankfurt begann er eine kaufmännische Laufbahn, wo er auch Börne kennenlernte. Dann aber studierte er mit Hilfe seines Onkels, des Bankiers Salomon Heine zu Hamburg, Jura und promovierte zum Doktor der Rechte.

Er entwickelte eine Hingabe zum Judentum und trat auch im Jahre 1822 dem "*Verein für Cultur und Wissenschaft der Juden*" (s.u.) bei. Aber allem Anschein nach empfand er die Tätigkeit des Vereins als Weg zur allgemeinen Kultur unzulänglich. So ließ er sich in der Hoffnung auf das "Entréebillet zur europäischen Kultur", gleichzeitig in der Erwartung, als Christ eine angemessene Anstellung zu finden, 1825 taufen. Ein Schritt, den er sich nie verzieh. Seine Hoffnungen blieben unerfüllt. Im Jahre 1831 ließ er sich in Paris nieder, wo er auch Börne wieder traf, doch entzweiten sich beide bald. In seinem Glauben, eine Versöhnung zwischen Frankreich und Deutschland vorbereiten zu können, täuschte er sich ebenfalls. Im Jahre 1835 wurden seine Schriften in Deutschland verboten. Dagegen gewährte ihm die französische Regierung 1837 eine Pension und Schutz vor den angedrohten Verfolgungsmaßnahmen der Deutschen. Ein Rückenmarksleiden, das er mannhaft ertrug, hielt ihn sieben Jahre lang bis zu seinem Tode in seiner "Matratzengruft" gefangen.

Heine fühlte sich als Jude und ehrte das Judentum, stand aber der religiösen Praxis ablehnend gegenüber. Dieser Zwiespalt spiegelt sich in seinem Werk. In seinen "*Hebräischen Melodien*" verbindet sich Ehrfurcht mit Ironie. "*Prinzessin Sabbath*" und "*Jehuda ben Halevy*" preist er und verspottet die Rabbiner in "Disputation".

Der *Sabbat* und die Feier des *Seder*abends beeindruckten ihn tief. Er feiert den *Sabbat* und preist selbst den Schalet, das von Freitag abend bis zum Mittag des nächsten Tages im Ofen schmorende Gericht, als "Tochter aus Elysium", welches Schiller bestimmt besungen hätte, hätte er es je gekostet.

In seiner unvollendeten Novelle "*Der Rabbi von Bacherach*" enthüllt er jüdisches Schicksal. Während eines frohen Sederabends entdeckt der Rabbi die Leiche eines hereingeschmuggelten Christenkindes. Da er weiß, daß es zum Ritualmordprozeß und Massakern kommen wird, flieht er mit seiner Familie.

Heines jüdisches Gefühl durchzieht seine ganze Dichtung. Das Gedicht "*Belsatzar*" lebt zudem von der Erinnerung an den *Seder*. Es beginnt mit den Worten: "Die Mitternacht zog näher schon ..." Daß Belsatzars Gelage und Bestrafung um Mitternacht stattfanden, wußte er aus einem Tischlied beim *Seder*mahl, in dem es heißt, daß Belsatzars Strafandrohung um die Mitternacht an die Wand geschrieben wurde.

Man kann "*Die Lorelei*" als Parabel verstehen. Dem Rheinländer Heine ist die Romantik des Rheins in die Seele geschrieben. Dem Juden Heine ist der Knabe im Kahn sein Selbstbildnis. Das Dunkel der hereinbrechenden Nacht, das ihn umgibt, der Strudel der Wellen, der ihn bedroht, bilden das jüdische Leben ab. Der Zauber, der den Anblick der Jungfrau im goldenen Haar auf ihn wirft, wie sie im Sonnenglanz sitzt und ein Lied mit einer wundersamen gewaltigen Melodei singt, ist die Gewalt, mit der Deutschland den jungen Juden unwiderstehlich anzieht. Er möchte zu ihr, der Germania, möchte Deutscher sein, in der Sonne sich auf Gipfeln frei bewegen können. Wird es jemals Wirklichkeit werden? Heine gibt uns keine Antwort, doch sein Ausblick ist pessimistisch:

"Ich glaube, die Wellen verschlingen / am Ende Schiffer und Kahn". Er fürchtet, das deutsche Judentum könne zerbrechen und die deutschen Juden würden in den Wellen des Hasses den Tod finden. Wie sich zeigte, sollte er mit seiner Befürchtung recht haben.

Heine ist Romantiker, aber anders als die meisten ist er, als Jude, weder weltentrückt noch todessüchtig, noch rückwärtsgewandt. Er kleidet Realität und den Aufruf zur befreienden Tat in das romantische Kleid der Sprache.[157] Heines Ausführungen zum Judentum bezeugen sein Zugehörigkeitsgefühl und seinen Stolz:

> "Ich mache kein Hehl aus meinem Judentume, zu dem ich nicht zurückgekehrt bin, da ich es niemals verlassen hatte. Ich habe mich nicht taufen lassen aus Haß gegen das Judentum. Mit meinem Atheismus ist es mir niemals ernst gewesen."[158]

> "Man wechselt keine Religion; man verläßt nicht eine, welche man nicht mehr besitzt, zugunsten einer anderen, die man niemals besitzen wird. Ich bin getauft, aber ich bin nicht bekehrt."[159]

In den folgenden Worten drückt er die Aufgabe aus, die er sich gestellt fühlt, nämlich Vorkämpfer der Demokratie zu sein. Darüber hinaus betont er die Bedeutung des Judentums in der Geschichte der Menschheit:

> "Wenn nicht jeder Geburtsstolz bei dem Kämpen der Revolution und ihrer demokratischen Prinzipien ein närrischer Widerspruch wäre, so könnte der Schreiber dieser Blätter stolz darauf sein, daß seine Ahnen dem edlen Hause Israel angehörten, daß er ein Abkömmling jener Märtyrer, die der Welt einen Gott und eine Moral gegeben und auf allen Schlachtfeldern des Gedankens gekämpft und gelitten haben."[160]

Gerade weil Heine so deutsch und gleichzeitig Deutschland gegenüber so kritisch war, weil er Romantiker war und dennoch aus dem Rahmen der Definition fiel, weil er Christ geworden war und trotzdem sich als Jude fühlte, blieb er in Deutschland umstritten. Erst nach dem Zweiten Weltkrieg sollte ihm in Hamburg ein Denkmal errichtet werden, und die Universität Düsseldorf wurde erst nach einigen Auseinandersetzungen nach ihm benannt.

Beharrlichkeit in der Politik

Im Juli 1830 kam es in Frankreich zu einer Revolution, welche den "Bürger-König" Louis-Philippe auf den Thron brachte (bis 1848). Auch in Deutschland erhielt dadurch die demokratische Bewegung neue Anstöße. Tausende von Menschen versammelten sich 1832 unter der schwarz-rot-goldenen Fahne beim Hambacher Schloß (Die Originalfahne befindet sich heute in Mainz im Plenarsaal des Landtags von Rheinland-Pfalz). Die Rechte der Juden standen allerdings nicht auf der Tagesordnung.

Aber in mehreren Landtagen, wie in Bayern, Württemberg und Baden, erhoben jetzt Abgeordnete ihre Stimme für die Gleichberechtigung der Juden, während ihre Gegner immer noch darauf beharrten, sie müßten ihre Religion reformieren oder, besser noch, aufgeben.

Die Idee der Judenemanzipation gewann Einfluß im höheren Beamtentum. Schließlich hatten die Juden Dohms Forderungen weitgehend erfüllt, sich dem Gesamtleben eingegliedert und auf vielen Gebieten bedeutende Leistungen erbracht. Der preußische Landtag erließ im Jahre 1847 ein neues Gesetz, welches einige Einschränkungen der Verordnung des Jahres 1812 aufhob.

Das Revolutionsjahr 1848

Der wirkliche Anstoß zur Emanzipation der Juden erfolgte dann im Jahre 1848. Eine neue Revolution hatte dem französischen Volk seine vollen Rechte gebracht. Die Republik löste die Monarchie ab. Gleichzeitig wurden alle noch bestehenden Diskriminierungen der Juden aufgehoben.

Die Revolution griff auf Deutschland über, wo sie im März des Jahres ausbrach. Die Massen forderten u.a. die Abschaffung der Sonderrechte des Adels, der Grundbesitzer und die Aufhebung der Zensur. Sie drängten auf Vertretung im Landtag durch politische Parteien, und verlangten die Vereinigung aller deutscher Staaten unter einem konstitutionellen Monarchen. Als in Berlin vor dem königlichen Palast demonstriert wurde, eröffneten die Truppen das Feuer. Daraufhin kam es zum Bau von Barrikaden und bewaffnetem Widerstand, bis schließlich König Friedrich Wilhelm IV. die Soldaten zurückrief und der Einführung der konstitutionellen Monarchie in Preußen zustimmte.

Die jüdische Presse hatte die Glaubensgenossen zur Teilnahme an der Revolution aufgerufen. Obwohl Juden dem Aufruf Folge leisteten und einige ihren Einsatz mit dem Leben bezahlten, galten sie dennoch vielen als Vertreter der alten Ordnung. Vor allem die Bauern, die gegen die hohen Abgaben an ihre adeligen Gutsherren aufstanden, sahen in den Juden Verbündete des Adels, da Juden öfter als Gutsverwalter fungierten oder den Gutsherren Darlehen gewährten. Es kam zu Krawallen gegen die Juden, wobei Häuser geplündert oder angezündet, Geschäftsbücher verbrannt und den Juden insgesamt schwere Schäden zugefügt wurden. So wurden sie, die Opfer der Unterdrückung, zu Opfern der Freiheitsbewegung.

Als Folge der Aufstände wurden nun in vielen Staaten Wahlen zu einer Nationalversammlung abgehalten, welche für das gesamte Deutschland eine Verfassung erarbeiten sollte. An eine Debatte über die Rechte der Juden dachte man zunächst auch hier nicht. Daß diese schließlich doch stattfand und zur Aufnahme einer Gleichberechtigungsklausel führte, ist das Verdienst Gabriel Riessers.

Gabriel Riesser

Gabriel Riesser (1806-1863) entstammte einer Hamburger Familie, aus welcher auch Rabbiner hervorgegangen waren. Nach seiner juristischen Promotion fand er als Jude weder eine Anstellung an Universitäten noch erhielt er die Zulassung als Anwalt. Die hessische Regierung lehnte sein Naturalisierungsgesuch 1838 ab, so daß ihm dort die geplante Laufbahn als Politiker verschlossen war. Er dachte zunächst an Auswanderung nach Amerika, entschloß sich dann aber, Journalist zu werden und erwarb sich einen so bedeutsamen Namen, daß ihn Hamburg im Jahre 1840 als Anwalt und Notar zuließ.

Religiös stand er am äußersten Rand der Reform (s.u.), den Gedanken an einen Übertritt ließ er jedoch nicht aufkommen. Im Gegenteil: Er gründete im Jahre 1832 eine Zeitschrift, welche er "*Der Jude*" nannte, und zwar darum, weil "Jude" als Schmähwort der Christen, seinen Glaubensgenossen Unbehagen schuf und diese sich lieber "Israeliten" nannten. Sollten die Juden ihren alten ehrenvollen Namen nur ihren Hassern zum Gefallen aufgeben?

Das Paulskirchenparlament

Das Parlament trat im Juli 1848 in der Paulskirche zu Frankfurt zusammen. Unter seinen 830 Abgeordneten befanden sich sieben Juden einschließlich Gabriel Riesser, der zum Vizepräsidenten gewählt wurde.

Riesser brachte einem gleichgültigen Parlament die Rechte der Juden zum Bewußtsein und redete den Abgeordneten ins Gewissen. Dabei betonte er, daß die Juden nichts anderes seien als eine Religionsgemeinschaft. Die Religionszugehörigkeit sei aber Privatsache und dürfe die Rechte des Einzelnen weder positiv noch negativ beeinflussen:

> "Ich nehme das Recht in Anspruch, vor Ihnen aufzutreten im Namen einer seit Jahrhunderten unterdrückten Klasse, der ich angehöre durch die Geburt, und der ich (...) ferner angehöre durch das Prinzip der Ehre, das mich hat verschmähen lassen, durch einen Religionswechsel schnöde versagte Rechte zu erwerben (...) Sollen wir Juden es für unser Unglück erachten, daß wir Deutsch reden? Sollen wir darum schlechter behandelt, soll uns die Freiheit vorenthalten werden dürfen, weil wir nicht in die Kategorie nicht Deutsch redender Volksstämme gehören? Soll die Geschichte von Ihnen sagen, daß Sie (...) einer schwachen Religionspartei dagegen, die in bürgerlicher Hinsicht nichts will, als in Deutschland aufgehen (...) einer Klasse, die keine Nationalität haben will, die ihnen von ihren Feinden aufgebürdet wird, die deutsch denkt und fühlt, mit Mißhandlungen entgegentreten und zu ihrem Nachteil Ausnahmegesetze bestehen lassen, während Sie anderseits alle Ausnahmegesetze vernichten und dem gleichen Recht, dem gleichen Gesetz anheimstellen, alle Schäden der Gesellschaft zu heilen? (...) Die Handlungen, die dem Juden verbo-

> ten werden, müssen auch dem Christen verboten sein. Was volksverderblich und volkswirtschaftlich nachteilig sein soll, müssen Sie in ein Gesetz bringen, das von dem religiösen Bekenntnis unabhängig ist (...) Die Juden werden immer begeistertere und patriotischere Anhänger Deutschlands unter einem gerechten Gesetze werden. Sie werden mit und unter den Deutschen Deutsche werden (...) Glauben Sie nicht, daß sich Ausnahmegesetze machen lassen, ohne daß das ganze System der Freiheit einen verderblichen Riß erhalte, ohne daß der Keim des Verderbens in dasselbe gelegt würde (...)[161]

Mit diesen Worten brachte Gabriel Riesser in der Tat die tiefste Überzeugung der deutschen Juden zum Ausdruck. Er hatte Erfolg. Die Paulskirchenverfassung nahm die folgende Bestimmung in die "Grundrechte des deutschen Volkes" auf:

> "(§ 16) Durch das religiöse Bekenntnis wird der Genuß der bürgerlichen und staatsbürgerlichen Rechte weder bedingt noch beschränkt. Den staatsbürgerlichen Pflichten darf dasselbe keinen Abbruch tun."[162]

Eine Abordnung des Frankfurter Parlaments, der auch Riesser angehörte, erschien nun vor König Friedrich Wilhelm IV. von Preußen und bot ihm die Krone eines geeinten Deutschlands an. Der König lehnte das Angebot harsch ab. Als König von Gottes Gnaden könne er solch einen aus Dreck und Schmutz gebakkenen Reifen nicht aus der Gosse aufheben, schrieb er einem Freund.

Die Bemühungen, ein einiges Deutschland mit einer einheitlichen Verfassung zu schaffen, waren gescheitert. Die jüdische Gleichberechtigung hing nun wieder von den Einzelstaaten ab. Zwanzig Staaten, darunter Preußen, gewährten sie den Juden, andere erweiterten wenigstens ihre Rechte. Da sich jedoch die Staaten, gemäß der Staatstheorie Friedrich Stahls, als "christliche Staaten" definierten, blieben die Juden weiterhin aus vielen staatlichen Ämtern ausgeschlossen.

Der Norddeutsche Bund und das Deutsche Reich

Im Jahre 1862 wurde Otto von Bismarck preußischer Ministerpräsident. Aus den Kriegen gegen Dänemark (1864) und Österreich und die mit ihm verbündeten süddeutschen Staaten (1866) folgte, wie von Bismarck geplant, eine Allianz der norddeutschen Staaten mit Preußen, aus der 1867 der Norddeutsche Bund mit einem Parlament hervorging. Dessen liberale Abgeordneten brachten einen Gesetzentwurf ein, nach welchem jede religiös motivierte Diskriminierung verurteilt wurde. Da seine politischen Interessen hiervon nicht berührt wurden, stellte sich Bismarck hinter dieses Vorhaben, vielleicht auch als Dank an Gerson Bleichröder. Im Juli 1869 wurde das Gesetz verkündet:

"Wir, Wilhelm, von Gottes Gnaden König von Preußen etc., verordnen im Namen des Norddeutschen Bundes, nach erfolgter Zustimmung des Bundesrathes und des Reichstags, was folgt:

Einziger Artikel.

Alle noch bestehenden, aus Verschiedenheit des religiösen Bekenntnisses hergeleiteten Beschränkungen der bürgerlichen und staatsbürgerlichen Rechte werden hierdurch aufgehoben. Insbesondere soll die Befähigung zur Theilnahme an der Gemeinde- und Landesvertretung und zur Bekleidung öffentlicher Aemter vom religiösen Bekenntnis unabhängig sein."[163]

In einem dritten Krieg gegen Frankreich (1870-71) verschaffte Bismarck den deutschen Staaten, welche 1866 gegen Preußen unterlegen waren, die Möglichkeit zur "Rehabilitation". Frankreich wurde geschlagen. Im Schloß zu Versailles nahm Wilhelm die Proklamation der Fürsten als deutscher Kaiser entgegen. Das Angebot war nicht aus "der Gosse" des Volkes gekommen.

Das neugegründete Deutsche Reich übernahm das Gesetz des Norddeutschen Bundes. Am 22. April 1871 wurde es im Reichsgesetzblatt veröffentlicht. Nun waren sogar in Bayern die Juden gleichberechtigt.

Die Juden jubelten, hatten sie doch in zähem Kampf ihr Ziel erreicht. In gewisser Hinsicht hatten sie recht, sie konnten sich nun grundsätzlich frei bewegen. Doch vergaßen sie dreierlei. (1) Der Staat war ein christlicher Staat, Thron und Altar bildeten eine Einheit. Dessen waren sich die zu einer Berufung befähigten Staatsbeamten immer bewußt. (2) Der Kastengeist, vor allem im Offizierskorps, aber auch unter Richtern und Professoren verbreitet, verhinderte die Wahl von Juden zu diesen Kreisen. (3) Vor allem aber war die Gleichberechtigung der Juden von den Regierungen verordnet worden, nicht vom Volk erstrebt, und daher auch nicht in dessen Bewußtsein verankert. Man gehorchte dem Gesetz mit den Lippen, die Wirklichkeit im wilhelminischen Reich sah jedoch anders aus.

14. Religiöse Reformen

Einleitung

Der Anschluß der deutschen Juden an ihre Umwelt machte religiöse Reformen unerläßlich.

Innerer Zwist untergräbt die Würde der Tradition

Die Nachwirkungen der messianischen Bewegung des Sabbatai Zevi (s.o.) führten zu Spaltungen im Judentum. Der falsche Messias hatte für sich das Recht beansprucht, das Religionsgesetz, die *Halacha*, zu ändern und im Blick auf die Notwendigkeiten der Zeit sogar teilweise abzuschaffen. Die *Halacha* hatte ihre Unverletzlichkeit verloren.

Um die Mitte des 18. Jahrhunderts brach in Hamburg-Altona ein erbitterter Streit zwischen zwei hervorragenden und allgemein anerkannten Toragelehrten, Rabbi Jonathan Eybeschütz (ca. 1690-1764) und Rabbi Jakob Emden (1697-1776) aus. Mit zornigen Worten warf Emden Eybeschütz vor, Amulette mit Anspielungen auf Sabbatai Zevi an schwangere Frauen verteilt zu haben, was letzterer ebenso heftig von sich wies. In diesem hitzigen Konflikt bannten beide Seiten sich gegenseitig. Die Regierungen wurden zur Schlichtung angerufen. Das traditionelle Judentum mit seinen abergläubischen Praktiken und innerem Zwist wurde dem Gespött der Umwelt preisgegeben.

Die Aufklärung lockert die Bande zum Judentum

Es war die Zeit der Aufklärung, welche die Vernunft als die die Menschen verbindende Grundlage des Gemeinschaftslebens ansah und aller Partikularität, besonders aber dem Aberglauben, ablehnend gegenüberstand.

Die Oberschicht der Juden hatte sich diese Ideen völlig zu eigen gemacht. Sie pflegte bereits weitgehende Kontakte zur Umwelt, ließ ihre Kinder einschließlich der Töchter, welche im jüdischen Erziehungswesen vernachlässigt wurden, in Literatur, Sprachen und Klavierspiel unterrichten und brachte ihnen das von der Gesellschaft erwartete Benehmen bei. Der Umgang mit Christen führte zur Vernachlässigung der Speisegesetze, Sabbatvorschriften usw.

In der Synagoge erlebte man das Gegenteil, sowohl eine Ideologie, welche die Umwelt ausschloß, als auch einen Gottesdienst, der dem ästhetischen Gefühl der gebildeten Juden widersprach. So wurde diesen Juden ihr Glaube zur Bürde, und die Verlockung, zur Kirche überzutreten, wuchs. Wir sahen, daß es neben Männern gerade hochgebildete Frauen waren, die sich zu diesem Schritt entschlossen.

An Moses Mendelssohn konnte sich diese bisher diffuse Bewegung orientieren. Er zeigte, daß ein Jude sich der Welt öffnen könne, ohne in der religiösen Praxis Konzessionen zu machen. Verbunden mit Freiheit des Denkens bezeuge sie den universalen Charakter des Judentums, welcher es zum ethischen Lehrer der Welt machte. Dabei sprach er dem Staat das Recht ab, die Religion zum Kriterium bürgerlicher Qualifikationen zu machen, denn die Religion sei Privatangelegenheit und Sache des Gewissens, über welches der Staat keine Macht habe. Ebensowenig stehe den Rabbinern eine Zwangsgewalt zu. Der Bann habe sich überlebt.

Trotz seiner gewissenhaften Befolgung der *Halacha* geriet er in Konflikt mit dem traditionellen Rabbi Jakob Emden. Als in Mecklenburg-Schwerin der Herzog anordnete, auch die Juden hätten nicht traditionsgemäß sofort, sondern erst nach drei Tagen zu beerdigen, damit man des Todes sicher sei, schlug Mendelssohn unter Berufung auf halachische Präzedenzfälle einen Kompromiß vor. Entweder solle ein Arzt den Tod bestätigen, wonach die Beerdigung sofort stattfinden könne, oder das Staatsgesetz sei zu befolgen. Emden griff ihn scharf an, jüdisches Gesetz und Brauchtum dürften keinesfalls geändert werden.

So geringfügig für unsere heutigen Begriffe diese Angelegenheit auch war, so kam ihr doch eine große prinzipielle Bedeutung zu, und Mendelssohns Nachfolger knüpften an sie an. Die Tora, Gottes Wort, war, wie schon die Debatten und Entscheidungen des *Talmuds* bezeugten, den Menschen der Zeit ausgehändigt, und es war ihnen erlaubt, aus alten Lehrmeinungen neue Entscheidungen herauszulesen.

Der Druck der Regierungen

Das Streben nach bürgerlicher Gleichberechtigung bedingte die Anpassung. Dohm hatte dies betont, die Landesfürsten sahen es so, und mehrere von ihnen drängten auf Reformen im Gottesdienst und in der *Halacha*.

Im Jahre 1792 stellte ein preußisches Gesetz die jüdische Religionsbefolgung dem einzelnen anheim und verbot den Rabbinern, den Bann zu verhängen. Der Beweggrund war allerdings, die Juden zu zersplittern, um sie zu Übertritten geneigter zu machen.

Mendelssohns Gedanken als Auswahlangebot

Die folgenden Jahrzehnte waren für die deutschen Juden eine religiös chaotische Zeit. Jede Gruppe berief sich auf Mendelssohn, übernahm einen Teil seiner Gedanken und lehnte den Rest ab. Juden, welche getreu der Tradition die Umwelt auszuschließen suchten, wurden jetzt zur "Orthodoxie", d.h. sie waren "rechtgläubig". Daneben gab es solche, welche die *Halacha* weitgehend ihren eigenen Bedürfnissen und Neigungen anpaßten. Andere wiederum empfanden sie überhaupt als zu unbequem und setzten sich über sie, z.B. über die Speisegesetze, hinweg, denn das Judentum konnte auch ohne sie zum sittlichen Vorbild der Menschheit werden. Wie alle Religionen erstrebte das Judentum die Glückseligkeit seiner Gläubigen und ihre Erziehung zur Moralität und zu sozialer Verantwortung. Letzterem dienten in der Vergangenheit die *halachischen* Gesetze, was aber jetzt zur Zeit der Aufklärung nicht mehr notwendig war. Den Glauben an Gott behielt man bei, weil dies auch die deutschen Aufklärer und die deutsche Gesellschaft taten, und glich den Gottesdienst der Liturgie der protestantischen Kirche an, einmal um dem ästhetischen Gefühl der aufgeklärten Juden zu entsprechen, zum anderen, um ihn gesellschaftsfähig zu machen. Das Gebet, so sagte man, sei keine festgelegte Liturgie, sondern diene der Erhebung des Gemüts zu Gott.

Aus diesen Strömungen gingen in logischer Entwicklung die verschiedenen Richtungen des deutschen Judentums hervor.

Frühe Reformbestrebungen

Seesen

Als Freund und Hofjude des Königs Jérôme von Westphalen (s.o.) wurde Israel Jacobson (s.o.) Präsident des jüdischen Konsistoriums zu Kassel. Als solcher bemühte er sich um Reformen.

Die sichtbarste Neuerung war der Tempel zu Seesen, dessen Gebäude und Gottesdienst die Christen beeindrucken sollten. In dieser kleinen Stadt hatte Jacobson 1801 eine Landwirtschafts- und Handelsschule für Kinder jüdischer Armen gegründet, welche auch Christen aufnahm. Im Jahre 1810 errichtete er ein Gotteshaus, welches er "Tempel" nannte, um die universale Aufgabe, für welche König Salomo den Tempel in Jerusalem einst geweiht hatte (1. Könige 8,41-43) ins Bewußtsein zu rücken, und überdies, weil "Synagoge" zu "ausländisch" erschien.

Dem Tempel wurde ein Glockentürmchen mit Glocke aufgesetzt, das zentrale Tora-Lesepult entfernt und durch eine Kanzel an der Front ersetzt, eine Orgel eingebaut. Er glich völlig einer Kirche.

Der Einladung zur Teilnahme an den Einweihungsfeierlichkeiten waren hochstehende Persönlichkeiten der christlichen Gesellschaft gefolgt. Nach einer feierlichen Prozession der Konsistorialrabbiner im Talar sang der Göttinger Universitätschor eine Kantate. In seiner Predigt ermahnte Jacobson seine Gemeinde, auf alle Gebräuche, welche den Christen mißfielen, zu verzichten, die Christen, den Juden ohne Vorurteil zu begegnen. Die Ansprache wurde von Toraumzügen, Schriftlesung auf hebräisch und deutsch, hebräischen und deutschen Chorälen und Gemeindegesängen mit Orgelbegleitung umrahmt.

Von da an blieben Orgelmusik und Choral, deutsche Gebete und Predigten zentrale Elemente des Gottesdienstes. In Anlehnung an den Protestantismus wurde die Konfirmation eingeführt, für die die Knaben durch einen mit Hilfe des evangelischen Pfarrers verfaßten Katechismus vorbereitet wurden.

Der Tempel mit seiner Glocke wie der Gottesdienst stießen unter den Juden auf heftige Opposition, selbst innerhalb des Konsistoriums. Mit dem Fall Napo-

Giacomo Meyerbeer (1791–1864), 1842.
Originalbesitz: Bildarchiv Preußischer Kulturbesitz, Berlin

Meyerbeer: Pagen-Arie. © Staatsbibliothek zu Berlin – Preußischer Kulturbesitz, Musikabteilung mit Mendelssohn-Archiv

leons endete das Experiment, und Jacobson zog nach Berlin. Es war ihm klar geworden, daß man Reformen nicht erzwingen, sondern nur im Kreis Gleichgesinnter entwickeln konnte.

Berlin

Sein Ruf war ihm nach Berlin vorangeeilt. Als er in seinem Haus eine kleine Synagoge einrichtete, war der Andrang so groß - manchmal kamen über 400 Leute zum *Sabbat*gottesdienst - daß die Synagoge ins Haus des reichsten Juden Berlins, Jakob Herz Beers (1769-1827), verlegt werden mußte. Beer war ein fortschrittlicher Jude, seine Frau eine kluge und - auch religiös - gebildete Persönlichkeit. Wahrscheinlich auf ihren Vorschlag wurden drei Zimmer des Hauses in eine Synagoge umgewandelt. An ihrer Vorderwand befanden sich die heilige Lade, die Orgel und der Knabenchor. Hier hatten auch, der Gemeinde zugewandt, die Vorsteher und Würdenträger ihre Plätze. Männer und Frauen saßen sich, ohne Frauengitter, im gleichen Raum auf langen Bänken von der Ost- zur Westwand, gegenüber. Die Liturgie wich nicht sehr von der traditionellen ab, doch stand, umrahmt von Chor- und Gemeindegesang, die deutsche Predigt im Mittelpunkt des Gottesdienstes. Zum ersten Mal wurden auch Mädchen konfirmiert. Das Hebräische folgte der sephardischen Aussprache, welche von einigen Gelehrten als die historisch korrekte angesehen wurde. Darin nahm dieser Gottesdienst die moderne Aussprache in Israel und in allen nicht-orthodoxen Synagogen der Welt vorweg.

Zur Eröffnung komponierte Beers ältester Sohn, der berühmte Komponist Giacomo Meyerbeer, eine Hallelujah-Hymne. Der Gottesdienst zog vor allem junge Menschen an, welche sich dem Glauben entfremdet hatten: Im Gegensatz zu seiner traditionellen Gestalt fanden sie ihn würdig und gehaltvoll.

Dies mißfiel dem König, welcher gerade in den jugen Menschen künftige Konvertiten sah. Im Jahre 1823 wurde, auch weil die orthodoxen Juden darum nachgesucht hatten, auf Befehl Friedrich Wilhelms III. der Beer-Tempel endgültig geschlossen. Selbst religiöse Vorträge und Gemeindegesang in der Gemeindesynagoge am Ende des Gottesdienstes wurden verboten. Nichts durfte am alten Ritus geändert werden, um den Juden nur die Wahl zu lassen, entweder mit den alten unzeitgemäßen Formen vorlieb zu nehmen, oder zur Kirche überzutreten.

Hamburg

In Hamburg, mit 6.000 Juden eine der größten jüdischen Gemeinden Deutschlands, hatte sich ebenfalls ein Kreis wohlhabender junger Juden gebildet, die eine Reformgemeinde wünschten und sie zu finanzieren bereit waren. Mit der

Berufung von Eduard Kley, der in Beers Tempel in Berlin gepredigt hatte, zum Leiter einer privaten Freischule nach dem Vorbild Berlins, fand die Bewegung einen Führer. Im Jahre 1817 wurde der "*Tempelverein*" gegründet. Die Initiative soll nach Leopold Zunz (s.u.) von den Frauen ausgegangen sein, die im Gemeindeleben vertreten sein wollten.

Radikale Reformen und der Widerstand der Orthodoxen

Der Gottesdienst folgte der Agende des Beer-Tempels, unterschied sich jedoch von allen bisherigen Formen in zweifacher Hinsicht: Einmal fußte er auf einem neu geschaffenen Gebetbuch, in welchem Deutsch und Hebräisch miteinander verwoben waren, zum anderen wies er eine radikale Reform auf: Die Gebete um Rückkehr nach dem heiligen Land und um die Wiederherstellung des Opferdienstes wurden, als der Zeit unangemessen, umformuliert. Die Heimat der Juden war Deutschland. Die Bezeichnung "Tempel" sollte die Gleichwertigkeit des modernen Gotteshauses mit dem Tempel der Antike und seinem überholten Opferdienst ausdrücken.

Die Vorsteher der orthodoxen Stadtgemeinde wandten sich nun, wie in Berlin, an die Regierung mit der Bitte, den Tempel schließen zu lassen und den Reformgottesdienst zu verbieten. Der Hamburger Senat ließ sich jedoch nicht durch eine Parteinahme in den Konflikt hineinziehen. Ein Sendschreiben der Stadtgemeinde an die traditionellen Rabbiner Europas, man möge den Tempelverein verdammen, wurde von 40 der bedeutendsten talmudischen Autoritäten beantwortet: Die Neuerer hätten die Grenzen des Judentums überschritten und gehörten nicht länger zu ihm. Diese Erklärung wurde unter dem Titel "*Elle divre ha-berit*" - "Dies sind die Worte des Bundes" - hebräisch und deutsch veröffentlicht. Zu den kämpferischsten Gegnern des Tempelvereins gehörte Raphael Hirsch, der Vater Samson Raphael Hirschs (s.u.).

Die Geburt der Neo-Orthodoxie

Auf Seiten der Reform stand Lazarus Jakob Riesser, der Vater Gabriel Riessers (s.o.), doch trat er dem *Tempelverein* nicht bei, da sein Schwiegervater, ein bekannter Rabbiner, dessen Neuerungen scharf verurteilte. Zwischen den Lagern stehend erkannte er, daß nur ein moderner, akademisch ausgebildeter Rabbiner die orthodoxen Juden in die Neuzeit führen köne. Im Auftrag der Stadtgemeinde holte er Isaak Bernays aus Mainz nach Hamburg. Bernays (1792-1849) hatte die Universität besucht und sich als Wissenschaftler einen Namen gemacht. Er führte in Hamburg die deutsche Predigt ein, trug den Talar, gab dem Gottesdienst ästhetische, würdige Formen, bestand aber darauf, daß die *Halacha* in jeder Einzelheit strikt zu befolgen war. Um die *Sephardim* der Gemeinde zu gewinnen und jede Verwechslung mit den Reformrabbinern zu vermeiden, nahm er den sephardischen Titel "*Chacham*" (= der Gelehrte) statt des *aschkenasischen* "Rabbiner" an. Bernays´ Form des Judentums entsprach der Auffassung Mendelssohns.

Aus dem Konflikt entstand durch Bernays die "Neo-Orthodoxie", welcher Bernays´ Schüler Samson Raphael Hirsch ihre Form geben sollte.

Die Wissenschaft des Judentums

Die *Maskilim*, die jüdischen Aufklärer, glaubten, daß die Umwelt dem Judentum Respekt entgegenbringen würde, wenn man ihr seine Quellen und Entwicklung wissenschaftlich darstelle. Zu diesem Zweck gründeten sie in Berlin 1819 den "*Verein für Cultur und Wissenschaft der Juden*", an dessen Spitze Leopold Zunz (1794-1886) stand. Der Verein ging 1824 wieder ein. Eine Reihe seiner Mitglieder, wie Heinrich Heine und der spätere Professor für Rechtsphilosophie an der Universität Berlin, Eduard Gans (1797-1839), traten zum Christentum über. Zunz blieb seiner Berufung treu und wurde der "Vater" der "Wissenschaft des Judentums". Auf seine Forschungen gehen wichtige Erkenntnisse zurück. So wies Zunz in seinem Werk "*Die gottesdienstlichen Vorträge der Juden*" nach, daß die Juden seit jeher Predigten in der Landessprache gehalten hatten und demnach sowohl das Verbot der jüdischen Predigt als Nachahmung der christlichen durch den preußischen König, als auch das Verdikt der Rabbiner historisch unberechtigt waren. Vor allem lenkte er das Studium des Judentums in eine völlig neue Richtung. Mit ihm beginnt die wissenschaftliche Erforschung des Judentums, seiner Geschichte und Literatur. Der Lehrbetrieb an den an deutschen Universitäten nach dem Zweiten Weltkrieg eingerichteten judaistischen Lehrstühlen geht letzlich auf die von ihm eingeführten Methoden der Erforschung des Judentums und die vorgeschlagene Abgrenzung der Gebiete zurück.

Die Richtungen im neuzeitlichen deutschen Judentum

Die noch unorganisierte liberale Bewegung machte so schnelle Fortschritte, daß sie in kurzer Zeit die Mehrheit der Juden in den Städten und ihre Gemeinden für sich gewonnen hatte.

Die Neo-Orthodoxie

Als der Großherzog von Oldenburg einen Rabbiner suchte, welcher die orthodoxen Gemeinden seines Landes von ihren "alten Gepflogenheiten abbringen" und der Neuzeit anpassen sollte, war es gar nicht leicht, einen akademisch gebildeten Mann zu finden, der die verordnete Staatsprüfung bestehen konnte.

Nathan Marcus Adler

Er fand ihn in dem streng orthodoxen Nathan Marcus Adler (1803-1890) aus Hannover, welcher die Stelle nur darum annahm, um seinem alten Vater, seit Jahrzehnten der dortige "provisorische" Landrabbiner, helfend nahe zu sein. Der Vater wurde trotz seines überragenden talmudischen Wissens niemals von der Regierung zum dauernden Landrabbiner bestellt, da er des Hochdeutschen nicht völlig mächtig war. Auf Drängen der Regierung war bereits früh die deutsche Predigt in der orthodoxen Gemeinde Hannovers eingeführt worden, und Marcus, welcher bereits als ganz junger Mann öfter für den Vater gepredigt hatte, war einer der ersten, dazu ein hervorragender, Prediger.

Mit 19 Jahren erhielt er sein Rabbinerdiplom von der *Talmud*schule des Rabbi Abraham Bing zu Würzburg, eines fortschrittlichen Mannes, der seinen Schülern das Studium auf der Universität erlaubte. Adler war der erste deutsche Rabbiner, welcher promovierte.

Adler als Vorbild der deutschen Orthodoxie

Mit dem Erwerb des Doktortitels wie mit seinem ganzen Stil und Denken, wurde er zum Vorbild der orthodoxen deutschen Rabbiner. Er trug den Talar mit Beffchen und nannte sich "Geistlicher". Ein Mann von kühnen Gedanken, führte er Neuerungen ein, welche den Orthodoxen seiner Zeit als revolutionär erscheinen mußten.

Der Talmud

Im "Colloquium" mit dem Generalsuperintendenten der Kirche und Regierungsvertretern, das aufgrund von Adlers Ausbildung die Prüfung ersetzte, antwortete er auf die Frage, welche Sicherheit der Staat habe, daß die Juden nicht aus dem Talmud die Lehre zögen, gegen Nichtjuden keine Gerechtigkeit üben zu müssen, mit den Worten:

> "[daß] der ganze Talmud keineswegs als Tradition betrachtet und angenommen würde, sondern nur in so fern, als er zur Erklärung der Gesetze Moses diene, weshalb denn auch keineswegs höher als der Pentateuch geschätzt oder wohl gar über denselben gesetzt würde."

Die Gemeindeordnung

In seiner Gemeindeordnung, welche Gesetzeskraft hatte, findet sich eine Reihe von damals radikalen Neuerungen. So durfte nur der angestellte Vorsänger, und kein Gemeindemitglied, den Gottesdienst leiten, er allein durfte die Tora, und zwar "auf eine feierliche Weise", aus der Lade nehmen; nur die Gemeindeältesten und Vorsteher hatten das Recht zur Toraprozession am letzten Tag des Laubhüttenfests. An jedem *Sabbat* und Festtag war das Gebet für den Großherzog "feierlich mit der Tora im Arme" zu sprechen. Er bestimmte:

> "auch unverheiratete Frauenzimmer sollen den Gottesdiensten an Samstagen (...) in dem für die Frauen bestimmten Locale beiwohnen. Die Religionslehrer haben sie deshalb zu instruieren (§ 7)".

Damit, zusammen mit der Verordnung, daß Mädchen die gleiche Erziehung zuteil werden müßte wie den Jungen, wurde die Stellung der Frau gehoben.

Die deutsche Predigt

Die Predigt wurde zum wesentlichen Teil der Festtagsgottesdienste. In seiner Verfügung gewährt uns Adler einen Blick in sein Denken: Sittlichkeit, allgemeine Menschenliebe und Patriotismus sind Grundgebote der Tora und von den Verpflichtungen gegenüber Gott nicht zu trennen.

> "§ 26. In den Gemeinden, deren Lehrer nach vorgängiger Prüfung tauglich gefunden, auch vom Land Rabbiner ermächtigt sind, öffentliche Vorträge zu halten, sollen an Sabbath und Festtagen, nachdem der Tagesabschnitt der Torah abgelesen ist, eine Rede in deutscher Sprache abgehalten werden. Dieselbe muß die Ermahnung zur Sittlichkeit, allgemeiner Menschenliebe, zum Gehorsam gegen die Obrigkeit, zur Fügung in die bürgerliche Ordnung, wie überhaupt zur Befolgung der Mosaischen Lehren und Gebote zum Inhalte haben, und der Art sein, daß sie auf Verlangen dem Land Rabbiner zur Durchsicht vorgelegt werden kann."

Zweck und Würde des Gottesdienstes

Die im bestehenden Gottesdienst gewöhnlich herrschende Unruhe, welche zum Teil auf seiner Länge, zum Teil auf ekstatisches Beten zurückging, war zu beenden. In der Präambel zu den Verordnungen erklärt Adler:

> "Ist es der Zweck des Gottesdienstes, daß der Mensch in geräuschloser Stille sein Gemüt zu dem gütigen Allvater erheben, und die Empfindungen der Ehrfurcht und Liebe für Ihn an den Tag legen soll, hat der Gottesdienst die wohltätige Wirkung, daß er dem Menschen Trost und Ruhe, Kraft und Ausdauer gibt, seine Gefühle läutert, sein Herz veredelt und für edle Handlungen entflammt: so muß auch die Art und Weise dieser feierlichen Handlung dem großen Zwecke entsprechen. Jede die Andacht unterbrechende Störung muß aufs Sorgfältigste vermieden; jeder kleinliche Ehrgeiz, jeder äußerliche Vorzug, jede gehässige Absicht verbannt sein und verbannt bleiben aus dem Hause des Herrn."

Diese Definition des Wesens des Gottesdienstes entsprach völlig der evangelischen und zeigt den Einfluß der christlichen Umwelt. Die Verordnung bestimmt daher:

> "§ 8. In der Synagoge herrsche eine feierliche Stille und ehrfurchtsvolle Ruhe. Jeder enthalte sich des gesetzwidrigen Schreiens und stehe ruhig an der ihm angewiesenen Stelle. Das Entfernen von den Plätzen und störende Sprechen von Gegenständen, die nicht zum Gottesdienste gehören, ist während des Gottesdienstes aufs strengste verboten."

Die äußere Form des Gottesdienstes wie auch sein Sinn waren im Geist einer Reform geändert worden. Dennoch blieben sie inhaltlich orthodox. Auf eine Frage im Colloquium bezüglich der Einführung deutscher Gebete und Gesänge antwortete Adler:

> "(...) was aber die Einführung von Gesängen in deutscher Sprache anlange, so würden solche, als den Mosaischen Gesetzen zu wider nicht geschehen können, er werde indessen sehr dahinstreben, daß die Gebete auch in Hebräischer Sprache verstanden würden, so wie er übrigens auch deutsch predigen werde."

Auf den Vorschlag der Regierung, im Sinne einer beigefügten Broschüre weitere Reformen einzuführen, antwortete Adler mit diplomatischem Geschick, indem er feststellte:

> "Der rühmliche Religionseifer, welcher den Herrn Verfasser beseelt (...) macht ihn unzugänglich für die Wahrheit, daß aufgedrungene, von der Mehrheit nicht erkannte Neuerungen ihren guten Zweck verfehlen, und daß besonders in Religions-Angelegenheiten, zahrte Schonung und allmäliges Fortschreiten empfehlenswert sei."[164]

Adlers Bedeutung

Da Adler noch nicht einmal zwei Jahre in Oldenburg amtierte, um dann das Amt des Landesrabbiners von Hannover zu übernehmen, von wo er schließlich zum Oberrabbiner des Britischen Reiches berufen wurde, wird seine Bedeutung für die Gestaltung der Neo-Orthodoxie oft nicht erkannt. Seine Neuerungen prägten ihre Gestalt als eine Religionsform deutscher Juden. Sein Nachfolger, Samson Raphael Hirsch, legte ihr theologisches Fundament.

Samson Raphael Hirsch

Samson Raphael Hirsch (1808-1888), in Hamburg als Sohn eines militanten Gegners des Tempels geboren, ein Schüler von Isaak Bernays, studierte einige Semester lang in Bonn, wo er von Hegels Philosophie und der Romantik beeinflußt wurde. Seine Sprache ist romantisch.

Berufung und Krise

Wegen seiner kämpferischen Orthodoxie trug die Oldenburger Regierung Bedenken, ihn zu berufen. Nur sein Studium in Bonn und die Erwartung, "daß er die dort herrschenden gelinderen Ansichten mit den orthodoxen, worin er hier erzogen, zu vereinigen wissen wird", zusammen mit der Empfehlung Adlers, bewogen sie, ihn im Jahre 1830 zu bestellen. Adler bereitete ihn auf seine Staatsprüfung vor und nahm an ihr teil.

Die Befürchtungen der Regierung sollten sich bald verwirklichen. Nach ihrem Urteil aus dem Jahre 1831 verfehlte Hirsch als "strenger Anhänger seines Glaubens (...) den Zweck, die Juden den christ. Untertanen möglichst zu nähern, und sie von ihren eigentümlichen Sitten und Gewohnheiten zurückzubringen (...)". Daher schlug die Kammer dem Großherzog vor, Hirsch zu entlassen. Zwar stimmte der Großherzog diesem Vorschlag nicht zu, doch wurde Hirschs Gehalt, welches von Anfang an niedriger angesetzt war als Adlers Bezüge, niemals erhöht, seine ganze Tätigkeit dauernd überwacht, und das Damoklesschwert der Entlassung schwebte dauernd über ihm.

Neunzehn Briefe über Judenthum

Man darf annehmen, daß Hirschs erste Schrift, "*Neunzehn Briefe über Judenthum*", welche 1836 erschien, zwei Aufgaben erfüllen sollte. Einmal sollte sie die Juden vom wahren Judentum, nämlich dem orthodoxen, überzeugen, zum andern ihn gegenüber der Regierung verteidigen. Hirsch stellte dar, daß ein toratreues Judentum die rückhaltlose Hingabe an Staat und Gesellschaft garantiere, da diese von der Tora gefordert werde und die orthodoxen Juden kompromißlos dem Gottesgebot folgten. Als treuer Staatsdiener müsse er diese daher fördern.

Die Bestimmung des Menschen

Nach Hirsch liegt die Bestimmung der Menschheit nicht im Streben nach Glückseligkeit, sondern im Dienst Gottes.

> "Dem Gesetz, dem alle Kräfte bewußt- und willenlos dienen müssen, dem sollst auch du, aber mit Bewußtsein und frei dich unterordnen - »Mit Bewußtsein und Freiheit!« das ist des Menschen hoher Ruf, das ist des Menschen hoher Vorzug (...) Es gibt also ein äußeres Maß für die Menschenthat, - es ist Übereinstimung mit Gottes Willen."[165]

Die Juden als Lehrer der Ethik

In voller Übereinstimmung mit der Reformbewegung, sieht Hirsch in den Juden die ethischen Lehrer der Menschheit. Dies ist allerdings nach ihm nur der Fall, wenn in absoluter Treue die 613 Gebote und Verbote der Tora befolgt werden.

Die Menschheit verwies Gott aus dem Leben und der Natur und fand Grund und Ziel ihres Lebens im Besitz, im Genuß und in der Befriedigung der Triebe. Daher

> "sollte ein Volk eingeführt werden in der Völker Reihen, das durch Geschick und Leben den alleinigen Gott als des Lebens einzigen Grund, Erfüllung Seines Willens als des Lebens einziges Ziel darstellen sollte (...) Mit ihm also Stein zu einem neuen Bau der Menschheit, in ihm geflüchtet Erkennung Gottes und des Menschenberufs (...) zum Beispiel, zur Warnung, zum Muster, zur Erziehung. Aber eben darum mußte es gesondert bleiben; durfte nicht eingehen in's Treiben der übrigen Völker, damit es nicht auch untergehe in Besitz- und Genußvergötterung."[166]

Dem jüdischen Volk wurde nun sein eigenes Land gegeben, um dort als freies Volk durch Erfüllung der Tora der Welt als Vorbild zu dienen. Da es seine Bestimmung verfehlte, wurde es in die Welt gesandt, um dort die Tora zu verkünden. Es kann demnach

> "kein anderes Einigungsband haben fortan, als "Gott und seinen Beruf" ... es hat mit seinem Herzblut auf alle Blätter der Geschichte hingeschrieben die Lehre; daß es nur Einen Gott ehre und liebe und daß es höhere Menschengröße kenne als Besitz und Genuß! (...) diese [sc. die Völker der Welt] sollten nichts lernen - daraus? (...) wenn überall Gewinnsucht und Genußsucht und Selbstsucht Hebel der Handlungen werden sollten, aber in jedem Juden stände doch (...) im stillen Lebensbeispiel ein Lehrer da der Allgerechtigkeit und Allliebe; (...) welch' allmächtiger Hebel für das Allziel aller Menschheitserziehung!!"[167]

Durch sein Beispiel wirkt der Jude auf die "Allverbrüderung" der Menschheit hin, erfleht sie in seinem täglichen Gebet und ist sich bewußt, daß alle Guten unter den Völkern einen Beitrag zum Erreichen dieses Ziels leisten und daher, wie die Weisen sagen, Anteil an der Zukünftigen Welt haben.

Die *Mizwot* als Tatsymbole

Lehrt nun die Tora, Liebe und Gerechtigkeit zu üben, stellt sie dem Juden eine besondere Aufgabe, so muß diese seinem "Geiste und Gemüte" immer wieder durch Symbole, Tatsymbole, eingeprägt werden. Diese bestehen aus Handlungen, den 613 Geboten und Verboten der Tora, *Mizwot*, welche daher absolute Treue fordern.

Jisroel-Mensch - Leben in der Welt - Verpflichtung zum Staat

Vorbildliches Menschentum wird dem Juden nur durch die Tora bewirkt. Durch ihre Befolgung wird er "Jissroẹ̈l-Mensch".[168] Das Leben der Juden in der Welt ist keine Sündenstrafe, sondern Berufung. Daher ist es die Pflicht jedes Juden, dem gebietenden Ruf des Propheten Jeremia (29,5-7) Folge zu leisten, welchen Hirsch wie folgt übersetzt:

> "Bauet Häuser und lasset euch nieder; pflanzet Gärten und genießet ihre Frucht; nehmet Frauen und zeuget Söhne und Töchter, und nehmet für eure Söhne Frauen und eure Töchter gebet Männern, daß sie gebären Söhne und Töchter, und vermehret euch dort, und mindert euch nicht. Und strebet für das Wohl der Stadt, dahin ich euch vertrieben, und betet für sie zum Herrn, denn in ihrem Heile wird euch Heil."[169]

Es ist somit

> "Pflicht, so viel nur immer möglich, sich dem Staate anzubürgern, der uns aufgenommen; des Staates Zwecke zu fördern und das eigene Wohl nicht getrennt von des Staates Wohl zu achten."[170]

Die Rückkehr nach dem Heiligen Land

Wie kann er diese Pflicht mit dem in jedem Gebet ausgesprochenen Flehen um die Rückkehr nach dem Land vereinbaren? Seine Antwort entspricht beinahe der Aussage der Reform. Das Land sei nur ein Mittel zur Erfüllung der Aufgabe, nicht der Endzweck. Nur die Tora verbürge die Einheit der Juden, "wenn auch überall in der Zerstreuung angebürgert", so daß die Rückkehr

> "ja nicht thätig von uns gefördert werden darf, nur erhofft (...) eine Zukunft, die ja Hand in Hand geht mit Erhebung der Allmenschlichkeit, zur Allverbrüderung unter Gott, dem Alleinen! Eben dieser rein geistigen Natur der Volkstümlichkeit Jissroẹ̈ls halber ist es darum auch überall zum innigen Anschluß an Staaten fähig."[171]

Weltliche Erziehung und Kultur

Da alle Völker irgendwie die Allmenschlichkeit erstreben, und es die Pflicht des Juden ist, sich auch kulturell völlig mit seinem Vaterland zu verschmelzen, so muß er Umweltwissen erwerben. Hirsch gibt daher einem Satz der *Mischna* eine ganz neue Deutung: Dort heißt es: "Gut ist Tora verbunden mit *Derech Erez*" (Avot 2,2). Während *Derech Erez* dort "weltliche Beschäftigung" bedeutet, versteht Hirsch "weltliche Kultur" darunter.

Samson Raphael Hirsch (1808–1888).
Negativ aus dem Bildarchiv der Österreichischen Nationalbibliothek, Wien

Leopold Zunz (1794–1886).
Bildarchiv Preußischer Kulturbesitz, Berlin

Zacharias Frankel (1801–1875)

Abraham Geiger (1810–1874).
Bildarchiv Preußischer Kulturbesitz, Berlin

Der Jude in der nichtjüdischen Gesellschaft

Dem Einwand, daß der traditionstreue Jude von der Umwelt sofort als Jude erkannt werde, entgegnet Hirsch:

> "Sohn meiner Zeit! Wer sagt dir denn, daß du es verleugnen sollst, Jude zu sein? - Sei Jude, sei es wahrhaft, erstrebe das Ideal eines wahren Juden in Thauróherfüllung der Gerechtigkeit und Liebe, - daß man dich achte, weil du Jude bist, nicht obgleich du Jude bist (...) »Aber den Grad der Vertraulichkeit vermagst du nicht zu erlangen, - wenn du nicht - mindestens - mit ihnen, an ihren Gastmälern issest und trinkest?« Wiederum! übe Gerechtigkeit und Liebe, wie deine Thauróh dich lehrt; - sei gerecht in That, sei wahr im Wort, trage Liebe im Herzen gegen deinen nichtjüdischen Bruder, wie es deine Thauróh dich lehrt; - speise seine Hungrigen, kleide seine Nackten, erquicke seine Kranken, tröste seine Leidenden, berate seine Unberatenen, springe ihm bei mit Rat und That in Not und Fahrnis, entfalte die ganze edle Fülle deines Jissroẹltums; - und er wird dich nicht achten und lieben?"[172]

Hirsch verfaßte sogar eine Grabinschrift, in welcher der Verstorbene gerühmt wird, er habe das Wohlergehen der Nichtjuden gefördert. Um jedem Verdacht die Spitze abzubrechen, die Juden befreiten sich in der *Kol Nidre*-Erklärung am Beginn des *Jom Kippur* von der Erfüllung ihrer Eide gegenüber Nichtjuden, schaffte er diese, dem Beer-Tempel folgend, ab, obgleich Adler in einem ausführlichen Gutachten den Oldenburgern schon dargestellt hatte, daß es sich hierbei nur um die Auflösung von selbstauferlegten, persönlichen asketischen Gelübden handelte, und nichts anderem. Dies war Reform.

Hirschs Denken

Hirschs Ideal wäre erreichbar ohne die Befolgung aller Gebote. Sein Ziel ist die Menschheitsverbrüderung, die Verschmelzung mit dem Staat, seiner Kultur und allen seinen Menschen. Die Rückkehr ins eigene Land wird dem Willen Gottes nach auf eine unbestimmte Zeit verschoben, wenn sich die gesamte Menschheit erneuert haben wird. Das Gebet für die messianische Zeit wirkt tatsächlich nicht ins tägliche Denken und Leben hinein. Stattdessen wird Deutschland zur Heimat. Dieses Denken unterscheidet sich kaum noch von der Ideologie der Reform.

Nun sieht allerdings Hirsch die Befolgung der Tatsymbole, nämlich der *Mizwot*, als unerläßlich an. Wer diese nicht befolgt, stellt sich außerhalb der geistigen Einheit der Juden. Wer die Absolutheit der Toragebote verneint, kann sogar ein schlechter Staatsbürger sein, wenn die Pflichten gegen den Staat seinen eigenen Interessen widersprechen. Nur die Treue zur Tora verbürgt die absolute Treue zum Staat. Hirsch sagt dies nicht ausdrücklich, aber spielt in seinem wiederholten Hinweis "wie deine Thauróh dich lehrt" wohl darauf an.

Er begrüßt die Emanzipation, soweit sie den inneren Kräften des Judentums freien Spielraum gewährt, die Wissenschaft, soweit sie das toratreue Leben bestätigt und stärkt, lehnt aber beide ab, falls sie dieser Treue Abbruch tun. Er sieht in der Reform eine noch unorganisierte Bewegung, welche sich im Sande verlaufen werde, fürchtet dann jedoch ihre Organisation, als er sie erlebt, und tritt ihr bedingungslos entgegen.

Das Werk und der weitere Lebenslauf

Hirsch war ein originaler Denker, seine Sprache schwungvoll, sein Werk einflußreich. Er gewann den jungen Heinrich Graetz (s.u.) dem Judentum zurück und nahm ihn vier Jahre lang zu gemeinsamem Lernen in sein Haus auf. Später kam es zwischen beiden zu einer ideologischen Entfremdung.

Hirsch schrieb viel. Nach zehnjähriger Tätigkeit in Oldenburg kam er nach Emden, von dort nach Mähren, wo man sein deutsches Wesen überhaupt nicht verstand. Schließlich berief ihn eine Gruppe reicher traditioneller Juden nach Frankfurt, wo sie eine eigene Gemeinde gegründet hatten, da die Stadtgemeinde liberal geworden war. Diese Gemeinde war auf jede Weise orthodox und auf jede Weise deutsch. Die Synagoge war elegant, livrierte Diener nahmen den Besuchern in der Garderobe ihre Mäntel ab, der Gottesdienst mit Chor war nach dem Vorbild Adlers gestaltet, dem Hirsch immer gefolgt war. Er war von größter Würde, Rabbiner und Vorbeter trugen Talar, die Toraprozessionen waren choreographiert, die Predigten deutsch. Ein Jude aus dem Osten hätte sich darin nicht zurechtgefunden. Hirsch gründete auch eine höhere Schule, welche der Gemeinde angeschlossen war und weltliches Wissen durch die Linse jüdischer Kritik vermittelte.

Hirschs Feindschaft gegen die Liberalen ging so weit, daß er die Mitgliedschaft in der Gesamtgemeinde für halachisch verboten erklärte, selbst wenn die Orthodoxen ihre eigene Synagoge, ihren eigenen Rabbiner und alle sonstigen Einrichtungen besäßen. Er setzte durch, daß der preußische Landtag 1876 ein Austrittsgesetz verabschiedete, das den Austritt aus der Stadtgemeinde ohne Aufgabe des jüdischen Glaubens ermöglichte.

Hirschs Einfluß

Vom Austritt aus der Gemeinde abgesehen, blieb Hirschs Theologie die Theologie des orthodoxen deutschen Judentums, welches daher auch den Zionismus anfänglich ablehnte. Es war nicht länger alt-orthodox, sondern "neo-orthodox" und deutsch. Hirschs Programm, die Verbindung von Judentum und Deutschtum, erhielt das deutsche Judentum. Die Orthodoxie hat seither keine moderne Theologie entwickelt. Das offizielle Rabbinat des heutigen Staates Israel lehnt in Erkenntnis der Reformideen, welche Hirschs Theologie zugrunde liegen, seine Grundprinzipien ab und bekämpft sie.

Radikale Reform: Samuel Holdheim

Samuel Holdheim (1806-1860) stellt bezüglich der Tora den absoluten Kontrast zu Hirsch dar. In Kempen (Provinz Posen) geboren und talmudisch hochgebildet, eignete er sich die westliche Kultur und die deutsche Sprache erst als erwachsener Mann an. Er promovierte in Leipzig, wurde danach als Landesrabiner nach Mecklenburg-Schwerin berufen und führte dort, gegen den Widerstand der Gemeinde, aber mit Unterstützung der Behörden, radikale Reformen ein.

Die Einseitigkeit seiner Erziehung dürfte dazu beigetragen haben, daß er sich, von der deutschen Kultur und dem Wohlwollen der Behörden berauscht, in völligen Widerspruch zur rabbinischen Tradition setzte. Er bekannte sich nur zum "rein biblischen Offenbarungsglauben" und lehnte selbst die mosaische Gesetzgebung ab, soweit sie, seiner Ansicht nach, "Nationalgesetz" war, d.h. lediglich der Erhaltung des einstigen Staates diente. Grundsätzlich habe das Judentum nur seinen Geist zu bewahren, das Religiöse vom "Nationalen" zu trennen, das Gesetz des modernen Staates als sein eigenes anzuerkennen und ihm vollen Gehorsam zu leisten, d.h. in den eigenen Glauben zu integrieren. Wo immer "Zeremonialgesetze" mit Staatsgesetzen oder den Lebensformen der Umwelt kollidierten, seien sie abzuschaffen.

Deutschland war die Heimat, und jeder Gedanke an eine Rückkehr ins heilige Land, selbst in einer unbestimmten Zukunft, war abzulehnen. Die messianische Erlösung war den Juden mit der Emanzipation zuteil geworden. Die Sprache des Gottesdienstes mußte deutsch sein. Der *Sabbat*, als biblisch geoffenbarter Tag der Ruhe, mußte gefeiert, aber gemäß den umweltlichen Lebensformen auf den Sonntag verlegt werden. Die Beschneidung, ein "Zeremonialgesetz", war abzuschaffen. Da das Familienrecht in die Kompetenz des Staats falle, müßten Ehen mit Nichtjuden als vom Staat gebilligt von den Rabbinern eingesegnet werden.

Holdheim wurde von allen Richtungen als ein "innerer Feind des Judentums" verurteilt. In Berlin wurde jedoch 1847 eine zwar kleine, doch reiche, bis zur NS-Zeit bestehende Reformgemeinde gegründet, an welcher Holdheim bis zu seinem Tod wirkte.

Abraham Geiger - Wegbereiter der Reform

Geigers Lebenslauf

Mit Abraham Geiger (1810-1874) fand die Reformbewegung ihren Führer und Wegbereiter. Er entstammte einer orthodoxen Frankfurter Familie. Da sich seine Begabung früh zeigte, wurde er von Kindheit an ins Studium der Bibel und des *Talmuds* eingeführt. Er bezog dann mehrere Universitäten, sammelte in Bonn einen Kreis von jungen Juden, welchen neben ihren Studien, das Judentum und seine Lehre am Herzen lagen, darunter auch Samson Raphael Hirsch. Im Jahre 1832 wurde er an die damals kleine jüdische Gemeinde zu Wiesbaden berufen, wo er seine "*Wissenschaftliche Zeitschrift für juedische Theologie*" als Forum seiner Reformvorstellungen gründete (1835-1848).

Geiger veröffentlichte außerordentlich viele und teilweise heute noch nicht überholte wissenschaftliche Beiträge. Noch in Wiesbaden rief er zur Gründung einer jüdisch-theologischen Fakultät auf und hoffte, an einer solchen lehren zu können. Am liebsten wäre er Universitätsprofessor geworden. Dies hätte ihn vor den Angriffen geschützt, welche er sich durch seine unverhohlen kritische Einstellung zuzog. Doch war eine Professur des Judentums an deutschen Universitäten, welche im Prinzip Juden überhaupt nicht beriefen, unmöglich. Geiger mußte im Rabbineramt bleiben. Im Jahre 1838 wurde er nach Breslau berufen, wo ihn der Widerspruch des orthodoxen Rabbiners Salomon Tiktin und seiner Anhänger in solche Schwierigkeiten mit der Regierung brachte, daß diese ihn erst zwei Jahre später bestätigte. Zeitweilig war die Breslauer Gemeinde gespalten, die Trennung von Orthodoxen und Liberalen innerhalb der jüdischen Gemeinden hat hier ihren Ursprung. Als Vertreter der Reform wurde ihm bei der Gründung des *Jüdisch-Theologischen Seminars* in Breslau (s.u.) die von ihm erhoffte Berufung versagt. Einen Ruf an die jüdische Reformgemeinde zu Berlin lehnte er ab, da er sich von seinen radikalen Reformgedanken getrennt hatte. Stattdessen ging er 1863 nach Frankfurt. Im Jahre 1869 wurde er, nach langen Kämpfen zwischen den Orthodoxen und Liberalen in der Gemeinde, nach Berlin berufen, wo er bis zu seinem Tode auch als Dozent an der neu eröffneten "*Hochschule für die Wissenschaft des Judentums*" (s.u.) wirkte.

Geiger, die Wissenschaft und die Reform des Judentums

Es war nicht damit getan, einige Zeremonialgesetze zu ändern oder abzuschaffen, vielmehr mußte das Judentum wissenschaftlich-kritisch in seiner historischen Entwicklung erforscht werden. Es beruhte auf der ethischen Botschaft der Propheten und war bestimmt, durch sie zum Lehrer der Menschheit zu werden. Es hatte eine universale Aufgabe, deren Erfüllung Einzelreformen bedingte. Dies schloß auch die Tora ein. Sie war zwar vom göttlichen Geist durchwebt, doch nicht wörtlich von Gott offenbart.

> "Als Bestandteil einer Wissenschaft des Judenthums, muss sich aber die Behandlung des geschichtlichen Inhalts allen Gesetzen unterwerfen, welche überhaupt die Geschichte als Wissenschaft anerkennt; die Quellen müssen nach ihrer Authentie geprüft werden, sowohl ob sie echt sind, als auch, ob ihre Angaben zuverlässig sind, ob sie die volle Darlegung des wirklichen Thatbestandes enthalten oder ob sie ihn nach gewissen Anschauungen in eine Hülle gebracht haben, deren Kern wir erst vermöge der Erkenntniss dieser Anschauungen herausschälen können. Die Handhabung einer solchen wissenschaftlichen Kritik darf durch keine dogmatische Voraussetzung gestört werden."[173]

Umso eher ist der Talmud der Kritik zu unterwerfen, der die Autorität der Bibel nicht beanspruchen kann. Hier liegt die Grundlage für Reformen, die jedoch weder dem Belieben einzelner anheimgestellt sind, noch punktuell sein dürfen, sondern ein System bilden müssen.

Der folgende Auszug aus seinen Schriften gibt uns einen Einblick in sein Denken. Er behandelt die Reformen im Gottesdienst, darüber hinaus spricht seine gesamte Haltung aus seinen Worten.

> "Eine solche Reform ist keine Halbheit, wie man so gerne alles das benennt, was nicht einseitig einem beliebig aufgestellten Grundsatze huldigt und alles Widerstrebende ohne Erbarmen beseitigt. Es ist dies vielmehr die Reform der Geschichte, der wir Alle als Organ dienen; schöpfend aus der Vergangenheit, spenden wir Nahrung der Zukunft, bereiten wir uns vor zum schöneren Ziele, an den überkommenen Gütern uns erfreuend, erhöhen wir ihren Werth für die Gegenwart. (...) Wie wird von solchen Grundgedanken aus der jüdische Gottesdienst für die Gegenwart sich gestalten? (...) Die wesentliche Verschiedenheit, welche in Gedanken und Empfindungen die religiöse Ueberzeugung der Juden ergriffen hat, bezieht sich auf die Stellung Israels in der Menschheit. Mit Freudigkeit zeugt der wahre Israelite noch heute wie ehedem dafür, dass Israel der hohe Beruf geworden, den Glauben an den einzigen heiligen Gott in seiner Reinheit durch die Welt zu tragen; mit Freudigkeit zeugt er dafür, dass Israel durch wunderbare Fügungen zu diesem Berufe gelangt und ihm treu geblieben ist; mit Freudigkeit spricht er den Dank dafür aus, dass dieser heilige Lebensgedanke Israels immer mehr seine Verwirklichung in der Welt erhalten hat und erhält, und mit aller Innigkeit des Vertrauens sieht er auf die Zeit hin, da dieser Gedanke die ganze Menschheit verklären und zu einer Bruderfamilie verbinden wird. Wir haben Gebete, in welchen dieser Gedanke mit aller Majestät des begeisterten und mit aller Tiefe des gläubigen Gemüths ausgedrückt wird; ich erinnere blos an mehrere Neujahrsgebete, zu denen auch das Alenu gehört. Allein andererseits haben an diesen Glauben, insoweit er dem geschichtlichen Gebiete angehört, sich Vorstellungen und Empfindungen angelehnt, die unserer Zeit ganz fremd geworden sind, ja die sie zum Theile mit aller Kraft der Ueberzeugung abweist. Die ehemalige Stellung Israels neben andern Völkern hat das Gefühl der Volksthümlichkeit, das auf seinem eigenen Boden seine volle Berechtigung hat, so

enge mit seinem Berufe als Glaubenszeugen verknüpft, dass die selbstständige Volksthümlichkeit auch als Bedingung betrachtet wurde, damit es seine Aufgabe zur Bezeugung des wahren Glaubens erfüllen könne. Die Klage über die verlorne Selbstständigkeit, die Bitte um Wiedererlangung derselben und die Hoffnung darauf (...) durchdringen eine grosse Zahl der sonst reinsten Gebete und machen von andern fast den alleinigen Inhalt aus. Brauche ich an die Klagen über Zerstreuung, an die Bitte um Sammlung der Zerstreuten in Palästina, um Herstellung des Priester- und Opferdienstes und dgl. erst zu erinnern? - Die Freude über eine solche schöne Aufgabe, wie sie Israel geworden, muss ihm die Verpflichtung auferlegen, derselben durch Erkenntniss und Wandel immer würdiger zu werden; sie würde aber eine durchaus irreligiöse sein, wenn sie dem Gedanken Nahrung gäbe, Israel sei dadurch ohne weiteren Grund und eigne Anstrengung etwas Besseres als andere Menschen, wenn sie zu dünkelhafter Selbstüberschätzung und zur geringschätzigen Betrachtung Anderer führte. Verkennen wir es nicht, dass solche Ansichten in der Vergangenheit herrschend waren und in unsern Gebeten ihren Ausdruck gefunden haben. Wir geben gerne zu, dass Druck und Verachtung von Aussen eine solche überspannte Kräftigung nach Innen als Nothwehr erheischte, ja wir räumen es ein, dass die Grenzlinie zwischen dem Hochgefühle, im Besitz eines würdigen Gutes zu sein, und der unedlen Ueberhebung über Andere, die man nicht dabei betheiligt sieht, sehr streng gezogen werden muss, wenn man sich vor dem Irrthum bewahren will. Allein man hat sich offenbar in unsern Tagen zu der rechten Erkenntniss hindurchgearbeitet, man ist in Israel fern von jener Selbstgefälligkeit und Verblendung, die ein Fallstrick für die wahre Frömmigkeit sind, und um so mehr müssen daher jene in den Gebeten vorhandenen Ueberreste überwundener Gesinnungen hinweggeräumt werden. Wir können nach wie vor mit Ueberzeugung es aussprechen: »Du hast uns berufen zu Deiner heiligen Lehre«, nicht aber: »Du hast aus auserwählt aus allen Völkern, Du hast uns erhoben über alle Sprachen« u.s.w. - Es ist natürlich, dass auch die geschichtlichen Erinnerungen, insofern sie Volksschicksale betreffen, nicht mehr die Bedeutung haben können, welche sie für die Vergangenheit hatten: Das Volk Israel lebt nicht mehr, auch nicht in den Herzen und Wünschen der Gegenwart, es ist als Glaubensgemeinde auferstanden, und nur was diese lebendig berührt, hat auf unsere Theilnahme ein unbestrittenes Recht. Der Auszug aus Aegypten wird als der erste Grundstein zur Entstehung Israels seine Bedeutung nicht einbüssen; der Vorrang, den er aber in den Gebeten einnimmt und mit dem er als Volksereigniss z.B. selbst die Gesetzgebung am Sinai, als ein Glaubensereigniss, weit überragt, kann ihm nicht mehr zugestanden werden, die unermüdlichen Wiederholungen, in denen unsere Gebete dieses Thema besprechen, müssen fallen. (...) die Leiden des Mittelalters werden als geschichtliche Thatsache unserm Gedächtnisse zwar nicht entschwinden, doch aufhören müssen Momente des Gebetes zu sein. Ausserdem haben verschiedene religiöse Vorstellungen einen mehr geistigen Charakter angenommen und muss daher ihr Ausdruck im Gebete ein geistigerer sein. Es darf fortan die Hoffnung nach dem Tode nicht in Ausdrücken gefasst sein, die mehr eine zukünftige Belebung, eine Auferstehung des Leibes als eine Fortdauer der menschlichen

Seele andeuten; es muss die ganze sinnliche Darstellung von dem göttlichen Haushalte, die weite Ausmalung mit den Engelchören und den heiligen Thieren, wie sie besonders in den Morgengebeten auftritt, fallen; es muss die Kraft des Gebetes wie aller Pflichterfüllungen gegen Gott mehr in der segensreichen Wirksamkeit, welche sie auf unsere Veredlung ausüben, als im schuldigen Gehorsam gegen ein auferlegtes Machtgebot anerkannt werden; es müssen die Feier- und Festtage mehr wegen der Weihe des Gemüths, welche sie bewirken, als wegen ihrer einmal angenommenen Einsetzung, gewürdigt und demgemäss im Gebete verkündet werden. Die Umgestaltungen, welche zu diesem Zwecke vorgenommen werden müssen, werden nicht so tiefgreifend sein; denn unsere Gebete haben auch in dieser Beziehung einen Schatz tiefer Gedanken und Empfindungen, der nur von entstellenden Zuthaten gereinigt werden muss. - Die Umwandlung unserer Gebetordnung nach diesen Grundsätzen wird derselben Nichts von der Weihe entziehen, welche eine lange ehrwürdige Geschichte ihr eingehaucht, die Kraft der Innerlichkeit aber bedeutend verstärken."[174]

Die Gleichberechtigung der jüdischen Frau

Schon in Wiesbaden war Geiger davon überzeugt, daß die Frauen Anspruch auf gleiche Rechte wie die Männer hätten. Die religiöse Gleichberechtigung der Frau gereiche dem Judentum nur zum Vorteil, da die Frauen, einmal im Genuß der gleichen Rechte, auch ihre spezifischen Fähigkeiten voll und ganz in das jüdische Leben einbringen würden. Eine Differenzierung der Geschlechter läßt er nur insoweit gelten, als sie von der Physis erzwungen werde.[175]

Vom Wesen der Reform

Eine Reform, welche auf der Wissenschaft beruht, will nach Geiger nicht einreißen, sondern den Geist der zeitgenössischen Juden erneuern und stärken. Das Judentum ist eine historische Religion, und die Verbindung mit der Geschichte muß erhalten bleiben. Sie muß jedoch wissenschaftlich erforscht werden. Als Wissenschaftler sieht Geiger die Tora und den *Talmud* als menschliche Schöpfungen, so daß ihre Gebote der Kritik unterliegen. Dennoch besteht keine Ursache, diese auszumerzen, sofern sie dem Befolger geistliche Erhebung schenken. Während er selbst sich an die Speisegesetze hielt, sah er keinen Grund, sie zu bewahren. Als Nationalgesetze haben sie keine Bedeutung mehr. Privat kann er sogar die Beschneidung als einen "barbarischen Brauch" bezeichnen, öffentlich äußert er sich jedoch nicht dazu. Er ruft die Juden der Gegenwart auf, ihre religiösen Lebensformen gemäß der Notwendigkeit der Zeit zu gestalten. So stehen, wie gesagt, der Frau die gleichen Rechte wie dem Mann zu. Als deutsche Juden müssen sie "nationale" Erinnerungen und Gesetze aufgeben. Der Sinai ist wesentlich, der Auszug aus Ägypten nur von historischer Bedeutung. Die Gebotserfüllung muß dem inneren Gefühl entspringen und darf nicht als auferlegte Pflicht angesehen werden. Im Geist der Wissenschaft lehnt er die traditionelle Auffassungen von Auferstehung usw. ab. Hebräisch bleibt für ihn von Bedeutung, obgleich ihn die deutsche Sprache im Gottesdienst mehr anspricht und er sie daher vorzieht. Er fühlt sich als Deutscher und hegt die vorsichtige Erwartung, daß Juden und Christen sich brüderlich verbinden werden. Darum sind sowohl alle Reminiszenzen an die nationale Vergangenheit und die Leiden des Mittelalters, als auch die messianische Hoffnung auf die Rückkehr aus der Diaspora zu tilgen.

Obwohl er seine Änderungen als "nicht weitgehend" wertet, sind sie es dennoch. Sie bedeuten eine völlige Umgestaltung des Gebetbuches. Seine Ablehnung des ethnischen Charakters der Juden und ihrer Messiashoffnung zerschlägt ihre Einheit, seine Opposition zu den Geboten, welche er als zeitgebundene Menschensatzung ansieht, rührt an den Kern der *Halacha*.

Es muß betont werden, daß Geiger voll und ganz hinter seinen Reformen steht, die er für die Juden als (über)lebensnotwendig ansieht. In ihnen zeigt sich keineswegs das Bestreben, die Kirche nachzuahmen; dem romantischen Christentum seiner Zeit steht er kritisch gegenüber. Geiger ist ein begeisterter Jude. Seine Reformen sollen dem Ziel dienen, die Kraft des Judentums zu erneuern und Juden von Übertritten zurückzuhalten. Im Gegensatz zu seinen Äußerungen, die Juden seien kein Volk mehr, spricht er vom "Genius des jüdischen Volkes". Dieses Volk, vom Geist Gottes erfüllt, welcher sich in der Tora widerspiegelt, hat der Menschheit den einig-einzigen Gott gegeben, ihr Ethik verkündet und vorgelebt. Diese geschichtliche Aufgabe ist seine ewige Mission, damit die Verbrüderung der Menschheit am Ende verwirklicht werde (Darin sind sich Hirsch und Geiger völlig einig). Die Kraft dazu gewinnt der Jude durch die dauernde Erneuerung seiner Seele im Rahmen der Bedingungen seiner sich immer verändernden Gegenwart und Umgebung. Das ist der Sinn der Reform (an ihrem Ausmaß scheiden sich Hirsch und Geiger).

Die Synoden

Inzwischen hatten sich in vielen Gemeinden, u.a. Frankfurt und Worms, Vereine von "Reformrabbinern" gebildet, welche willkürliche Änderungen vornahmen. Jüngere Rabbiner, welche unter Geigers Einfluß standen, beriefen daher Rabbinersynoden ein, um die Reformen zu vereinheitlichen und verbindlich zu bestimmen.

Die bedeutsamsten fanden in Braunschweig (1844), Frankfurt (1845) und Breslau (1846) statt. Als Vorbild diente dabei das Große *Sanhedrin* zu Paris (s.o.), dessen Entscheidungen auch übernommen wurden.

Die Braunschweiger Synode beschloß zögernd, Ehen zwischen Juden und Christen nicht direkt zu verbieten, vorausgesetzt, daß die Kinder als Juden erzogen würden, was allerdings damals kein deutscher Staat erlaubte.

In Frankfurt drehte sich die Debatte u.a. um die Sprache des Gebetes. War das Hebräische *objektiv, gesetzlich* notwendig oder nur *subjektiv* wünschenswert? Die Synode entschied sich für das letztere.

Die Mission des Judentums, von der S.R. Hirsch wie Geiger gesprochen hatten, ersetzte den Gedanken der Erwählung wie die Messiashoffnung und war eine Herausforderung des Christentums, welches den Juden die Lebenskraft absprach. Daneben wurden spezielle Fragen beantwortet, wie der Zyklus der Toralesung, die Benutzung der Orgel am *Sabbat* wurde erlaubt, usw.

In Breslau wurden die Probleme der *Sabbat*befolgung innerhalb einer christlichen Umgebung behandelt. Man einigte sich auf die Betonung der Heiligkeit des *Sabbats*, die statt dessen skrupulöser Befolgung genüge, und Befreiung von dieser für Juden im Militärdienst, gemäß den Konsistorialverordnungen in Frankreich.

Man erlaubte die Abschaffung des zweiten Tages der Feste, erleichterte die Trauerriten, und nahm den Report eines Komitees, welches die Gleichberechtigung der Frau vorschlug, mit weitgehender Zustimmung entgegen. Erst nach den Wirren der Revolution des Jahres 1848 traten wieder Synoden zusammen, 1869 in Leipzig und 1871 in Augsburg.

Die Synoden wurden von den radikalen Reformern als zu konservativ und von den Orthodoxen als zu reformiert heftig angegriffen. Hirschs Befürchtung hatte sich verwirklicht, die Reformbewegung hatte sich organisiert und den Synoden eine quasi-halachische Autorität verliehen.

Das konservative Judentum - Zacharias Frankel

Die Frankfurter Synode gab indirekt den Anstoß zur Entstehung des konservativen Judentums. Zacharias Frankel, der Oberrabbiner von Dresden, war in der Hoffnung gekommen, gemäßigte Reformen bewirken und extreme verhindern zu können. Die Entscheidung der Synode, das Hebräische im Gottesdienst nur als subjektiv wünschenswert und nicht als gesetzlich geboten anzuerkennen, bewog ihn, die Versammlung zu verlassen und seinen Austritt zu erklären.

Lebenslauf

Zacharias Frankel (1801-1875), in Prag geboren, erhielt eine ausgezeichnete rabbinische wie allgemeine Erziehung. Er galt als talmudische Autorität. Als erster österreichischer Rabbiner mit Hochschulausbildung und einer der ersten, welche deutsch predigten, wurde er nach einigen Jahren, wo er in Teplitz amtiert hatte, als Oberrabbiner nach Dresden berufen. Dort setzte er sich mit Energie für die Gleichberechtigung der Juden ein. Im Jahre 1854 übernahm er die Leitung des *Jüdisch-Theologischen Seminars* zu Breslau, dem er bis zu seinem Lebensende vorstand.

Frankels Position - Bild eines Gottesdienstes

Wie gesagt, stand Frankel Reformen positiv gegenüber, doch sollten sie langsam, stufenweise, und im Geist des Judentums erfolgen. Er sah auch die Gebete um die Rückkehr nach dem heiligen Land als wichtig an. Sie seien etwas "Großartiges" und "Lebenskräftiges", da sie den "frommen Wunsch nach Selbständigkeit des jüdischen Volkes" zum Ausdruck brächten, obgleich die deutschen Juden "ein Vaterland schon haben, das sie nicht verlassen wollen". Er gründete die "*Zeitschrift für die religiösen Interessen des Judentums*", in welcher er seine Ideen publizierte.

Zacharias Frankel war kein stürmischer Mann. Seine Reformen erwuchsen organisch aus seinem Wesen. Wir haben einen ausführlichen Bericht über das *Schavuot*fest des Jahres 1840. Hoch auf der Galerie stand ein Chor von 30 Männern und Knaben, der den hebräischen Vortrag des Vorbeters begleitete, die Gemeinde betete still. Die mittelalterlichen liturgischen Gedichte, die *Pijjutim*, wurden ausgelassen. Die Ausnahme war "*Akdamut*", ein Gedicht, das beim Lesen der Tora vorgetragen wurde; es blieb, weil die Gemeinde es liebte. Nach der Toralesung hielt Frankel eine Predigt über den Text "Ihr sollt mir ein Königreich von Priestern und ein heiliges Volk sein" (Exodus 19,6), in der er die "Mission" des Judentums für die ganze Menschheit erklärte. Es folgte die Konfirmation von zwei Knaben und fünf Mädchen, an die sich ein deutscher Choral anschloß. Als nun im folgenden Gebet der feierliche Priestersegen kam, hatte Frankel, statt ihn, wie die Vertreter der Reform, abzuschaffen, diesen überraschend zu einer feierlichen Zeremonie gestaltet. Die Türen öffneten sich und vierzehn Nachkommen Aarons, "Kohanim", in weiße Talare gekleidet, schritten in einer Prozession vor die heilige Lade und sangen den Segen, gemeinsam mit Kantor und Chor. Die Zuhörer fühlten sich durch die Würde des Gottesdienstes erhoben und wurden durch den "Priesterchor" zu Tränen gerührt.

Positiv-historisches Judentum

Auf der Frankfurter Synode erklärte Frankel vor seinem Austritt seine Prinzipien. Das Protokoll der Versammlung berichtet:

"Der Redner erklärt nun sein Prinzip: Er stehe auf dem Boden des positiv historischen Judenthums. Um die Gegenwart desselben zu verstehen und zu erkennen, müsse man in die Vergangenheit, auf den zurückgelegten Weg hinblicken.

Die positiven Formen des Judenthums sind mit dem innigsten Wesen desselben verwachsen, bilden einen Theil seines Lebens, dürfen daher nicht kalt und herzlos fortgeworfen werden. Wohin würden wir gerathen, wenn wir so das innere Leben zerreißen und aus unserm Kopfe, wie Minerva aus Jupiters Haupte, ein neues entspringen lassen? Zum Buchstaben der Schrift können wir nicht zurückkehren, es liegt eine zu große Kluft zwischen ihm und uns, und eine neue Exegese ist den verschiedenen Phasen der Wissenschaft ausgesetzt, also ungeeignet zur Aufführung eines festen Gebäudes. Sollen wir gar dem Geiste der Zeit einen Einfluß gönnen? Der Zeitgeist ist veränderlich wie die Zeit. Er ist ohnehin kalt, mag wohl verständig erscheinen, wird aber nie das Gemüth befriedigen, trösten, beruhigen, beseeligen; das Judenthum aber ist stets wahrhaft begeisternd, beseeligend.

Die Reform des Judenthums ist ferner nicht eine Reform des Glaubens, sondern der gesetzlichen Thätigkeiten. Diese leben noch im Volke und üben ihre Kraft. Wir haben nicht zur Aufgabe, diesen Einfluß zu schwächen, sondern vielmehr ihn recht zu erkräftigen. Auf Einzelne, welche die Gebräuche nicht üben, haben wir nicht Rücksicht zu nehmen; wir sind nicht Partei, sondern haben für die Gesammtheit Sorge zu tragen. Es gilt jetzt deren wirkliches Heiligthum zu erhalten, jede Zerspaltung Israels zu verhüten, nicht neue Parteien hervorzurufen, sondern die vorhandenen zu versöhnen." [176]

Positiv-historisches Judentum ist Frankels Motto im Gegensatz zu einem negativen Niederreißen, welches er in der Reformbewegung zu erkennen glaubt. Das Wort der Tora ist dem Volk zur Weiterentwicklung übergeben. Aus sich heraus und nicht durch aufoktroyierte Verordnungen entfaltet und gestaltet es dieses Wort, d.h. das Judentum. Man darf nicht abschaffen, was dem Volk lieb ist. Der Gottesdienst zu Dresden spiegelt diese Auffassung.

Das konservative Judentum baut auf Frankels Theologie auf. So konnten mit dem Einverständnis der Gemeinden die Orgel eingeführt und die Liturgie abgekürzt werden, wenn die Zeit dazu reif war.

Diese Richtung fand Eingang in die Mehrzahl der deutschen Gemeinden. Es war ein Mittelweg, welcher die Extreme beider Seiten vermied.

Rabbinerseminare in Deutschland

Frankel leitete seit seiner Eröffnung (1854) das *Jüdisch-Theologische Seminar* in Breslau, an welchem die meisten der deutschen Rabbiner ihre Ausbildung im Geiste Frankels erhielten. Die Reformbewegung schuf dann (1870) die "*Hochschule (Lehranstalt) für die Wissenschaft des Judentums*", die Neo-Orthodoxie

SIEBENUNDVIERZIGSTER BERICHT

DER

HOCHSCHULE FÜR DIE WISSENSCHAFT DES JUDENTUMS

IN

BERLIN

N 24, ARTILLERIESTRASSE 14

INHALT:

BERLIN 1930

Verzeichnis der gehaltenen Vorlesungen

Im Sommersemester 1929:

Herr Dr. Albeck:

1. Talmud Gittin, 4 Stunden.
2. Einführung in die Behandlung des Talmuds (für Fortgeschrittene), 2 Std.
3. Talmud Jom Tob, 2 Stunden.

Herr Dr. Baeck:

1. Midrasch Kohelet, 2 Stunden.
2. Didaktik des Religionsunterrichts, 2 Stunden.
3. Einführung in die Homiletik mit Übungen, 2 Stunden.

Herr Prof. Dr. Baneth:

1. Mischna Baba Mezia, 1 Stunde.
2. Talmud Kidduschin, 4 Stunden.
3. Tur und Schulchan Aruch Hil. Peßach, 2 Stunden.
4. Tur und Schulchan Aruch Hil. T'refot, 2 Stunden.

Herr Prof. Dr. Elbogen:

1. Die Anfänge des Volkes Israel, 2 Stunden.
2. Erklärung hebräischer Geschichtsquellen, 2 Stunden.
3. Hebräische Gedichte geschichtlichen Inhalts, 2 Stunden.
4. Übungen zur Geistesgeschichte der Juden im 19. Jahrhundert, 2 Stunden.

Herr Prof. Dr. Guttmann:

1. Geschichte der jüdischen Religionsphilosophie im Mittelalter, I. Teil, 2 Stunden.
2. Lektüre von Albos Ikkarim, 2 Stunden.
3. Übungen über Spinozas theologisch-politischen Traktat, 2 Stunden.

Herr Dr. Torczyner:

1. Amos (Fortsetzung), 2 Stunden.
2. Der Prediger Kohelet (Fortsetzung), 2 Stunden.
3. Jüdische Bibelkommentare (Fortsetzung), 2 Stunden.
4. Bibelwissenschaftliche Probleme, 2 Stunden.

Herr Dr. Ollendorff:

1. Jüdische und allgemeine Wohlfahrtspflege, besonderer Teil, 1 Stunde.
2. Übungen über Tagesfragen der jüdischen Wohlfahrtspflege, 1 Stunde (mit Besichtigungen von Einrichtungen und Lektüre von Zeitschriften an Nachmittagen gemäß besonderer Verabredung).

(1875) das "*Rabbinerseminar*", beide in Berlin, alle der Synthese von jüdischem Wissen mit weltlicher Kultur verpflichtet.

Geiger konnte keine Berufung an das Seminar erhalten. Es gelang Frankel, neben anderen bedeutenden Gelehrten den Historiker Heinrich Graetz, den S.R. Hirsch dem Judentum wiedergewonnen hatte, als Dozenten zu gewinnen. Graetz entsprach genau dem Ideal des konservativen Judentums. Er vertrat weder Hirschs Orthodoxie, obwohl er diese kannte, noch die Reform, deren Fortschritt er verfolgte. Seine monumentale Geschichte des jüdischen Volkes blieb für Generationen von Juden die maßgebliche wissenschaftliche Darstellung ihrer Geschichte. Alle drei Seminare fielen dem Nationalsozialismus zum Opfer.[177]

15. Die wilhelminische Zeit

Vom Leben der Juden im Kaiserreich

Ein Stich aus dem Jahre 1870 ist symptomatisch für den Unterschied zwischen dem Idealbild und der Realität des jüdischen Lebens. Er zeigt einen *Jom Kippur*-Gottesdienst im Feld: Auf einer großen waldumrandeten Wiese scharen sich Hunderte von jüdischen Soldaten um die Heilige Lade im Gebet. In Wirklichkeit wurde den jüdischen Soldaten zwar zur Feier des Tages am 5. und 6. Oktober 1870 ein gemeinsamer Gottesdienst gestattet, doch fand dieser in einem kleinen Raum mit zerbrochenen Fenstern und Türen und zerschossenen Wänden statt. Gemäß dem Gleichberechtigungsgesetz erlaubte man den Juden ihren Gottesdienst an ihrem heiligsten Tag, aber unter Ausschluß der Öffentlichkeit. Er durfte nicht zum Symbol jüdischer Beteiligung am Sieg auf dem Schlachtfeld werden.

Seit dem 16. April 1871 waren die Juden gesetzlich den Christen gleichgestellt. Ihre Zahl betrug im Jahre 1871 insgesamt 512.153 Seelen oder 1,25 % der Bevölkerung; von da an ging sie zurück; 1933 betrug sie noch 502.799 oder 0,76 % der Bevölkerung, wenngleich ihre berufliche Zusammensetzung aufgrund ihrer Geschichte unausgeglichen war.[178] Stolz bekannten sie sich als Deutsche. "Wir sind Deutsche und nichts anderes", erklärte die orthodoxe Wochenzeitung "*Der Israelit*".

Juden "bewähren" sich

In der Industrie

Die "Bewährungszeit" war freilich keineswegs vorbei. Juden sahen es als ihre Aufgabe an, die Wirtschaft und Industrie Deutschlands zu fördern, und Christen bedienten sich ihrer Kenntnisse, solange man sie brauchte. So wurde der Chemiker Heinrich Caro aufgrund seiner Erfindungen in der Anilin- und Farbenindustrie zum Mitbegründer der I.G. Farben und Mitglied des Aufsichtsrats. Adolph Frank entwickelte Dünger aus Pottasche und exportierte ihn nach Amerika. Ludwig Loewe begann mit der Fabrikation von Nähmaschinen, produzierte während des deutsch-französischen Kriegs zusammen mit Mauser die Gewehre der Armee und wandte sich später dem Bau von Straßenbahnen, Autos und Flugzeugen zu. Emil Rathenau beschäftigte zur Zeit seines Todes im Jahre 1915 70.000 Arbeiter.

Im Bankwesen

Die Finanzierung dieser Unternehmen erforderte Kapital, zu dessen Beschaffung die jüdischen Bankhäuser bereit und in der Lage waren. Die Mehrzahl der Banken befand sich in jüdischen Händen. Christliche Bankiers besetzten führende Positionen mit Juden. Als der Industrielle Georg von Siemens und der Bankier Adalbert Delbrück die Deutsche Bank gründeten, beriefen sie Ludwig Bamberger zum Mitbegründer und Direktor. Sie stieg zur größten Bank Deutschlands auf. Die Dresdner Bank entwickelte sich unter Eugen Guttmann in den Jahren 1881-1892 aus einer kleinen Provinzbank zum zweitwichtigsten deutschen Geldinstitut.

Zwei Persönlichkeiten

Zwei Persönlichkeiten ragen hervor: Ludwig Bamberger und Gerson von Bleichröder. Ludwig Bamberger (1823-1893) entstammte einer Mainzer Bankiersfamilie. Als junger Mann war er einer der führenden Kämpfer für Demokratie und Freiheit. In Mainz ehrte ihn daher die Jugend mit einem Fackelzug. Seine Mutter, welche mit ihm auf dem Balkon den Zug abnahm, soll damals gesagt haben: "Laß dir dies nicht zu Kopf steigen; heute haben sie alle Schabbeskleider an, morgen denken sie wieder anders." Wegen seiner Aktivitäten in der Revolution von 1848 zum Tode verurteilt, floh er ins Ausland und erwarb sich in London, Antwerpen und Paris eine gründliche Ausbildung im Bankwesen. Als er aufgrund einer im Jahre 1866 gewahrten Amnestie nach Deutschland zurückkehren durfte, wurde er Bankier und Politiker. Abgeordneter im ersten deutschen Reichstag, wurde er mehrmals wiedergewählt, aber als der Reichstag zu antisemitisch wurde, stellte er sich nicht mehr zur Wahl.

Ihm verdankt Deutschland die Gründung der Reichsbank und die einheitliche Goldwährung.

Gerson von Bleichröder (1822-1893) war der erste Jude, der in den Adelsstand erhoben wurde. Bleichröder, zeitlebens ein frommer Jude, wurde von Bismarck mit der Verwaltung seines Vermögens betraut und stieg nach dessen Berufung zum Kanzler zum Berater und Finanzier Preußens und des Reiches auf. Er finanzierte den Krieg von 1866 und führte 1871 die Verhandlungen mit Frankreich über die Reparationszahlungen. Bismarck liebte die Juden nicht, aber er benutzte sie, wie alle anderen, zu seinem Vorteil und half ihnen, wenn dies mit seinen anderen Plänen nicht in Konflikt kam. Bleichröders Wirken und seine Freundschaft mit Bismarck wurden geheimgehalten. Selbst in seinen Memoiren erwähnt ihn Bismarck nur beiläufig. Zur Gesellschaft hatte er keinen Zugang. Er konnte jedoch wiederholt sich für die Juden einsetzen.

Den Anteil, den Juden an der Entwicklung des Eisenbahnnetzes und an der Entstehung von Warenhäusern hatten, haben wir gesehen. Beides waren riskante Unternehmen.

Albert Ballin: Reeder und Patriot

Ein anderer Unternehmenszweig, der seinen Aufschwung einem Juden zu verdanken hatte, waren Schiffbau und Reedereien. Die Zahl der Auswanderer aus Ost- und Südeuropa wuchs auf Millionen an. Sie wurden von Deutschland nach England gebracht, von wo sie unter menschenunwürdigen Bedingungen die Überfahrt antraten. Als Generaldirektor der HAPAG (Hamburg-Amerika-Paketfahrt-Aktiengesellschaft) ließ Albert Ballin (1857-1918), ein Hamburger Jude, Schiffe ausrüsten, wo auch die Auswanderer als Menschen untergebracht wurden, und errichtete Übergangslager, die sanitär in der notwendigen Weise ausgestattet waren. Um seine Schiffe auch während der für gefährlich erachteten stürmischen Zeit auf dem Atlantik auszulasten, erfand er die Kreuzfahrten, die Vergnügungsreisende in den Orient brachten. Die betriebseigene Versorgungskasse der HAPAG suchte ihresgleichen.

Ballin war einer der engsten Berater Wilhelms II., als dessen Vermittler er sich um die Eindämmung des deutsch-englischen maritimen Wettrüstens bemühte. Der Kaiser soll ihm das Amt des Reichskanzlers angeboten haben, vorausgesetzt, daß er zum Christentum übertrete. Albert Ballin, seinem Glauben treu, lehnte das höchste Amt ab, das das Reich zu bieten hatte. Er hatte die traurige Pflicht, dem Kaiser zu sagen, der Krieg sei verloren. Als deutscher Patriot war Ballin so tief von der Niederlage Deutschlands und den entwürdigenden Bedingungen des Versailler Vertrags erschüttert, daß er sich das Leben nahm.

Aktiengesellschaften

Wie Ballin finanzierten sich viele der jüdischen und christlichen Unternehmen durch Aktien, welche an der Börse gehandelt wurden. Der Bürger, der diese

Berliner Warenhaus Tietz am Dönhoffplatz, 1913.
Foto: Max Missmann

Albert Ballin (1857–1918) war Generaldirektor der HAPAG. Links ein Signet der HAPAG. Wiedergabe mit freundlicher Genehmigung der HAPAG-Lloyd AG, Hamburg

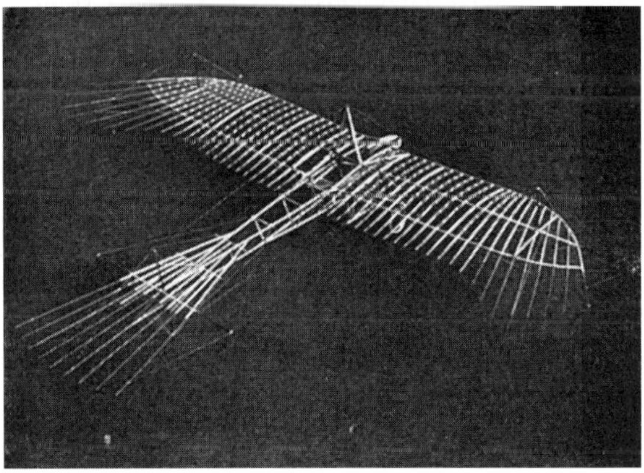

Gerippemodell der ersten Rumplertaube aus dem Jahre 1909

kaufte, setzte sich damit dem Risiko der Kursschwankungen aus. Einen Kursverfall legte er "den Juden" zur Last.

Juden und Umwelt

In dieser Atmosphäre fanden sich die deutschen Juden dem Druck der Umwelt ausgeliefert. Unter den "gehobenen" Juden wurde der Glaube zu einem Abglanz liberal-protestantischer Menschheitsideen und verlor seinen jüdischen Charakter. Obwohl man an den Hohen Feiertagen in die Synagoge ging, schmückte man zu Weihnachten den Weihnachtsbaum. Übertritte zum Christentum nahmen zu, ebenfalls Ehen zwischen Juden und Christen. Jüdische Männer heirateten ihre Geliebten, was ihnen zugleich die Aufnahme in deren Familien brachte, jüdische junge Frauen wurden nicht selten christlichen Adligen in die Ehe gegeben, was den einen den Adelsstand verschaffte, den anderen das Geld zu ihrem luxuriösen Lebenswandel und zur Begleichung ihrer Schulden. Das beste Beispiel einer solchen Ehe bietet Richard Strauß´ Oper "*Der Rosenkavalier*", obgleich die Braut nicht ausdrücklich als Tochter eines Juden bezeichnet wird. Der Librettist, Hugo von Hoffmannsthal, war jüdischer Abstammung.

Die "Ostjuden" und ihre deutschen Glaubensgenossen

In diese Gesellschaft drängten sich nun Tausende von "Ostjuden". Ihre Zahl wuchs von 22.000 oder 3,9 % der Juden im Jahre 1890 auf 98.747 oder 19,8 % der 1935 in Deutschland lebenden Juden an.[179] Durch sie gewann das deutsche Judentum ein anderes Gesicht. Weitere Tausende waren lediglich Durchwanderer.

Ihre Einbürgerung wurde vom Staat auf jede Weise erschwert. Sie galten als "Fremdelement". Den deutschen Juden waren Sprache und Lebensstil ihrer Glaubensbrüder und -schwestern fremd. Diese Juden sprachen Jiddisch und lebten als Kleinsthändler oder auf der Suche nach Almosen von der Hand in den Mund in selbstgewählten Ghetti, bis sie sich in der nächsten Generation auf einen höheren Lebensstandard aufschwingen konnten. Die eingeborenen deutschen Juden hatten nun Angst um ihre eigene Stellung, da die Umwelt die eingeborenen mit den eingewanderten Juden als Stereotyp "des Juden" in einen Topf warf. Die deutschen Juden betreuten die Durchwanderer, kamen für ihre Schiffskarten nach Amerika auf und waren froh und erleichtert, wenn sie via Hamburg, Bremen oder Bremerhaven das Land verließen. Es war kein gutes Verhalten, da es einerseits eine gewisse Überheblichkeit, andererseits fehlenden Mut gegenüber der Umwelt zum Ausdruck brachte.

Bertha Pappenheim und der *Jüdische Frauenbund*

Aus den Betreuungsarbeiten an den Einwanderern ging der "*Jüdische Frauenbund*" hervor. Seine Gründerin war Bertha Pappenheim (1859-1936).

Sie entstammte einer wohlhabenden orthodoxen Wiener Familie, die zu ihren Vorfahren die Glückel von Hameln zählte. Nach dem Tod ihres Vaters im Jahre 1880 verfiel sie in eine schwere Hysterie, von der sie die Wiener jüdischen Psychoanalytiker Joseph Breuer und Sigmund Freud heilten. Da diese im Jahre 1895 den Verlauf ihrer Heilung unter dem Namen "Anna O." veröffentlichten, förderte sie indirekt die Entwicklung der Psychoanalyse.

Sie begann ihr Werk als freiwillige Betreuerin der Durchwanderer in Deutschland, doch wandte sich ihr Interesse immer mehr dem Schicksal von Frauen, vor allem alleinstehender jüdischer Einwanderermädchen, zu, welche ausgebeutet und oftmals sogar im "weißen Sklavenhandel" als Prostituierte nach dem Ausland verbracht wurden. Im Jahre 1904 eröffnete sie in Neu-Isenburg bei Frankfurt ein Heim für ledige Mütter, dem sie bis zu ihrem Tod vorstand.

Das Ringen um die religiöse Gleichberechtigung der Frau im Judentum

Bedeutsam ist ihr Eintreten für die Rechte der jüdischen Frau. Nachdem sie 1904 den "*Jüdischen Frauenbund*" gegründet hatte, setzte sie sich auf dem Deutschen Frauenkongreß zu Berlin im Jahre 1912 mit einer weithin vernommenen Rede für die Gleichberechtigung der jüdischen Frau ein und wurde damit zur Vorkämpferin für die Frauenrechte.

Sie begann ihre Ansprache an den nichtjüdischen Kongreß mit einer Darstellung der gehobenen Stellung der jüdischen Frau in der Familie, die jedoch zu ihrer Stellung in der jüdischen Gemeinschaft in scharfem Widerspruch stehe:

> "Aber nicht nur die rücksichtsvolle Befreiung der Frau von nach außen bindenden Verpflichtungen hat sie in eine Art von häuslicher Klausur gedrängt, die bedeutungsvolle Vorschrift früher Eheschließung und eine gewisse Angst vor geschlechtlicher Versuchung des Mannes haben die Frau vom freien Verkehr mit der Männerwelt und damit zugleich von allem geistigen Leben ausgeschaltet."[180]

Sie erklärte, daß dem Mann das Studium "in der hebräischen Sprache" vorbehalten sei, das seinen Geist schärfe und ihm so den Zugang zu anderen Studien ermögliche, und fuhr fort:

> "Die Frauen blieben aber (weniger durch das Gesetz als durch lange geübtes Gewohnheitsrecht) in großer Unwissenheit. Ihre geistige Unterernährung führte zu solcher geschlechtlicher und wirtschaftlicher Abhängigkeit von dem Mann, daß sie sich selbst dort, wo die politische Emanzipation dem Manne geistige Freiheit brachte, viel später als er individuell zu entwickeln begann.

Unwiderleglich festgelegt ist die Zurücksetzung der Frau in der jüdischen Gemeinde dadurch, daß sie bei den Gemeindeversammlungen nicht mitzählt, daß sie zu dem wichtigen Akt der Thoravorlesung nicht aufgerufen wird, und daß sie die öffentliche Mündigsprechung, die jedem 13 jährigen Knaben verkündet wird, nicht erfährt.

Besonders das letztere Moment gibt dem Knaben frühzeitig ein bedenkliches Übergewicht den Mädchen gegenüber. Durch ein religiöses Vorrecht fühlen sie sich schon von Kindheit an dem weiblichen Geschlecht überlegen."[181]

In diesen Zuständen sah Bertha Pappenheim den Grund für den Abfall bedeutender jüdischer Frauen:

"Hätte die jüdische Frau, ihrer Kraft und Fähigkeit entsprechend, rechtzeitig in der jüdischen Gemeinschaft Verwendung, Stellung und Wertung gefunden, wir hätten heute nicht wehmütig auf manche zu verzichten, der in ihrem berechtigten Wunsche nach Betätigung und nach Entfaltung ihrer Persönlichkeit das Band entglitten ist, das sie mit ihrer Stammesgemeinde verbindet, der Gemeinschaft, der sie nun verständnislos den Rücken wendet."[182]

Die Frauenbewegung fordere keineswegs ein Aufgeben des Judentums. Im Gegenteil, gerade das Judentum könne sich ihre Forderungen zu eigen machen und dadurch zur Begegnung mit den anderen Religionen finden:

"Aber für die Majorität der jüdischen Frauen bringt die intensive Beschäftigung mit den Menschheitsaufgaben, die uns die Frauenbewegung als letztes und alle Konfessionen einigendes Ziel bringt, so viel Charakterstärke und wahren Persönlichkeitsmut, daß auch die Frau innerhalb ihrer religiösen und Stammesgenossenschaft ihre hohen Aufgaben neu erkennen lernt und sie den Mut finden läßt, sich zu ihr zu bekennen."[183]

Der *Jüdische Frauenbund* arbeitete auf dieses Ziel hin.

Der Hilfsverein der deutschen Juden

Ihr Gewissen hinderte die deutschen Juden daran, sich der Aufgabe zu versagen, ihren Glaubensgenossen, welche in anderen Ländern schwer verfolgt wurden, zu helfen. Zudem erkannten sie, daß das, was anderwärts in der Welt geschah, auch sie tangierte.

So wurde im Jahre 1901 der "*Hilfsverein der deutschen Juden*" gegründet. Er folgte dem Vorbild der französischen im Jahre 1859 von Adolphe Crémieux gegründeten "*Alliance Israélite Universelle*", der englischen "*Anglo-Jewish Organization*" aus dem Jahre 1871 und der österreichischen "*Israelitische[n] Allianz*" von 1873.

Die Damaskus-Affäre

Den Anlaß dazu bot die Damaskus-Affäre, die 1840 die Welt erschütterte. Als dort der Kapuzinerpater Thomas mit seinem muslimischen Diener plötzlich spurlos verschwand, wurden die Juden des Ritualmords bezichtigt. In der vom französischen Konsul geleiteten Untersuchung, die die jüdische Schuld um jeden Preis erweisen sollte, wurden unter der Folter Geständnisse erpreßt. Die Proteste Englands und Österreichs verhallten erfolglos. Erst der persönliche Besuch des jüdischen Philanthropen Moses Montefiore aus England und des jüdischen Anwalts Adolphe Crémieux aus Frankreich und der von ihnen bewirkte Druck der öffentlichen Meinung machte dem gespenstischen Treiben ein Ende. Die verhafteten Juden wurden freigelassen, da sie unmöglich in den Fall verwikkelt sein konnten. Durch ihre übernationale Solidarität hatten sich die Juden ihr Recht erzwungen.

Der Fall Mortara

Ein zweiter Anlaß war die Mortara-Affäre des Jahres 1858. In Bologna hatte ein Dienstmädchen der jüdischen Familie Mortara erklärt, sie habe deren Sohn Edgaro während seiner Krankheit heimlich getauft, um seine Seele zu retten. Auf Befehl des Papstes Pius IX. wurde der Knabe für immer den Eltern entrissen und als Katholik erzogen. Weder die Einsprüche Österreichs und Frankreichs, noch Moses Montefiores konnten den Papst umstimmen. Edgaro wurde katholischer Priester.

Es wurde den Juden klar, daß erfolgreiche Interventionen bei den Mächten nur dann zu erwarten waren, wenn der Druck von einer übernational organisierten Judenheit ausging. Neben der Bildung und der beruflichen Umschichtung der Juden in den Balkanländern und in Nordafrika galt ihr Interesse der Durchsetzung der Gleichberechtigung ihrer Glaubensgenossen in eben diesen Ländern, vor allem in Rumänien und Rußland, wo die Verfolgungen immer unerträglicher wurden.

Der Hilfsverein und seine Arbeit wurden von den Judenhassern als "Beweis der Verschwörung des internationalen Judentums" propagandistisch ausgebeutet. In der Nazizeit sollte sich dann zeigen, wie wertvoll die Verbindungen des Hilfsvereins für die Auswanderung deutscher Juden waren.

Die antisemitische Welle im Kaiserreich

Im Jahre 1879 kam der Begriff Antisemitismus auf und verbreitete sich nicht zuletzt dank dem Wirken Wilhelm Marrs (1819-1904), eines erfolglosen und nach neuen Wegen der Anerkennung suchenden Politikers und Journalisten, dessen

Feder auch das Pamphlet "*Der Sieg des Judenthums über das Germanenthum*" (Bern 1879) entstammte. Obwohl Marr sich selbst später "mit Ekel zum Erbrechen" vom Antisemitismus trennte, wurde das Wort "Antisemitismus" zu einem politischen Schlagwort.[184]

Der religiöse Antijudaismus hatte seine entscheidende Kraft verloren, wirkte aber noch immer im Bewußtsein der Bevölkerung nach. Auf seiner Grundlage konnte sich nun der wirtschaftliche und rassische Antisemitismus entwickeln. Wie bisher hatte er in Kirche und Universität seine Vorkämpfer und wurde durch "wissenschaftliche" Veröffentlichungen verstärkt. Dabei spielte die Presse eine maßgebliche Rolle.

Rohling - der alte Judenhaß kehrt wieder

Auf die Gründung des Reichs folgte der "Kulturkampf". Bismarck beschuldigte die Katholiken gespaltener Loyalität, da sie sich ihre politischen Instruktionen vom Papst vorgeben ließen. Um zu beweisen, daß die Juden hinter dieser Verleumdung steckten und dabei selbst eigentlich in ihrer Loyalität gespalten seien, veröffentlichte August Rohling (1839-1931), ein katholischer Theologieprofessor in Münster 1871 sein Buch "*Der Talmudjude*", eine Schrift, welche alle Verleumdungen Eisenmengers wiederholte. Damit wollte er auch den theologischen Antisemitismus schüren. Rohling fand ein unglückseliges Ende. Sein Buch jedoch lieferte den Antisemiten "Belege" aus der Kenntnis eines Wissenschaftlers und erlaubte ihnen, sie aufgrund ihrer Religion, vor allem des *Talmuds*, anzugreifen.[185]

Die Depression der Gründerjahre

Ab 1873 lähmte eine schwere Depression das wirtschaftliche Leben, eine nach Kriegen nicht ungewöhnliche Erscheinung. Während des Kriegs herrscht Warenmangel, nach ihm gibt die Bevölkerung ihr Geld aus, um notwendige Gebrauchsgüter zu beschaffen und Luxuswaren zum Ausgleich der Entbehrungen der Kriegszeit zu kaufen. Ist aber diese Welle einmal abgeebbt, dan füllen sich die Lager wegen mangelnder Kaufkraft. So war es auch damals. Die noch junge Industrie geriet in Schwierigkeiten und mußte Arbeiter entlassen. Geschäfte und Unternehmen gingen bankrott. Der Aktienmarkt brach zusammen. Aktionäre büßten Vermögen ein. Banken, die ihre Einlagen in Aktien angelegt hatten, waren vom Zusammenbruch schwer betroffen, Der kleine Mann verlor seine Ersparnisse. Die Warenhäuser mit ihren wohlfeilen Waren überlebten jedoch.

Das Einfachste war es da, den Juden die Schuld zuzuschieben. Eine Karikatur aus dem Jahre 1898 zeigt einen ganz armen Mann vor dem reichen jüdischen Besitzer in seinem Warenhaus. "Ich komme, Ihnen zu sagen, daß Sie mich durch Ihre Schleuderkonkurrenz total ruiniert haben. Mir bleibt nichts übrig, als mir eine Kugel in den Kopf zu schießen." Die Antwort: "Darf ich bitten, die Abteilung für Schußwaffen befindet sich im ersten Stock."

Die "*Gartenlaube*", eine Familienzeitschrift, welche etwa zwei Millionen Leser erreichte, veröffentlichte die Artikel eines Journalisten Otto Glagau, welcher die Wirtschaftskrise dem "Schwindel" der Juden in die Schuhe schob. Die Juden seien die Herrscher der Welt, so schrieb er, sie drückten die Christen an die Wand und nähmen ihnen die Luft zum Atmen.

> "Die ganze Weltgeschichte kennt kein zweites Beispiel, dass ein heimatloses Volk, eine physisch wie psychisch entschieden degenerierte Race, blos durch List und Schlauheit, durch Wucher und Schacher, über den Erdkreis gebietet."[186]

In diesem einen Satz wurde dem einfachen von der Krise betroffenen Leser suggeriert, daß die Juden keine Deutschen, sondern heimatlos seien, überall ein Volk im Volk bildeten, daß sie eine entartete Rasse seien, welcher aber alle unlauteren Mittel zur Verfügung stünden, sich zum Herrn der Welt aufzuschwingen.

Die Wut richtete sich vor allem gegen Bamberger als Gestalter der neuen Währung und Reichstagsmitglied. Wie gesagt, kandidierte er nicht mehr.

Diese antisemitischen Ideen wurden gleichzeitig "wissenschaftlich" untermauert und politisch ausgebeutet. Die Rassentheorie als "wissenschaftliche" Erkenntnis hatte erstmals der französische Geschichtsphilosoph Arthur Comte de Gobineau (1816-1882) in seinem Werk "*Essai sur l'inégalité des races humaines*" (4 Bde., Paris 1853-1855) vertreten. Jede Rasse habe ihre angeborenen und daher unveränderlichen Eigenschaften. Der antisemitischen Argumentation dienstbar machten das Werk allerdings erst seine Rezipienten.[187]

Treitschke: Die Juden sind unser Unglück

Heinrich von Treitschke (1834-1896), Professor an der Universität Breslau und einer der geachtetsten Historiker, schrieb 1880 für die von ihm herausgegebenen "*Preußischen Jahrbücher*" mehrere Beiträge, die unter dem Titel "Ein Wort über unser Judentum" auch separat veröffentlicht wurden.

Zur Verteidigung gegen die Geringschätzung, die die Franzosen und Engländer aufgrund des deutschen Vorurteils gegen die Juden den Deutschen entgegenbrächten, behauptete er, Deutschland werde von Ostjuden überschwemmt, was bei den anderen Nationen nicht der Fall sei. Diese Einwanderer würden in den nächsten Generationen die Börsen und Zeitungen beherrschen. Die Juden müßten Deutsche werden - unbeschadet ihres Glaubens. Wie sie das tun sollten, erklärt er nicht ausdrücklich. Zugleich spricht er vom "Semitenthum", was ein Rassenbegriff ist. Die Juden, davon geprägt, seien überheblich, hätten so einen wesentlichen Anteil an dem "Lug und Trug, an der frechen Gier des Gründer-Unwesens ", und seien wesentlich für den Materialismus der Zeit verantwortlich. Vor allem hätten sie ein "unbilliges Übergewicht" in der Presse.

"Bis in die Kreise der höchsten Bildung hinauf, unter Männern, die jeden Gedanken kirchlicher Unduldsamkeit oder nationalen Hochmuths mit Abscheu von sich weisen würden, ertönt es heute wie aus einem Munde: die Juden sind unser Unglück!"[188]

Diese letzten Worte lieferten den Antisemiten ihr Schlagwort. Für Treitschke waren die Konflikte zwischen den christlichen Konfessionen ein "häuslicher Streit", das Judentum hingegen war "die Nationalreligion eines uns ursprünglich fremden Stammes". Er stellte die "reinere Form des Christentums" dem jüdischen Monotheismus gegenüber. In Wirklichkeit bedeutet dies, daß die Juden, um deutsch werden zu können, ihren Glauben aufgeben müßten.

Der große jüdische Philosoph Hermann Cohen (s.u.) durchschaute den rassistischen Hintergrund von Treitschkes Darlegungen.

"Der Herausgeber der Preußischen Jahrbücher hat es für angezeigt gehalten, die *Rassenfrage* gegen uns zu erheben, und zur Genugtuung und Schützung des germanischen Instinktes in Tagen der Aufregung, der Aufstachelung von Volksleidenschaften seine israelitischen Mitbürger tatsächlicher Kränkung, verschwörerischem Argwohn auszusetzen."[189]

Eugen Dühring und das Programm der "Ausscheidung" der Juden

Die Rassenidee und die daraus folgenden Aktionen gegen die Juden wurden von Eugen Dühring (1833-1921) in so grausigen Einzelheiten ausgearbeitet, daß seine Gedanken den Antisemiten der Zukunft, selbst den Nazis, als Leitfaden dienen konnten. Sie bedurften keiner Ergänzung mehr.

Dühring war ein verbitterter Mann. Die Universität Berlin hatte ihm wegen seines aufrührerischen Temperaments die Lehrbefugnis als Privatdozent in Jura und Nationalökonomie entzogen. Seine Wut ließ er an den Juden aus.

In seiner 1881 erschienenen Schrift "*Die Judenfrage als Racen-, Sitten-, und Culturfrage. Mit einer weltgeschichtlichen Antwort*" behauptete er, der grundlegende Faktor in der Judenfrage sei die Rasse, eine unveränderliche Naturanlage. Selbstsucht sei von Ursprung an das Charakteristikum der jüdischen Rasse. Daher wolle sie die Welt beherrschen. Da ihre Religion nur der Ausdruck dieses Strebens sei, müßten alle Spuren des Judentums, einschließlich des Alten Testaments, aus dem Christentum entfernt werden. Die Juden hätten, außer für den Handel, keinerlei Begabung, für die Wissenschaft gehe ihnen jede Eignung ab, sie nähmen jedoch fremde Ideen in Besitz, die sie dann nach ihrem Charakter umprägten. Das zeige sich in der von Juden geleiteten Tagespresse, aber auch in der Gemeinheit von Heinrich Heines Ton und Manieren. In der Politik und der Gesellschaft seien sie verderblich, da ihnen Treue und Pietät fehlten, auf welchen diese ruhen müßten. Da sie eines der mißlungensten Erzeugnisse der Natur seien, müßten sie vollkommen aus der Gemeinschaft der Menschheit ausgemerzt werden. Als geeignete Schritte, dieses Ziel zu erreichen, schlägt er vor: Enteignung ihres Besitzes, Entjudung der Presse, Entfernung aus dem Staatsdienst und Ausschluß vom öffentlichen Unterricht, Ächtung der Ehen mit Juden usw. Außerdem solle das Wort "Jude" nur noch herabsetzend gebraucht werden.

Eine weitere Schrift aus dem Jahre 1883 zeigt bereits im Titel, was er anstrebt: "*Der Ersatz der Religion durch Vollkommeneres und die Ausscheidung des Judenthums durch den modernen Völkergeist*". Sein Ziel ist der Ersatz des Christentums durch eine völkische Religion und die "Ausscheidung", d.h. Vernichtung, des Judentums in der ganzen Welt.

Paul de Lagarde, ursprünglich Bötticher (1827-1891), ein bedeutender Orientalist, betrachtete das Judentum als Hindernis auf dem Weg zu einem nationalen Christentum. Die Juden verunglimpfte er als "asiatische Heiden, Ungeziefer, Eiter" und dgl. mehr.

Julius Langbehn (1851-1907), genannt der "Rembrandtdeutsche", ein konservativer Journalist und Kulturkritiker, verband Gedanken Dührings mit Anschauungen de Lagardes. Sein Buch "*Rembrandt als Erzieher*" aus dem Jahre 1890 fand schon im Jahr seines Erscheinens an die 60.000 Käufer; innerhalb von zwei Jahren kam es auf 40 Auflagen. Blut und Rasse gestalten die Schönheit, die Schönheit wird zur Religion, welche im Christentum als Vereinigung von Blut und Rasse ihre höchste Entfaltung erreicht.

Judenfrage und Christentum - Richard Wagner

Mit der Judenfrage wird immer wieder auch das Christentum problematisiert. Entweder greift man es an, oder erstrebt ein nationales, d.h. ein rassisches Christentum. Es wird erkenntlich, daß sich der Kampf gegen das Judentum letzten Endes gegen das Christentum richtet. Das Judentum wird hier als schwarzer Hintergrund benötigt.

Dieses neue romantisch gesehene Christentum, in welchem sich nordisches Blut und christliche Mythologie zu einer Einheit verbinden, propagieren die Opern Richard Wagners, der nordische Sage und christliche Themen im Licht seiner eigenen Ideologie auf die Bühne bringt und sie durch die Musik verschmilzt. Seine nordisch-christliche Ideologie verbindet sich mit einem glühenden Judenhaß.

Theodor Fritsch (1852-1933) wollte mit seinem Hammer Verlag den schreibenden Antisemiten ein zentrales Forum schaffen. Sein "*Antisemiten-Katechismus*" hatte einen ungeheuren Erfolg. In seinem Verlag erschien Hitlers "*Mein Kampf*".

Kaiser, Reich und die Rassenideologie Chamberlains

Houston Stewart Chamberlain (1855-1927) war der erfolgreichste Verbreiter der Rassenidee. Sein 1896 erschienenes, stilistisch auch gehobenen Ansprüchen standhaltendes Werk "*Die Grundlagen des neunzehnten Jahrhunderts*" erlebte bis zum Ersten Weltkrieg bereits zwölf Auflagen. Kaiser Wilhelm II. las es abends seinen Kindern vor, empfahl es den Beamten zur Lektüre und hätte es begrüßt, wenn es in allen öffentlichen Schulen eingeführt worden wäre.

Chamberlain, von Geburt Engländer und in Frankreich aufgewachsen, wurde deutscher Staatsbürger, studierte Naturwissenschaften in Genf, was ihm in der dem naturwissenschaftlich-rationalen Denken verfallenen Zeit eine gewisse Autorität verlieh, und heiratete eine Tochter Richard Wagners. Von nun an wurde er der antisemitische Vordenker in Bayreuth. Das Werk stützte sich auf Gobineau und de Lagarde, was Chamberlain allerdings nicht zugab.

Die "*Grundlagen des neunzehnten Jahrhunderts*" konstruieren die Weltgeschichte aus dem Gegensatz zwischen reinrassigen und damit schöpferischen Völkern und gemischtrassigen, welche die Welt ins Chaos stürzen. Das Judentum ist zwar ein reinrassiges Volk, doch schöpferisch ist es im absolut negativen Sinne: Es bringt nur Unheil. So stellt es für die Nationen Europas eine dauernde Bedrohung dar, vor allem aber für die Deutschen, denn die Germanen sind die wertvollste Rasse und die Deutschen ihre vollkommenste Verkörperung. Alles Große kommt von den Deutschen. Der deutsche Mensch besitzt alle Tugenden, ist zum Schöpfer, Führer und Herrscher berufen. Als Galiläer war Jesus der Rasse nach sicher kein Jude. Über eine reinarische Abkunft ließ sich so trefflich spekulieren. Das Christentum war "gerettet".

In der Weltstadt Berlin fand der rassische Antisemitismus nur geringe Gefolgschaft. Propagandaredner, die mit ihren Vorträgen ihr Geld verdienten, trugen ihn in Länder wie Hessen, Sachsen usw., wo er sich ausbreitete. Gegen Ende des 19. Jahrhunderts erreichte seine Popularität ihren ersten Gipfel, und nicht viel später seinen furchtbaren zweiten. Warum war dies ausgerechnet in Deutschland der Fall? Das Gefühl der Schwäche und das Selbstmitleid, welches andere für die eigenen Fehler verantwortlich machte, spielte eine wesentliche Rolle. In seiner Antwort auf Treitschke sagt Hermann Cohen:

> " (...) Rasseninstinkte dürften sich allerdings durch keinen Federkrieg beschwichtigen lassen. Physiognomische Probleme als Fragen unter Bürgern desselben Staates erhoben, sind Ehrenfragen."[190]

Damit analysiert er die Lage korrekt. Die Rassenidee ruhte auf dem Instinkt. Die Juden der Zeit versuchten, wie wir sehen werden, ihm mit logischen Argumenten entgegenzutreten. Es war ein erfolgloser Federkrieg. Nur das Ehrgefühl der christlichen Deutschen hätte ihn überwinden können.

Antisemitismus und Politik

Treitschkes Worte spiegelten die Ansichten des kaiserlichen Hofes wider, die auch Bismarck nicht ganz beiseite schieben konnte. Vielleicht kamen sie ihm auch gelegen, denn die Probleme der Gründerzeit waren auch die Probleme des Kanzlers. Wenn die Aufmerksamkeit der Öffentlichkeit sich auf die Juden richtete, wurde sie von ihm abgelenkt.

Der einflußreichste Propagandist des Antisemitismus war Adolf Stoecker (1839-1909), der Hofprediger des Kaisers. Einer Familie des ärmeren Mittelstandes aus Halberstadt entstammend, hatte er als Feldgeistlicher durch seine mitreißenden patriotischen Predigten den Kaiser auf sich aufmerksam gemacht, der ihn 1874 zum Hof- und Domprediger berief. Als Hofprediger, welcher die Einheit von Thron und Altar verkündete, hatte er das Ohr des Kaisers und der Aristokratie, welche ihm ohnehin gleichgesinnt waren. Seine demagogischen Reden gewannen die Massen.

Von großem Ehrgeiz beseelt, gründete er 1878 die "*Christlich-Soziale Arbeiterpartei*", welche den Kampf gegen den Marxismus führen und den Arbeitern eine politische Heimat bieten sollte. Als die Partei im Wahlkampf eine schwere Niederlage erlitt, benannte sie Stoecker in "*Christlich-Soziale Partei*" um, d.h. er richtete sich nun an den Mittelstand, von dem er sich mehr erwartete, wenn er die Juden angriff. Sein Wahlaufruf ist ein Muster volksverhetzender Agitation:

> "Zu den Waffen! Am 16. Juni finden die Reichstagswahlen statt. An den deutschen Reichstagswählern liegt es, mit dem Stimmzettel in der Faust eine Aenderung der trostlosen und unhaltbaren Zustände in Deutschland anzubahnen und den energischen Willen kundzugeben, daß unser Volk aus den Klauen des Kapitalismus, des internationalen Ausbeutertums gerettet und die Ketten gesprengt werden, mit welchen das Judentum und dessen Dienstmann, »der Judenliberalismus«, in schmählicher Gemeinschaft, mit allen Mitteln der Hinterlist und feigen Grausamkeit unser Volk gefesselt (...)
>
> Katholiken und Protestanten! Vereinigt euch in brüderlicher Liebe gegen den Todfeind des Deutschtums, den Judenkapitalismus und die asatische Geldmoral! Zeigt den Mut des stolzen Germanen, indem Ihr Alle, die Ihr unter der skrupellosen Konkurrenz des Judentums und der furchtbaren Geißel des Großcapitals leidet, am 16. Juni für diejenige Partei eintretet, von

welcher das fremde Parasitenvolk mit Entschlossenheit und nach Gebühr bekämpft wird.

Christlich-sozial muß jeder Arbeiter, Bürger und Bauer, jeder Künstler, Litterat und Lehrer, jeder Richter, Offizier, Arzt und Rechtsanwalt, jeder Staatsbeamte und Bedienstete, Kaufmann und Handwerker, jeder Kleriker, Philosoph und Forscher sein, der arischen Blutes ist und der seine Muttersprache und seine Heimat liebt![191]

Das ganze Arsenal der Judenhasser wird hier ausgebreitet: Die Juden sind ein fremdes Parasitenvolk, voller Hinterlist und Grausamkeit, Vertreter des Kapitalismus und einer asiatischen Geldmoral. Deutscher ist derjenige, welcher arischen Blutes ist und seine Heimat und Muttersprache liebt, was den Juden abgesprochen wird. Der Streit zwischen Katholiken und Protestanten ist ein "Familienstreit", den es für den Kampf gegen die Todfeinde, die Juden, beizulegen gilt.

Nachwirkungen von Stoeckers Propaganda

Stoeckers Propaganda hatte Erfolg. Im Jahre 1881 wurde dem Reichskanzler eine Petition vorgelegt, welche das Verbot weiterer jüdischer Einwanderung aus dem Osten, die Entfernung aller Juden aus Staats- und Lehrämtern und ihre besondere Registrierung forderte. Trotz ihren 250.000 Unterschriften ignorierte sie Bismarck.

Im Jahre 1882 wurde der erste Antisemiten-Weltkongreß in Dresden abgehalten. Er rief die Bevölkerung auf, die Juden an jedem Ort zu bekämpfen, und setzte sich das Ziel, als Gegengewicht zur *Alliance Israélite Universelle*, eine internationale christliche Allianz zu schmieden. Ihm folgte 1883 ein zweiter, auf dem der Vorschlag gemacht wurde, Dührings Programm als bindend zu erklären. Aber zu dieser Zeit waren die Abgeordneten noch nicht bereit, so weit zu gehen.

Zwar wurde Stoeckers Partei geschlagen, doch er selbst wurde in den Reichstag gewählt. Im Lauf der folgenden Jahre wurde die *"Antisemitische Partei"* gegründet, welche Abgeordnete in den Reichstag entsandte. Im Jahre 1893 entfielen auf sie dreizehn Sitze.

Als sich die Wirtschaftslage wieder besserte, ging die Partei ein. Insofern, als die übrigen Parteien an ihrem Beispiel gesehen hatten, daß der Antisemitismus von der Wählergunst honoriert wurde, während dessen Bekämpfung zu Verlusten führte, hinterließ sie dauerhafte Spuren.

Die *Konservative Partei*, die dem Kaiser nahestand, richtete ihr Parteiprogramm antisemitisch aus. Ihr war Stoecker beigetreten. In der "Kreuz-Zeitung" stand ihr ein Sprachrohr zur Verfügung, das in der protestantisch-deutschen Oberschicht vernommen wurde.

Die *Nationalliberale Partei* trug antisemitische Züge.

Das *Zentrum*, die katholische Partei, wandelte sich. Trotz des Kampfes, welchen sie im Jahre 1871 mit Bismarck auszufechten hatte, hatte sie Rohlings verleumderisches Buch öffentlich zurückgewiesen. Nun aber hüllte sie sich gegenüber den Verleumdungen der Juden in Schweigen.

Die *Fortschrittspartei* lehnte den Antisemitismus ab und hatte auch jüdische Reichstagsabgeordnete.

Die *Sozialdemokratische Partei* bezog am energischsten gegen den Antisemitismus Stellung. Im Verhalten aller Parteien spielten die Wirtschaftslage wie die Stimmung der Wähler sowie das Bestreben, sowohl Katholiken als auch Protestanten zu gewinnen, die jeweils ausschlaggebende Rolle. So gut es eben ging, hängte man das Mäntelchen nach dem Wind.

Die judenfeindliche Eingabe des Jahres 1881 wurde von den Konservativen und dem *Zentrum* unterstützt, während der Rest der Parteien schwieg.

Die unmittelbaren Folgen der antisemitischen Propaganda

Die Folgen dieser Ausrichtung machten sich für die deutschen Juden in vielfacher Hinsicht bemerkbar.

Da Bismarck sich mehr und mehr auf die Konservativen stützte, fanden sich die Juden von Positionen in der Justiz und vom Lehramt mehr und mehr ausgeschlossen. Die Studentenverbindungen nahmen keine Juden mehr auf. Der *Bund der Landwirte* war den Konservativen angeschlossen und antisemitisch. Der *Alldeutsche Verband*, welcher u.a. auch die Deutschen im Ausland "deutsch" erziehen wollte und daher auch auf dem Gebiet der Außenpolitik tätig war, erging sich in Haßtiraden gegen die Juden. Dem Verband gehörten Industrielle, Beamte, Kaufleute, Vertreter der freien Berufe und vor allem viele Lehrer an. Sie trugen den Judenhaß in die Schulen. So gut wie kein einziges jüdisches Kind durchlief die öffentliche Schule, ohne im größeren oder kleineren Maße antisemitischen Schmähungen ausgesetzt gewesen zu sein. Der *Deutschnationale Handlungsgehilfenverband* warb mit einem antisemitisch geprägten Programm um Mitglieder.

Der Antisemitismus wuchs zu einer Epidemie heran, welche nach und nach fast das gesamte Volk ergriff. Dem schlichten Bürger, der ein treuer Deutscher sein wollte, wurde suggeriert, daß Patriotismus und Nationalgefühl den Antisemitismus von ihm forderten. Die gleichen haßerfüllten Schlagworte und Stereotypen des Juden wurden ihm immer wieder eingehämmert.

Freiheit mit Bangen

Zur Ehre der deutschen Christen muß darauf hingewiesen werden, daß sich die Juden dennoch in bestimmter Hinsicht frei fühlen konnten. Sie wohnten, zusammen mit Christen, in den gleichen Häusern in allen Teilen der Städte, obgleich sich eine gewisse Ballung in einzelnen Bezirken erkennen läßt. Sie konnten studieren und den ihnen offenstehenden Berufen und Gewerben frei und erfolgreich nachgehen, denn sie hatten eine zahlreiche Kundschaft. Einige wurden sogar zu Hoflieferanten ernannt. Die Presse war frei. Sie besaßen das Wahlrecht. In vielen Städten wurden sie in den Stadtrat gewählt, einige wurden sogar Reichstagsabgeordnete. Verfassung und Wahlrecht betrachteten sie als die Garantie für ihre dauernde Gleichberechtigung und schöpften daraus die Hoffnung auf die Überwindung der Vorurteile. Vor allem fühlten sie sich als Deutsche. Stolz erfüllten sie ihre Wehrpflicht.

Es gab in Deutschland eine, wenn auch kleine, Zahl von Menschen in allen Schichten des Volkes, welche den Antisemitismus bekämpften. An ihrer Spitze stand Kaiser Friedrich, der Sohn Wilhelms I., welcher öffentlich den Antisemitismus als "die Schmach des Jahrhunderts" brandmarkte. Unter ihm wäre die Geschichte des Jahrhunderts anders verlaufen, doch starb er 99 Tage, nachdem er den Thron bestiegen hatte, an Kehlkopfkrebs. Mit Wilhelm II. wurde alles anders.

In den Städten und Dörfern hatte jeder Christ "seinen" Juden, der "gut und ehrlich" war und darum Anerkennung genoß. So mußte man sich mit dem bestehenden Antisemitismus abfinden, das Schulkind mit der Schmähung in der Schule, der Berufsuchende mit verschlossenen Türen, der Student mit dem Ausschluß aus den Verbindungen, der Soldat mit der ausbleibenden Beförderung usw. Auch getauften Juden wurde dieses Schicksal zuteil. Sie gehörten ja zur "Judenrasse". Heiraten solcher Juden mit gesellschaftlich "gehobenen" Frauen waren nun unmöglich.

Das Erlebnis meines Vaters mag als Beispiel dienen. Aufgrund seiner Schulbildung war er zum Einjährigendienst berechtigt, den er auch, wie er mir erzählte, mit Freude, Eifer und Erfolg absolvierte. Der Einjährige, welcher nur ein Jahr statt der üblichen drei diente, wurde in der Regel zum Reserveoffizier ausgebildet. Als der Termin der Abschlußprüfung kam, rief der Hauptmann meinen Vater zu sich und sagte ihm: "Ich habe die Prüfung auf einen Ihrer jüdischen Feiertage angesetzt." Auf die Frage meines Vaters, warum er dies getan habe, kam die Antwort des Hauptmanns: "Wenn Sie in die Prüfung gehen, dann bestehen Sie sie sicherlich. Sie werden dann vom Offizierscorps als Jude abgelehnt. Ersparen Sie sich und mir diese Unannehmlichkeiten. Schreiben Sie mir einen Brief, Sie wollten aufgrund der jüdischen Feiertage von der Teilnahme an der Prüfung befreit werden." So geschah es auch. Im Militärpaß meines Vaters konnte ich lesen: "Hat an der Offiziersprüfung nicht teilgenommen".

Aus dem Buch der Bücher

Feld-Bibel

herausgegeben

vom Verband der Deutschen Juden

Im deutschen Reich.

Zeitschrift
des
Centralvereins deutscher Staatsbürger jüdischen Glaubens.

Der „Central-Verein deutscher Staatsbürger jüdischen Glaubens" bezweckt, die deutschen Staatsbürger jüdischen Glaubens ohne Unterschied der religiösen und politischen Richtung zu sammeln, um sie in der tatkräftigen Wahrung ihrer staatsbürgerlichen und gesellschaftlichen Gleichstellung sowie in der unbeirrten Pflege deutscher Gesinnung zu bestärken. (§ 1 der Satzung des Vereins.)

XX. Jahrg. | Berlin, September. | Nr. 9.

Krieg.

Daß Deutschlands Zwist und Zerrissenheit
Nun endlich waren geschwunden
Und daß in Treue und Einigkeit
Sich alle hatten verbunden;
Daß Deutschland als festgefügtes Reich
Neben anderen sollte ragen:
Das machte die Neidesseelen weich,
Das konnten sie nimmer ertragen!

Daß die Deutschen aus Völkern und Völkelein
Nun ein einziges Volk geworden,
Und daß keine Grenze mehr war an dem Main,
Daß einig der Süden und Norden;
Daß ein kraftvoller Stamm, seiner Kraft sich bewußt,
Sich emporrang nach schmachvollen Tagen:
Das hat die Neider kränken gemußt,
Das konnten sie nimmer ertragen!

Daß die Deutschen nun gar in emsigem Fleiß
Sich blühenden Handel geschaffen,
Und daß sie der Arbeit erstrebten den Preis,
Um freiere Bahn sich zu schaffen;
Daß ein blühendes Reich war geworden das Land
Und daß Frucht seine Aecker getragen:
Das haben die Neider mit Schrecken erkannt,
Das konnten sie nimmer ertragen!

Trotz der endlosen Verhetzung des Volkes kam es zu keinen Pogromen, wie sie in den Ländern Osteuropas wiederholt ausbrachen. Zwar wurde in Xanten am Rhein im Jahre 1891 die Ritualmordbeschuldigung neu belebt, aber durch eine Schrift des bedeutenden evangelischen Theologen Hermann L. Strack zum Schweigen gebracht.

Der Erste Weltkrieg

Der Erste Weltkrieg belebte die Hoffnungen der deutschen Juden. Nun konnten sie sich durch Hingabe ihres Blutes und Lebens "bewähren". Sie waren sicher, daß alle Feindseligkeit und jedes Vorurteil im Schmelztiegel des Gefechtes verbrannt würde. Selbst Martin Buber (s.u.) begrüßte diese Bewährungsprobe mit Begeisterung. Von den 100.000 jüdischen Soldaten hatten sich über 10 % freiwillig gemeldet, 30.000 wurden ausgezeichnet, 12.000 fielen im Kampf.

Im Oktober 1916 ordnete jedoch das preußische Kriegsministerium die Durchführung einer Judenzählung an. Sie sollte beweisen, daß die Juden sich entweder drückten oder lediglich hinter der Front dienten. Daher wurden zur Zeit der Zählung Juden von der Front in die Etappe beordert. Als sich herausstellte, daß der Prozentsatz der jüdischen Frontsoldaten, bezogen auf die jüdische Gesamtbevölkerung, höher war als der Prozentsatz der nichtjüdischen Frontkämpfer, bezogen auf den nichtjüdischen Bevölkerungsteil, wurde das Ergebnis verheimlicht, um die Antisemiten nicht ihrer Munition zu berauben.

Die jüdischen Soldaten mußten erkennen, daß der Krieg den Antisemitismus nicht ausmerzte. Sie verloren ihre Hoffnung.

Zur Seelenlage der deutschen Juden - ein Bericht

Ernst Simon (s.u.), Sohn einer vollkommen assimilierten Familie, welcher nicht einmal Bar-Mizwa gefeiert hatte, meldete sich in Erwartung der vollen Anerkennung seines Deutschtums als Fünfzehnjähriger unter Verschweigung seines Alters freiwillig und wurde an der Front so schwer verwundet, daß er bis zu seinem Lebensende an den Folgen litt. Er gibt uns ein Bild der Seelenlage der Juden vor und in dem Krieg:

> "Als der Krieg ausbrach, wußten viele von uns (...) noch nichts vom Judentum. Fremd und feindlich hatte uns die bloße Tatsache dieser Gebundenheit in der Schule oftmals berührt. Nie hatten wir so knabenhaft losgelöst von allen Hemmungen wie die Mitschüler uns ihren Spielen hingeben dürfen, immer ein wenig beiseite gestanden, entweder verachtet, weil wir körperlich minderwertig erschienen, beneidet, weil wir etwa zu gut im Unterricht Bescheid wußten (...) auch wohl verlacht, wenn wir etwa kraushaarig und sommersprossig waren, immer jedenfalls irgendwie fremd,

abgestoßen und anormal. Wer weiß sich nicht des kleinen Judenknaben zu erinnern, der zu den Geburtstagen der anderen nicht eingeladen wird, klopfenden Herzens darauf wartet, ob er von dem blonden Kameraden nicht doch noch eine Karte bekommt und dann weinend, schlechthin aufgelöst nach Hause rennt? - Später, ebenso und noch schmerzlicher einsam, weil es nun bewußt war, als geistiger Führer der Klasse oder aber als Führer der Streiche, die sich gegen die Lehrer richteten, nie jedenfalls normal verwurzelt im geregelten Leben der Gewöhnlichkeiten, immer irgendwie herausgeschoben, dagegengestellt, einsam und frierend, gespornt und gehemmt, gestoßen und aufgehalten von der qualvollen, unerklärlichen, nirgends lebendig fundierten Tatsache: Jude zu sein. Die glücklichsten Stunden waren die, in denen man sich wegen antisemitischer Pöbeleien herumschlug, da hatte man wenigstens etwas Positives, eine Tat als Kompensation für die dauernde seelische Sonderstellung (...) der Krieg (...) wir empfanden vor allem das ungeheure Erlebnis, das berauschende Glück (...) als einer von Millionen und Abermillionen mitschwimmen zu dürfen in dem großen Strome vaterländischen Schicksals. Wesentlich aus diesen Stimmungen heraus stellten wir uns kriegsfreiwillig und nahmen zunächst alle Unbilden und Leiden des Soldatenstandes (...) hin (...) Gleichzeitig erfüllte sich uns mancherlei Sehnsucht, die wir wohl auch mit unseren germanischen jungen Kameraden gemeinsam hatten: der Drang nach einem vollen, wirklichen und ernsthaft genommenen Mannesleben, in dem wir für unsere Taten nun endlich selbst einstehen und unsere Seele durch das einzige Zeugnis erlösen würden, das unzweifelhaft über allen Phrasen steht: durch das Blut. Aber bald begann Enttäuschung sich leise zu rühren. Wir schoben sie zunächst unwillig fort (...) Nicht die kleinen und großen Plackereien der Vorgesetzten waren es, die uns erbitterten; auch gelegentliche antisemitische Vorfälle nahmen wir nicht so ernst wie auf der Schule (...) Denn nun war ja unser ganzer Tatwille auf ein neues, höheres Ziel gerichtet: auf Deutschland, das uns in seinem Kampfe immer herrlicher und leuchtender erschien. Eine andere Tatsache traf uns schwerer: als wir beim Fahneneid, den wir trotz des meist verständnislosen Unfugs der Kameraden ernst nahmen, eine andere Formel sprachen als sie, und als wir beim ersten Weihnachtsfest verstummen mußten bei ihren Liedern (...) So zählten wir voller Freude jeden Gleichgültigen und sogar Widerwärtigen, der uns - meist wohl durch kleine Geschenke an Zigaretten veranlaßt - mit Vornamen nannte; so demütigten wir unsere Seele so tief, wie man sich nur vor Leuten demütigen kann, die unter den eigenen Anlagen und Möglichkeiten stehen. Und es bedurfte stärkerer Schläge, um uns endlich zur Erkenntnis unserer Lage zu bringen.

Zunächst waren die ersten Wochen des Feldkrieges eine Erfrischung, eine Neubelebung des Rausches (...) Wir fühlten uns den Kameraden näher und glaubten nun endlich hineinzuwachsen in das Leben dieses fremden und geliebten Volkes. Wenn wir verwundet wurden, so legten wir in das Mysterium des warmen, fließenden Blutes die erhebende Auslegung hinein, daß dieser lebendige Saft uns nun auf ewig den Brüdern verkitten würde und gingen, froh und fast sicher in uns selbst, zum zweiten Male hinaus. Unterdessen war die Stimmung in Heer und Heimat tief gesunken, Schiebung und Drückebergerei machten sich bei Juden und Nichtjuden breit, und wenn wir nun doch etwas Jüdisches in unseren ungeminderten Kriegswillen hineinlegten, so war es die apologetische Tendenz, den anderen zu beweisen, daß wir doch nicht so schlimm seien. Aber nun war die traumhafte Selbsttäuschung auf ihrem Höhepunkt angekommen, und es bedurfte nur eines geringen äußerlichen Anstoßes, um all unsere gekünstelte Sicherheit zerbrechen zu lassen. Dieser Anstoß war die Judenzählung. Sie war es uns nicht deshalb, weil wir durch Zurücksetzung in der Beförderung und sich häufende antisemitische Vorfälle schon mürbe gemacht waren, erst recht nicht deshalb, weil sie ein offizieller Beweis für die Ausnahmegesetz-Tendenzen war, sondern weil sie so wie wenige Amtshandlungen des alten Regimes eine durchaus populäre Sache war, realer Ausdruck der realen Stimmung. Aller Meinung ging dahin, daß wir fremd waren, daß wir danebenstanden, besonders rubriziert und gezählt, aufgeschrieben und behandelt werden müßten. Der Traum von Gemeinsamkeit war dahin, mit einem furchtbaren Schlage tat sich vor uns zum anderen Male die tiefe, nie verschwundene Kluft auf, die nicht durch gemeinsames Leiden und Bluten, nicht durch gemeinsame Sprache und Arbeit, ja nicht einmal durch gemeinsame Zivilisation und Gesittung überbrückt werden kann, die Kluft, die jenseits von Schuld und Verfehlung, von gutem oder bösem Willen liegt (...) Dies alles traf uns nun mit der vollen Schärfe eines fürchterlichen Erwachens: wir waren zum zweiten Male entwurzelt. Unsere seelische Lage war wieder wie einst auf der Schule; verschärft nur durch die ungeheure Enttäuschung, doppelt fühlbar durch die schlimmen äußeren Verhältnisse, die nun kein Schwung und Idealismus mehr milder ansah. Wir schwebten vollkommen haltlos in der Luft (...) seelisch steril: eindimensional. Unsere Lebenskraft und Schaffensfreudigkeit drohte zu zerbrechen (...) wenn nicht das Judentum seine Arme ausgebreitet hätte, um uns zurückzuempfangen."[192]

Ernst Simon wurde Zionist, gab eine große Karriere in Deutschland auf und wanderte nach Israel aus, wo er das ethische Leben und das Erziehungswesen an führender Stelle gestaltete.

Folgen des Antisemitismus im Kaiserreich - Vorspiel zu Auschwitz

Der Antisemitismus des Kaiserreiches schuf das Potential der allumfassenden Judenverfolgung und Vernichtung, welches sich tragisch verwirklichen sollte. Der Bürger war gegen den Haß nicht immunisiert. Die Propagandisten des Hasses appellierten an die niedrigsten Instinkte der Menschen. Ihre Propaganda beruhte auf einer Verachtung der deutschen Bevölkerung. Sie setzte voraus, daß der Durchschnittsbürger weder die Fähigkeit logischen Denkens besaß, welches Tatsachen untersucht und Schlüsse daraus zieht, noch die moralische Autonomie, welche das ethische Handeln jedes einzelnen gegenüber allen Menschen zum Grundprinzip des täglichen Lebens macht. Nur so konnte die "Judenfrage" in Deutschland lebendig bleiben, während sie in anderen Nationen mit der Emanzipation der Juden als gelöst galt. Dort sah man die Juden als eine Summe einzelner, von denen sich die meisten bewährt hatten; wie alle Gruppen hatten sie auch schlechte Menschen in ihrer Mitte, welche als einzelne zu bestrafen waren. Hier aber stellte man das Stereotyp des Juden auf, welches der Wahrheit überhaupt nicht entsprach.

Von Deutschland verbreitete sich der Judenhaß nach dem Osten, wo es zu Pogromen kam, und nach dem Westen, wo er Mißtrauen gegen die Juden säte. Deutschland galt als Land der Denker. Gab es hier eine Judenfrage, so mußte sie bestehen.

Der Antisemitismus der Kaiserjahre führte zur geistigen und ethischen Versklavung des deutschen Volkes und lieferte das Rüstzeug zur Katastrophe von Auschwitz.

16. Abwehr und Rettungsversuche

Bereits in der Kaiserzeit wurden ernsthafte Versuche unternommen, der Volksvergiftung des Antisemitismus entgegenzutreten und sie zu überwinden.

Der *Verein zur Abwehr des Antisemitismus*

Eine Gruppe führender Christen in Staat, Industrie und Universitäten gründete den *Verein zur Abwehr des Antisemitismus*. Er gab Schriften zur Aufklärung des Volkes heraus. Wie wir sahen, konnte der Theologe Hermann L. Strack durch seine Darstellung der Ritualmordbeschuldigung den Wind aus den Segeln nehmen. Dem Verein fehlte es jedoch an Gefolgschaft und Resonanz und so ging er in der Welle der antisemitischen Propaganda unter.

Der *Centralverein deutscher Staatsbürger jüdischen Glaubens*

Im Jahre 1893 gegründet, wollte der Verein eine "centrale" Organisation aller deutschen Juden, ohne Rücksicht auf ihre religiöse oder politische Richtung sein. Er sprach für die Juden, die als "deutsche Staatsbürger" sich lediglich durch ihren "jüdischen Glauben" von ihren Mitbürgern unterschieden definierten. Um 1916 hatte sich rund die Hälfte der deutschen Juden dem Verein angeschlossen, der immer das deutschpatriotische Banner hochhielt.

Der Verein sah ein, daß die volle Gleichstellung sich nicht im Verlauf der geschichtlichen Entwicklung einstellen würde; man mußte für sie kämpfen.

Anfänglich richtete sich der Kampf wesentlich nach außen. Erklärungen wurden veröffentlicht, welche die Treue der Juden zum Vaterland zum Ausdruck brachten, und gegen das Mißtrauen angingen, das ihnen entgegenschlug. Als sein Organ diente die Monatsschrift "*Im deutschen Reich*", in welcher Eugen Fuchs, später der Präsident der Organisation, im Jahre 1912 schrieb:

> "Schon vor zehn Jahren habe ich darauf hingewiesen, daß nicht maßgebend ist die Form der Schädel, die Farbe der Haare, die Linienführung der Nase und die Größe der Figur, sondern der energisch betätigte Wille, ein Deutscher zu sein (...) Auf deutschem Vaterlande, auf deutschem Boden sind wir, so sagte ich damals, geboren und werden wir, so Gott es will, dereinst begraben sein, und das berechtigt, uns, auch ohne Taufe und sogenannte Assimilierung uns Deutsche zu nennen (...) »Stolz in der Eigenart und treu« hat unlängst unser König mit Bezug auf die deutschen Stämme gesagt. Wir können das Wort auch auf unsern Stamm beziehen."[193]

Der Verein verfolgte wachsam das Zeitgeschehen und erhob bei antisemitischen Vorfällen protestierend seine Stimme oder klagte vor Gericht, veröffentlichte Flugschriften, stellte Juden Material zur Verteidigung gegen Lügen zur Verfügung, verbündete sich mit Christen und förderte die Wahl progressiver Reichstagskandidaten. Deren Zahl blieb klein, doch konnten sie peinliche Fragen stellen: Warum wurden Juden aus dem Offizierskorps ausgeschlossen? Warum wurden jüdische Referendare nicht in den Dienst übernommen?

Allmählich richteten sich die Aktivitäten auch nach innen. Den Juden wurde ans Herz gelegt, ihrem Glauben treu zu bleiben und nicht der Versuchung der "Taufe oder sogenannten Assimilierung" zu verfallen. Als Juden müßten sie ihre Treue zum deutschen Vaterland besonders unter Beweis stellen. So fand sich im Organ des Vereins der anläßlich des 1. Augusts 1914, des Tags der Mobilmachung, ergangene Aufruf:

> "An die deutschen Juden! In schicksalsernster Stunde ruft das Vaterland seine Söhne unter die Fahnen. Daß jeder deutsche Jude zu den Opfern an Gut und Blut bereit ist, die die Pflicht erheischt, ist selbstverständlich. Glaubensgenossen! Wir rufen Euch auf, über das Maß der Pflicht hinaus Eure Kräfte dem Vaterland zu widmen! Eilet freiwillig zu den Fahnen! Ihr alle - Männer und Frauen - stellet Euch durch persönliche Hilfeleistung jeder Art und durch Hergabe von Geld und Gut in den Dienst des Vaterlandes!"[194]

Aus dem Aufruf spricht das Angstgefühl der deutschen Juden klar. Pflichterfüllung war selbstverständlich, weitere Opfer aber waren dem Patriotismus des einzelnen anheimgestellt. Sie waren nicht von einer Gruppe zu fordern, wie es hier geschah.

Man machte dem Centralverein zum Vorwurf, daß er sich um die Nöte der Juden in anderen Ländern, wie auch um die Bedürfnisse derjenigen Juden in Deutschland, welche keine deutsche Staatsbürger waren, nicht kümmere, nannte ihn spöttisch "Centralverein jüdischer Staatsbürger deutschen Glaubens". Darin liegt sicher ein Körnchen Wahrheit. Der Verein konzentrierte sich auf die jüdischen Staatsbürger im Glauben an Deutschland als einen Rechtsstaat. Dieser Glaube sollte sich als tragischer Irrtum erweisen, doch bezeugt der "Centralverein", daß die deutschen Juden um ihre Gleichberechtigung kämpften.

Der Zionismus

Ernst Simon sah nach seinem Kriegserlebnis keine Hoffnung mehr für die deutschen Juden. Er wurde Zionist und wanderte nach Palästina aus. Die Rettung der Juden liege in einer doppelten Rückkehr: in die Arme des Glaubens und in das verheißene Land.

Grundsätzlich ist die Zionshoffnung Bestandteil der jüdischen Religion und findet ihren Ausdruck im täglichen Gebet wie in der Feier der Meilensteine des Lebens, von der Geburt bis zum Tod. Die neue Richtung entkleidete sie ihrer religiösen Elemente, obgleich diese weiterwirkten, und stellte sie auf gesellschaftlich-politische Grundlagen.

Moses Heß entwickelt eine Synthese von Ideen

Moses Heß (1812-1875), Sohn eines orthodoxen jüdischen Industriellen aus Bonn, wurde Sozialist, wobei er sich auf die Botschaft der Propheten stützte. Als Mitarbeiter von Marx und Engels betrachtete er sich selbst als den Schöpfer des "wahren Sozialismus". Von den Behörden überwacht und verfolgt, lebte er wiederholt im Ausland. Er widmete sich philosophischen und jüdischen Studien, als deren Ergebnis im Jahre 1862 sein Werk "*Rom und Jerusalem - die letzte Nationalitätenfrage*" erschien. Er ist auf dem jüdischen Friedhof in Deutz am Rhein begraben.

Für Heß war die Rasse von Bedeutung. Jede Rasse habe einen besonderen Beitrag zur Menschheit zu liefern, daher seien sie alle ebenbürtig. Die Rassen müßten sich durch ihre Beiträge zur Gesamtheit einer glücklichen Menschheit vereinigen, so daß die Zugehörigkeit zu einer Rasse keine Ehre sei, sondern lediglich die Pflicht zur Mitarbeit an der Einheit aller Menschen bedeute. Da das Judentum den Monotheismus, den Messias, als Ziel des Strebens nach der Einheit der Menschheit als moralischem Organismus, der Freiheit, dem Ende allen Unrechts und aller Unsittlichkeit sieht, so obliegt ihm die spezielle Aufgabe, dies der Welt zu verkünden. Sie ist jedoch nur durch die Sicherung des eigenen Volkstums auf eigenem Boden, nämlich dem Land Israel, zu erfüllen. Dort kann der Sozialismus praktisch gelebt werden: für Land und Güter gibt es keinen Privatbesitz. Von dort strahlt die Verkündung in die Welt hinaus. Dem Buch war kein unmittelbarer Erfolg beschieden.

Heß hatte Hegels Philosophie tief beeinflußt. Nach Hegel streben die Gegensätze einer Synthese zu, in welcher sie alle vereinigt und ausgeglichen wirksam werden. Heß verband alle Strömungen der Zeit zu einer großen Synthese. Er vereinte das Religiös-Geistliche mit dem praktischen Leben und beschuldigte die deutschen Juden, wie die Christen Glaube und Werke getrennt zu haben. Den Rassenbegriff entkleidete er jeder Überheblichkeit und forderte die Juden auf, sich zu ihm als Aufgabe zu bekennen. Er knüpft Religion, Nationalismus und Sozialismus zu einer vergeistigten Einheit, die er für die Juden in ihr eigenes Land verlegt. Den Gedanken einer Mission des Judentums nimmt er ernst, doch könne sie nur Erfolg haben, wenn sie vom eigenen Land ausgehe. Er beruft sich dabei auf die Botschaft der Propheten und ist überzeugt, daß die Orthodoxie im Land der Juden neue und zeitgemäßere Formen annehmen werde.

Ähnliche Gedanken haben in Osteuropa verschiedene jüdische Denker vertreten. Dabei wurde Moses Mendelssohn dafür angegriffen, daß er das Judentum lediglich als Religion definiert habe. Die Bewegung der "Zionsliebenden" verbreitete sich.

Autoemancipation

Im Jahre 1882 veröffentlichte der Arzt Leon Pinsker (1821-1891) sein Pamphlet "*Autoemancipation. Mahnruf an seine Stammesgenossen von einem russischen Juden*", in welchem er, auf Heß aufbauend, erklärte, daß die Juden vergeblich auf eine Emanzipation durch die Umwelt warteten. Den Judenhaß bedinge die Angst vor den Juden als einer landlosen und daher anomalen, gespensterhaften Gemeinschaft; folglich sei er unheilbar. Die Juden müßten ihre Befreiung aus eigener Kraft bewerkstelligen. Mit der Schaffung eines Nationalbewußtseins müßten sie beginnen, einen Nationalkongreß einberufen, ein Direktorium gründen, welches in irgendeinem Lande (es brauche nicht Palästina zu sein) den Boden für eine selbstständige jüdische Nation erwerben werde, um die unter der Unterdrückung schwer leidenden Juden, vor allem Osteuropas, dort anzusiedeln. Mit einem souveränen Judenstaat würden sowohl die gespenstische Lebensform der Juden, als auch der Antisemitismus der Nichtjuden verschwinden. Pinsker schrieb sein Pamphlet auf deutsch, weil er die deutschen Juden für seinen Plan gewinnen wollte, doch hatte er damit wenig Erfolg.

Kultureller Nationalismus

Achad Haam (Pseudonym für Ascher Ginsberg; 1856-1927) vertrat die Ansicht, daß jede Volksgemeinschaft, die Juden eingeschlossen, einen Willen zum Überleben, wie auch einen schöpferischen Volksgeist besitze, die sich jedoch nur innerhalb einer organischen Gemeinschaft auf eigenem Boden, fern vom Druck der Umwelt, entfalten könnten. Die deutschen Juden betrachtete er als äußerlich frei und innerlich versklavt, die osteuropäischen, welche treu zur Tradition hielten, als äußerlich versklavt, aber innerlich frei. Dabei war er kein traditionell-religiöser Mann. Es kam ihm nicht auf den Glauben, sondern auf die Kultur an, welche sich z.B. in der Wiederbelebung des Hebräischen als Umgangssprache erneuern sollte. Eine vollkommene Souveränität auf dem eigenen Boden war daher nicht notwendig, solange die innere Entwicklungsfreiheit Zions als national-geistigen Zentrums der gesamten Judenheit gesichert war.

Theodor Herzl - Organisator und Verwirklicher des Zionismus

In Theodor Herzl (1860-1904) fand die zionistische Bewegung einen charismatischen Führer, Organisator und unermüdlichen Botschafter.

Herzl kam aus einer assimilierten jüdischen Familie in Budapest, welches damals zum österreichischen Kaiserreich gehörte, und wuchs ohne Bindung zur jüdischen Tradition auf. In der Schule und auf der Universität war er antisemitischen Angriffen ausgesetzt, hielt jedoch an der Überzeugung fest, daß die Umstände sich bessern würden, und setzte sein Vertrauen auf den Einfluß Frankreichs als Mutter der Demokratie in der westlichen Welt.

Ein angesehener Journalist, auch als Autor von Theaterstücken erfolgreich, entsandte ihn die führende Zeitung Wiens, die "*Neue Freie Presse*", als Berichterstatter über den Dreyfus-Prozeß nach Paris. Das Trauma, welches er als jüdischer Beobachter dort erlitt, veränderte sein Wesen.

Die Dreyfus-Affäre

Alfred Dreyfus, 1859 in Mülhausen, Elsaß geboren, diente seit 1892 als einziger Jude im Rang eines Hauptmanns im französischen Generalstab. Im Jahre 1894 wurde dem Papierkorb des deutschen Militärattachés eine anonyme Notiz entnommen, wonach mehrere verräterische Mitteilungen an die deutsche Heeresleitung gegangen waren. Dreyfus sollte der Täter gewesen sein. Unter dem Schlagwort "le Juif voilà l´ennemi" und in der Hoffnung, die eigene Macht gegenüber der Regierung durch die zu erwartenden innenpolitischen Auseinandersetzungen zu stärken, bezichtigte die Heeresführung Dreyfus des Hochverrats, obgleich sie wußte, daß er unschuldig war. In einer geheimen Sitzung durch meineidige Zeugen "überführt", verurteilte ihn das Kriegsgericht zur öffentlichen Degradierung und lebenslänglicher Haft auf der Teufelsinsel. An verschiedenen Orten kam es in Frankreich zu Übergriffen gegen die Juden.

Dreyfus´ Unschuld war vollkommen bekannt. Die deutsche Regierung hatte erklärt, daß Dreyfus keinerlei Beziehungen zu ihrer Botschaft gehabt habe, und hatte eine diesbezügliche Erklärung, auch auf Veranlassung des Kaisers, veröffentlicht. Dreyfus fand Verteidiger unter führenden Franzosen. Als der Chef des Nachrichtendienstes, Oberst Picquart, den Schreiber des belastenden Papiers entdeckte, wurde er nach Tunis strafversetzt. Als er dann immer noch Dreyfus´ Unschuld öffentlich vertrat, wurde er verhaftet und aus dem Dienst entlassen. Der Schriftsteller Émile Zola veröffentlichte nun einen offenen Brief an den Präsidenten der Republik in Georges Clémenceaus Zeitung "*L´Aurore*", welcher mit den Worten "J´accuse" begann. Darin bezeichnet er den Prozeß als "eine der schlimmsten Rechtsbeugungen des Jahrhunderts". Wegen Beleidigung der Armee zu Gefängnis verurteilt, floh er nach England. Die Versuche der Generäle, die Wahrheit zu vertuschen, waren endlos. Dennoch wurde der Prozeß im Jahre 1899 wieder aufgenommen, aber erst 1903 wurde Dreyfus rehabilitiert. Picquart wurde zum General befördert und übernahm 1906 das Kriegsministerium.

Am Ende stärkte die Dreyfus-Affäre die Demokratie in Frankreich, doch beherrschte der Kastengeist die hohen Offiziere weiterhin. Nach Meinung des Historikers Marc Bloch trug ihre rückständige Haltung 1940 zur Niederlage Frankreichs bei.

Herzl und der "*Judenstaat*"

Die Dreyfus-Affäre mit dem Schrei der erregten Bevölkerung "Tod den Juden" erschütterte Herzl und machte ihm klar, daß die Juden trotz aller Anstrengungen niemals gleichberechtigt werden könnten. Nur in einem eigenen unabhängigen Staat könnten sie gleichberechtigte Bürger sein und sich aus eigener Kraft voll entwickeln. Er erarbeitete ein praktisches Programm der zu unternehmenden Schritte und versuchte, führende Juden dafür zu gewinnen, doch blieb er erfolglos, da diese um die Gleichberechtigung der Juden in ihren Ländern fürchteten. So veröffentlichte er im Jahre 1896 seine Programmschrift "*Der Judenstaat*".

> "Sie [sc. die Judenfrage] ist eine nationale Frage, und um sie zu lösen, müssen wir sie vor Allem zu einer politischen Weltfrage machen, die im Rathe der Culturvölker zu regeln sein wird (...) Man gebe uns die Souveränetät eines für unsere gerechten Volksbedürfnisse genügenden Stückes der Erdoberfläche, alles andere werden wir selbst besorgen (...) Uns die Souveränetät zu verschaffen, sind die Regierungen der vom Antisemitismus heimgesuchten Länder lebhaft interessirt.[195]

Herzl schlägt vor, eine Society of Jews zu schaffen, welche die Umsiedlung politisch und wirtschaftlich vorzubereiten habe, und eine Jewish Company, welche die Auflösung der Vermögen und ihren Transfer aus der Diaspora, den Ankauf von Land im neuen Siedlungsterritorium, usw. praktisch durchführen solle. All dies wurde in Einzelheiten dargestellt. Die Society of Jews war auch als die Sammlungsorganisation für alle Juden gedacht, die sich der Idee anschließen wollten. Die anderen waren als schlechte Juden abzuschreiben.

Herzl hatte sich zu dieser Zeit noch nicht auf Palästina festgelegt, obwohl dort bereits Siedlungen, Kibbuzim, bestanden.

Anhänger und Opposition

Herzl war ein charismatischer Mann von hoher, schöner Statur, eigenwillig und energisch. Sein Auftreten erinnerte an Sabbatai Zevi, was ihm die Massen gewann.

In dem Arzt Max Nordau (1849-1923), dem Kaufmann David Wolffsohn (1856-1914) und dem Rechtsanwalt Max Isidor Bodenheimer (1865-1940) fand er bald tatkräftige Mitarbeiter in Deutschland. Anders sah es unter den Rabbinern und ihren Gemeinden aus. Die Orthodoxen hatten von Samson Raphael Hirsch gelernt, daß die Wiedererrichtung des Staates nur durch den gottgesandten Messias geschehen dürfe. Zwar müßten die Juden darum beten, aber selbst aktiv zu werden, sei ihnen verboten. Aus diesem Grund standen z.B. meine Eltern dem Zionismus ablehnend gegenüber. Die liberalen Rabbiner teilten die Angst der Juden, daß eine nationale Bewegung die an sich schon wackelige Lage der deutschen Juden völlig untergraben könne. Während die Zahl der deutschen Zionisten klein blieb, stießen die in Deutschland wohnenden "Ostjuden" zu ihm.

Die Kongresse

Herzl ließ sich von seinem Vorhaben nicht abbringen. Er berief im Jahre 1897 einen Zionistenkongreß ein, welcher in München stattfinden sollte, aber auf Einspruch der jüdischen Gemeinde nach Basel verlegt wurde.

An die 200 Delegierte kamen, die meisten aus Osteuropa. Herzl wurde zum Präsidenten gewählt und das sogenannte Basler Programm angenommen, welches die Grundlage der zionistischen Bewegung wurde:

> "Der Zionismus erstrebt für das jüdische Volk die Schaffung einer öffentlich-rechtlich gesicherten Heimstätte in Palästina."[196]

Weitere Kongresse folgten. Im Jahre 1898 nahmen schon 913 Delegierte teil, allerdings nur 25 aus Deutschland, zu Lebzeiten Herzls noch 1899, 1901 und 1903. Im letzteren trug er der Versammlung vor, daß die britische Regierung geneigt sei, den Juden Uganda zu überlassen, er würde ein solches Angebot annehmen. Da erhob sich ein Sturm. "Herr Präsident, Sie sind ein Verräter!" wurde geschrien. Im allgemeinen Bewußtsein war einzig und allein das heilige Land als jüdisches Heimatland verankert. Daß auch nach Herzls Tod Kongresse stattfanden, beweist, daß der Zionismus Fuß gefaßt hatte und ohne seinen Gründer weiterleben würde.

Herzl als Botschafter eines nichtexistenten Landes

Zwischen den Kongressen suchte Herzl bei den Machthabern der Welt um Audienzen nach, die ihm zumeist gewährt wurden. Die britische Regierung hörte ihn an, der Papst wies ihn brüsk ab: die Juden seien zur ewigen Wanderschaft verdammt. Der Kaiser gab ihm zwei Audienzen, eine in Palästina, wo Herzl den Wunsch auf ein Protektorat des Deutschen Reiches über Palästina äußerte. Es wurde nichts daraus, da der Sultan dagegen Einspruch erhob.

Von den Anstrengungen aufgerieben, starb Herzl im Alter von 44 Jahren. Er wurde in Wien begraben, aber sein Sarg nach der Gründung des Staates Israel nach Jerusalem überführt.

Spaltungen

Herzls autokratischer Stil und sein Unverständnis für die kulturellen und religiösen Belange des jüdischen Staates lösten nach seinem Tod große Debatten aus und führten zu Abspaltungen. Einerseits forderten die religiösen und kulturellen Zionisten, andererseits die Sozialisten die Berücksichtigung ihrer Vorstellungen. Die orthodoxen Zionisten bildeten im Jahre 1902 eine religiöse Fraktion, den "*Misrachi*", die Sozialisten schlossen sich zu den "*Poale Zion*" (= Arbeiter Zions) zusammen.

Die traditionellen Orthodoxen gründeten in Ablehnung des gesamten zionistischen Unternehmens die "*Agudas Jisroel*" (= Bund Israels).

Die Bewegung in Deutschland

Die deutsche zionistische Bewegung blieb schwach, rund 9.000 Mitglieder zählte sie beim Ausbruch des Ersten Weltkriegs, etwa 20.000 im Jahre 1920, aber sie wurde von jungen wohlhabenden und gut ausgebildeten Präsidenten geleitet: Max Nordau, Kurt Blumenfeld, welcher nach Palästina auswanderte, und anderen.

Auch angesehene Intellektuelle hatte die Bewegung in ihren Reihen. Im Jahre 1916 begann Martin Buber (s.u.) mit der Veröffentlichung seiner Monatsschrift "*Der Jude*" im 1902 gegründeten Zionistischen Verlag. Die Wochenzeitung "*Die jüdische Rundschau*" zeichnete sich durch ihre herausragenden Artikel aus.

Die deutschen Zionisten riefen durch ihre Betonung des nationalen Elements im Judentum die Besorgnis des Centralvereins hervor. Sie hoben jedoch das Selbstbewußtsein der deutschen Juden. Franz Rosenzweig, selbst ein Gegner des Zionismus, zollte seinen Anhängern die Anerkennung, bessere Juden zu sein als viele deutsche patriotische.

Der Weltkrieg und die Balfour-Deklaration

Der Erste Weltkrieg rückte Palästina in den Mittelpunkt der politisch-strategischen Überlegungen und bewog die Mächte, die Sympathie der Juden für sich zu gewinnen. Deutschland machte vage Versprechungen. In England hatte Chajim Weizmann, ein in Darmstadt ausgebildeter russischer Chemiker, mit seinen Erfindungen der Rüstung sehr geholfen. Es wird erzählt, auf die Frage, was er sich als Belohnung für sein Werk wünsche, habe er geantwortet: "Gebt Palästina dem jüdischen Volk". Als Ergebnis seiner Verhandlungen mit dem britischen Ministerpräsidenten Lloyd George erließ die britische Regierung am 2. November 1917 die Erklärung, welche, vom Außenminister Lord Balfour unterzeichnet, dessen Namen trägt:

> "Die Regierung Seiner Majestät betrachtet mit Wohlwollen die Schaffung einer nationalen Heimstätte für das jüdische Volk in Palästina und wird ihr Bestes tun, die Erreichung dieses Zieles zu erleichtern, wobei wohlverstanden nichts geschehen soll, was die bürgerlichen und politischen Rechte der bestehenden nicht-jüdischen Gemeinschaften in Palästina oder die Rechte und den politischen Status der Juden in anderen Ländern in Frage stellen könnte."[197]

Weizmann wurde der erste Präsident des Staates Israel. Diese Erklärung wurde von dem nach dem Kriege gegründeten Völkerbund und den Vereinigten Staaten angenommen. Damit war sie international verbindliches Recht. Ihre Verwirklichung war jedoch von vielen Rückschlägen begleitet.

Der Völkerbund übertrug das Mandat über Palästina Großbritannien. Im Bestreben, die Gunst der Araber zu gewinnen, erschwerte Großbritannien die Einwanderung von Juden gerade zu der Zeit, als diese verzweifelt nach einer Zuflucht vor den Nazimördern suchten. Das Bestehen der jüdischen "Heimstätte" hat viele Juden gerettet; unzählige mehr hätten entkommen können, hätte Großbritannien die Tore Palästinas nicht verschlossen.

17. Geistige Erneuerung

Die Kriegs- und Nachkriegsjahre waren eine Zeit, in welcher die deutschen Juden sich mehr als je herausgefordert sahen, ihre Kraft der Erneuerung Deutschlands zu widmen.

Unter den gestaltenden Persönlichkeiten treffen wir Juden an, die alle Bindungen zu ihrem Glauben und ihrer Gemeinschaft verloren hatten, oft auch zum Christentum übergetreten waren, aber von der Umwelt immer noch als Angehörige der jüdischen Gemeinschaft angesehen wurden; wir begegnen Juden, welche bewußt im Judentum standen, ohne daß ihr Werk jüdischen Inhalts war, anderen wiederum, welche sich eingehend mit dem Judentum auseinandersetzten, schließlich solchen, die dem Judentum neue Impulse gaben.

Anhand einiger ausgewählter Namen soll das Ausmaß des Beitrags deutscher Juden illustriert werden. Die Liste ist nicht vollständig. Es soll lediglich gezeigt werden, daß deutsche Juden dem gesamten deutschen Leben eine auf die Zukunft gerichtete neue Dynamik gaben und das Ansehen der deutschen Kultur in der ganzen Welt festigten. Hätte man sie als Deutsche empfunden und anerkannt, so hätte ihnen das ganze Volk für ihren Beitrag zum kulturellen Aufstieg Deutschlands gedankt. Da man die Juden jedoch verachtete, wurde ihre Elite als "den deutschen Geist verseuchend" geschmäht.

Die Leistungen dieser Juden erfüllten die gesamte deutsche Judenschaft mit Stolz und bestimmten die Atmosphäre ihres Lebens und Lernens. "Bildung" war ihr Ideal und, im Gegensatz zum jüdischen Lernen, ihr höchstes Anliegen. Die Werke Goethes und Schillers waren in jedem Haus zu finden, die Kinder gingen aufs Gymnasium, mußten Klavier spielen, die Tanzschule besuchen usw.

In jeder Stadt gab es Juden, die an ihrer geistigen und kulturellen Entwicklung führenden Anteil nahmen.

Was meine Vaterstadt Mainz betrifft, verdient etwa der Rabbiner Sali Levi Erwähnung. Im Krieg Feldrabbiner, wurde er jetzt eine seine Gemeinde und die Stadt prägende Persönlichkeit. Ihm verdankt Mainz u.a. sowohl die Initiative zur Gründung der Volkshochschule, an welcher er dann viele Jahre lang lehrte, als auch die Errichtung des jüdischen Denkmalfriedhofs, wo die gesammelten Grabsteine vieler Jahrhunderte aufgestellt sind, eines der wertvollsten Monumente, welche die Stadt besitzt.

Juden wurden Mäzenaten. Die Universitäten Frankfurts und Hamburgs verdanken ihnen ihre Gründung und Förderung. Der Warenhausbesitzer Salman Schocken gründete den Schockenverlag, der alte und neue jüdische Werke herausgab und zugleich zeitgenössische Autoren veröffentlichte. Der anerkannte Verlag besteht heute in New York.

Juden an Universitäten

Während der Kaiserzeit waren 10 % der Privatdozenten Juden. Mit einem Aufstieg konnten sie kaum rechnen. Bei den Lehrstuhlinhabern betrug ihr Anteil nur noch 2 %. In der Weimarer Republik wuchs zwar ihre Zahl, nach der Machtübernahme der NSDAP wurden sie jedoch alle aus dem Dienst entfernt.[198]

Unjüdische Juden und das Bild des Juden in der Umwelt

Zu den "unjüdischen" Juden gehörte der Komponist Gustav Mahler, welcher sich zur Förderung seiner Karriere hatte taufen lassen. Seine Werke finden heute immer größere Anerkennung und Bewunderung. Arnold Schönbergs Zwölftonmusik verlangte vom Publikum ein neues Hören. Im Alter näherte er sich dem Judentum wieder an und behandelte in seiner unvollendeten Oper "Moses und Aaron" ein jüdisches Thema. Der prägende Einfluß des Theaterregisseurs Max Reinhardt ist heute noch spürbar. Dirigenten, wie Bruno Walter (ursprünglich Cohn), Erich Kleiber, Otto Klemperer und Leo Blech, Opernsänger wie Richard Tauber und Josef Schmidt, Schauspieler und -spielerinnen von Ruf, wie Alexander Cranach und Elisabeth Bergner, brachten die darstellenden Künste zu höchster Blüte.

Kritiker wie Alfred Kerr nahmen jede Bühnenaufführung unnachsichtig aufs Korn und spornten so zu Höchstleistungen an. Schriftsteller, wie Franz Werfel, Alfred Döblin, Stefan und Arnold Zweig, werden heute noch gelesen. Maler, wie Lovis Corinth, entwickelten neue Stilformen. Der Kunsthistoriker Erwin Panofsky erweiterte und vertiefte das Verständnis der Kunst im Rahmen der Gesamtkultur des jeweiligen Zeitalters. Philosophen brachen neuem Denken Bahn. Edmund Husserl (1859-1938) begründete die phänomenologische Schule, Georg Simmel (1858-1918) zählte zu den Vätern der neuzeitlichen Soziologie. Ernst Cassirer, ein Neukantianer aus der Schule Hermann Cohens, sah die Philosophie in dauernder Entwicklung begriffen und bezog in seine Untersuchungen die Mathematik ein. Die Philosophen Theodor Adorno (Wiesengrund, 1903-1969), Ernst Bloch (1885-1959), Max Horkheimer (1895-1973) und Herbert Marcuse verpflanzten ihre Philosophie nach Amerika.

Heinrich Hertz (1857-1894) verdanken wir neue Erkenntnisse über die elektromagnetischen Wellen; Paul Ehrlich (1854-1915) war einer der Begründer der modernen Biologie. Zahlreiche Juden waren Nobelpreisträger, unter ihnen Albert Einstein, Richard Willstätter, James Frank und Max Born. Jüdische Verlagshäuser wie Fischer, Ullstein und Mosse wagten es, unbekannte Autoren, deren Wert sie erkannten, zu veröffentlichen. Mit der *Frankfurter Zeitung*, der *Vossischen Zeitung* und dem *Berliner Tageblatt* (im Ullstein-Verlag) erreichte der Journalismus einen hohen Standard.

Revolutionäre

Die jüdischen Sozialisten und Kommunisten hatten sich vom Judentum losgesagt. Sie waren aktive Revolutionäre, die die marxistischen Theorien in die Tat umsetzten, um eine neue, ihnen gerechter erscheinende Gesellschaftsordnung zu erkämpfen. Sie fanden ein gewaltsames Ende. Zu ihnen gehörten Kurt Eisner (1867-1918), Gustav Landauer (1870-1919), Eugen Leviné (1883-1919) und Rosa Luxemburg (1870-1919). Da ihre jüdische Herkunft bekannt war, führten ihre Aktivitäten dazu, daß alle Juden beschuldigt wurden, Kommunisten zu sein und sich gegen den Staat verschworen zu haben.

Auf den Ersten Weltkrieg folgte die Revolution. Die Fürsten dankten ab. Der Kaiser ging nach Holland ins Exil. Im November 1918 wurde in Bayern eine kurzlebige sozialistische "Volksrepublik" ausgerufen, an deren Spitze Kurt Eisner stand. Nach seiner Ermordung rissen kommunistische Elemente die Macht an sich. Leviné wurde Vorsitzender des Zentralrats, d.h. Ministerpräsident, Landauer war der Ideologe. Leviné wurde nach Niederschlagung der Revolte hingerichtet, Landauer ermordet. Rosa Luxemburg gründete den kommunistischen Spartakusbund in Berlin. Sie wurde, zusammen mit ihrem nichtjüdischen Genossen Karl Liebknecht, zu Anfang des Jahres 1919 ermordet.

Im Unterbewußtsein waren sich diese Menschen vielleicht der Entrechtung der Juden noch bewußt, um auch ihnen, im Rahmen der Befreiung aller Unterdrückten, zu Freiheit und Gleichheit zu verhelfen. Von Walter Rathenau wird noch die Rede sein.

Juden, die dem Judentum verbunden blieben

In dieser Gruppe ragen u.a. Sigmund Freud (1856-1939) und Albert Einstein (1879-1956) heraus. Einige andere verdienen als Beispiele Erwähnung.

Sigmund Freud war Österreicher, aber auch in Deutschland und weit darüber hinaus von größtem Einfluß. Der "Vater der Psychoanalyse" gestaltete die Psychologie wie das Alltagsdenken um. Bereits als Kind war er antisemitischen Anpöbelungen ausgesetzt. Sein Werk beruhte auf der jüdischen Lehre, daß sowohl der Körper als auch die Seele heilig seien und ihre Erforschung daher freistünde. Die Mehrzahl seiner nichtjüdischen Kollegen und die Öffentlichkeit lehnten seine und seiner Mitarbeiter Erkenntnis ab, daß der Geschlechtstrieb der Trieb der menschlichen Psyche schlechthin sei. Nur *B´nai B´rith*, eine jüdische Loge, erlaubte ihm, seine frühen Gedanken einem allgemeinen Publikum vorzutragen. In seiner Rede bekannte er, daß er ohne seine Verbundenheit mit dem Judentum nicht durchgehalten hätte. Nach der Angliederung Österreichs an das Deutsche Reich 1938 konnte er im letzten Augenblick nach England entkommen.

Das vor dem Krieg in Berlin von Karl Abraham gegründete Psychoanalytische Institut entwickelte sich ab 1920 zu einem Zentrum der klinischen Ausbildung und der Therapie. Seine Mitglieder waren überwiegend Juden. Die Nazis bereiteten ihm und seiner "jüdischen Wissenschaft" ein Ende.

Der Psychologe Erich Fromm, welcher mit der Menschenliebe die seelischen Leiden des einzelnen und der Gesellschaft heilen wollte, und dessen Gedanken bis heute einen bedeutenden Einfluß ausüben, gehörte als junger Mann dem Kreis Bubers und Rosenzweigs an.

Der Nobelpreisträger Albert Einstein, dessen Relativitätstheorie die Physik und das gesamte Weltbild revolutionierte, war zutiefst mit seinen jüdischen Brüdern und Schwestern wie mit Israel verbunden, obwohl er nicht gläubig war. Er glaubte aber an "den Gott Spinozas" und war überzeugt, daß Gott mit dem Universum nicht "Würfel spiele".

Einstein hegte bezüglich der Lage der Juden keine Illusionen. "Bewährt sich meine Theorie, so werden die Deutschen sagen: »Er ist Deutscher«, die Franzosen: »Er gehört der Welt«; bewährt sie sich nicht, so werden die Franzosen sagen: »Er ist Deutscher«, und die Deutschen: »Er ist Jude«.

Aus Bescheidenheit lehnte er das Angebot, israelischer Präsident zu werden, ab. Die "Einstein Medical School" der orthodoxen *Yeshiva University* in New York trägt, mit seiner Zustimmung, stolz seinen Namen.

Max Liebermann (1847-1938) und Lesser Ury (1861-1931) waren die führenden Impressionisten Deutschlands. Beide Maler schufen Werke mit jüdischen Themen. Liebermann förderte Künstler, wie den damals wegen seines revolutionären Stils abgelehnten (nichtjüdischen) Maler Edvard Munch. Als bedeutendster deutscher Maler war Liebermann Präsident der Deutschen Akademie der Künste, bis ihm die Nazis das Amt entzogen und ihn aus der Akademie ausschlossen.

Die Bauten des Architekten Erich Mendelssohn verkörperten die moderne Ästhetik. Später, in Amerika, schuf er grandiose Synagogen.

Kurt Weill (1900-1950), ein Sohn des Kantors der jüdischen Gemeinde in Dessau, wurde durch seine Musik zur Oper "*Aufstieg und Fall der Stadt Mahagonny*" und, vor allem, zur "*Dreigroschenoper*" weltberühmt. Die Libretti schrieb der (nichtjüdische) kämpferische Bertolt Brecht. In diesen Opern übten sie schärfste Kritik an der Gesellschaft, einschließlich der amerikanischen. Dank Weills Musik stehen sie immer noch auf dem Spielplan vieler Bühnen in der ganzen Welt.

Unter den Schriftstellern gewann Jakob Wassermann (1873-1933) einen weiten Leserkreis. Zugleich verlieh er in "*Mein Weg als Deutscher und als Jude*" seiner inneren Qual um seine persönliche Synthese von Judentum und Deutschtum ergreifenden Ausdruck. Lion Feuchtwanger, einem orthodoxen Haus entstammend, und Emil Ludwig (Cohn), welche mit volkstümlichen Romanen und Biographien historischer Persönlichkeiten ein breites Publikum erreichten, wandten sich auch jüdischen Persönlichkeiten und Themen zu ("*Jud Süß*" von Feuchtwanger).

Walter Benjamin (1892-1940), der Freund Gerschom Scholems, wird erst allmählich als Philosoph rezipiert. Auf der Flucht vor den nationalsozialistischen Schergen nahm er sich an der spanischen Grenze, einen Tag, bevor ihm die Einreise erlaubt wurde, das Leben.

Juden befassen sich mit jüdischen Themen

Zur dritten Gruppe, welche sich mit jüdischen Themen befaßte, gehören u.a. Franz Kafka (1883-1924) und Arthur Schnitzler (1862-1931). Sie waren Österreicher, doch wurden ihre Werke vor allem in Deutschland gelesen und aufgeführt.

Franz Kafka hat die Literatur wie überhaupt die Sprache beeinflußt. Ein sich selbst und aller Logik widersprechendes Ereignis bezeichnen wir als "kaf-

Rosa Luxemburg (1870–1919).
Foto: Ullstein

Walter Benjamin (1892–1940).
Foto: Ullstein

Else Lasker-Schüler (1876–1945).
Foto: Ullstein

kaesk". Indem Kafka in seinen einfach geschriebenen Erzählungen die Umwelt und die psychologische Reaktion der vom Schicksal Betroffenen schildert, zeigt er uns die Absurdität des Lebens. Dabei schöpft er aus der Erfahrung der Juden. So erzählt er u.a. in seinem "Prozeß" von einem unschuldigen Mann, der eines ihm niemals offenbarten Verbrechens angeklagt wird. Er weiß nicht, wie die Anklage lautet, wer seine Ankläger sind, kann sich nie verteidigen, hat keine öffentliche Gerichtsverhandlung, wird aber zum Tode verurteilt und hingerichtet. In "Das Schloß" soll ein Architekt ein Schloß umbauen, aber er bekommt niemals den Besitzer zu Gesicht, wie er auch unter der Bevölkerung des nahen Dorfes keine wirklichen Freunde gewinnt.

Grundlos und ohne die Möglichkeit, sich zu verteidigen, verurteilt oder als Erbauer gerufen, doch niemals zugelassen, das ist typisch jüdisches Schicksal. Kafka beschäftigte sich selbst immer tiefer mit dem Judentum. Immer wieder spürbar sind auch chassidische Einflüsse.

Arthur Schnitzler schnitt jüdische Themen an, so in seinem Schauspiel "*Professor Bernhardi*". Dieser jüdische Arzt versagt dem katholischen Priester den Zugang zu einer Patientin, die noch in ihren letzten Stunden auf Genesung hofft. Diese Hoffnung will ihr der Arzt erhalten, der Priester mit den Sterbesakramenten würde sie nehmen. Für seine Handlung gebrandmarkt, lassen Professor Bernhardi seine egoistischen Kollegen im Stich, obwohl sie ihm an sich recht geben, und er verliert seine Stellung.

Else Lasker-Schüler (1869-1945), aus einem frommen Haus in Wuppertal-Elberfeld, galt vielen als "die jüdische Dichterin" Deutschlands. In ihren Jugendjahren schrieb sie avantgardistische lyrische Gedichte, die in der jungen, progressiven Generation großen Anklang fanden. Dann wandte sie sich mehr und mehr jüdischen und biblischen Themen zu, so in ihren "*Hebräischen Balladen*". Ihre innere Sprache, erklärte sie, sei immer Hebräisch gewesen. Sie wanderte nach Israel aus, wo sie ihre Altersjahre verbrachte.

Felix Nussbaum (1904-1944) war auf dem Wege, als Maler weite Anerkennung zu finden, als ihn die Nationalsozialisten im Vernichtungslager ermordeten. Er entstammte einer angesehenen liberal-religiösen Familie, die mit ihrer deutschpatriotischen Gesinnung sein Wesen geprägt hatte und seinen Lebenslauf bestimmte. Seine künstlerische Ausbildung erhielt er in Hamburg und Berlin. In den nahezu 300 Bildern, die er schuf, spiegelt sich sein Weg als deutscher Jude. Sein erstes Bild (1920) stellt einen bärtigen Juden im *Tallit* dar und ist beschriftet: "Bleibe fromm". Ein großes Ölgemälde aus dem Jahre 1926, "Die beiden Juden", zeigt das hochgewölbte Innere der Synagoge seiner Vaterstadt Osnabrück während eines Gottesdienstes, die Herren im Zylinder. Im Vordergrund, groß darüber gesetzt, sind der Kopf des Kantors, seines jüdischen Lehrers im Talar und sein eigener zu sehen. Er ist *Bar Mizwa*-Junge, seinen Oberkörper und Kopf umhüllt der *Tallit*. Das Bild gewährt einen Einblick in die For-

Max Liebermann (1847–1938): Porträt Walter Rathenau (1867–1922). Bildarchiv Foto Marburg

men des religiösen deutschen Judentums und offenbart des Malers damalige Selbsterkenntnis: Das Judentum, symbolisiert im *Tallit*, umhüllt ihn. Dann wandte er sich allgemeinen Themen zu, gelegentlich die Gesellschaft kritisch-satirisch beurteilend. Seine Gemälde sind alle von Melancholie durchzogen. Am Ende überwältigte ihn sein jüdisches Schicksal. "Selbstbildnis mit Judenpass" (1943) und "Jude am Fenster" legen davon erschütterndes Zeugnis ab. Die Stadt Osnabrück hat seinen Werken ein eigenes Museum gewidmet.

Wegbereiter jüdischer Zukunft

Die Männer dieser Gruppe wurden für das moderne Judentum richtungweisend und übten zugleich einen tiefen und nachhaltigen Einfluß auf die christliche Welt aus. Zu ihr gehören Hermann Cohen (1842-1918), Martin Buber (1878-1965), Franz Rosenzweig (1886-1929), Leo Baeck (1873-1956) und Gerschom Scholem (1897-1982).

Hermann Cohen: Lebenslauf

Hermann Cohen war der Sohn des Synagogenvorsängers in seiner Geburtsstadt Coswig in Anhalt. Noch als Professor kehrte er zu den Hohen Feiertagen heim, um dem Vater einige der langen Gebete dieser Tage abzunehmen. Cohen wollte erst Rabbiner werden und studierte in Breslau unter Frankel und Graetz, wo er sich ein gründliches jüdisches Wissen erwarb. Dann entschloß er sich jedoch zum Studium der Philosophie und habilitierte sich 1873 in Marburg. Im Jahre 1876 wurde er Ordinarius, ohne außerordentlicher Professor gewesen zu sein. Dies verdankte er seinem Vorgänger F.A. Lange, welcher sich vor seinem Tod auf einer Bahre in die Senatssitzung tragen ließ, um diesem die Wahl seines Freundes ans Herz zu legen. So konnte Cohen als Jude Ordinarius werden. Aber trotz seines Ruhmes wurde er nie zum Rektor der Universität gewählt.

An Kant anknüpfend, schuf er seine eigene "Marburger Schule" der Philosophie. Am jüdischen Leben nahm er ursprünglich kaum Anteil, bis Treitschkes Schrift herauskam. Diese machte ihn, nach seinen eigenen Worten, zum "Baal Teschuva", reumütig Zurückgekehrten. Von nun an wurde er sowohl zum öffentlichen Verteidiger wie zum Religionsphilosophen des Judentums. Nach seiner Emeritierung im Jahre 1912 ging er nach Berlin, wo er an der Hochschule für die Wissenschaft des Judentums Vorlesungen hielt. Im Jahre 1914 folgte er einer Einladung nach Rußland, wo ihn die Ghettojuden begeistert empfingen. Sein Plan, das dortige jüdische Schulwesen zu reorganisieren und eine jüdische Hochschule zu gründen, vereitelte der Erste Weltkrieg. Zu seiner Beerdigung entsandte die Universität Marburg einen Vertreter, die anderen Universitäten waren nicht vertreten, aber die "Ostjuden" folgten seinem Sarg zu Hunderten.

Von Gott - Gott als Idee

Kant hatte gelehrt, daß wir über Gott niemals eine Aussage machen können, da Gott "Ding an sich" sei, welches uns, die wir nur in Zeit und Raum und den Kategorien der Logik denken können, für immer entzogen sei. Cohen hingegen sieht in Gott eine unendliche Aufgabe. Werfen wir einen Stein ins Wasser, so bilden sich dort kreisförmig sich immer weiter ausbreitende Wellen. So ist es auch mit unserem Weg zu Gott: Wir nähern uns ihm, aber wir werden ihn niemals erreichen.

Es gibt in der Welt zwei Daseinsformen: die Welt der Natur und die Welt der Ethik. Die eine wird von der Naturwissenschaft logisch erforscht, die uns sagt, wie die Welt *ist*; die andere von der Ethik, welche uns den Willen zur Sittlichkeit gibt und uns sagt, was die Welt *sein soll*. Die entscheidende Frage ist nun: Gibt es eine Entsprechung zwischen den beiden Daseinsformen, welche uns erlaubt, die Naturwissenschaft und die Ethik miteinander in Beziehung zu bringen? Cohen antwortet: Diese Beziehung wird durch die Idee Gottes verbürgt. In ihr vereinigen sich Natur und Ethik. Daher muß auch Gott einig-einzig sein.

Judentum: Monotheismus, der Messias

Dieser Monotheismus als absolute Einzigkeit Gottes wird in der Botschaft der Propheten ausgesprochen und findet im Judentum seinen Ausdruck. Das Judentum glaubt an den kommenden Messias, was ihm wie der Welt ewige Aufgabe bedeutet. Wie man sich Gott annähert, so nähert man sich der Zeit des ewigen Friedens, der messianischen Zeit, durch unermüdliches Streben nach ethischem Fortschritt an:

> "Die Zukunft, welche die Propheten im Symbol des Messias vorzeichnen, ist die Zukunft der Weltgeschichte. Sie ist das Ziel, sie ist der Sinn der Geschichte (...) Und die Menschen selbst sind es, welche dieses Zeitalter des Messias herbeizuführen haben (...) Die Verwirklichung der Sittlichkeit auf Erden, ihrer Aufgaben und ihres ewigen Zieles, dies und nichts anderes bedeutet uns die Idee des Messias. Dem geschichtlichen Leben der Menschen und der Völker, ihrem Recht und ihren Staaten gibt die Idee des Messias die neue Verfassung des ethischen Ideals. Das Reich des Messias, das ist das Gottesreich. Nicht ein persönlicher Herrscher ist der Messias in jener Zukunft, nicht ein Heros, aber der Geist Gottes ruht auf ihm, und er bringt den Völkern das Recht."[199]

Um dieser Botschaft willen hat das jüdische Volk eine ewige Aufgabe. Diese wird noch klarer in Cohens Behandlung der Religion herausgearbeitet.

Religion als Korrelation

Die Ethik hat den Nachteil, daß sie nur allgemein zur Menschheit spricht und nicht unmittelbar zum einzelnen. Die Religion beruht auf ihr und geht zugleich über sie hinaus. Die Religion spricht den einzelnen an. Durch die Religion entsteht eine "Korrelation" zwischen Gott und dem Einzelmenschen, ein "Ich-Du"-Verhältnis. Nun erwachen im Menschen das Bewußtsein der Sünde und der Wille, durch eigene Anstrengung vor Gott sich von ihr zu befreien und von Gott dadurch gereinigt zu werden. Gerade dies findet im Judentum seinen hervorragenden Ausdruck. Cohen zitiert Rabbi Akiba als Motto seines Buches "*Religion der Vernunft aus den Quellen des Judentums*":

> "Heil euch Juden! Wer reinigt euch und vor wem reinigt ihr selbst euch? Es ist euer Vater im Himmel" (Babylon. Talmud Joma 85b).

Religion als Ruf zum Erbarmen

Die Religion, welche sich an den einzelnen wendet, will in ihm das Erbarmen wecken. Der Gott der Liebe und des Erbarmens spricht jeden einzelnen auf die Liebe und das Erbarmen mit seinem Mitmenschen an. Dies ist eine Grundlehre des Judentums. Das Wort "Erbarmen", "Rachamim", ist von "Rechem", "Mutterleib", hergeleitet, d.h. es drückt absolute, individuelle, liebende und nährende Geborgenheit aus.

Erwählung des Judentums als Ansporn

Aber nicht nur in der Lehre vertritt das jüdische Volk das Erbarmen. Durch sein Leben in der Diaspora ruft es die Gesamtwelt zu Erbarmen auf. Unter der Menschheit zerstreut und überall eine Minorität, bedeutet das Dasein der Juden eine Herausforderung an die Umwelt, Erbarmen zu üben. Damit wird die Menschheit zum Erbarmen gegenüber allen Menschen erzogen. Gott, welcher Israel liebt, hat es erwählt und in die Welt gesandt, damit es der ganzen von Gott ebenso geliebten Welt Ansporn zum Erbarmen sei. In der Liebe Gottes zu Israel drückt sich die Liebe Gottes zur ganzen Menschheit aus. Um diese Aufgabe erfüllen zu können, muß das jüdische Volk leiden. Damit stellt es der Menschheit das Menschenleid als solches vor Augen, es wird zum "leidenden Messias", von welchem der Prophet Jesaja spricht. Sein Leiden ist "ein Leiden der Liebe" zu Gott, denn als Stellvertreter des Menschenleids erweckt es Erbarmen.

Religion der Vernunft und eine Kritik

Der Vorwurf, den man Cohen gemacht hatte, er fasse Gott lediglich als Idee und nicht als Person auf, hat sein Lieblingsschüler, Franz Rosenzweig, der ihm eng verbunden war, scharf zurückgewiesen. Philosophisch gesehen war Gott für Cohen "Idee", aber in seinem Leben "mein Hirte, mir wird nichts mangeln", wie Rosenzweig Cohens einmal mit Begeisterung gesprochenes Wort zitiert. Cohen lehnte den Zionismus ab, da dieser das Leiden der Juden aufzuheben strebte. Als liberaler Jude war der Messias für ihn ein Ziel, nicht eine Person, doch sah er die Messiasidee als den wertvollsten Beitrag des Judentums zur Menschheitsgeschichte an. Er bekannte sich stolz, zu Kriegsbeginn sogar überschwenglich, zu Deutschland. Er sah im Leiden eine messianische Aufgabe der Juden, dabei bezog er sich auf die Leiden der Juden in der Geschichte bis zu seiner Generation. Das Ausmaß der Vernichtung in der *Schoa* konnte er nicht voraussehen, denn es übersteigt jede menschliche Vernunft und jedes menschliche Gefühl.

Weiterentwicklung

Inzwischen waren sein Schüler Franz Rosenzweig und ebenfalls Martin Buber von Cohens Ideen abgekommen. Rosenzweig, weil er die Vernunftphilosophie nicht länger als absoluten Maßstab ansehen konnte, Buber auch noch, weil er Zionist war. Der Einfluß Cohens beruhte auf seiner Wirkung auf seine Schüler, wie darauf, daß er den neuzeitlichen liberalen Juden eine allumfassende Theologie gab. Er bezeugt die Kraft des deutschen Judentums in den letzten Jahren seiner Existenz.

Martin Buber: Aus seinem Leben

In Wien geboren, verbrachte Buber seine Kindheit in Galizien im Haus seines Großvaters Salomon Buber (1827-1906), eines bedeutenden *Midrasch*forschers. Dort kam er schon früh mit dem Chassidismus in Berührung. Nach seinem Studium in Wien, Berlin, Leipzig und Zürich wurde er im Jahre 1898 Zionist und vertrat einen kulturell-ethischen Zionismus. Er wurde Redakteur des zionistischen Zentralorgans "*Die Welt*" (1901) und einer der Gründer des "*Jüdischen Verlags*". Sein ganzes Leben lang kämpfte er für die Verständigung zwischen Juden und Arabern. Während des Ersten Weltkrieges siedelte er nach Heppenheim an der Bergstraße über und gab dort von 1916-1924 die Monatsschrift "*Der Jude*" heraus. Eine enge Freundschaft mit Franz Rosenzweig (s.u.) führte zur Zusammenarbeit beider Männer. Im Jahre 1924 erhielt Buber eine Professur für jüdische Religionswissenschaft an der Universität Frankfurt, welche ihm die Nazis wieder entzogen. Er übernahm nun den Aufbau und die Leitung einer jüdischen Erwachsenenbildung, um seinen Glaubensgenossen aus der Lehre des Judentums die Kraft zum Durchhalten zu geben. Erst 1938, als sein Leben schon in größter Gefahr war, nahm er den wiederholt an ihn ergangenen Ruf der Hebräischen Universität in Jerusalem als Professor für Sozialphilosophie an. Er leitete dort auch ein Institut zur Ausbildung von Erwachsenenpädagogen, vor allem für die Einwanderer. Nach dem Krieg entfaltete er eine umfangreiche Lehrtätigkeit in der westlichen Welt. Sein Einfluß ging weit über das Judentum hinaus.

Reden über das Judentum

Buber war Erzieher. Sein ganzes Werk dient dem Ziel, im einzelnen Juden wie in der jüdischen Gemeinschaft den Willen und die Stärke zur Erneuerung des Judentums zu erwecken. Damit wird das Judentum zu einer der Gesamtwelt dienenden geistigen Macht. Um dies zu erreichen, muß jeder einzelne Jude sich persönlich und unmittelbar angesprochen fühlen. Er muß die jüdische Religiosität erneuern. Das Programm dazu entwickelte Buber in acht "*Reden über das Judentum*", die er vor jüdischen Studenten in den Jahren 1909-1919 gehalten hat.

Religiosität und Religion

Buber unterscheidet zwischen "Religiosität" und "Religion":

> "Ich sage und meine: Religiosität. Ich sage und meine nicht: Religion. Religiosität ist das ewig neu werdende, ewig neu sich aussprechende und ausformende, das staunende und anbetende Gefühl des Menschen, daß über seine Bedingtheit hinaus und doch mitten aus ihr hervorbrechend ein Unbedingtes besteht, sein Verlangen, mit ihm lebendige Gemeinschaft zu schließen, und sein Wille, es durch sein Tun zu verwirklichen und in die Menschenwelt einzusetzen. Religion ist die Summe der Bräuche und Lehren, in denen sich die Religiosität einer bestimmten Epoche eines Volkstums ausgesprochen und ausgeformt hat (...)."[200]

Chassidismus und Bibelübersetzung

Jüdische Religiosität bedeutet, vom "Unbedingten" angesprochen zu sein und ihm durch die Tat zu antworten. Dies sieht Buber im Chassidismus verwirklicht. Dort war jeder Augenblick eine göttliche Herausforderung an jeden einzelnen, und jede menschliche Tat wurde zu einer Antwort auf sie. Darum erzählte er ausführlich und in dichterischer Freiheit das Leben und Lehren der Chassidim und ihrer Rebben. Die Propheten verkörpern diese unmittelbare Verbindung des Menschen, der über sich hinauswachsend den Ruf Gottes durch die Tat beantwortet. Daher hat Buber zusammen mit Rosenzweig die Heilige Schrift ins Deutsche übertragen. Es ging ihm darum, den tiefsten Sinn des hebräischen Wortes zu erfassen und ihm ein entsprechendes deutsches Wort zuzuordnen. Jede Zeile in dieser Übersetzung ist gerade so lang, daß sie in einem Atemzug vorgetragen werden kann. Die Schrift muß lebendige Verkündigung bleiben.

Einheit - Tat - Zukunft - Ost und West

Das Judentum hat die Aufgabe, durch das Wirken für die Einheit vermittels der Tat die Zukunft zu erbauen. Das schließt nicht nur die innere Einheit in der Seele des Menschen, die Einheit unter den Juden, sondern sogar bzw. gerade diese zwischen den Völkern des Ostens und Westens ein.

Osten und Westen haben verschiedenartige Kulturen. Beide zum Segen der Menschheit zu verbinden, ist die Aufgabe der Juden.

> "Europa muß sich unterfangen, eine neue Ära der Erhaltung des Orients und des Einvernehmens zwischen ihm und dem Abendland zu gegenseitiger Förderung und gemeinsamer menschheitlicher Arbeit zu begründen (...) Für diese weltgeschichtliche Mission bietet sich Europa ein Mittlervolk dar, das alle Weisheit und Kunst des Abendlandes erworben und sein orientalisches Urwesen nicht verloren hat, das berufen ist, Orient und Okzident zu fruchtbarer Gegenseitigkeit zu verknüpfen, wie es vielleicht berufen ist, den Geist des Orients und den Geist des Okzidents in einer neuen Lehre zu verschmelzen. Wie dies geschehen mag, ist heute noch nicht zu umgrenzen. Aber dies eine sei gesagt, daß Jerusalem immer noch, ja mehr als je das ist, als was es im Altertum galt: das Tor der Völker."[201]

Buber sprach hier etwa 1913 eine beinahe prophetische Botschaft aus, welche durch den Friedensschluß zwischen Israel und seinen Nachbarn im Jahre 1994 vielleicht Verwirklichung finden kann.

Humanitarismus - Nationalismus - Konservativismus

Zur Jugend gewandt appelliert er an ihren Idealismus. Er gibt ihr einen dreifachen Weg vor: Hebräischen Humanitarismus, formalen Nationalismus und religiösen Konservativismus. Ersterer bedeutet Kampf für eine neue, bessere Menschengemeinschaft. Diese muß erbaut werden. Hierzu braucht der Jude aber sein eigenes Land. Ein Haus kann nicht auf fremdem Boden erbaut werden.

> "Eigenes Material, eigenen Boden brauchen wir zu unsrem Bau. Nicht als Einzelne, als Volk wollen wir bauen. Einzelne Juden werden, sonderlich als Lehrende, dem Abendland noch Wesentliches zu geben haben; die bauende Sehnsucht des jüdischen Volkes weist anderswohin, weist in sein Land (...) Man verstehe uns recht: Die Erkenntnis der Nation als einer grundlegenden Realität des Menschheitslebens kann aus dem Bewußtsein der Menschheit nicht mehr getilgt werden und soll es auch nicht; aber sie muß und wird durch die Erkenntnis ergänzt werden, daß kein Volk der Erde souverän, daß souverän einzig der Geist ist. Der Geist aber (...) der den Lehmkloß der Völker zu Gestalten bildet, ist einer und unteilbar. Solange die Völker sich seinem Gebot entziehen (...) werden sie einander aufzehren (...) Unser Wort geht an das jüdische Volk, das säkulare Volk des Geistes, ihm die Treue zu wahren und der Anpassung an das Dogma nicht zu verfallen."[202]

Dogma wird hier in doppelter Weise verstanden: einmal im Sinne der Nationalpolitik, welche im Land eben nur eine Nation wie alle anderen aufbauen will, zum anderen im Sinne der Orthodoxie, welche Gesetzesbefolgung fordert. Das Gesetz hatte als "geschmiedete Rüstung des Volkstums" seinen Wert besessen, solange es so erlebt wurde; dies hatte es jetzt verloren. Es war wertlos und sogar schädlich. Die innere Geschichte und das Gedächtnis des jüdischen Volkes müssen neu erlebt werden. Dies bringt

> "die Gemeinschaft als Verwirklichung des Göttlichen im Zusammenleben der Menschen;
>
> die Erde als das mütterliche Element solches Zusammenlebens, von Gott der Gemeinschaft allein und keinem Einzelnen verliehen;
>
> die Arbeit als der immer wieder vollzogene Bund des Menschen mit der Erde, wo sie (...) in frei opferndem Gemeinschaftsdienst, Gottesdienst getan wird;
>
> die Hilfe, gegenseitige Hilfe Leibes und der Seele als das Einanderhalten und Einandertragen, das Einanderfreimachen der Menschen zum Werk der Verwirklichung, und so wahrhaft an Gott geleistet;
>
> das Führertum als das Amt der Hilfreichsten und Hilfsfähigsten, verwaltet im Auftrag Gottes, des alleinigen Herrschers, nicht von geistlich spezialisierten Menschen, die zur Welt niedersteigen, sondern von weltlich allgemeinen, die sich zum Geist verklären;
>
> die Gemeinde in ihren mannigfachen Formen, Ortsgemeinde, Genossenschaft, Kameradschaft, Brüderschaft, als die Zelleneinheit aller Gemeinschaft, darin sich die unmittelbare Beziehung zwischen den Menschen, die Trägerin des Göttlichen, zur dauernden Gestalt aufbaut;
>
> das Gemeinwesen als der Verband lebenskräftiger, verwirklichungserfüllter Gemeindezellen, (...) in gemeinschaftlich geordneter Arbeit (...);
>
> die Menschheit als ein Verband solcher Gemeinwesen, die in der gleichen Unmittelbarkeit zueinander treten;
>
> der Geist als der prophetische Lehrer der Treue und der Erneuerung: der Mahner zur Treue (...) zum Festhalten an den Einrichtungen, die der wahren Gemeinschaft dienen, aber auch der Hüter der sozialen Dynamik, daraus alle Einrichtung und Gemeinschaftsform sich in ewigem Rhythmus erneuern muß, daß sie nicht erstarre und nicht, wie in aller bisherigen Menschenwelt, ein Totes die Lebenden regiere;
>
> über allem aber der Name des Namenlosen, des Ziels aller Verwirklichung, sprachlos vertraute Gnade allen zur Verwirklichung Entschlossenen (...)."[203]

Buber verbindet die Missionsidee des liberalen Judentums mit dem Zionismus. Er verwirft die *Mizwot*, welche wertlos geworden sind. Im säkularen Leben sieht er einen Gottesdienst. Gott ist der einzige Herrscher der Menschheit, welche als Gesamtheit aufgerufen wird, dem Vorbild des jüdischen Volkes folgend, den göttlichen Geist zu verwirklichen. Im jüdischen Volk gibt es keine Sphäre, welche nicht mit der religiösen, d.h. Religiosität, verbunden ist. Die Menschheit, die ihren Trieben gehorcht, kann nur durch die Nachahmung des Geistes, wie er im Judentum lebt, die Freiheit finden. Die Wahrheit des Judentums beruht nicht auf einer Philosophie, sondern ist ein Weg. Buber zitiert eine *Talmud*stelle: "Gott sagt: An mir ist es, David und Goliaths Seelen zu Freunden zu machen" (*Babylon. Talmud Sanhedrin* 105a). Das Wort bezeugt, daß die Verbrüderung von Feindesseelen möglich und daher geboten ist, wenn Gott eintritt.

Der Konservativismus spielt eine wesentliche Rolle. Die Vergangenheit berichtet von der Begegnung des jüdischen Volkes mit Gott. Als Leitfaden zur Erneuerung des jüdischen Volkes unter Gott und damit der Menschheitsverbrüderung muß daher einmal das jüdische Schrifttum, zum anderen das Verständnis des Glaubens und Lebens der jüdischen Volksmasse, "die alte Gottesinbrunst des Judenvolkes" dienen.

> "Wer vor allem die Bibel solchermaßen liest (...) als des Wirkens des Unbedingten am jüdischen Volksgeist fundamentale Urkunde, dem wird sie ein heimliches Gut offenbaren, ein Walten der Urkräfte (...) Ein ernstes Studium des späteren und späten Schrifttums muß sich anschließen, darin neben dem sich sogleich als wahlverwandt Darbietenden auch das Spröde und scheinbar Unergiebige nicht fehlen darf (...) auch die jüdische Volksmasse in all ihrem Glauben und Brauch (...) Es gilt ihrem inneren Leben nahezukommen (...) das Verlangen brennt, alles Irdische zu heiligen und den Bund mit Gott an allen Dingen der Welt zu bewähren. Es gilt beides zugleich zu erkennen: daß dieses Volk der Regeneration bedürftig und daß es ihrer fähig ist, weil es neben den Elementen der Verderbnis die der Reinigung und Erlösung in seiner Seele trägt."[204]

Das jüdische Volk entfaltet sich auf seinem eigenen Boden, um durch seine Tat der Menschheit ein Leben unter Gottes Königtum vorzuleben und ihr die Freiheit zu bringen. Mit dieser Idee verbindet sich Bubers Überzeugung, daß die Juden durch ein Urerlebnis, "das Blut", miteinander verbunden sind und ihre Wesenszüge sich erhalten haben. Damit geht er über die "Vernunft" hinaus. Er weiß in der Tiefe seines Bewußtseins, daß dies so ist

Ich und Du

In dem Werk "*Ich und Du*", welches im Jahre 1923 erschien und seinen Weltruhm begründete, spricht Buber zur Menschheit. Doch erkennen wir darin die Grundauffassungen von Gottes Eingreifen ins individuelle Leben, von der Aufgabe, Gott standzuhalten, indem wir den Mitmenschen als "Du" tätig anerkennen, wie es in der prophetischen Botschaft seinen Ausdruck fand und die Chassidim es lebten. Der Grundgedanke des Werkes kommt der Idee der "Korrelation" Hermann Cohens so nahe, daß Buber Jahrzehnte später sich genötigt fühlte, die Unabhängigkeit seines Denkens zu betonen.

> "Die Welt ist dem Menschen zwiefältig nach seiner zwiefältigen Haltung. Die Haltung des Menschen ist zwiefältig nach der Zwiefalt der Grundworte, die er sprechen kann. Die Grundworte sind nicht Einzelworte, sondern Wortpaare. Das eine Grundwort ist das Wortpaar Ich-Du. Das andere Grundwort ist das Wortpaar Ich-Es (...) Somit ist auch das Ich des Menschen zwiefältig (...) Grundworte werden mit dem Wesen gesprochen. Wenn Du gesprochen wird, ist das Ich des Wörterpaars Ich-Du mitgesprochen. Wenn Ich-Es gesprochen wird, ist das Ich des Wörterpaars Ich-Es mitgesprochen. Das Grundwort Ich-Du kann nur mit dem ganzen Wesen gesprochen werden. Das Grundwort Ich-Es kann nie mit dem ganzen Wesen gesprochen werden."[205]

Vereinfacht heißt das, daß wir z.B. einen anderen Menschen als Werkzeug ansehen können. Der Meister gibt dem Lehrling einen Auftrag. Er betrachtet ihn nicht als Menschen, sondern als Gegenstand. Sein Verhältnis zu ihm ist "Ich-Es", d.h. der Auftraggeber bringt sein eigenes Wesen nicht in diesen befehlenden Dialog mit dem anderen ein. Wenn ich ein Werk studiere, so ist das Verhältnis zu ihm Ich-Es. Das Werk gibt mir Aufschluß, es ist ein Es. Trete ich aber einem anderen Menschen als Menschen gegenüber, dann wird das Grundwort Ich-Du. Der andere ist mir gleich, beeinflußt mich mit seinem Wesen. Ich-Du ist das ideale Verhältnis zu Menschen. Dieser Dialog zwischen Menschen besteht jedoch nicht nur aus Worten, sondern auch aus Taten. Nehmen wir an, jemand fällt in einen Fluß, ist am Ertrinken und schreit um Hilfe. Ich komme gerade vorbei. Dann erfaßt mich sein Du. Ich muß mit einer Tat entsprechen. Entweder springe ich in den Fluß, um ihn zu retten, oder, da ich selbst nicht schwimmen kann, tue ich es nicht. Auf jeden Fall habe ich mit meinem ganzen Wesen geantwortet. Ging ich aber, obwohl ich schwimmen kann, zu einem Telefon, um den Rettungswagen zu holen, wenngleich ich weiß, daß er viel zu spät eintreffen wird, dann habe ich mein Wesen verleugnet. Dieses Ich-Du-Verhältnis ist ein ganz persönliches. Wie in unserem Beispiel tritt es mir in einem von mir nicht vorhergesehenen Augenblick entgegen und fordert mich auf zur Entscheidung und zur Tat. Gehe ich der Entscheidung aus dem Weg, dann habe ich gesündigt. Sünde ist das Ausweichen vor einer Tat, die meinem Wesen im Ich-Du-Verhältnis in einem Augenblick plötzlich und ganz persönlich abverlangt wird.

Woher weiß ich um das Ich-Du-Verhältnis zu anderen Menschen? Hier tritt Gott ein, denn Ich-Du wird immer in Verbindung mit Gott gesprochen. Gott, das ewige Du, sagt mir im gegebenen Augenblick, wie ich mich gegenüber dem menschlichen Du zu verhalten habe. Ich antworte dem Du Gottes, indem ich dem menschlichen Du antworte.

Das ewige Du Gottes kann seinem Wesen nach nicht zum Es werden. Gott ist Gegenwart im Augenblick seines Rufs, aber steht jenseits aller Objekte. Daher muß ich immer mit ihm sprechen. Der Theologe, welcher Gottes Wesen studiert, macht Gott zum Es. Der Mensch, welcher Gott lediglich durch die Befolgung religiöser Riten zu dienen sucht, macht ihn ebenfalls zum Es, vor allem wenn er von Gott die Gewährung seiner menschlichen Bitten erwartet. Zudem ist ja Gott nicht nur, oder für den Menschen vielleicht überhaupt nicht, in einer festgesetzten Gebetsstunde da, er spricht nicht zu ihm. Buber sagte mir daher einmal: "Wenn ich *über* Gott redete - als Theologe -, wäre ich längst zum Atheisten geworden, aber ich rede *mit* ihm". Der wahre und einzige Weg vom Einzelmenschen zu Gott geht über die Gemeinschaft, und jeder Akt kann zum Gottesdienst werden. "Enoch war ein Schuhmacher; wenn er die Sohle mit dem Oberleder verband, verband er Erde und Himmel [Gott]". Die *Mizwot* hingegen errichten eine Mauer zwischen dem Menschen und Gott. Buber lehnt sie ab.

Das Ich-Du-Verhältnis von Mensch zu Mensch verwandelt sich sofort in ein Ich-Es, denn wir erforschen die Persönlichkeit des anderen, wollen etwas von ihm, usw. Aber unser Streben, den Ich-Du-Dialog, immer wieder zu erwecken, ist die Grundlage aller menschlichen Beziehungen.

Buber hat seinen schon in seinen Reden über das Judentum ausgesprochenen Gedanken verallgemeinert. Dem Ich-Du vorbildlich nachzustreben ist die Aufgabe des Juden. Hier aber wendet sich Buber unmittelbar an alle Menschen. Darin liegt die Bedeutung seines Buches und der Nachhall, welchen es gefundet hat.

Nun bestehen allerdings Schwierigkeiten. Die Aufgabe, Gottes Ruf dauernd zu hören und zu erfüllen, mag für uns zu schwierig sein. Für die Juden liegt das Problem in Bubers völliger Ablehnung der *Mizwot*. Daher ist im Lauf der Jahre Bubers Einfluß auf die Juden zurückgegangen, denn ohne *Mizwot* können Juden nicht überleben. Gleichzeitig ist sein Einfluß auf nichtjüdische Denker gestiegen, da er keine an eine spezifische Religion gebundenen Taten fordert, sondern nur in der Antwort auf das allmenschliche Du den vom ewigen Du Gottes geforderten Dialog sieht.

Franz Rosenzweig: Von seinem Leben

Franz Rosenzweig (1886-1929) entstammte einer sehr wohlhabenden und so liberalen jüdischen Familie aus Kassel, daß einige ihrer Mitglieder, keinen Unterschied zwischen diesem Judentum und dem liberalen Christentum erkennend, aus innerstem Gewissen heraus, die Taufe nahmen. Rosenzweig sah sich vom eigenen Gewissen gezwungen, seine Religionszugehörigkeit ernsthaft zu überprüfen.

Er war inzwischen Medizinstudent geworden, hatte dieses Studium aber nach dem Physikum aufgegeben und sich der Geschichte und Philosophie zugewandt. Das Problem seiner Religionszugehörigkeit ließ ihn jedoch nicht los. Durch Gespräche und Briefwechsel mit seinen bereits getauften Vettern Eugen Rosenstock und Rudolf Ehrenberg gewann Rosenzweig die Überzeugung, daß auch er Christ werden müsse.

Auf Bitten der Mutter, das Judentum nicht unmittelbar vor dem bevorstehenden *Jom Kippur* zu verlassen, beschloß er, an diesem Tag einem letzten jüdischen Gottesdienst, und zwar in einer kleinen orthodoxen Synagoge zu Berlin, beizuwohnen. Hier hatte er eine von ihm nie erläuterte mystische Erfahrung, welche ihm die Bedeutung des Judentums so in die Seele schrieb, daß er in ihr den Auftrag sah, sein Leben von nun an ganz dem Judentum zu widmen. Seine der Vision folgenden Überlegungen legten gleichzeitig den Grund seines künftigen Denkens. Seinem schon getauften Vetter Rudolf Ehrenberg schrieb er am 31. 10. 1913:

> " (...) ich muß dir mitteilen, was dich bekümmern und, zunächst mindestens, dir unbegreiflich sein wird: ich bin in langer und, wie ich meine, gründlicher Überlegung dazu gekommen, meinen Entschluß [sc. Christ zu werden] zurückzunehmen. Er scheint mir nicht mehr notwendig und daher, in meinem Fall, nicht mehr möglich. Ich bleibe also Jude."[206]

Rosenzweig suchte den jetzt in Berlin wohnenden Hermann Cohen auf, dessen Lieblingsschüler er wurde. Er wurde zum "Sucher". Schritt für Schritt nahm er die Pflichten des Religionsgesetzes auf sich, wenn immer er, von einem starken Willen zur Befolgung angespornt, für die Erfüllung eines Gebotes "fertig" war, d.h. es ihm von Gott persönlich geboten wurde. Er war nicht "orthodox" in dem Sinn, daß das Gesetz zu erfüllen sei, weil es nun einmal dastehe, sondern er sah seinen Weg in der Annäherung an die *Mizwot* mit dem Ziel, sie alle aus innerster Überzeugung schließlich befolgen zu können.

Im September 1914 trat er als freiwilliger Krankenpfleger beim Roten Kreuz ein, 1915 als Kriegsfreiwilliger bei der Feldartillerie in Kassel. Mit dieser kam er 1916 auf den Balkan, wo er bis Kriegsende blieb. Dort kam er mit dem lebendigen Judentum der östlichen Juden in Berührung, unter dessen Eindruck er seine Aufgabe erkannte. Auf Postkarten, die er seiner Mutter schrieb, begann er sein Werk "*Der Stern der Erlösung*". Während des Rückzugs der Truppen mußte er einige Zeit mit Malaria im Lazarett in Belgrad bleiben.

Nach seiner Entlassung aus dem Militärdienst stellte er den "*Stern*" und seine Dissertation "*Hegel und der Staat*" fertig und promovierte.

Im Jahre 1920 heiratete er, lehnte einen Ruf an die Universität Berlin ab und zog nach Frankfurt, einem Zentrum jüdischen Lebens, um sich ganz dem Judentum zu widmen.

In Frankfurt gründete er das "*Freie Jüdische Lehrhaus*". Es war etwas ganz Neues. Nur einen Amtsträger oder "Chorführer" sollte es haben, der die Menschen zusammenbrachte. Die Lehrer sollten der Gemeinschaft entnommen werden, und zugleich Lehrende und Lernende sein. Rosenzweig beschrieb seine Idee mit den folgenden Worten:

> "Das Freie Jüdische Lehrhaus ist seinem Wesen nach an die Stadt gebunden, nach der es heißt (...) Das Besondere des Lehrhauses steckt nämlich grade in dem, was mehr oder weniger überall möglich ist. Nämlich in dem Ausgehn von den ortsheimischen Kräften. Womit nicht nur die Rabbiner und Religionslehrer gemeint sind (...) Sondern die Aufgabe ist die Entbindung der Lehrkraft in denen, die sich selbst nur für Schüler halten. An jedem Ort gibt es Kaufleute, Ärzte, Anwälte, die genug Geist haben, um zu fragen (...) das lebendige Fragen und Gegenfragen, durch das sich unser »Lernen«, das alte wie das neue, von einem Vortrag oder selbst von einem guten Universitätsseminar unterscheidet (...) Man komme also zusammen und frage sich, was man glaubt oder wie man lebt; man lese die Bibel oder den Talmud, ohne Scheu vor Übersetzungen (...) Und tue was man tut, mit der Mischung aus Bescheidenheit und Kühnheit, die zu einem so gefährlichen und doch notwendigen Tun gehört. Denn gefährlich ist allerdings dies lehrerlose Lernen, aber es ist notwendig in einer Übergangszeit, wo die alten Lehrer, die Gelernten, nicht mehr als Führer anerkannt werden und die neuen noch nicht da sind (...) dann ist noch eines nötig, damit die ganze Sache ein Gesicht bekommt: die Dozentengemeinschaft (...) daß die Dozenten einander hören. Bei Zünftigen wäre das ja unmöglich, aber bei diesen schülerhaften Lehrern sollte man denken, es würde nicht allzuschwer sein, sie zueinander auf die Schulbank zu bringen (...) Und so ist auch hier das nötig, was überall ersatzweise eintreten muß, wo die Gegenseitigkeit der Menschen versagt: der Amtsträger, der Mensch also, der sich mit der Sache identifiziert (...) Aber gerade aus diesen beiden (...), dem Menschen der das Lehrhaus »ist«, und den Lehrkräften, die erst im Lehrhaus ihre Lehr-Kräfte entdecken, setzt sich das Wesen des Lehrhauses zusammen."[207]

Das Lehrhaus, welches in vielen Städten Nachahmung fand, gelangte für die deutschen Juden während der Nazizeit zu lebenswichtiger Bedeutung (s.u.). In abgewandelter Form besteht es heute in Amerika.

Im Januar 1922 brach Rosenzweigs Krankheit, Amyotrophe Lateralsklerose, aus. Als Medizinstudent wußte Rosenzweig, wie sie fortschreiten und enden würde. So bereitete er sich auf die Zeit vor, wo er nicht mehr sprechen oder schreiben konnte. Auf einer eigens konstruierten Maschine war er imstande, auch als seine Muskulatur vollkommen erschlafft war, seine Gedanken anzudeuten. Seine Frau, die jede seiner Bewegungen verstand, las und übertrug sie.

Er gab die Leitung des Lehrhauses auf. Die ihm angetragene Professur an der Universität Frankfurt vertraute er seinem Freund und Mitarbeiter Martin Buber an.

Im Dezember des Jahres 1922 begann er Gedichte Jehuda Halevis zu übersetzen. Im Mai 1924 machte er sich, zusammen mit Martin Buber, an die Übersetzung der [heiligen] Schrift, die Buber allein viele Jahre später vollenden sollte. Am 12. Dezember 1929 starb er.

Franz Rosenzweig galt den deutschen Juden als Symbol des eigenen Schicksals. Eine im Krieg zugezogene Infektion, sei es der virulente Antisemitismus, sei es die Malaria, brach nach dem Krieg in neuer Form aus und fällte den Menschen Rosenzweig wie die Gemeinschaft der Juden. Beide waren an ihrem Leid und ihrem Tod unschuldig und beide lebten bis zum letzten Ende in der vollen Kraft ihres Geistes und Schaffens. Rosenzweigs Weg zu den *Mizwot* wurde auch in Amerika zum Vorbild der nichtorthodoxen Juden.

Denken und Lehre: Judentum und Christentum

Bereits in seinem Brief, in welchem er Ehrenberg mitteilt "Ich bleibe also Jude", entwickelte Rosenzweig Grundgedanken, welche sein ganzes theologisches Werk durchziehen.

Judentum und Christentum sind beide von Gott gewollt, stellen zwei Bünde mit Gott dar und sind von Gott bestimmt, der Menschheit das Heil zu bringen. Das Judentum bezeugt, daß man zu Gott kommen kann, denn das jüdische Volk ist schon bei Gott, das Christentum hat die Aufgabe, die Menschheit zu Ihm zu bringen. So wird Rosenzweig zum ersten jüdischen Theologen, welcher das Christentum als notwendig in die jüdische Theologie und das Judentum als notwendig in die christliche einfügt, so daß er in der christlichen Theologie weithin Beachtung gefunden hat.

> "Das Christentum erkennt den Gott des Judentums an, nicht als Gott aber als den »Vater Jesu Christi«. Es hält sich selbst an den »Herrn«, aber weil es weiß, daß nur er der Weg zum Vater ist. Er bleibt als der Herr bei seiner Kirche alle Tage bis an der Welt Ende. Dann aber hört er auf, Herr zu sein, und wird auch er dem Vater untertan sein, und dieser wird - dann - Alles in Allem sein. Was Christus und seine Kirche der Welt bedeuten, darüber sind wir einig: es kommt niemand zum Vater denn durch ihn.
>
> Es *kommt* niemand zum Vater - anders aber wenn einer nicht mehr zum Vater zu kommen braucht, weil er schon bei ihm *ist*. Und dies ist nun der Fall des Volkes Israel (nicht des einzelnen Juden). Das Volk Israel, erwählt von seinem Vater, blickt starr über Welt und Geschichte hinüber auf jenen letzten fernsten Punkt, wo dieser, sein Vater, dieser selbe, der Einige und Einzige - »Alles in Allem«! - sein wird. An diesem Punkt, wo Christus aufhört der Herr zu sein, hört Israel auf erwählt zu sein; an diesem Tage verliert Gott den Namen, mit dem ihn allein Israel anruft; Gott ist dann nicht mehr »sein« Gott. Bis zu diesem Tage aber ist es Israels Leben, diesen

ewigen Tag in Bekenntnis und Handlung vorwegzunehmen, als ein lebendes Vorzeichen dieses Tages dazustehen, ein Volk von Priestern, mit dem Gesetz, durch die eigene Heiligkeit den Namen Gottes zu heiligen. Wie dieses Volk Gottes in der Welt steht, welche äußeren (Verfolgung) und inneren (Erstarrung) Leiden es durch seine Absonderung auf sich nimmt, darüber sind wir wieder einig.

Dennoch, da diese Leiden der Weltverneinung von der Synagoge in der gleichen Endhoffnung aufgenommen werden wie von der Kirche die Leiden der Weltbejahung, und da das nicht bloß ein unbewußtes und zufälliges Zusammentreffen in der *Ewigkeit* (...) ist, sondern auch die Wurzeln dieser Hoffnung, der Gott aller *Zeit* hier und dort, zusammen entspringen, die Offenbarung des Alten Bundes uns gemeinsam ist: so sind Kirche und Synagoge aufeinander angewiesen.

Die Synagoge, unsterblich, aber mit gebrochenem Stab und der Binde vor den Augen,[208] muß selbst auf alle Weltarbeit verzichten und alle ihre Kraft darauf verwenden sich selbst am Leben und rein vom Leben zu erhalten. So überläßt sie die Weltarbeit der Kirche und erkennt in ihr das Heil für alle Heiden, in aller Zeit. Sie weiß, was für Israel die Werke des Kults, für die Welt außerhalb Israels die Werke der Liebe wirken. Aber sie weigert sich, der Kirche zuzugestehn, daß die Kraft, aus der jene die Werke der Liebe tut, mehr als gött*lich*, und selber eine Gotteskraft sei. Hier schaut sie starr in die Zu*kunft*.

Und die Kirche, mit dem unzerbrechlichen Stab, weltoffenen Auges, siegessichere Kämpferin, ist allzeit in Gefahr, daß ihr die Besiegten Gesetze geben. Allen zugewandt soll sie sich dennoch nie ans Allgemeine verlieren (...) Darum findet die Kirche allezeit, wenn sie (...) sich mit dem »Allgemeinmenschlichen« ausgleichen möchte, (...) in der Synagoge die stumme Mahnerin, die vom Allgemeinmenschlichen unverlockt nur vom Ärgernis weiß, und da fühlt sie sich wieder positiv und sagt wieder das Wort vom Kreuz. Und daher weiß die Kirche, daß Israel aufbewahrt wird bis zu dem Tag, wo (...) das Werk der Liebe vollendet ist und der jüngste, der Erntetag der Hoffnung anbricht."[209]

Damit nimmt jedoch Rosenzweig das Judentum aus der Geschichte heraus. Das jüdische Leben erfüllt sich im Zyklus des kultischen Jahres. Den Zionismus mußte er ablehnen, obgleich er zugab, daß seine Anhänger "jüdischer" waren als viele der liberalen deutschen Juden. Durch die Erneuerung des jüdischen Staates, welche Rosenzweig nicht mehr erlebte, ist aber das jüdische Volk wieder in die Geschichte eingetreten, so daß Rosenzweig, hätte er gelebt, seine Theologie hätte revidieren müssen.

Das Neue Denken

Die bestehende Philosophie strebt danach, wie Rosenzweig erklärt, das ganze Denken des Menschen vollkommen zu erneuern. Im Gegensatz dazu will er zum gesunden Menschenverstand zurück. Vor allem gegen Hegel betont Rosenzweig die existentielle Erfahrung des Menschen als Grundlage des Denkens. Damit wird die bestehende Philosophie "dekonstruktioniert".

> "Alle Philosophie frug nach dem »Wesen«. Es ist diese Frage, mit der sie sich vom unphilosophischen Denken des gesunden Menschenverstands scheidet. Der nämlich fragt nicht, was ein Ding »eigentlich« sei. Es genügt ihm, zu wissen, daß ein Stuhl ein Stuhl ist; er fragt nicht, ob er eigentlich etwas ganz andres wäre. Eben dies fragt die Philosophie, wenn sie nach dem Wesen fragt. Die Welt darf beileibe nicht Welt sein, Gott beileibe nicht Gott, der Mensch beileibe kein Mensch, sondern alle müssen »eigentlich« etwas ganz andres sein. Wären sie nichts andres, sondern wirklich nur, was sie sind, so wäre ja - behüte und bewahre! - am Ende die Philosophie überflüssig! Wenigstens eine Philosophie, die durchaus etwas »ganz andres« herauskriegen möchte (...) Wir wissen aufs genaueste, wissen es mit dem anschaulichen Wissen der Erfahrung, was Gott, was der Mensch, was die Welt für sich genommen »ist«; wüßten wir das nicht, wie könnten wir davon reden (...)."[210]

Der *Stern der Erlösung*

Der "*Stern der Erlösung*", ein schwieriges Werk, besteht aus drei Teilen: 1. Die Elemente oder die immerwährende Vorwelt; 2. Die Bahn oder die allzeiterneuerte Welt; 3. Die Gestalt oder die ewige Überwelt.

Die ersten zwei Teile

Dem Werk liegt das neue Denken zugrunde. Der Mensch bäumt sich gegen den Anspruch der Philosophie auf, welche seiner Erfahrung widerspricht:

> "Also, ich sage: die philosophierende Vernunft steht auf ihren eigenen Füßen, sie ist sich selbst genug (...) Nachdem sie also alles in sich aufgenommen und ihre Alleinexistenz proklamiert hat, entdeckt plötzlich der Mensch, daß er, der doch längst philosophisch verdaute, noch da ist (...) als »Ich, der ich doch Staub und Asche bin«. Ich ganz gemeines Privatsubjekt, Ich Vor- und Zuname, Ich Staub und Asche, Ich bin noch da. Und philosophiere, d.h.: ich habe die Unverschämtheit, die Allherrscherin Philosophie zu philosophie-ren (...) Es gibt »in« (oder besser: »an«) der Vernunft etwas Außervernünftiges (...)."[211]

Aus seinem gesunden Menschenverstand erkennt der Mensch *Gott-Mensch-Welt* als die *Elemente* und *Schöpfung-Offenbarung-Erlösung* als die *Bahnen*. Diese sind für ihn keine philosophischen Begriffe, sondern Wirklichkeit.

Die drei Elemente (erster Teil) und die drei Bahnen (zweiter Teil) können jeweils als Dreiecke dargestellt werden:

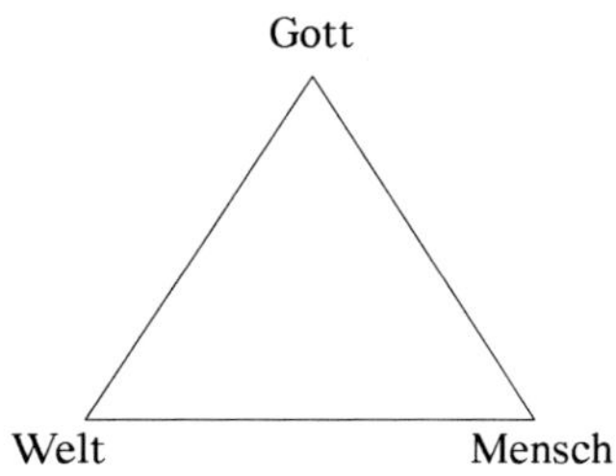

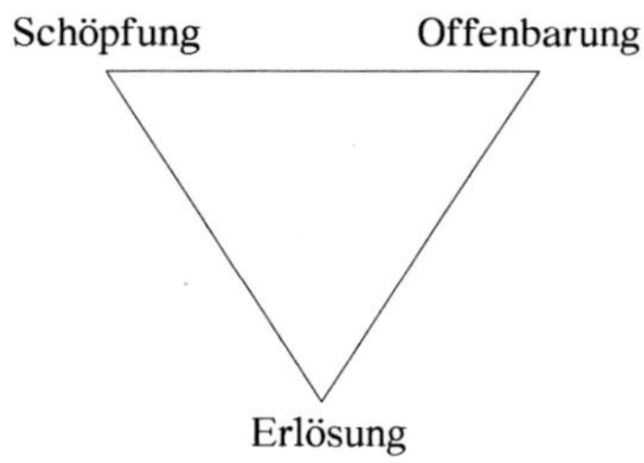

Ihr Zusammenwirken, d.h. die Überschneidung der Dreiecke, ergibt einen sechseckigen Stern (dritter Teil).

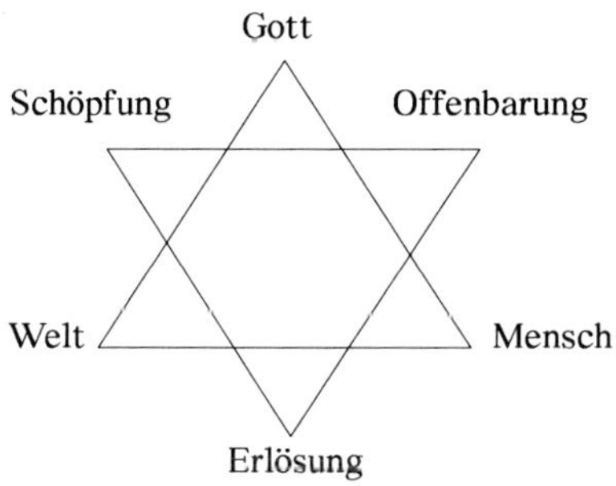

Gott gibt der *Welt* durch die *Schöpfung* ihre Existenz. Durch die *Offenbarung* gibt er dem *Menschen* seine Würde und seine Aufgabe. Der *Mensch* bringt durch sein Tun der *Welt* die *Erlösung*.

Im Stern stehen sich *Offenbarung* und *Welt* gegenüber. Die *Welt* empfängt ihren Sinn durch die *Offenbarung*. *Mensch* und *Schöpfung* stehen sich gegenüber. *Gottes Schöpfung* ist die Werkstatt des *Menschen*. Der *Mensch* bringt der *Schöpfung Erlösung*, indem er die Botschaft der *Offenbarung* in der *Welt* verwirklicht. *Gott* und *Erlösung* stehen sich gegenüber. Der *Mensch* bringt der *Welt Erlösung*, indem er im Angesicht *Gottes* lebt und wirkt.

Wir dürfen jedoch Schöpfung, Offenbarung und Erlösung nicht im biblischen Sinn verstehen, daß nämlich die Schöpfung einmalig im Anfang, die Offenbarung einmalig am Sinai stattfand und die Erlösung sich einmalig am Ende der Zeit ereignen wird. Sie sind tägliche Ereignisse und miteinander verwoben.

Rosenzweig wird dabei an die Worte des täglichen Morgengebetes gedacht haben: "Du erneuerst täglich das Werk der Schöpfung". Zugleich liegt in der Schöpfung bereits eine Offenbarung Gottes.

Die Offenbarung ist der Knotenpunkt aller Elemente. Sie hält das Ganze zusammen. Diese Offenbarung ergeht in jedem Augenblick an jeden einzelnen Menschen. Er wird ihrer durch die Liebe gewahr und verpflichtet.

> "Das aber tut der Mensch (...) außerhalb des theoretisch-praktischen Systems [sc. der Philosophie], der Mensch als Ich. Er darf und muß verlangen, daß Gott ihn wiederliebe. Ja, er muß verlangen, daß Gott ihn zuerst liebe. Denn sein Ich ist stumpf und stumm und wartet auf das erlösende Wort aus dem Mund Gottes »Adam, wo bist Du?«, um dem ersten lauten und fragenden Du das erste halblaute zaghafte Ich der Scham zu erwidern. Im Ich und Du und wieder Ich bewegt sich dieses Verhältnis wie jenes im unbestimmten Er Sie Es der allseitigen Hingabe. Im Ich der Offenbarung und im Du der Gewissensfrage oder des Gebots und erwidernd in Adams Ich der Scham oder in Abrahams der Bereitschaft, und rückwärts wieder im Ich der Reue und des Gebets und im Ich der Erlösung (...)."[212]

Aus der Liebe zu Gott erwächst die Nächstenliebe, denn der Nächste ist ein von Gott ebenso angerufenes Ich. In dieser Nächstenliebe liegt sowohl eine Offenbarung wie eine Erlösung des Nächsten, der sich nun als Gottes Schöpfung erkennt. Zugleich werden die Menschen aus ihrem Exil der Vereinzelung erlöst.

> "(...) das Wort von der Nächstenliebe (...) wird hier eine Posaunenstimme, denn es wird (...) dem tauben, in seiner Ichheit vergrabenen Ich, diesem Ich, von dem nichts vorausgesetzt werden kann als dies, daß er *sich selbst* liebt [gesagt]. Aber darum, *nachdem* erst einmal dies Wort das taube Ohr erschlossen hat, erkennt nun der Mensch im Nächsten auch wirklich den der ihm gleich ist (...) ich erkenne daß er *kein Er Sie Es ist, sondern ein Ich*, ein Ich wie ich, kein Mitbewohner des gleichen (...) Raums, (...) sondern mein Bruder, der consors meines Schicksals, der dem es genau so »geht« wie mir (...) mein Bruder nicht in der Welt, nicht in Wald und Hain, Busch und Wasser, sondern im Herrn."[213]

Diese Liebe ist nicht etwas theoretisch Allgemeines, sondern ganz konkret und besonders. Sie entspringt dem Gebot des Augenblicks, dem Ruf des Nächsten.

> "Gegen solche Liebe, die aus dem Wesen, dem Allgemeinen, entspringt, steht die andere, die aus dem Geschehnis, also aus dem Allerbesondersten was es gibt, aufsteigt. Dies Besondere geht schrittweis von einem Besonderen zum nächsten Besonderen, von einem Nächsten zum nächsten Nächsten und versagt sich die Liebe zum Fernsten, ehe sie Nächstenliebe sein kann."[214]

Im Augenblick der tätigen Liebe zum Nächsten vereinigen sich Schöpfung und Erlösung mit der Offenbarung. Unsere Liebestat ruht ja auf der Art, wie der andere geschaffen ist, und seinem Sehnen, aus seiner spezifischen Not erlöst zu werden, und diese Liebe erfüllt sich in der Welt. Von diesem Punkt aus gesehen, fließen Schöpfung und Erlösung im Augenblick des Liebeserweises in der Welt zusammen.

> "(...) das Einzelne, das Ereignis [ist] *nicht Anfang oder Ende, sondern Mitte* der

Welt (...) Nur von der Mitte aus entsteht in der unbegrenzten Welt ein begrenztes Zuhause (...) Erst von hier aus gesehen werden auch Anfang und Ende aus Grenzbegriffen der Unendlichkeit zu Eckpfeilern unsres Weltbesitzes, der »Anfang« zur Schöpfung, das »Ende« zur Erlösung."[215]

Jeder Augenblick mit seinem Ruf zur Liebe wird zur Offenbarung. In dieser Offenbarung läßt sich Gott zum Menschen herab und vertraut ihm die Ausführung seines Schöpferwillens am Menschen in der Welt an. Gott braucht den Menschen. Die Offenbarung führt zur Hingabe zu Gott, diese zur Nächstenliebe, und diese wieder zu Gott.

"Dagegen sagt die Offenbarung: Tue meinen Willen! wirke mein Werk! Vorausgesetzt also, daß dem Menschen das Eigene Gottes, Gottes Willen, Gottes Werk anvertraut wird, auf daß er es tue. Welche Paradoxie das, vom Standpunkt der Welt aus gesehen! Das Höchste, statt unsre Hingabe zu verlangen, gibt sich uns selber hin; statt uns zu seiner Höhe zu erheben, steigt es zu uns nieder; und wiederum, statt uns unser Selbst zum Lohn zu versprechen (»werde, der du bist«), verheißt es uns Entselbstung, Gottesnähe als Seligkeit. Der Mensch also, dem Gott sich anvertraut, zu dem Er, der erhaben und demütig in einem ist, sich herniederläßt - der Mensch empfängt, indem er Gott in sich Raum macht, alles was sich Gotte hingegeben hat, auch sich selbst, den Menschen. Alle Hingabe in der Welt mündet an Gott (...) und Gott, indem er sich nun in der Offenbarung seinerseits dem Menschen schenkt, bringt ihm als Mitgift alle weltliche Hingabe. So wird der Mensch durch die Offenbarung seiner eignen Hingabe an die Ideale mächtig."[216]

Die Pflicht und das Ideal, welchen der Mensch sich hingeben soll, werden ihm erst im konkreten Augenblick des Gebotes bekannt. Nicht "Gesetz" ist gegeben, sondern unmittelbarer, persönlicher Befehl im gegebenen Augenblick.

"Der Ideale sind viele. Eins verstellt dem andern das Licht (...) der Mensch, zwischen sie gestellt, weiß mit Bestimmtheit nur, daß er sich hingeben soll, nicht welchem von ihnen. Es herrscht die Tragik des Konflikts der Pflichten. Gottes Gebot ist ein Befehl, eindeutig an diesen Menschen und in diese Lage dieses Menschen hinein gerufen (...) So ist dem Frommen kein "Gesetz" gegeben, denn er steht unter einem »Befehl«. Einem Befehl, der ihm Vollmacht gibt über die ganze Welt und ihre Ideale. Aber freilich einem Befehl. Seiner Willkür ist Schweigen auferlegt (...) nicht etwa »die« Pflicht bekämpft »die« Liebe, sondern *diese* Pflicht und *diese* Liebe schiebt jede andre Pflicht oder jede andre Liebe beiseite."

Für Rosenzweig bildet das *Hohe Lied* das Kernstück der heiligen Schrift, denn es spricht von der Liebe.

Wir können in dieser Theologie den Einfluß Hermann Cohens erkennen, welcher von der Korrelation zwischen Mensch und Gott und Mitmensch spricht. Doch setzt Cohen die Offenbarung mit der Vernunft gleich. Das messianische Zeitalter wird für ihn eine ewige Aufgabe des Strebens. Für Rosenzweig stellt Gott die Erlösung dem Menschen als Aufgabe, durch deren Erfüllung Gott selbst "erlöst" wird. Wir finden auch Anklänge an Martin Bubers "Ich und Du" mit dem Unterschied, daß für Rosenzweig das Gebot der *Mizwa* als hingebungsvolle Antwort an Gott eingeschlossen ist, jedoch nicht für Buber. Hier wird uns Rosenzweigs Hineinwachsen in die *Mizwot* verständlich. Wenn er Gottes Gebot zur Erfüllung der *Mizwa* hört, d.h. "fertig" ist, dann muß er es mit Hingabe erfüllen.

Der dritte Teil

Es ist kein Zufall, daß die Überschneidung der zwei Dreiecke den *Magen David*, das Symbol des Judentums, ergibt. Denn im Judentum sieht Rosenzweig die vorweggenommene Erfüllung der Erlösung, in welcher Gott selbst erlöst wird.

Seinem von Anfang an ausgedrückten Prinzip getreu, versteht er Judentum und Christentum als gleichwertige Schöpfungen Gottes, die für die Welt notwendig sind. Beide Religionen vermitteln ihren Gläubigen ihre eigene existentielle Erfahrung Gottes. Während das Christentum seiner Verpflichtung gemäß aktive Mission treiben muß, um durch den Sohn die Heiden zum Vater zu bringen, ist das Judentum in sich abgekapselt, am Ziel. Damit zeigt es, daß die Menschheit zum Ziel kommen kann. Darum ist es verständlich, daß man erst durch die Taufe Christ wird, aber Jude bereits durch die Geburt ist, daß der Christ den Sonntag, den Beginn der tatgewidmeten Woche heiligt, der Jude das Ende, den *Sabbat*.

Das Judentum wiederholt den Weg der Menschheit durch die Geschichte in seinem Gang durch das liturgische Jahr, dessen geheiligte Meilensteine, den *Sabbat* und die Feste, Rosenzweig poetisch beschreibt. Der *Sabbat* führt von der Schöpfung, welche im *Kiddusch* des Vorabends betont wird, über die Offenbarung in der Toralesung des Morgens zur Erlösung im Ausblick auf die hereinbrechende Nacht. Der *Jom Kippur* versetzt die Gemeinde aus dieser Welt in die einer erlösten Menschheitszukunft und erlaubt ihr so, vor Gott auf die Knie zu fallen, usw.

Rosenzweig liegt nicht so sehr daran, seine Theologie darzustellen, sondern den Menschen anzuspornen, seine ihm in der Offenbarung gesetzte Pflicht zu erfüllen. Dies kommt im Schlußwort des "*Sterns*" zum Ausdruck:

> "Der Stern der Erlösung ist Antlitz worden, das auf mich blickt und aus dem ich blicke. Nicht Gott, aber Gottes Wahrheit ward mir zum Spiegel. Gott, der der Letzte ist und der Erste, er schloß mir die Pforten des Heiligtums auf (...) die Schau auf der Höhe der erlösten Überwelt zeigt mir nichts andres, als was mich schon das Wort der Offenbarung mitten im Leben hieß; und im Lichte des göttlichen Antlitzes zu wandeln, wird nur dem, der den Worten des göttlichen Mundes folgt. Denn - »er

hat dir gesagt, o Mensch, was gut ist, und was verlangt der Ewige dein Gott von dir als Rech Tun und von Herzen gut sein und einfältig wandeln mit deinem Gott«. Und dies Letzte ist nichts Letztes, sondern ein allzeit Nahes, das Nächste; nicht das Letzte also, sondern das Erste. Wie schwer ist solch Erstes! Wie schwer ist aller Anfang! Recht tun und von Herzen gut sein - das sieht noch aus wie Ziel. Vor jedem Ziel kann der Wille noch erst ein wenig verschnaufen zu müssen behaupten. Aber einfältig wandeln mit deinem Gott - das ist kein Ziel mehr, das ist so unbedingt, so frei von jeder Bedingung, von jedem Erstnoch und Übermorgen, so ganz Heute und also ganz ewig wie Leben und Weg, und darum so unmittelbar der ewigen Wahrheit teilhaftig wie Leben und Weg. Einfältig wandeln mit deinem Gott - nichts weiter wird da gefordert als ein ganz gegenwärtiges Vertrauen. Aber Vertrauen ist ein großes Wort. Es ist der Same, daraus Glaube, Hoffnung und Liebe wachsen, und die Frucht, die aus ihnen reift. Es ist das Allereinfachste und grade darum das Schwerste. Es wagt jeden Augenblick zur Wahrheit Wahrlich zu sagen. Einfältig wandeln mit deinem Gott - die Worte stehen über dem Tor, dem Tor, das aus dem geheimnisvoll-wunderbaren Leuchten des göttlichen Heiligtums, darin kein Mensch leben bleiben kann, herausführt. Wohinaus aber öffnen sich die Flügel des Tors? Du weißt es nicht? INS LEBEN."[217]

Rosenzweigs Bedeutung

Rosenzweigs Theologie blieb für das Denken und Leben der Juden bedeutsam. Abraham Heschel (s.u.) und Emil Fackenheim sind von ihm beeinflußt. Der französische Philosoph Emmanuel Lévinas sagt, daß seine Philosophie des Judentums ganz auf Rosenzweig ruhe. Den "Dekonstruktionalismus", den Rosenzweig eingeführt hat, entwickelte in Frankreich der jüdische Philosoph Jacques Derrida weiter. Lévinas erkennt im *Midrasch* ein Beispiel für ihn. Der amerikanische Theologe Eugene Borowitz ist zwar kritisch gegenüber Rosenzweig, stimmt jedoch ihm darin zu, daß der Jude die ganze Welt, ihre Kultur und ihre Gesellschaft in jüdischer Sicht zu sehen habe, und folgt dem Prinzip des "Lehrhauses", daß die jüdischen Texte um ihrer Relevanz für die Gegenwart willen zu studieren seien.

Dem Durchschnittsleser dürfte die Lektüre des "Sterns" nicht leichtfallen. Dennoch finden seine Gedanken immer mehr Resonanz. Die Lehrhausbewegung in Amerika legt davon Zeugnis ab. Das Suchen nach dem Befehl der *Mizwa* hat zu einer neuen Ausrichtung im nichtorthodoxen Judentum geführt.

Im Gegensatz zu Buber hat Rosenzweig durch seine Betonung der *Mizwot* den Juden etwas gegeben, woran sie sich halten können.

Die christliche Theologie hat ihn darum anerkannt, weil er das Christentum als gleichberechtigt behandelt. Während Hermann Cohen und Leo Baeck die Überlegenheit des Judentums gegenüber allen anderen Religionen beweisen wollten, erlaubt Rosenzweig, welcher, bei seiner Suche nach dem Glauben, das Christentum "von innen" betrachtete, Christen und Juden, als gleichwertige Partner in einen Dialog zu treten, ohne daß ihr Glaube zu einem Kompromiß genötigt wird.

Leo Baeck

Leo Baeck (1873-1956) hat sich durch seine Standhaftigkeit und seinen Mut in der Nazizeit einen unvergänglichen Platz in der jüdischen Geschichte erworben.

In Lissa als Sohn eines orthodoxen Rabbiners geboren, studierte er am Breslauer *Seminar* und dann an der Berliner "*Hochschule*", wo er 1897 ordiniert wurde. Er promovierte in Berlin. Einerseits blieb er dem traditionellen Judentum treu, andererseits öffnete er sich im Geist des Liberalismus der Welt. Seine erste Gemeinde war Oppeln, wo ihm zehn Jahre zum Studium und zu Veröffentlichungen geschenkt wurden. Als 1901 der evangelische Theologe Adolf Harnack sein Werk "*Das Wesen des Christentums*" herausbrachte, erwiderte ihm Baeck mit seinem eigenen "*Das Wesen des Judentums*", was die Augen des gesamten deutschen Judentums auf ihn lenkte. Im Jahre 1907 wurde er nach Düsseldorf und von dort 1912 nach Berlin berufen, wo er, neben seinem Rabbineramt, auch Dozent für Midrasch und Homiletik an der "*Hochschule*" wurde. Bei Ausbruch des Krieges meldete er sich freiwillig als Feldrabbiner und diente zuerst an der Westfront, dann im Osten. Unter seinen christlichen wie jüdischen Kollegen, als auch im Offizierskorps erwarb er sich höchsten Respekt für sein Wesen und seine Integrität.

Nach Berlin zurückgekehrt, nahm er wieder eine vielseitige Tätigkeit als Forscher, Hochschullehrer, Rabbiner und Prediger auf. Seine Predigten stellten so hohe Ansprüche an die Gemeinde, daß man ihnen nachsagte, sie seien "Privatunterhaltungen mit Gott".

Er war Hermann Cohen, Martin Buber und Franz Rosenzweig eng verbunden und verlieh dem letzteren, dessen "Lehrhaus" er begeistert begrüßte, auf dem Krankenlager ehrenhalber die rabbinische Würde "*Morenu*" (= "unser Lehrer"). Bald wurde er auf führende Positionen berufen. Er wurde Vorsitzender des *Allgemeinen Rabbinerverbandes in Deutschland*, später Großpräsident der deutschen *B'nai B'rith*-Logen, ein Amt, in welchem er bis zu deren Auflösung durch die Nationalsozialisten im Jahre 1937 verblieb.

Seine schwerste Aufgabe traf ihn mit seiner Wahl zum Vorsitzenden der "*Reichsvertretung der deutschen Juden*" im Jahre 1933, dem Beginn der Nazizeit. Nach innen wie nach außen stand er vor größten Schwierigkeiten. Nach innen brachte er eine größere Einheit zuwege, nach außen suchte er den Juden

Erleichterungen zu verschaffen. Aber dies gelang ihm nicht. Die Reichsvertretung wurde zwangsweise in eine "*Reichsvereinigung der Juden in Deutschland*" umgewandelt und diente als Werkzeug wider Willen in der Hand der Vernichter. Baeck litt tief unter den seelischen Konflikten, welche seine Aufgaben in ihm auslösten.

Trotz aller Einladungen nach dem Ausland blieb er in Deutschland, um seinen Brüdern und Schwestern Stütze zu sein. "Solange noch ein Jude in Deutschland geblieben ist, ist mein Platz bei ihm", schrieb er auf eine Einladung nach Cincinnati. Zum letzten mal sah ich ihn und sprach mit ihm im British Museum. Er hatte einen Kindertransport nach England begleitet und suchte nun für einige Stunden vor seiner Rückkehr nach Deutschland Entspannung zu finden.

Im Jahre 1943 wurde er nach Theresienstadt deportiert. Man ließ den fast Siebzigjährigen schwere Abfallkarren ziehen; die Tiere sollten geschont werden. Nach der Fronarbeit kehrte er abends in seine Baracke zurück, wo er vor Hunderten von Zuhörern Vorträge hielt und einzelnen riet und half, wie er nur konnte.

Er überlebte. Er ließ sich in London nieder, veröffentlichte sein im Konzentrationslager begonnenes Buch "*Dieses Volk: Jüdische Existenz*", lehrte am Hebrew Union College, und wirkte am Wiederaufbau jüdischer Gemeinden mit. Bis zu seinem Lebensende blieb er aktiv.

Von seinem Werk

Als Harnack in seinem Werk *Das Wesen des Christentums* den jüdischen Dogmatismus und Ritualismus angeprangert und die Pharisäer, der damaligen christlichen Auffassung nach, als Heuchler verurteilt hatte, trat ihm Baeck mutig entgegen. *Das Wesen des Judentums* (1905 und 1922) erklärte das wirkliche Wesen des Judentums und wies auf die sittliche Größe der Pharisäer hin, welche u.a. im Leben Hillels zu erkennen war. Er beanspruchte Jesus für das Judentum und begründete damit eine neue Geschichtsauffassung, die sich nun weitgehend durchgesetzt hat. Nachdrücklich widersprach er der Verleumdung, das Judentum hasse die Christen, und forderte die Christen auf, sich mit den Juden der Aufgabe zu widmen, die von dem Judentum ihnen und der Welt gegebene jüdische Ethik in der Menschheit zu verbreiten.

Romantische Religion (1922) vertritt die These, daß das Judentum "klassische" Religion, das Christentum "romantische" Religion sei. "Klassische" Religion zeichne sich durch einen realistischen ethischen Optimismus, die Betonung der menschlichen Freiheit und die Hingabe an dessen Verwirklichung aus. "Romantische" Religion hingegen betone die vollkommene Abhängigkeit des Menschen von Gottes Gnade und den Glauben im Gegensatz zu Werken, was sie gegenüber dem Kampf für die Menschenrechte gleichgültig mache. In dieser Verallgemeinerung ist eine solche Gegenüberstellung tendenziös.

Baeck hat sich aber eingehend mit dem antiken Judentum und dem frühen Christentum befaßt, z.B. in seinen Werken "*Das Evangelium als Urkunde der jüdischen Glaubensgeschichte*" (Berlin 1938), "*Die Pharisäer*" (1934), "*Judaism and Christianity* (New York 1961), "*Paulus, die Pharisäer und das Neue Testament*" (Frankfurt 1961) u.a.

Dieses Volk: Jüdische Existenz

In diesem Alterswerk (Frankfurt 1955), einer geschichtlichen Darstellung, welche sich mehr dem *Midrasch*, der Deutung, nähert, als daß sie wissenschaftliche Geschichtsschreibung ist, gab Baeck eine Beschreibung des "Wesens" auf. Das jüdische Volk wandelt und entfaltet sich im Lauf seiner Geschichte. Es ist immer Träger des Sittlichen. Es ist ein Volk der Spannung und Paradoxe; am konservativsten und am radikalsten, geduldig und drängend, gläubig und kritisch.

Es lebt immer in einer Polarität. Gott können wir Menschen nicht erleben. Aber dem jüdischen Volk war es gewährt,

> "das ewige Geheimnis, das um Gott ist und das ewige Gesetz, das aus dem Geheimnis kommt, beide in einem, zu erleben (...) Es [sc. das Gesetz] bedeutet das, was es ist, weil es die Offenbarung des Ewigen, das »Wort« des einen Gottes ist; aus dem Geheimnis hervor hat es seine Kraft und seinen Bestand."[218]

Es steht immer unter Gottes Gebot, welchem es gemäß dem Wandel der Zeit entsprechen muß. So lernte es, die Menschen zu begreifen.

Das Werk wurde in Deutschland, als wohl das letzte von einem der alten Großen des deutschen Judentums, mit großer Dankbarkeit aufgenommen.

Gers(c)hom Scholem

Daß Gers(c)hom (Gerhard) Scholem zum Begründer der wissenschaftlichen Erforschung der jüdischen Mystik wurde, mag mit seiner zionistischen Einstellung zusammenhängen. Die Vertreter der Wissenschaft des Judentums hatten die Mystik u.a. darum abgelehnt, der Umwelt keinen Anlaß zur Behauptung geben zu wollen, das Judentum sei mit "Aberglauben" erfüllt. Für sie war das Judentum eine Religion der Vernunft, seine Mystiker lediglich eine Gruppe am Rande. Als Zionist lehnte Scholem solche Überlegungen ab.

Das Elternhaus in Berlin war unjüdisch. Gerhard, seinen Vornamen zu Gerschom ändernd, wurde im Weltkrieg Zionist. Er studierte dann, in Vorbereitung auf seinen künftigen Beruf, semitische Sprachen und Philosophie, gegen den Willen des Vaters, in dessen Augen jüdische Studien den Lebensunterhalt nicht garantierten. Im Jahre 1923 wanderte er nach Palästina aus, wo er an der neugegründeten *Hebrew University* in Jerusalem bis zu seinem Lebensende lehrte und forschte.

Das Leben der Familie gibt einen Einblick in die Kämpfe innerhalb jüdischer Familien. Der Vater, ohne jüdische Bildung, war vor allem um die gutbürgerliche Zukunft seiner vier Söhne besorgt. Zwei von ihnen gingen dann auch in die väterliche Druckerei, ein dritter, Werner, wurde Kommunist und Abgeordneter im Reichstag. Die Nationalsozialisten brachten ihn bereits im Jahre 1933 in das Konzentrationslager Buchenwald, wo er 1941 ermordet wurde. Gerschom, widerspenstig, erkannte die Lage der Juden. Er wurde Zionist, der die Gesinnung mit der Tat verband, und ging nach dem heiligen Land. Dort schuf er einen neuen Zweig der jüdischen Wissenschaft.

Scholems Werke. darunter "*Major Trends in Jewish Mysticism*" (2. verbesserte Auflage, New York 1946; dt. *Die jüdische Mystik in ihren Hauptströmungen*, Zürich 1957), "*Zur Kabbala und ihrer Symbolik*" (Zürich 1986), und "*Sabbatai Ṣewi - The Mystical Messiah*" (Princeton, NJ 1973), öffnen uns die Tore zum Verständnis der jüdischen Mystik und führen uns ein in ihre lebendige Welt.

Zwei Männer, die in Amerika zur Entfaltung kamen

Emil Fackenheim und Abraham Joshua Heschel lebten und wirkten in Amerika, als sie auf dem Zenit ihrer schöpferischen Kraft standen, die sie prägende Erziehung hatten sie jedoch in Deutschland genossen.

Emil L. Fackenheim

Fackenheim, 1916 in Halle geboren, gehörte zu den letzten von der "*Hochschule*" (von den Nationalsozialisten dieses Namens beraubt und wieder "Lehranstalt" genannt) ordinierten Rabbinern. Nach der sog. Kristallnacht wurde er in das Konzentrationslager Sachsenhausen eingeliefert. Er wanderte nach Kanada aus, vollendete dort sein Studium der Philosophie und wirkte jahrzehntelang als Professor der Philosophie an der Universität von Toronto, bis er nach seiner Emeritierung sich in Jerusalem niederließ.

Holocausttheologie

Fackenheim kann als ein vom Holocaust überwältigter Theologe angesehen werden. In seinen jüdischen Werken behandelt er den Holocaust als Bruch in der Gesamtgeschichte der Menschheit und als befehlenden Ruf an Christen und Juden.

Er setzt sich mit den neuzeitlichen Philosophen, unter ihnen Kant, Hegel, Kierkegaard, Heidegger, Sartre, und ihrer Stellung zum Judentum auseinander (*Encounters Between Judaism and Modern Philosophy - A Preface to Future Jewish Thought*", New York 1973), behandelt Grundfragen einer jüdischen auf die Zukunft gerichteten Theologie (*Quest for Past and Future*, Bloomington-London 1968). Er stellt die Aufgaben der jüdischen Theologie im Zusammenhang mit den schrecklichen Ereignissen des Holocaust heraus. Es sind *Teschuva* und *Tikkun*, wie sie Huber in Deutschland unter dem NS-Regime vorbereitet hatte (*To Mend the World - Foundations of Future Jewish Thought*, New York 1982). Die Juden sind in die Welt zurückgekehrt und müssen ihre Zukunftsaufgaben im Rückblick auf Auschwitz und im Ausblick auf den jüdischen Staat Israel gestalten (*The Jewish Return into History - Reflections in the Age of Auschwitz and a New Jerusalem*, New York 1978). Fackenheim führt uns nach Sachsenhausen, wie er es erlebte, und den Vernichtungslagern zurück und macht klar, daß Auschwitz nicht nur für die Juden, sondern auch für alle Christen eine traumatische Erschütterung bedeutet, welcher sie sich stellen müssen.

Für die Juden ist nach Fackenheim der Holocaust eine "Wurzelerfahrung", welche ihnen nach Auschwitz ein neues Gebot gegeben hat, ein 614. nach den 613 Geboten der Tora. Sie müssen leben, denn nur damit können sie den posthumen Sieg Hitlers verhindern.

Gottes befehlende Stimme

Auschwitz bleibt unerklärbar. Jeder Versuch einer Erklärung ist Blasphemie. Aber eine befehlende Stimme geht von Auschwitz aus.

> "Die letzte Frage ist: Wo war Gott in Auschwitz? (...) Ganz gewiß wird, von Auschwitz ausgehend, keine *erlösende* Stimme gehört, noch wird sie je gehört werden. Eine *befehlende* Stimme wird jedoch und wurde von Anfang an gehört: Es ist den Juden verboten, Hitler posthume Siege zu gewähren. Es ist ihnen geboten, als Juden zu überleben, damit das jüdische Volk nicht untergehe (...) Es ist ihnen geboten, der Opfer von Auschwitz zu gedenken, damit ihr Andenken nicht untergehe. Es ist ihnen verboten, am Menschen und seiner Welt zu verzweifeln und entweder im Zynismus oder in der Weltabgeschiedenheit ihre Zuflucht zu nehmen, denn damit würden sie daran mitarbeiten, die Welt den Mächten von Auschwitz auszuliefern. Schließlich ist es ihnen verboten, am Gott Israels zu verzweifeln."[219]

Warum, so fragt Fackenheim, beschloß der überlebende Jude nicht, von seinen furchtbaren Erinnerungen im Freitod eine Erlösung zu finden oder im Wahnsinn der Bürde der Erinnerungen zu entgehen? Er antwortete: Weil er wußte, daß er in voller Geisteskraft als Zeuge weiterleben mußte. Denn

> "nach der Nazi-Feier des Todes hat das Leben eine neue Dimension der Heiligkeit angenommen (...) Weil der Wahnsinn das Reich der Finsternis regierte, ist Gesundheit [des Geistes], einst eine Gabe, heute ein heiliges Gebot (...) Weil jüdisches Überleben nach Auschwitz nicht »lediglich«, sondern in sich selbst ohne weitere Begründungen oder theologische Rechtfertigungen ein heiliges Zeugnis an die gesamte Menschheit ist, daß die Liebe, nicht Tod und Haß, die Oberhand behält (...) Diese Zeit mag ein Zeitalter ohne Helden sein. Sie ist jedoch das heroische Zeitalter schlechthin in der ganzen jüdischen Geschichte (...) der Überlebende wird allmählich zum Paradigma des gesamten jüdischen Volkes."[220]

Fackenheims Theologie zeigt den starken Einfluß Bubers und Rosenzweigs. Er fragt nicht, wie Gott vernunftgemäß zu beweisen sei, er weiß, daß Gott da ist und wirkt. Daraus entsteht seine Frage, ob Juden und Welt nach dem Holocaust nicht an Gott zu verzweifeln hätten, denn die Vernunft spricht für seine Abwesenheit und stellt sein Dasein und Wirken in Frage. Diese Frage wird nun wieder existentiell mit einer kategorischen Affirmation Gottes beantwortet. Von Auschwitz ergeht das Gebot Gottes an das Du des jüdischen Volkes und der Menschheit. Aus dem Bewußtsein der Ebenbürtigkeit aller Menschen wird Tikkun geschaffen.

Abraham Joshua Heschel

Abraham Joshua Heschel (1907-1972), in Warschau geboren, entstammte einer bedeutenden Familie chassidischer Rebben. Dennoch wurde ihm erlaubt, im Westen zu studieren. Er promovierte "*summa cum laude*" mit einer bahnbrechenden Dissertation über die Propheten, erhielt seine Ordination von der "*Hochschule*", besuchte aber auch das orthodoxe *Rabbinerseminar*, denn er war und blieb dem traditionellen Judentum mit ganzer Seele verbunden. Zu dieser Zeit ging ich oft am *Sabbat*nachmittag mit dem damals noch sehr schuchternen Mann spazieren.

Im Jahre 1938 berief ihn sein Lehrer Martin Buber, zur Zeit seiner Auswanderung nach Palästina, zu seinem Nachfolger als Leiter der jüdischen Erwachsenenbildung unter den deutschen Juden. Im gleichen Jahr wurde Heschel von der Deportation der polnischen Juden aus dem Deutschen Reich erfaßt. Seine Familie brachte ihn nach Warschau, wo er sofort ein Institut für jüdische Studien eröffnete.

Die Gefahr für sein Leben voraussehend, holte ihn das *Hebrew Union College* nach Cincinnati als Professor für jüdische Mystik und Ethik. Da das "*College*" ihm jedoch zu liberal und modern war, nahm er nach einigen Jahren den Ruf des konservativen *Jewish Theological Seminary* in New York an, wo er blieb. So wurde Heschel zum Erzieher von Reform- und konservativen Rabbinern.

Seine Tätigkeit erstreckte sich jedoch weit über die Grenzen jüdischer Bildungsinstitutionen hinaus. Er hielt Vorlesungen an Universitäten; er war der erste Jude, welcher als ständiger Gastprofessor am protestantischen *Union Theological Seminary* in New York lehrte, was zu einer engen Freundschaft mit Reinhold Niebuhr, einem der bedeutenden evangelischen Theologen, führte.

Heschel begegnete dem Christentum und anderen Religionen mit großem Verständnis und Sympathie. Hier zeigt sich bereits der Einfluß Rosenzweigs, welcher Heschels ganzes Werk durchzieht. Sein überragendes Wissen, zusammen mit dieser Sympathie, veranlaßte die Juden, ihn als ihren Vertreter zu den Vorbereitungen der Erklärung über die Juden des 2. Vatikanischen Konzils nach Rom zu entsenden. Er hatte nicht nur an der Formulierung dieser Erklärung wesentlichen Anteil, obgleich nicht alles seinen Ideen entsprach, sondern entwickelte auch eine tiefe Freundschaft mit dem deutschen Kardinal Bea, der in Rom die Erklärung entwarf.

Der Theologe, vor allem der jüdische, welcher unter der Verpflichtung des Prophetenworts stand, durfte sich jedoch mit der bloßen Lehrtätigkeit nicht zufrieden geben. So marschierte Heschel Arm in Arm mit Dr. Martin Luther King auf den Protestmärschen der Schwarzen im Süden (Montgomery, Alabama, usw.) mit, und eine Reihe amerikanischer Rabbiner folgte seinem Beispiel.

Heschels Werk fand seinen Weg tief in die christliche, vor allem katholische, Theologie hinein. Seine Bücher werden in Klöstern zur Meditation benutzt.

Von Heschels Werk: Gottes Pathos

Bereits in seinem Werk "*Die Propheten*" schneidet Heschel die Frage an, warum sich Gott um die Welt kümmern solle. Er antwortet: Weil Gott "Pathos" hat. Der Gott der Vernunft ist "apathetisch", die Welt ist ihm gleichgültig. Der Gott der Propheten sucht den Menschen.

Der Weg zu Gott

Wie findet der Mensch zu Gott? Heschel entwickelt eine "Tiefentheologie". In uns liegt ein Wissen, welches unserer Vernunfterkenntnis vorausgeht. Aus ihm findet jeder einzelne persönlich seinen Weg zu Gott, indem er "radikales Erstaunen" in sich erweckt. Beim Betrachten einer Blume, z.B. einer Rose, sieht der Blumenhändler ihren Wert, der Biologe ihren Fortpflanzungsapparat, der Maler ihre Farben. Radikales Erstaunen geht aber tiefer. Wir sind erstaunt, einmal daß die Rose überhaupt da ist, zum anderen, daß wir sie überhaupt sehen können. Nun ist die Welt nicht "einfach da", sondern ein Wunder. Im täglichen Leben sind wir gegenüber diesem Wunder abgestumpft, doch gibt es Augenblicke, wo dieses Erstaunen in uns wach werden kann. Hier beginnt die religiöse Erfahrung, die uns dann zur Erkenntnis des Erhabenen und zum Vordringen zum Mysterium der Schöpfung führt, und hinter diesem zum Mysterium des Mysteriums, nämlich Gott, dessen Wesen wir nie erkennen können, vor welchem wir aber dankbar in Gesang und Gebet oder in schweigender Ehrfurcht stehen.

Gott sucht den Menschen

Da Gott, gemäß der Verkündigung der Propheten, Pathos hat, so wendet er sich jedem einzelnen Menschen wie der Menschheit zu, sucht sie. Er hat sie beauftragt, die Erlösung anzustreben, ist tief von ihrem Tun beeinflußt, froh, wenn sie ihm entsprechen, entrüstet und traurig, wenn sie ihm widersprechen und er sie dafür züchtigen muß, um sie auf den rechten Weg zurückzuführen.

Der Glaube

Der Glaube ruht somit nicht auf der Vernunft, sondern auf der inneren Sicht, die uns Vertrauen, Treue und Hingabe an Gott schenkt. Sie ist uns gegeben, doch können wir sie im täglichen Leben immer wieder verlieren. Durch das religiöse Leben, die Befolgung der *Mizwot*, werden die Augenblicke der inneren Erkenntnis wachgehalten, und die Treue und das Vertrauen zu Gott werden zur täglichen Gewißheit. Darum fordert Heschel die strenge Befolgung der Toragesetze, welche er in seinen Werken erklärt. Ein Hinweis auf das Kommen der Erlösung durch Gott ist uns überdies in der Erneuerung des Staates Israel gegeben.

Werke

Die Titel seiner Werke deuten seine Theologie an. Unter ihnen finden wir: "*The Prophets*" (New York-Evanston 1962), "*Gott sucht den Menschen: Eine Philosophie des Judentums*" (Neukirchen 1980; engl. *God in Search of Man*, New York 1955, Philadelphia 1056); "*Man is Not Alone: A Philosophy of Religion*" (New York-Philadelphia 1951), "*Man´s Quest for God: Studies in Prayer and Symbolism*" (New York 1954), "*Israel: An Echo of Eternity*" (New York ^{3}1969), "*The Earth is the Lord´s: The Inner Life of the Jews in Eastern Europe*" (New York 1959; dt. *Die Erde ist des Herrn*, Neukirchen 1985), "*The Sabbath*" (New York 1961).

Einflüsse auf Heschel

Heschel ist von Buber und Rosenzweig tief beeinflußt und verbindet ihre Ideen mit seinen Erfahrungen aus der Frömmigkeit des osteuropäischen "Schtetls". Wie Buber und Rosenzweig sieht auch er die Gotteserfahrung als eine persönlich-existentielle an. Der Mensch erfährt den Ruf Gottes an das Du. Aber Heschel geht weiter als Rosenzweig. Während dieser seine "Elemente" im "gesunden Menschenverstand" begründet, findet sie Heschel in der Tiefe der menschlichen Seele. Auch Rosenzweig hat erklärt, daß Gott den Menschen sucht und von ihm "abhängig" ist. Heschel beruft sich darüber hinaus auf die Lehren des Chassidismus, daß "das Untere das Obere beeinflußt". Auch Heschels Anerkennung anderer Religionen, vor allem des Christentums, hat ihre Wurzeln in Rosenzweigs Denken.

Rosenzweig mußte seinen Weg von der äußersten Peripherie ins Zentrum des Judentums zurückfinden. Heschel kam von seinem Kern heraus in die Welt. Er hatte die Kraft des gesetzestreuen Judentums inmitten von Erniedrigung und Verfolgung erfahren und die erneuernde Schönheit des *Sabbats* erlebt. Darum bleiben für ihn die *Mizwot* in ihrer ganzen Fülle wesentlich. Der göttliche Ruf zu ihrer Erfüllung geht ihr nicht voraus, sondern wird in dieser Erfüllung erst gehört und stärkt aus ihr Vertrauen, Treue und Hoffnung.

Zum Abschluß

Wir haben dieses Kapitel mit jüdischen Denkern beschlossen, welche in Deutschland ihre Erziehung und ihre Anregungen erhielten, die sie dann in Amerika bzw. Israel zur Erfüllung brachten. Wir hätten das gleiche auf anderen Gebieten, z.B. den Naturwissenschaften, darstellen können. Was Deutschland den deutschen Juden gab, war bedeutend, was sie ihm gaben und noch hätten geben können, wäre von größtem Wert gewesen. Deutschland hat sie verloren, das Judentum hat sie behalten, und das deutsche Judentum lebte durch sie, umgestaltet, noch eine Generation weiter, und sein Einfluß wirkt auf die Zukunft.

18. Wilhelm - Weltkrieg - Weimar

Der folgende kurze Überblick soll ein Bild der Entfaltung des Antisemitismus in Deutschland von der Kaiserzeit bis zur sog. "Machtergreifung" durch die NSDAP vermitteln. Die Reichsgründung und ihre wirtschaftlichen wie sozialen Folgen bescherten ihm Auftrieb. Er gewann bestimmenden Einfluß auf die geschichtliche Entwicklung Deutschlands und bildete die Grundlage der Judenvernichtung in der Zeit des Naziregimes.[221]

Fortschritt und Opposition

Die Gründung des Kaiserreiches fiel in eine Epoche umwälzender wissenschaftlicher, wirtschaftlicher und sozialpolitischer Neuerungen. Den Naturwissenschaften und der Medizin gelangen neue Entdeckungen, Industrie und Welthandel entfalteten sich. Dazu kam der Darwinismus in zweifacher Form. Nach ihm spielt sich in der Natur ein dauernder Kampf der Spezies ab, den nur der Tauglichste überlebt, was sozial gesehen eine rücksichtslose Konkurrenz bedingt und sanktioniert.

Die französischen Reparationszahlungen nach dem Krieg von 1870/71 führten einen wirtschaftlichen Aufschwung herbei. Man war überzeugt, daß das geeinte deutsche Reich zum Führer der gesamten Welt bestimmt war. Es war, wie man Darwin interpretieren konnte, eben das tüchtigste.

Alte Lebensauffassungen lockerten sich. Die Zahl der industriellen Arbeitnehmer wuchs; die Forderung nach sozialen Einrichtungen wie Schutz gegen Arbeitsunfälle, Kranken- und Altersversorgung wurde immer lauter. Im Reich wurde das allgemeine Wahlrecht eingeführt. In Preußen geriet das noch immer bestehende Dreiklassenwahlrecht, welches den Oberschichten den bestimmenden Einfluß sichern sollte, unter Druck.

Während die Fortschrittlichen, einschließlich der Juden, von großem Optimismus hinsichtlich der Zukunft erfüllt waren, machte sich in weiten Kreisen Angst breit. Aufgrund des allgemeinen Wahlrechts fürchteten die Aristokratie und die bislang privilegierte Oberschicht, einschließlich des Offizierskorps, den Verlust ihrer Vorherrschaft. Die Bürokratie sah ihr Selbstverständnis, Träger des Staates zu sein, in Gefahr. Konservative Intellektuelle, vor allem an Schulen und Universitäten, Künstler und Schriftsteller, welche den Ansturm der neuen Ideen nicht bewältigten, erkannten in der Entwicklung eine "Bedrohung des deutschen Wesens". Die Gewerbefreiheit ließ den kleinen Händler und Handwerker um seine Zukunft bangen, Ärzte und Rechtsanwälte empfanden sich der Konkurrenz ausgesetzt. Die Landwirtschaft stand den Neuerungen skeptisch gegenüber. Die Geistlichkeit, vor allem die protestantische, sah die Gläubigkeit und die "christlichen und deutschen Grundlagen" des Staates gefährdet, da das Wahlrecht den Gehorsam des Bürgers gegenüber der Obrigkeit untergrabe, war es doch Pflicht, sich der gottgeschaffenen Ordnung willig zu fügen, wie man das 13. Kapitel des *Römerbriefs* verstand, vor allem, da nun ein protestantischer Kaiser an der Spitze des Reiches stand.

Dazu brachten die "Gründerjahre" eine, im Zyklus des kapitalistischen Systems begründete, zeitweilige Rezession.

Antisemiten bekämpfen den Fortschritt durch Angriffe auf die Juden

Für alle diese Entwicklungen machten die Reaktionäre einen dem Volk leicht verständlichen Grund aus: "Die Juden sind an allem schuld", und sie nutzten alle zur Verfügung stehenden Mittel, dies den Menschen einzuhämmern. Daß die Zahl der deutschen Juden niemals 600.000, d.h. noch nicht einmal 1 % der Gesamtbevölkerung, überschritt, wurde erfolgreich verschleiert.

Im Sinne des Darwinismus erklärten die Agitatoren, Deutschland könne seinen Wohlstand und seine Stellung als Weltmacht nur dann ausbauen, wenn seine Bevölkerung eine organische Einheit "deutschen Wesens" bilde und alle Fremdelemente, welche es verseuchten und schwächten, aus seiner Mitte ausmerze. Der Glaube an die Sendung Deutschlands verband sich immer mehr mit rassistischen und antisemitischen Gedanken. Die Juden waren der Fremdkörper, welcher zu entfernen war. Die Juden hätten aus Machtgier für das allgemeine Wahlrecht gekämpft und es erzwungen und seien nun auch für den Konjunkturrückgang verantwortlich.

Was unter dem "deutschen Wesen" zu verstehen war, ließ sich nicht genau definieren. Jedenfalls stand es im Gegensatz zum "undeutschen", "jüdischen Wesen". Es verwirklichte sich in einem deutschen Volk ohne Juden. So griff man die Juden an. Dabei galt es vor allem, die Masse zu beeinflussen. Um die Katholiken zu gewinnen, berief man sich auf Papst Pius IX., welcher im Jahre 1872 die Juden der Neigung zu Anarchismus, Kirchenfeindschaft und Freimaurerei beschuldigt hatte. Da einige Juden im Reichstag und in Landtagen saßen, sprach man kurzerhand von einer "Verjudung" der Gesellschaft.

Nun waren die größten Industriekonzerne, wie z.B. Stinnes und Krupp, überhaupt "judenrein". In Wirklichkeit richtete sich der Kampf gegen das Bestreben, den Staat den Erfordernissen der Neuzeit anzupassen und die Rechte des einzelnen zu stärken.

Formen der Hetze gegend die Juden: Schriften und Reden

In volkstümlichen Zeitschriften, zahllosen Schriften, Flugblättern und Traktaten, durch Volksredner, die übers Land zogen, wie durch eine Reihe von Organisationen wurden antisemitische Ideen vor allem unter der Jugend verbreitet. Da sich die verschiedenen Organisationen nicht unter einem Dachverband zusammenschließen konnten, blieb ihre unmittelbare Schlagkraft zwar begrenzt, doch weitete sich die Verseuchung aus. Am verheerendsten wirkte sie auf die Universitäten, welche die geistige Elite ausbildeten. Dort wurde jetzt die Disziplin "Rassenkunde" eingeführt.

Politische Aktionen

Ein anderer Weg war die politische Aktion. Wir erwähnten schon die an Bismarck gerichtete Eingabe, die Rechte der Juden zu beschneiden. Im Hinblick auf die wachsende Zahl antisemitisch denkender Wähler hielten es die Regierungen und Parteien für angebracht, der Bewegung nicht entgegenzusteuern und suchten sogar aus ihr Nutzen zu ziehen, indem sie sich ihr offen zeigten, um judenfeindliche Wähler anzuziehen.

Programme der Judenvernichtung wurden veröffentlicht

Heinrich Claß, der Vorsitzende des "*Alldeutschen Verbandes*", forderte nun in einem Buch, allerdings unter einem Pseudonym, die Schließung der Grenzen für die Einwanderung von Juden, die Ausweisung aller Juden, welche noch kein Bürgerrecht besaßen, und ein Fremdenrecht für Juden, die erst nach 1871 sich in Deutschland niedergelassen hatten. Nur so könne der "Zersetzung des deutschen Volkes durch jüdisches Blut und jüdischen Geist" Einhalt geboten werden. Das Buch fand eine breite Leserschaft.[222]

Der bayerische General Konstantin von Gebsattel machte sich dafür stark, die Juden unter Fremdenrecht zu stellen, sie doppelt zu besteuern, Ehen mit Nichtjuden zu bestrafen, den Erwerb von Grundbesitz zu verbieten, sie aus allen Staatsämtern und Positionen der Presse zu entfernen und sie zur Auswanderung zu drängen, wobei der größte Teil ihres Eigentums vom Staat einzuziehen sei. Als der Kronprinz diese Schrift an den Kaiser und den Kanzler Bethmann Hollweg weiterleitete, wiesen beide diese judenfeindlichen Forderungen zurück, weil, wie der Kaiser erklärte, dadurch der Wohlstand der Nation geschädigt und Deutschland aus der Reihe der Kulturnationen ausscheiden würde.

In Opposition zum Kaiser

Die Antisemiten, welche sich als Stützen des Thrones ausgaben, verspürten keinerlei Hemmungen, den Kaiser selbst anzugreifen, wenn seine Ideen den ihrigen widersprachen. Als der Kaiser aus Anlaß seines 25. Regierungsjubiläums in einer Proklamation vom Fortschritt sprach, den Deutschland "auf allen Gebieten des geistigen, sozialen und wirtschaftlichen Lebens" errungen habe, sahen die Antisemiten in ihrer Gegenschrift nur Krankheit und Zerfall der "geistigen, wissenschaftlichen, künstlerischen, sozialen und sittlichen Errungenschaften" als Ergebnis des jüdischen Einflusses.

Ergebnisse

Diese Schrift beleuchtet die wahre Gesinnung der Hetzer. Eigentlich standen sie einer fortschrittlichen Entwicklung Deutschlands feindlich gegenüber. Sie wollten dem überholten Ständestaat neues Leben einhauchen. Nationalismus und Konservativismus waren für sie identisch mit Antisemitismus, in welchem sie den Hebel sahen, um das deutsche Volk der Gegenwart zu entreißen.

Es kümmerte sie nicht, daß ihre Agitation einen tiefen Graben zwischen den fortschrittsfeindlichen Konservativen und den fortschrittlichen, das Wohl der Nation suchenden Liberalen sowie der mehrheitlich sozialdemokratisch gesinnten Arbeiterschaft aufriß.

Der Einfluß der Judenhetzer ging in Zeiten wirtschaftlichen Aufstiegs zurück, um dann während Rückschlägen wieder anzuwachsen. Jedoch verwurzelte sich der Antisemitismus so tief im Gefühl einer naiven Bevölkerung, daß Hitler diese latenten Gefühle im Volk lediglich zu beleben und die Gesamtheit unter einer Führung zu organisieren brauchte.

So überrascht es nicht, daß die "Judenzählung" des Jahres 1916 im Volk als die populärste Maßnahme der Regierung galt, wie uns Ernst Simon (s.o.) berichtet.

Der Erste Weltkrieg

Der Ausbruch des Krieges im Jahre 1914 forderte die Opferbereitschaft des ganzen Volkes und die Überwindung aller bestehenden Vorurteile. In dieser Zeit der Gefahr wollte man den Juden eine gewisse Anerkennung für ihren wertvollen Beitrag geben, aber noch im Jahre 1914 rief der antisemitische "*Reichshammerbund*" seine Anhänger schon auf, Material über den Frontdienst der Juden wie über ihre allgemeine Teilnahme an der Volkswohlfahrt zu sammeln. Diese Agitation mündete in die Judenzählung von 1916.

Als der erwartete Sieg ausblieb und der Krieg sich hinzog, wuchsen im Volk die Enttäuschungen und Spannungen. Die Antisemiten nahmen ihre Hetze wieder auf in der Erwartung, durch die Ablenkung der Gefühle auf die Juden die Menschen für ihre Ideologie gewinnen zu könen.

Die Attacken gegen die "Ostjuden"

Der erste Angriff richtete sich gegen die "Ostjuden". Sah man sie als "nützlich" an, kam man ihnen entgegen. So hatte der Vorstoß der deutschen Armeen nach Rußland diese in das polnische Siedlungsgebiet der Juden gebracht. Der General Ludendorff richtete daher einen auf jiddisch verfaßten Aufruf "An meine lieben Jiden in Polen". Die Kriegswirtschaft brachte Hunderttausende von Gastarbeitern nach Deutschland. Unter ihnen befanden sich über 30.000 "Ostjuden". In den Vorkriegsjahren waren zwar Massen von Ostjuden nach Deutschland gekommen, aber sie hatten Deutschland nur als Übergangsland zur Auswanderung nach Übersee, vor allem nach Amerika, benutzt. Insgesamt hatten sich vor dem Weltkrieg nur 70.000 "Ostjuden" in Deutschland niedergelassen, was einem Anteil von etwa 11 % der gesamten deutschen Judenschaft entsprach. Von den Antisemiten wurde diese Tatsache verschwiegen und die Einwanderung als Einfall eines "Heuschreckenschwarms" dargestellt. Daher müßten die Grenzen für sie gesperrt werden und das Militär mit rücksichtslosen Maßnahmen gegen sie vorgehen, denn die "gesicherten Erfahrungen der Geschichte" hätten bewiesen, daß "das Judentum zu allen Zeiten ein Schädling unter allen Völkern" gewesen sei.

Den Juden wird ihr Beitrag zum Vorwurf gemacht

Als die Dauer des Kriegs den Notstand des Volkes verstärkte, gingen die Judenhasser zur Attacke gegen alle Juden über. Juden standen nun an der Front. Sie dienten als Soldaten und Offiziere und wurden ausgezeichnet. Sie arbeiteten als dringend benötigte Forscher und Techniker in kriegswichtigen Institutionen und Industrien, sie waren an der Organisation der Wirtschaft beteiligt. Selbst die Staatsverwaltungen sahen sich genötigt, sie zum Dienst heranzuziehen. Aber ihre Hingabe und ihre Leistung wurden ihnen jetzt angekreidet.

In der Armee wurden jüdische Soldaten von Vorgesetzten und Kameraden beleidigt und zurückgesetzt. Die Offiziere haßten ihre jüdischen Korpsgenossen. Hatten bisher nur Mitglieder der "gehobenen Schichten", ohne große Rücksicht auf ihre Befähigung, dem Korps angehört, wurden jetzt Juden, nur aufgrund ihrer Fähigkeiten, befördert und überragten die alten Mitglieder des Korps.

Die Juden wurden aller möglichen Machenschaften beschuldigt. Sie untergrüben die Geschlossenheit des Volkes und seinen Kampfeswillen und erschütterten den Glauben an den deutschen Sieg. Sie hielten lebensnotwendige Güter zurück, um sie zu verknappen und die Preise hochzutreiben. Man scheute sich nicht, sie Verbindungen zum Feind zu verdächtigen.

Angriffe der Radikalen gegen die Regierungen und ihre Folgen

Man griff die Regierungen an, "Fremdblütige" in wichtige Positionen der Kriegswirtschaft eingesetzt zu haben, bezichtigte sie der "Schwäche" und überhäufte sie mit grundlosen Beschwerden gegen die Juden. Ja, man drohte den Regierungen mit Racheaktionen des Volkes, wenn sie Juden weiterhin "begünstigten".

Sogar die Errichtung einer Militärdiktatur wurde von den Judenhassern vorgeschlagen. Die führenden Generäle konnten sich jedoch mit einem Plan nicht anfreunden, der ihnen die Verantwortung für Rückschläge aufbürden würde, die sie jetzt der Regierung anlasten konnten.

Der erbitterte Kampf der Antisemiten gegen die Regierungen machte diese schwankend und bewog die Parteien der Mitte, ihnen Gehör zu schenken. Im Hinblick auf die "Volksstimmung" befürwortete sogar die sonst nicht antisemitische Zentrumspartei die Judenzählung.

Vor allem zerriß diese Agitation die Geschlossenheit des deutschen Volkes gerade, als die Einheit lebensnotwendig gewesen wäre.

Der Kampf gegen die Friedensresolution und die Demokratie

Als am 19. Juli 1917 die überwältigende Mehrheit des Reichstags eine Friedensresolution verabschiedete, welche "einen Frieden der Verständigung und dauernden Versöhnung der Völker" vorsah und alle Gebietserweiterungen sowie "politische, wirtschaftliche und finanzielle Vergewaltigungen" ablehnte, veranstalteten die radikalen völkischen Nationalisten unter der Leitung von Claß und Genossen im ganzen Reich hemmungslose Protestkundgebungen, um das Volk gegen diese "alljüdisch" inspirierte, "volksverderbliche Verzichtserklärung" zur Gegenwehr aufzurufen. Als Mittel dazu kämen selbst passiver Widerstand gegen die Regierung und kämpferische Aktionen in Frage.

Die Friedensresolution blieb Papier. Wäre sie verwirklicht worden, so wären Deutschland möglicherweise die totale Niederlage und die Erniedrigung erspart worden. Das Verhältnis der Völker zueinander hätte sich auf friedliche Weise entwickelt. Die nationalistischen Antisemiten tragen daher eine wesentliche Mitschuld an dem für Deutschland und die Welt so tragischen Fortgang der Geschichte.

Der Nachhall im Volk

Die Agitation fand in weiten Kreisen Widerhall. Grundsätzlich beruhte sie auf der Parole "Deutschland den Deutschen" und, damit verbunden, dem Verlangen, die "rassisch" Deutschen zu fördern und ihrer Oberschicht die alten Privilegien zu erhalten. Es war der Kampf gegen die Demokratie, welche im Gefolge des Krieges unumgänglich geworden war. Die Ängste, welche viele Kreise seit der Gründung des Reichs erfüllten, steigerten sich nun durch die allgemeine Unsicherheit, welche vom Ausgang des Krieges abhing, in allen Kreisen der Bevölkerung zur Panik. So mußten z.B. die Professorenschaft, die Beamten und das Offizierskorps damit rechnen, daß auch Juden in ihre Reihen treten könnten. Die Demokratie mußte verhindert werden. Da Juden die Demokratie befürworteten, obwohl auch unter ihnen manche ihr skeptisch gegenüberstanden, bediente man sich ihrer im Kampf gegen sie als Sündenbock.

Als im Jahre 1918, auch im Hinblick auf die unausweichliche Niederlage, der Reichskanzler Prinz Max von Baden zum ersten Mal eine parlamentarische Regierung bildete, erklärten die Radikalen sie für illegitim. Sie lehnten eine parlamentarische Demokratie kategorisch ab und riefen zum "Kampf der Weltanschauungen" auf, d.h. der deutschen und der jüdischen. Man wollte die Demokratie im Keim ersticken. Im Oktober 1918 gingen in Berlin über hunderttausend Anhänger des bisherigen Systems zu demonstrativen Radauaktionen auf die Straße.

Der Ruf zur Judenvernichtung und "Erziehung" der Massen

In bezug auf die Juden erklärte Claß in einer Rede, er sei mit dem Erstarken des Antisemitismus während der Kriegsjahre zufrieden und rechne jetzt mit der Unterstützung des Adels, der Schwerindustrie und der Armee. So werde es gelingen, "Furcht und Schrecken (...) in der Judenschaft" zu erregen. "Ich werde vor keinem Mittel zurückschrecken und mich in dieser Hinsicht an den Ausspruch Heinrich von Kleists (...) halten: Schlagt sie tot, das Weltgericht fragt Euch nach den Gründen nicht."

Die "Alldeutschen" erwarteten, Aktionen gegen die Juden würden das Volk von seinen Enttäuschungen und Ängsten ablenken. Aber noch war dieses für eine solche Lösung nicht "reif". Daher entschlossen sich die Radikalen, von klein anfangend, die Menschen zu indoktrinieren. Dies gelang ihnen im Lauf der nächsten fünfzehn Jahre mit Hilfe der Kreise, vor allem Lehrer, Beamte, Pfarrer, die bis zum Ende den Sieg Deutschlands öffentlich verkündet hatten und sich jetzt damit herausredeten, daß nicht die Heeresleitung, sondern die Juden die Schuld an der Niederlage trügen. Sie hätten Deutschland den Dolch in den Rücken gestoßen. Weil eine entmutigte Bevölkerung diese Version der "Dolchstoßlegende" seelisch entlastete, glaubte sie sie umso bereitwilliger.

Die Juden waren sich zu diesem Zeitpunkt der ihnen drohenden Gefahr nicht bewußt. Sie begrüßten die Republik und erhofften sich von ihr, sie würde ihre Feinde in Schranken weisen und die Gleichberechtigung verwirklichen.

Der innere Zwist im deutschen Volk, welchen die Antisemiten hervorriefen, mag zur Niederlage Deutschlands beigetragen haben.

Die Weimarer Republik - Revolutionswirren - die neue Verfassung

Die Revolution begann mit dem Aufstand der Matrosen in Kiel, welche sich weigerten, sozusagen zum letzten Gefecht mit der britischen Flotte, noch einmal auszulaufen. Sie führte zu Kämpfen um die Macht zwischen den kommunistischen Spartakisten und den nationalistischen Freikorps, welche solche Wirren hervorriefen, daß die Regierung der Republik die Armee einsetzen mußte. Damit geriet sie von Anfang an in die Abhängigkeit vom Heer.

Seit ihrer Gründung hatte diese Republik mit Schwierigkeiten zu kämpfen, die schließlich zu ihrem Sturz führen sollten.

Die Verfassung, von dem jüdischen Staatsrechtler Hugo Preuß (1860-1925) vorbereitet und in Weimar von der Nationalversammlung angenommen, war ein idealistisches, demokratisches Dokument. Sie garantierte die völlige Freiheit des Wortes, was den Hetzern zugute kam. Allerdings sah sie auch Notverordnungen vor, die dem Reichskanzler erlaubten, mit der Zustimmung des Reichspräsidenten durch Dekrete unter Übergehung des Reichstags zu regieren.

Der Friedensvertrag von Versailles und seine Aufnahme im deutschen Volk

Die Republik war gezwungen, den Friedensvertrag von Versailles zu unterzeichnen. Eigentlich hätten ihn Vertreter der kaiserlichen Regierung, die den Zusammenbruch verschuldet hatte, unterzeichnen müssen. Stattdessen wurde nun die junge Republik für ihre Zustimmung zu den harten Bestimmungen des Vertrags verantwortlich gemacht.

Der Vertrag war von Rachegefühlen gegen Deutschland getragen. Er verpflichtete das Reich zur Abtretung weiter Gebiete und aller Kolonien, erlegte schwerste Reparationszahlungen von zunächst unbestimmter Höhe auf, bestimmte die Besetzung des Rheinlandes durch alliierte Truppen und erklärte dieses für alle Zukunft zur entmilitarisierten Zone. Das Heer wurde auf 100.000 Mann begrenzt, der Besitz von schweren Waffen, Kriegsschiffen über 10.000 Tonnen und Flugzeugen waren verboten. Deutschland mußte außerdem anerkennen, daß es die alleinige Schuld am Krieg trug. Die deutschen Vertreter wurden von der Teilnahme an den Beratungen ausgeschlossen. Erwendungen gegen das fertige Dokument blieben größtenteils ungehört. Die miserable wirtschaftliche Lage und die Drohung der militärischen Besetzung ließen den Deutschen keine andere Wahl, als den Vertrag zu unterschreiben.

Die Bestimmungen des "Versailler Diktats", wie der Vertrag alsbald genannt wurde, vor allem auch die "Kriegsschuldlüge", riefen größte Verbitterung hervor. Die auferlegten Lasten waren erdrückend. Die Offiziere der Besatzungstruppen wurden in Privatwohnungen einquartiert. Öffentliche Gebäude im Besatzungsgebiet wurden beschlagnahmt. Dazu kam die Unsicherheit, welche die ganze Bevölkerung, von der Schwerindustrie, welche keine Waffen herstellen konnte, bis zur Armee, in welcher viele Offiziere und Soldaten mit der Ausmusterung rechnen mußten, und zum kleinen Mann, welcher um seinen Lebensunterhalt bangte, erfaßte.

Die Radikalen, ihre Methoden und ihre Gefolgschaft

Den Gegnern der Demokratie und den Antisemiten bot sich in dieser Volksstimmung ein fruchtbarer Boden für ihre Propaganda. Die "Judenrepublik" sei an allem schuld. Sie habe Deutschland in Versailles verkauft. Sie verdiene Mißachtung und Sturz, und ihre Flagge, als "Schwarz-Rot-Senf" verhöhnt, sei nur der Geringschätzung würdig.

Es war alles so einfach und schwarz-weiß gemalt, daß die Stammtische trotz Bierdunst es verstanden und Jugendliche in ihrer Unerfahrenheit sich begeisterten. In Wirklichkeit bezeugt diese Propaganda die Verachtung des deutschen Volkes, seines gesunden Menschenverstandes und seines kritischen Denkvermögens von seiten der Hetzer. Niemals zuvor in der deutschen Geschichte war man um den Ausgleich der Klassenunterschiede und um die Rechte des Bürgers so besorgt wie unter der Weimarer Republik. Dies ging aus den Berichten objektiver Zeitungen wie der "*Frankfurter Zeitung*" klar hervor, aber diese war "jüdisch".

In ihrem Bestreben konnten die Radikalen sich auf viele Verbündete stützen. Die Generäle fanden sich zwar anfangs mit der parlamentarischen Regierung ab, da diese sie von der Schuld an der Niederlage entlastete. Sie hofften indes auf eine Erneuerung der deutschen Macht und betrachteten die Reichswehr als Ausbildungsinstanz einer künftigen Armee. Die Großindustrie, von gleichen Erwartungen erfüllt, finanzierte die Unternehmen der nationalistischen Bewegung.

Die Totengräber der Republik und ihre Aktionen

Kaiser und Fürsten waren zwar gestürzt worden, doch beging die neue Regierung den schweren Fehler, Lehrer, Beamte, vor allem Richter, welche die Republik haßten und von innen torpedierten, in ihren Ämtern zu belassen. Zur Bewahrung von Staat und Recht berufen, untergruben sie deren Fundamente. So wurden Schüler und Studenten zur Verachtung der Republik erzogen; die aus dem Heer entlassenen Soldaten fanden weitgehend Anstellung in der Polizei, welche dann oftmals müßig zuschaute, wenn nationalistische Rowdies ihre

Gegner verprügelten oder Juden angriffen. Beamte, welche nun auch Juden in ihrer Mitte zu dulden hatten, machten keinen Hehl aus ihren Gefühlen und deckten antisemitisches Verhalten ihrer Untergebenen. Richter wiesen in der Regel jüdische Klagen ab, so daß sich eine Anrufung der Gerichte erübrigte. Gleichzeitig verurteilten sie Antisemiten zu so lächerlich geringen Strafen, falls sie sie nicht freisprachen, daß diese ohne Furcht vor Bestrafung und mit der Sympathie der Gerichte rechnend, ihre Aktionen immer mehr ausdehnten. Geistliche beider Konfessionen verbanden in ihren Predigten den christlich-theologischen Antisemitismus mit dem völkischen.

Bücher, Zeitschriften, Traktate und Pamphlete überfluteten die Bevölkerung. Ihre Titel entsprechen dem Inhalt: "*Judas Schuldbuch - Eine deutsche Abrechnung*", "*Der jüdische Zeitungspolyp*", "*Die Juden in den Kriegsgesellschaften*", "*Bauer und Jude*", "*Das deutsche Haus und das Haus Israel*", "*Rathenau, der Kandidat des Auslandes*". Vor allem die Wochenzeitung "*Der Stürmer*" hetzte in obszönster Weise in Wort und Karikatur gegen die Juden.

Die *Protokolle der Weisen von Zion*

Am verderblichsten war die Schrift "*Die Protokolle der Weisen von Zion*". Sie ging auf ein anonymes Pamphlet zurück, welches 1864 in Brüssel erschienen war und sich gegen die weltweiten Machenschaften des französischen Kaisers Napoleon III. richtete. Die Gedanken des Kaisers vertrat der italienische Staatsphilosoph Machiavelli (1469-1527). Die zaristische Staatspolizei ersetzte Machiavelli durch das Weltjudentum und benutzte das Pamphlet, um die Stimmung gegen das Judentum, gleichzeitig gegen alle liberalen Bewegungen, im Zarenreich zu schüren. Im Jahre 1919 wurde es als "echt und autoritativ" in Deutschland herausgebracht und erreichte bald Auflagen von schwindelnder Höhe.[223]

Nach ihm hätten die Weisen von Zion im zionistischen Weltkongreß den Plan zur Beherrschung der Welt ausgearbeitet und adoptiert. In ihm fand sich:

> "Sehr bald werden wir uns im Tauschverkehr riesige Monopole sichern, die jeden fremden Wettbewerb ausschließen und für uns eine Quelle riesigen Reichtums bilden werden. Von diesen jüdischen Alleinrechten werden selbst die großen Vermögen der Nichtjuden in einer Weise abhängen, daß sie am ersten Tage nach dem großen Zusammenbruche der alten Regierung ebenso verschwinden werden, wie das in die Zahlungsfähigkeit der Staaten gesetzte Vertrauen (...) Mit allen Mitteln müssen wir die Macht unserer Oberherrschaft entwickeln."[224]

Adolf Hitler war von den "*Protokollen*" tief beeindruckt und sah in ihnen ein Aktionsprogramm, welchem er auf seine Weise zu folgen beschloß.

Das Auf und Ab der nationalistischen Bewegung

Die Bewegung wuchs in Zeiten der Not, wie in den Jahren der Inflation 1920-1924, als die Regierung die Mark so tief fallen ließ, daß alle Schulden des Staates sowie die Hypotheken der Großgrundbesitzer damit gelöscht waren. Wie ich mich erinnere, kostete im Jahre 1922 ein Schulheft über eine Million Mark, der Preis war dabei noch immer im Steigen. Die Bevölkerung, welche ihre Ersparnisse in Kriegsanleihen angelegt hatte, hatte alles verloren. Mein Vater zeigte mir einmal ein großes Paket von Kriegsanleihen, in welchen er als patriotischer Deutscher seine Ersparnisse investiert hatte, und antwortete auf meine Frage, ob er ein reicher Mann sei: "Mit diesem Papier kann ich ein Zimmer tapezieren". In diese Zeit fiel auch der "passive Widerstand" gegen die Franzosen, welche das Rheinland von Deutschland abzutrennen und zu einer unabhängigen Republik zu machen suchten.

Mit der Währungsreform des Jahres 1924 setzte ein wirtschaftlicher Aufschwung ein, welcher zu einem Rückgang der nationalistischen Bewegung führte. Die Radikalen zogen sich zurück und bereiteten sich auf eine neue Wirtschaftskrise vor, welche ihren Aktionen wieder Auftrieb geben würde.

Diese kam, weltweit, im Jahre 1929, als Banken zusammenbrachen, z.T. durch eine unkluge Zollpolitik der Vereinigten Staaten verursacht, die den Freihandel lähmte und in den USA selbst die "Große Depression" herbeiführte. Während diese in Amerika von 1933 an dank der Politik des Präsidenten Franklin D. Roosevelt gemeistert wurde, welcher, der Wirtschaftstheorie von Maynard Keynes folgend, Staatsanleihen aufnahm, um durch staatliche Projekte die Arbeitslosen zu beschäftigen und dadurch die Wirtschaft anzukurbeln, weigerte sich der Reichskanzler Hermann Brüning hartnäckig, den Staat zu verschulden, da ihm die Inflation der zwanziger Jahre noch in abschreckender Erinnerung war. Die Arbeitslosigkeit stieg an, die Wirtschaftskrise wuchs. Gleichzeitig wurde dem Volk nie klargemacht, daß die Krise nicht nur Deutschland, sondern die ganze Welt betraf. Stattdessen behaupteten die Radikalen, die Welt habe sich zur Vernichtung Deutschlands verschworen. Die Weichen zur Diktatur waren gestellt. Hitler wurde im gleichen Jahr zum Kanzler bestellt, in dem Roosevelt zum Präsidenten gewählt wurde.

Die Ohnmacht der Republik

Die Regierung der Republik und die Liberalen wurden von der Flut der völkischen Bewegung überschwemmt. Statt ihre Kräfte für den Ausbau der Demokratie einsetzen zu können, mußten sie sich verteidigen. Ihr zähes Festhalten an der Demokratie verzögerte den Sieg der Nationalisten, verhindern konnte es ihn nicht. Mit Rücksicht auf die Volksstimmung nahmen die Parteien entweder die antisemitische Ideologie in ihre Programme auf oder traten ihr nicht entgegen. Die "Demokratische Partei" verlor an Wählern und ging schließlich ein. Die Sozialdemokraten widerstanden dem Ansturm der Nationalisten.

Die Erfolglosigkeit jüdischer Verteidigungsversuche

Die Juden sahen sich in die Enge getrieben. Vergeblich warnten sie das deutsche Volk vor den Gefahren, welche ihm in der Zukunft von den Nationalisten drohten. Der "*Centralverein deutscher Staatsbürger jüdischen Glaubens*" verbreitete außerdem Abwehrschriften. Da diese alle die Vernunft ansprachen und mit Fakten operierten, hatten sie keinen Einfluß. Ein "*Reichsbund jüdischer Frontsoldaten*" wurde gegründet, dessen Mitglieder an öffentlichen Veranstaltungen teilnahmen, um den Frontdienst der Juden zu bezeugen. Gleichzeitig wuchs die Mitgliederschaft der Zionisten. Gerschom Scholem wanderte im Jahre 1923 nach Palästina aus.

Die Verfolgung der Ostjuden

Die Folgen der Propaganda zeigten sich von Anfang an. Bereits in den Jahren 1920-21 ging die preußische Regierung daran, "unerwünschte Ostjuden" in den Lagern von Stargard und Cottbus zu internieren. Damit waren Haussuchungen und Razzien der Polizei in ostjüdischen Wohnungen verbunden; unschuldige Menschen wurden auf der Straße, am Arbeitsplatz oder während der Nacht verhaftet. Es waren "legale Pogrome". In Bayern wurden 1923 lang ansässige Ostjuden des Landes verwiesen. Hier gingen die Nationalsozialisten in die Schule.

Walter Rathenau

Außenpolitisch fand sich Deutschland vor die schwierige Aufgabe gestellt, durch geschickte Diplomatie die Siegermächte zur Erleichterung der harten Bedingungen des Versailler Vertrags zu gewinnen. Der dem Zentrum angehörende Reichskanzler Joseph Wirth sah in Walter Rathenau (1867-1922) den geeignetsten Vertreter Deutschlands und ernannte ihn im Jahre 1922 zum Außenminister. Rathenau hatte die Leitung der von seinem Vater gegründeten, weltweit renommierten "Allgemeinen Elektrizitäts Gesellschaft" übernommen, und sich zugleich als Denker einen Namen gemacht. Es gelang ihm, den Alliierten bedeutende Konzessionen abzuringen. Die Nationalisten beschuldigten ihn jedoch in Pamphleten, zusammen mit Albert Ballin den Kaiser falsch beraten zu haben und damit für die Niederlage mitverantwortlich zu sein. "Knallt ab den Walter Rathenau - die gottverfluchte Judensau", lautete ein Kampfruf unter den Corpsstudenten. Im Jahre 1922 wurde er von zwei von ihnen ermordet. Sie kamen mit leichten Strafen davon.

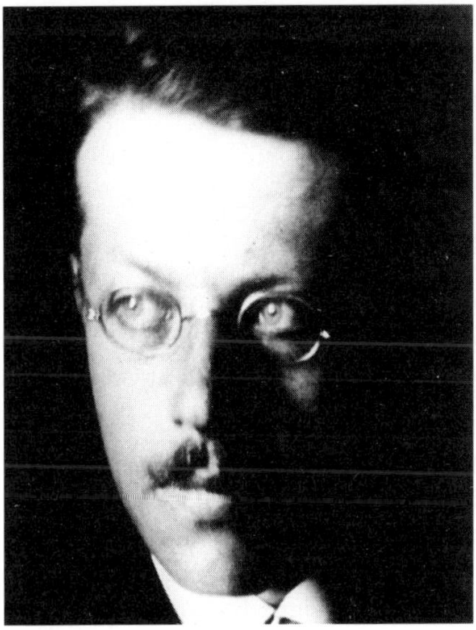

Franz Rosenzweig (1886–1929).
Foto: Jüdisches Museum Frankfurt am Main

Leo Baeck (1873–1956).
Foto: Archiv Verlag W. Kohlhammer

Fahne des „Reichsbundes Jüdischer Frontsoldaten" Berlin, 1927.
Wiedergabe mit freundlicher Genehmigung der Stiftung „Neue Synagoge Berlin – Centrum Judaicum"

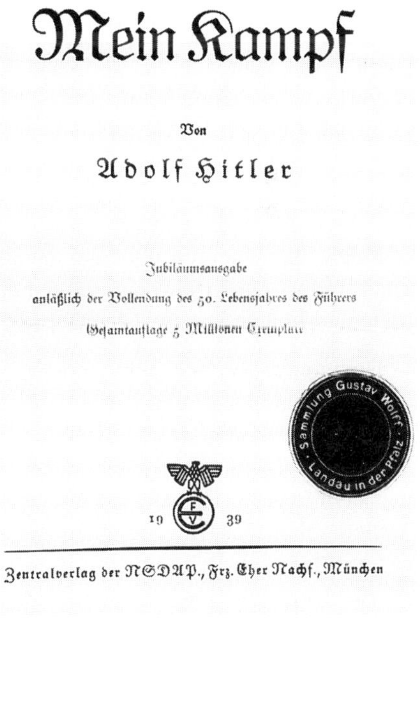

Mein Kampf

Von

Adolf Hitler

Jubiläumsausgabe

anläßlich der Vollendung des 50. Lebensjahres des Führers

Gesamtauflage 5 Millionen Exemplare

19 39

Zentralverlag der NSDAP., Frz. Eher Nachf., München

Die radikalen Verbände wurden nun von der Regierung verboten, vor allem, da es sich herausstellte, daß eine Reihe von Juden sowie führender nichtjüdischer Liberaler auf deren Todesliste standen. Das Verbot war allerdings nur von kurzer Dauer.

Antisemitische Organisationen und der Hitler-Putsch

In den Jahren der Inflation entstand eine Reihe von Organisationen, welche den Antisemitismus bis in die kleinsten Ortschaften hineintrugen. Die "Brigade Ehrhardt" mit ihrem Gesang "Hakenkreuz am Stahlhelm, schwarz-weiß-rot das Band" kam bis nach Oberlauringen, wie wir bereits berichtet haben.

Im Jahre 1923 glaubte Hitler, die Zeit sei reif zur Revolution. Es stellte sich heraus, daß der Putsch verfrüht war. Die Armee, auf deren Mitarbeit Hitler gebaut hatte, schlug ihn nieder. Vor Gericht benutzte Hitler die Gelegenheit zu einer aufrührerischen Rede. Er übernehme die volle Verantwortung für seine für Deutschland unerläßliche Revolution. Das Scheitern schrieb er der Feigheit und dem "Verrat" seiner Anhänger zu. Damit machte er sich zum alleinigen Führer seiner Bewegung. Von einem mit ihm sympathisierenden Richter wurde er zu fünf Jahren ehrenvoller Festungshaft auf der Feste Landsberg verurteilt, während der er sein Buch "*Mein Kampf*" schrieb. Bereits nach acht Monaten wurde er entlassen.

Hitlers Aufstieg und Ideologie

Adolf Hitler (1885-1945), aus Braunau in Österreich gebürtig, versuchte sich in seiner Jugend erfolglos als Maler und verdiente sich einen kärglichen Lebensunterhalt mit der Herstellung von Bildpostkarten. Zu Beginn des Ersten Weltkrieges trat er als Freiwilliger in das deutsche Heer ein, brachte es aber, trotz seines Mutes, der ihm das Eiserne Kreuz erster Klasse einbrachte, nur zum Gefreiten. Nach dem Krieg wurde er von der Reichswehr beauftragt, im Lager Lechfeld die Soldaten über die Gefahren des Kommunismus aufzuklären, und machte dort die Erfahrung, daß der Judenhaß Menschen verschiedenster Ideologien verbinden konnte. Dies wurde Grundlage seiner Propaganda.

Deutschland könne nur dann wieder zu einer Weltmacht aufsteigen, wenn das ganze, durch das Blut geeinigte Volk sich zusammenschließe, die Parteien auflöse und kämpferisch für seine Zukunft eintrete. Die Staatsform sei im Volksbewußtsein verankert, welches von der Führung intuitiv erfaßt und verwirklicht würde. Die Demokratie war damit verneint. Die "Staatsfeinde" und "undeutschen Kräfte", vor allem die Juden, aber auch die Sozialisten, mußten rücksichtslos vernichtet werden.

Hitler stellte sich nun an die Spitze einer kleinen Partei entwurzelter Menschen. In seinem Parteiprogramm sprach er aus:

> "4. Staatsbürger kann nur sein, wer Volksgenosse ist. Volksgenosse kann nur sein, wer deutschen Blutes ist, ohne Rücksichtnahme auf Konfession. Kein Jude kann daher Volksgenosse sein. 5. Wer nicht Staatsbürger ist, soll nur als Gast in Deutschland leben können und muß unter Fremdengesetzgebung stehen (...) 7. Wir fordern, daß sich der Staat verpflichtet, in erster Linie für die Erwerbs- und Lebensmöglichkeit der Staatsbürger zu sorgen. Wenn es nicht möglich ist, die Gesamtbevölkerung des Staates zu ernähren, so sind die Angehörigen fremder Nationen (Nicht-Staatsbürger) aus dem Reiche auszuweisen."[225]

Voraussetzungen für Hitlers Erfolg

Hitlers Aufstieg beruhte auf einer Reihe von Voraussetzungen. Intuitiv erkannte er, daß der Antisemitismus der beste Weg zur Einigung von unzufriedenen Schichten Deutschlands war. Sein Judenhaß war unerbittlich und die Grundlage seines gesamten Programms. So sah er bereits in "*Mein Kampf*" eine "Lösung der Judenfrage" vor:

> "Hätte man zu Kriegsbeginn und während des Krieges einmal zwölf- oder fünfzehntausend dieser hebräischen Volksverderber so unter Giftgas gehalten (...) dann wäre das Millionenopfer der Front nicht vergeblich gewesen."[226]

Es ist bezeichnend, daß die Zahl der zu vergiftenden Juden der Zahl der jüdischen Kriegsgefallenen entsprach, so daß diese nicht als deutsche Kriegshelden anerkannt wurden; ihr Tod bedeutete nur eine gewisse Bereinigung Deutschlands.

Daß er sich an die Massen wandte, gibt der Name seiner Partei, NSDAP (= "*Nationalsozialistische Deutsche Arbeiterpartei*") zu erkennen. Sie sprach die Nationalisten an, Sozialisten, sowie alle Arbeiter, die des Hirns, wie die der Faust, vorausgesetzt, daß sie "deutsch" waren. Hitler war davon überzeugt, daß er mit seinem Antisemitismus auch Sozialisten gewinnen könne. Indem er nicht gegen die Oberschichten und Großbegüterten zu Felde zog, sondern gegen den Kapitalismus, an dem die Juden schuld waren, konnte er die Mittelschicht gewinnen. Er griff nicht die Anhänger des Sozialismus an, sondern den Kommunismus, an dem gleichfalls die Juden schuld waren. Damit flößte er der Oberschicht Vertrauen ein. Da die Hörer nicht gewahr wurden, daß hier ein Widerspruch vorlag, fanden Angehörige aller Gruppen ihren Weg zu ihm.

Er verstand es, mit seinen massenpsychologisch äußerst geschickt inszenierten Auftritten und Reden die Gefühle der Teilnehmer derart zu erhitzen, daß sie jedes kritische Denken verloren und ihm voller Begeisterung bedingungslos folgten.

Gegenüber dem Parlamentarismus verkündete er das Führerprinzip. Hitler und seine Gesinnungsgenossen lehnten das Taktieren der anderen Nationalisten ab und drängten darauf, im Straßenkampf die Macht zu erringen. Dies brachte Hitler ins Blickfeld der nationalistischen Bewegungen, welche lang nach einem solchen Vortrupp gesucht hatten.

So gelang ihm, was seinen Vorgängern versagt geblieben war: die Nationalisten in einer einzigen Organisation zusammenzufassen.

Arbeitslose fanden in der SA Unterschlupf, die Großindustriellen zahlten die Kosten in der Überzeugung, daß sie nach dem Sieg den Emporkömmling und seine Bande wieder loswerden könnten.

Auf den Straßen der Städte kam es nun zu endlosen Krawallen zwischen den Nazis und ihren Gegnern, u.a. Sozialdemokraten und Kommunisten, zu Angriffen auf Juden, Schändungen von Synagogen usw.

Durch seine Haft war Hitler zum Märtyrer der nationalistischen Bewegung geworden, der als einziger alle Kreise vereinigen und an die Macht bringen konnte.

Der Aufstieg der NSDAP und ihr Kampf gegen das Parlament

In den Reichstagswahlen des Jahres 1930 wurde die NSDAP zur zweitgrößten Partei. Die Zahl ihrer Abgeordneten stieg von 12 auf 107 an. Ich erinnere mich des Jubels in meiner Klasse, als die Wahlresultate bekannt wurden.

Zusammen mit den Kommunisten, welche ebenfalls die Demokratie stürzen wollten, brachten die Nationalsozialisten die Arbeit des Reichstags zum Stillstand. So machten sie u.a. durch "Rhabarbergemurmel", d.h. fortwährende Wiederholung des Wortes Rhabarber, die Referate ihnen unbequemer Abgeordneter unverständlich und Abstimmungen unmöglich. Der Kanzler mußte mit "Notverordnungen" regieren.

Im Jahre 1930 wurde in Thüringen ein Nationalsozialist zum Ministerpräsidenten berufen, 1932 fiel die Regierung des Staates Oldenburg in die Hände der Nazis.

Die Entrechtung der Juden beginnt

Seit 1930 wurden Juden mehr und mehr von Einstellung und Beförderung im öffentlichen Dienst, vom Lehramt an Schulen und Universitäten, von der Mitarbeit an Theatern sowie von der Anstellung in nichtjüdischen Betrieben, wie Zeitungen, Verlagen, Banken, der Filmindustrie usw. ausgeschlossen. Große wie kleine Geschäfte brachen aufgrund des Drucks ihrer Kunden die Verbindung mit jüdischen Partnern ab. Ohne gesetzliche Bestimmungen wurde die Gleichberechtigung der Juden zurückgenommen.

Hitlers Weg in die Reichskanzlei

In den letzten Jahren vor der Machtübernahme hielt sich Hitler mit Drohungen gegen die Juden zurück, denn er wollte auch diejenigen Kreise gewinnen, welche seinen ausgesprochenen Antisemitismus nicht billigten, Er behauptete, er wolle nur "legal" zur Macht zummen, obgleich die von ihm geleiteten Unruhen einer Revolution gleichkamen. Die Bürger, der schlimmen Lage wie der dauernden Unruhen müde, sahen nun "das Gute", welches Hitler versprach. Da das Gesamtwohl des deutschen Volkes auf dem Spiel stehe, müßten die Juden eben gewisse Nachteile in Kauf nehmen. Bei der Reichstagswahl am 31. Juli 1932 stimmten über 40 % der Wähler für die NSDAP. Trotz des Rückgangs des nationalsozialistischen Stimmenanteils bei der Wahl vom 6. November 1932 wurde Adolf Hitler vom Reichspräsidenten Hindenburg zum Reichskanzler berufen.

Aufrichtige Menschen verlieren

Die Mehrheit der Bevölkerung hatte nicht für Hitler gestimmt. Es gab in der Tat weite Kreise aufrichtiger und klar denkender Menschen, welche Hitler und seine Machtpolitik verabscheuten. Zu einer geeinten Aktion waren sie allerdings zu schwach und zu zersplittert. Der republikanischen Regierung hatten die Kraft und der Wille zu einer konzentrierten Gegenaktion gefehlt. Sie ging in der Welle allgemeiner Hysterie unter.

19. Das Ende der deutschen Juden

Jede Beschreibung der Hitlerzeit und der unmenschlichen Taten des "Führers" und seiner Kohorten verblaßt vor der Grausamkeit der Realität. Darum wage ich mich nur zaghaft an diesen Überblick der Schreckenszeit und bitte den Leser, der Unzulänglichkeit meiner Darstellung eingedenk zu sein.

Am 30. Januar 1933, während einer Pause zwischen zwei Vorlesungen an der Berliner Universität sprachen wir, ein aus Polen stammender Freund und Mitschüler am Rabbinerseminar und ich, über die letzten Ereignisse. Ich sagte: "Wir Juden können Schikanen erwarten, dennoch kann die Verfassung, in der unsere Rechte verankert sind, nicht über den Haufen geworfen werden". Seine Antwort war: "Ich hoffe, du hast recht, aber meine Erfahrungen in Polen beweisen mir das Gegenteil. Verfassungen können über Nacht annulliert werden. Ich fürchte um unsere Zukunft." Er sollte recht haben.

Die radikale Umstellung der Bevölkerung

Der Umsturz im Verhalten der Bevölkerung war plötzlich und radikal. Freundschaften und Geschäftsverbindungen wurden sofort gekündigt. Enge Nachbarn kannten plötzlich ihre jüdischen Nebenmenschen nicht mehr und wandten sich auf der Straße ab, um ihren Gruß nicht erwidern zu müssen. Die jüdischen Kinder in der Schule verloren ihre Kameraden und wußten nicht warum. Offensichtlich hatten sich Geschäfte und Familien auf ihr Verhältnis zu den Juden nach der Machtübernahme der Nationalsozialisten bis ins einzelne vorbereitet. Die Juden standen allein und mußten erkennen, daß viele ihrer Freundschaften der Vergangenheit gar nicht wahrhaft bestanden hatten. Sie waren den wenigen dankbar, die ihnen, wenn auch geheim, die Freundschaft hielten, und wandten sich auf der Straße von ihnen ab, um mit dem gegenseitigen Gruß den "Arier" nicht in Schwierigkeiten zu bringen, denn Überwachung und Denunziation hatten bereits begonnen. Eine ganz geringe Zahl mutiger Menschen blieb den Juden öffentlich verbunden. Noch war, bis zur nächsten Wahl, die Macht der Nationalsozialisten nicht gesichert. Doch hatten sich die Menschen ihnen bereits jetzt verschrieben.

Hitlers Plan und Methode

In seinem Vorgehen folgte Hitler einem ausgeklügelten Stufenplan. Harte Maßnahmen wechselten mit Zeiten des Abflauens ab, um einerseits den Nationalisten zu beweisen, wie unerbittlich Hitler den Juden gegenüber war, und andererseits diejenigen Teile der Bevölkerung, welche an der Härte seines Vorgehens Anstoß nahmen, zu beschwichtigen. Schließlich sollte auch Rücksicht auf etwaige Reaktionen des Auslands genommen werden. Je mehr sich seine Macht festigte, sowohl im Staat als auch in den Gefühlen der Bürger, desto grausamer wurden Hitlers Taten und desto schneller folgten sie aufeinander.

Im Rückblick auf das Geschehen der Hitlerzeit wird erkennbar, daß Hitler einem bewußten Plan folgte, der bereits in "*Mein Kampf*" und im Parteiprogramm niedergelegt worden war. Er begann mit dem Entzug des Staatsbürgerrechts und der Unterwerfung unter Fremdenrecht und erfüllte sich im Tod der Juden in den Gaskammern. Die Schritte und Zwischenziele wurden in ihren Einzelheiten im "*Entwurf eines Gesetzes zur Regelung der Stellung der Juden*" vom 6. April 1933 festgehalten, die Prozedur der "Endlösung" in der Wannseekonferenz des Jahres 1942 beschlossen. Die Durchführung der Aktionen war öffentlich, denn sie sollten dem Volk bekannt sein und waren es auch.

Die erste Phase: Ausschluß der Juden aus der Öffentlichkeit

Da Hitler in der Wahl keine absolute Mehrheit erhalten hatte, mußte er sich erst einmal der Opposition entledigen. Der Reichstagsbrand lieferte den Vorwand, die Kommunisten auszuschalten, da sie dahinter steckten. Erst jetzt verfügte er über eine Mehrheit im Reichstag. Gleichzeitig wurden die Führer der Opposition, vor allem Sozialdemokraten, verhaftet, und die Parteien aufgelöst, was die Radikalen seit Gründung des Kaiserreiches erstrebt hatten. Der nun völlig nationalsozialistische Reichstag, die Karikatur eines Parlaments, verabschiedete ein Ermächtigungsgesetz, welches jeder Aktion Hitlers im voraus Rechtskraft verlieh. Die "Gleichschaltung" hatte begonnen.

Deutschland trat aus dem Völkerbund aus, verweigerte weitere Reparationszahlungen und führte die allgemeine Wehrpflicht ein. Innenpolitisch wurden die Geheime Staatspolizei (= "Gestapo") organisiert und Konzentrationslager errichtet.

Der Judenboykott

Mit der Machtübernahme war für Hitler die Zeit gekommen, den fanatischen Antisemiten seine Entschlossenheit in der Judenfrage zu zeigen. Am 1. April 1933 wurde auf Erlaß Hitlers ein Boykott aller jüdischen Geschäfte, Arztpraxen und Anwaltskanzleien durchgeführt. Die uniformierte SA (Sturmabteilung) stellte vor alle diese Wachtposten auf, welche die Kunden und Patienten am Zutritt hindern sollten.

Der Boykott wurde schon nach einem Tag abgeblasen, denn die Reaktion des Auslands, vor allem Amerikas, war so heftig, daß Hitler erkannte, daß die lebensnotwendigen Wirtschaftsbeziehungen gefährdet würden. Außerdem hatte der greise Reichspräsident Hindenburg gegen den Boykott protestiert.

Dem Ausland gegenüber wurde erklärt, die Juden in Deutschland würden nicht behelligt und gingen ohne jede Einschränkung ihren Berufen und Geschäften nach. Zugleich wurden sie für das Bekanntwerden des Boykotts verantwortlich gemacht. Es war alles eine Lüge der Juden. Sollten sie neue "Lügen" über Deutschland verbreiten, so müßten sie mit schwersten Strafen rechnen. Sollte je ein Krieg ausbrechen, so nur aufgrund ihrer Verleumdung Deutschlands. Dann würden sie alle vernichtet werden. Es wurde klargemacht, daß die Juden in Deutschland Hitlers Geiseln waren.

Trotz seiner nur eintägigen Dauer demonstrierte der Boykott dem Volk, daß die Juden schädliche Fremde waren, welche zu meiden waren. Psychologisch traf er die Juden mit größter Wucht. Robert Weltsch (1891-1982), der Redakteur der zionistischen Tageszeitung "*Jüdische Rundschau*", rief in einem Leitartikel unter der Überschrift "Tragt ihn stolz, den gelben Stern" die Juden auf, zu ihrem eigenen Volkstum und ihren eigenen Werten zurückzukehren. Vielleicht werde die Regierung mit Juden, welche einen Trennungsstrich zu ihrem bisherigen Deutschtum zögen, weniger hart umgehen. Falls aber nicht, so sei in jedem Fall das jüdische Leben die einzige Rettung.

Die Juden werden aus öffentlichen Ämtern ausgestoßen

Die nächste Maßnahme, welche dem "Entwurf" folgte, war zwar weniger demonstrativ, aber einschneidender. Am 7. April 1933 wurde das "*Gesetz zur Wiederherstellung des Berufsbeamtentums*" veröffentlicht. Alle jüdischen Beamten, mit Ausnahme der Frontsoldaten, für die sich Hindenburg eingesetzt hatte, wurden aus dem Staatsdienst entlassen. Die Zulassung von Rechtsanwälten und Kassenärzten sowie die Bestellung zu Geschworenen wurden von der "arischen" Abstammung abgängig gemacht. Jeder, welcher *einen* Juden unter seinen Großeltern hatte, galt als "nichtarisch". Späterhin fielen auch die arischen Ehepartner von Juden unter dieses Gesetz.

Mit der Errichtung der Reichskulturkammer und mit dem Erlaß des Reichspressegesetzes im gleichen Jahr wurden die Juden, welche als Nichtarier die Voraussetzung für die Mitgliedschaft in der Kammer nicht besaßen, durch die allein sie Anstellung finden konnten, von ihren Positionen in Kunst, Theater und Film und der allgemeinen Presse ausgeschlossen und vertrieben.

Diese Gesetze wurden von weiten Kreisen begrüßt, wurde man doch so die jüdische Konkurrenz los und konnte dadurch schneller und bessser Karriere machen.

Die Bücherverbrennung

Am 10. Mai verbrannten jubelnde Studenten öffentlich auf riesigen Scheiterhaufen alle auffindbaren Bücher jüdischer und den Nazis nicht genehmer Autoren. Von nun an brauchten sie diese in ihren Studien nicht mehr zu berücksichtigen. Später wurde die Berücksichtigung der Forschungsergebnisse von Juden auf allen Gebieten der Wissenschaft verboten. Maßgebend für die akademische Karriere war hinfort weniger das wissenschaftliche Niveau als die Parteitreue.

Die Reaktion der Juden

Etwa 37.000 Juden wanderten nun aus Deutschland aus. Der "*Hilfsverein der deutschen Juden*" stand ihnen mit Rat und Tat zur Seite.

Zionisten und *Alija* (Auswanderung nach Palästina)

Die Zahl der Zionisten wuchs stark an. Die Organisation errichtete landwirtschaftliche Ausbildungsstätten, "*Hachscharot*" (Einzahl: "*Hachschara*"), für Jugendliche, um sie auf ihr künftiges Leben als Bauern im "*Kibbuz*" vorzubereiten. Die "Jugend*alija*" (Jugendeinwanderung), welche Henrietta Szold ins Werk setzte, brachte etwa 4.500 Jugendliche nach Palästina. Es gelang den Zionisten, von der britischen Mandatsmacht die Einwanderungserlaubnis für "kapitalistische" Juden zu erwirken, welche £ 1.000, damals etwa 20.000 Mark, mitbringen konnten, und die Nazis für die Gewährung der Ausreiseerlaubnis zu gewinnen. Die Auswanderer durften zwar kein Bargeld ausführen, doch Güter nach Palästina verschiffen, wo sie diese verkaufen konnten. Dies half dem deutschen Ausfuhrhandel und erwies sich als ein Vorteil für die jüdischen Niederlassungen in Palästina, welche sowohl Rohstoffe als auch Fertigprodukte benötigten. Ein Drittel der Einwanderer nach Palästina kam als "Kapitalisten".

Die Mehrheit konnte sich jedoch nicht entschließen, sich von der Heimat zu lösen, und hoffte noch immer auf eine Lebensmöglichkeit in Deutschland, denn zu dieser Zeit wurden jüdische Geschäfte noch geduldet, da die Nazis von ihnen profitieren konnten. Sie bezogen sogar Uniformen von jüdischen Herstellern. Viele Dorfjuden wanderten jedoch in die Großstädte ab, wo sie weniger exponiert waren, und 200 der 1.600 jüdischen Gemeinden gingen ein.

Winterhilfe

Die Verarmung nahm zu. Da die Juden von der allgemeinen Winterhilfe ausgeschlossen waren, mußten sie ihre eigene aufbauen. Von den 286.000 im Jahre 1938 noch in Deutschland lebenden Juden hing ein Viertel vollkommen von dieser Hilfe ab.

Der *Kulturbund*

Um den aus ihren Berufen Vertriebenen Brot zu verschaffen, wurden sie, soweit möglich, von jüdischen Organisationen übernommen. Um den 20.000 erwerbslosen Künstlern die weitere Arbeit zu ermöglichen, wurde der "*Jüdische Kulturbund*" gegründet. Er mietete in Berlin ein Theater, baute ein Orchester auf und verhalf Tausenden von Juden eine, wenn auch kurze, seelische Entspannung, losgelöst vom Druck des Tagesgeschehens. Schauspieler und Sänger wurden in die Provinzen gesandt, um die dortigen Juden künstlerisch zu betreuen. Die Nationalsozialisten billigten, förderten und überwachten den Kulturbund, weil sie so dem Ausland zeigen wollten, daß die Juden ungehindert ihre "eigene Kultur" pflegen dürften. Gestattet wurde aber nur die Aufführung "jüdischer" Werke, d.h. Mendelssohn-Bartholdy, nicht aber Beethoven. Der Kulturbund wurde nach der "Kristallnacht" (s.u.) gezwungen, sein Werk fortzusetzen, um den Anschein zu erwecken, alles sei wieder "normal". Erst 1940 wurde er aufgelöst; die Künstler wurden in die Vernichtungslager deportiert.

Das Lehrhaus - jüdische Volksschulen

Das "*Freie Jüdische Lehrhaus*", welches Franz Rosenzweig in Frankfurt gegründet hatte, fand in vielen Städten Nachahmung und brachte Gastredner selbst in die kleinsten jüdischen Gemeinden. Unter der Gesamtleitung Martin Bubers verbreitete es jüdisches Wissen unter den Erwachsenen, die jetzt den Sinn ihres Lebens als Juden zu erkennen und zu vertiefen strebten.

Jüdische Volksschulen wurden eine Notwendigkeit, um die Kinder der Entwürdigung in den allgemeinen Schulen zu entziehen. Insgesamt wurden 167 Schulen errichtet, die im Jahre 1937 über 60 % der 39.000 jüdischen schulpflichtigen Kinder besuchten. Jüdische Turnvereine entstanden, da Juden aus den allgemeinen ausgeschlossen waren. Die Gottesdienste waren gefüllt.

Die "*Reichsvertretung*"

Zur einheitlichen Vertretung der deutschen Juden wurde im September 1933 die "*Reichsvertretung der deutschen Juden*" gegründet, und der in allen jüdischen Kreisen verehrte Rabbiner Dr. Leo Baeck zu ihrem Präsidenten gewählt. Ihr war, in seiner Sicht, eine innere und eine äußere Aufgabe gestellt. Im Inneren galt es, für Einigkeit und Zusammenhalt zu sorgen, von denen die Zukunft der deutschen Juden abhing. So konnten sie sich, trotz Leid und Not, als schaffende Gemeinschaft im neuen Staat bewähren. Sie konnten sich gegenseitig Kraft und Rat spenden, den erwerbslos gewordenen Brüdern und Schwestern Hilfe leisten und sich durch die Prüfungen der Zeit in ihrem jüdischen Wesen erneuern. Darin lag die vergebliche Hoffnung, die Juden könnten in Deutschland weiterleben. Nach außen hin sollte die *Reichsvertretung* die Gesamtjudenheit gegenüber der Regierung vertreten, um damit Verständnis und Erleichterungen zu erwirken. Auch diese Hoffnung wurde bitter enttäuscht. Der Staat und die NSDAP mißbrauchten die *Reichsvertretung* zur Kontrolle der Juden, als Übermittler ihrer Verordnungen und als Zwangsorgan zur Ausführung ihrer Vernichtungspläne.

Das Jahr 1934

1934 brachte eine Pause in der Judenverfolgung, da Hitler mit seinem ehemaligen Kampfgenossen, Stabschef der SA Ernst Röhm, abrechnen mußte, der die Revolution fortsetzen wollte. Durch den Ausbau der ihm untergebenen SA zu einer schlagkräftigen Truppe hatte er sich zum potentiellen Nebenbuhler Hitlers gemacht. Von Hitler persönlich verhaftet, wurden er und höhere SA-Führer sowie sonstige Personen, auf deren unbedingte Treue Hitler nicht mehr baute, ermordet. Das ”*Gesetz über Maßnahmen der Staatsnotwehr*” erklärte dann: ”Die zur Niederschlagung hoch- und landesverräterischer Angriffe am 30. 6., 1. und 2. 7. 1934 vollzogenen Maßnahmen sind als Staatsnotwehr rechtens.”

Im gleichen Jahr starb der hochbetagte Reichspräsident Paul von Hindenburg, und Hitler riß nun dessen Amt ebenfalls an sich. Er wurde ”Führer und Reichskanzler” und hatte von nun an in der Verwirklichung seiner fanatischen Pläne keinerlei Opposition mehr. Er konnte neue Gesetze gegen die Juden erlassen.

Die Vorbereitungen für die Entrechtungsgesetze

Im Jahre 1935 war der Zeitpunkt für neue, im ”Entwurf” bereits vorgesehene Gesetzgebungsmaßnahmen gekommen. Zur Vorbereitung wurden auf Anweisung der Partei und mit Hitlers Wissen erneut Boykotte und Gewalttätigkeiten gegen die Juden und ihr Eigentum ins Werk gesetzt, welche so erschreckend waren, daß sie das gesamte Wirtschaftsleben, vor allem den Außenhandel, gefährdeten. Daher versuchte der Reichsbankpräsident und Reichswirtschaftsminister Hjalmar Schacht, diese Übergriffe zu bremsen und das jüdische Leben auf eine Rechtsbasis zu stellen. Dies war für Hitler der geeignete Moment, die von ihm bereits lange erwogenen Gesetze zu erlassen, durch welche die ”Einzelaktionen” unterbunden, die Wirtschaft beruhigt, aber gleichzeitig die Juden entrechtet werden sollten.

Im Vorspiel zu den kommenden Gesetzen wurden Standesbeamte, welche Juden und Arier amtlich trauten, und Richter, die solche Ehen nicht zu scheiden bereit waren, von der Nazipresse und der ”Bevölkerung” so massiven Angriffen ausgesetzt, daß der Reichsinnenminister ”dem Volkswillen folgend” den Standesbeamten im Juli im Vorgriff auf den baldigen Erlaß eines allgemeinen Gesetzes solche Eheschließungen verbot.

Viele Ortschaften, Gaststätten und Geschäfte erklärten auf Plakaten und Aushängen: ”Juden unerwünscht”. Im Sommer dieses Jahres wurde Juden der Besuch von Theatern, Kinos, Schwimmbädern und Urlaubsorten verboten.

Es war Hitlers Absicht, der Umwelt vorzuspiegeln, das Volk sei aus seinem ”Volksempfinden” unkontrolliert gegen die Juden vorgegangen, so daß deren Rechtslage gesetzlich bestimmt werden müsse. Damit wollte er seinen neuen drastischen Gesetzen das Aussehen einer die Juden fördernden und ihren Rechtsstand begründenden Gesetzgebung geben.

Die "Nürnberger Gesetze"

Am 17. September 1935, nach Abschluß des Parteitags zu Nürnberg, verkündete der Reichstag zwei seit langem vorbereitete Gesetze: das "*Reichsbürgergesetz*" sowie das "*Gesetz zum Schutz des deutschen Blutes und der deutschen Ehre*".

Das "*Reichsbürgergesetz*" unterschied zwischen "Reichsbürgern" und "Staatsangehörigen". Während die Staatsangehörigen allen Gesetzen des Staates und den immer wachsenden Pflichten unterworfen waren, blieben die Rechte den Reichsbürgern vorbehalten, die Arier sein mußten.

Das "*Gesetz zum Schutz des deutschen Blutes und der deutschen Ehre*" verbot "Eheschließungen zwischen Juden und Staatsangehörigen deutschen oder artverwandten Blutes". Wenn solche im Ausland geschlossen würden, wurden sie für ungültig erklärt. Geschlechtsverkehr zwischen Juden und Ariern wurde mit langjährigen Zuchthausstrafen bedroht.

Das Gesetz bestimmte ferner, Juden dürften "weibliche Staatsangehörige deutschen oder artverwandten Blutes unter 45 Jahren" nicht in ihrem Haushalt beschäftigen. Das Verbot unterstellte, in einem jüdischen Haushalt sei keine Frau vor der Verführung sicher. Hier lag eine bewußte Schmähung des moralischen Charakters der Juden vor.

Die Gesetze waren allgemein gehalten. Man mußte auf die Ausführungsbestimmungen warten, welche bald folgten.

Arier, Juden und "Mischlinge"

Da sich herausstellte, daß viele Christen, unter ihnen Gelehrte, Wissenschaftler und selbst Nationalsozialisten "nichtarisch" waren, mußte das Gesetz klargestellt werden. So wurden nun die Kategorien von "Mischlingen" verschiedener Grade, gemäß der Zahl jüdischer Großeltern, eingeführt. Nach diesen Durchführungsverordnungen gab es nun "Juden", d.h. Männer und Frauen, welche drei jüdische Großeltern hatten, "Mischlinge ersten Grades", mit zwei jüdischen Großeltern, oder solche, welche der jüdischen Religionsgemeinschaft angehörten oder mit einem jüdischen Partner verheiratet waren. "Mischlinge zweiten Grades" mit nur einem Viertel jüdischen Blutes, fielen unter die von Hitler wieder eingeführte allgemeine Wehrpflicht. Allen Mischlingen war die Ehe mit "Deutschblütigen" untersagt.

Durch diese Gesetze und die dazugehörigen Ausführungsbestimmungen wurden die Juden in jeder Hinsicht von der Umwelt abgesondert. Sie kamen unter Polizei- und Parteiaufsicht und hatten kein Anrecht auf gerichtlichen Rechtsschutz, denn sie waren, wie das Reichsgericht in Leipzig in einem Fall verkündete, "bürgerlich tot". Zum ersten Mal in ihrer langen Geschichte waren die deutschen Juden vollkommen rechtlos..

Das jüdische Mißverständnis

Die Verkündung der "Nürnberger Gesetze" gab den Juden anfänglich ein gewisses Gefühl der Erleichterung, da sie glaubten, daß ihre Rechtsstellung nun für die Zukunft feststehe und sie vor "Einzelaktionen" geschützt seien. In Wirklichkeit aber war dies nur das Vorspiel zu ihrer Vernichtung. Hitler, für welchen die Ausrottung der Juden ein unerschütterliches Axiom war, ging schrittweise vor. Er wollte erst einmal abwarten, wie die Beamtenschaft und das Volk auf die Rassengesetze reagierten, bevor er weiterging.

Die Reaktionen in Beamtenschaft und Volk

Als "treue Staatsdiener" setzte die Beamtenschaft alle Gesetze und Verordnungen widerstandslos in die Praxis um. Da viele unter ihr Hitlers Vorstellungen teilten, legten sie diese Gesetze und Verfügungen oftmals, wenn irgend möglich, schärfer aus, als es der Text eigentlich verlangt hätte. Ohne die Willfährigkeit eines Großteils der Beamtenschaft wäre die Entrechtung, Enteignung und Ermordnung der Juden nicht möglich gewesen.

Das Volk stand den Gesetzen und Verordnungen Hitlers widerspruchslos und gleichgültig gegenüber, obwohl die Rassengesetze sich auf viele Familien mit "Mischlingen" einschneidend auswirkten. Ein latenter Antisemitismus hatte schon immer bestanden. Durch die Aktionen während der Kaiserzeit und der Weimarer Republik war er so geschürt worden, daß er der Majorität der Bürger in Fleisch und Blut übergegangen war. Gewiß dachte keiner an einen Judenmord, aber die Verdrängung der Juden war gar nicht so schlecht. Die hatten sie durchaus verdient. Darüber hinaus hatte sich die Lebenssituation für die Durchschnittsbürger unter Hitler wesentlich gebessert. Das Gefühl, zu einem Elitevolk zu gehören, machte stolz, umso mehr, wenn es eine Gemeinschaft von "Untermenschen" gab, auf die man hinabschauen konnte. Der kleinste Mann konnte sich über Einstein erhaben dünken, ohne es durch Leistungen beweisen zu müssen.

Das Schweigen der Kirche

Besonders tragisch war von Anfang an die Stellung der Kirchen. Unter Hitler war eine "*Deutsche Evangelische Kirche*" gegründet worden, die von den "Deutschen Christen" beherrscht wurde, einer Gruppe, die den Nationalsozialismus mit dem Christentum zu vereinen suchte. Eine Reihe von evangelischen

Pastoren und Gläubigen erkannten, daß diese "Reichskirche" das Bekenntnis zu Jesus Christus, wie es in der Schrift verkündigt wurde, angriff und zu zerstören drohte, und schlossen sich zur "Bekennenden Kirche" zusammen, die im Mai 1934 sich in Barmen zu einer Synode versammelte, auf der die Barmer Theologische Erklärung verabschiedet wurde. Ihrem Auftrag gemäß hätte die Kirche für die Juden eintreten müssen. Sie tat es nicht. Sie kam nicht einmal den Christen in ihrer Mitte, welche jüdischer Abstammung waren, zu Hilfe.

Der bedeutende Theologe Karl Barth (1886-1968), ein ausgesprochener Gegner der Nazis und Kämpfer für eine menschenwürdige Behandlung der Juden, war der Vater der Theologischen Erklärung. In einem Brief des Jahres 1967 warf er sich vor:

> "Neu war mir vor allem die Tatsache, daß Bonhoeffer 1933 ff. als Erster, ja fast Einziger die *Judenfrage* so zentral und energisch ins Auge gefaßt und in Angriff genommen hat. Ich empfinde es längst als eine Schuld meinerseits, daß ich sie im Kirchenkampf jedenfalls öffentlich (z.B. in den beiden von mir verfaßten Barmer Erklärungen von 1934) nicht ebenfalls als entscheidend geltend gemacht habe. Ein Text, in dem ich das getan hätte, wäre freilich 1934 bei der damaligen Geistesverfassung auch der «Bekenner» weder in der reformierten noch in der allgemeinen Synode akzeptabel geworden. Aber das entschuldigt nicht, daß ich damals - weil anders interessiert - in dieser Sache nicht wenigstens in aller Form gekämpft habe."[227]

Für die Katholische Kirche waren Richtschnur nur die Bestimmungen des 1933 zwischen der Reichsregierung und Papst Pius XI. geschlossenen Konkordats, welches ihr eine gewisse Unabhängigkeit im religiösen Leben erlaubte. Sie hielt es daher für angebracht, den Staat nicht zu kritisieren.

Unter den Geistlichen wie den Gläubigen beider Konfessionen gab es mutige Ausnahmen. Offiziell wurde die Judenvernichtung von keiner bekämpft.

Ausnahmen

Es gab Ausnahmen, aber nur wenige. Zu ihnen gehören die arischen Ehepartner von Juden. Einem dauernden Druck ausgesetzt, sich scheiden zu lassen, blieben sie ihren Partnern treu und zogen es vor, alle Erniedrigungen zu tragen oder auszuwandern, statt den von ihnen geliebten Juden preiszugeben.

Das Jahr 1936

Hitler, durch die Hinnahme der Aufrüstung seitens der Umweltmächte ermutigt, ließ nun seine Truppen in das entmilitarisierte Rheinland einmarschieren. Sie hatten jedoch den Befehl, sich sofort zurückzuziehen, sollte Frankreich oder Belgien bewaffneten Widerstand leisten. Hätte Frankreich ein einziges Regiment gegen Hitlers Armeen geschickt, so wäre sein Regime mit dem Rückzug der Truppen gestürzt. Die Siegermächte, im Bestreben, den Frieden zu bewahren, und vielleicht auch im Bewußtsein, Deutschland im Versailler Vertrag zu harte Bedingungen auferlegt zu haben, unternahmen nichts gegen die neuerliche Verletzung des Vertrages. Hitler fand sich zu weiteren abenteuerlichen Aktionen ermutigt.

In diesem Jahr fanden auch die Olympischen Spiele in Berlin statt, was Hitler zur Vorsicht bewog. Man hatte ihn wissen lassen, die Übergriffe gegen die Juden hätten zur Überlegung geführt, die Spiele zu verlegen oder sie mindestens, was die führenden Nationen betrifft, zu boykottieren. Die Aktion gegen die Juden wurde vorläufig zurückgestellt.

Das Jahr 1937

Nach dem Ende der Olympischen Spiele nahm Hitler seinen "Krieg" gegen die Juden wieder auf. In einer Rede auf dem Parteitag zu Nürnberg bezeichnete er die Juden nicht nur als eine minderwertige Rasse, sondern verdammte sie als "bolschewistische Pest". Sie hätten der Welt den Bolschewismus und den Kommunismus beschert, um sie in Verwirrung zu bringen. Niemals hätten sie auch im geringsten zur Wirtschaft oder zur Kultur beigetragen. Judentum und Kommunismus seien identisch.

Damit wurde der Kampf gegen den Kommunismus, zu welchem Hitler das Volk aufrief, zum Kampf gegen die Juden.

Einige persönliche Anmerkungen

Einige persönliche Erfahrungen aus diesen Jahren können vielleicht die Lage verdeutlichen.

Erzwungene Umschulung und Numerus clausus für Juden

Als im Jahre 1934 es mein Bruder im Realgymnasium in Mainz nicht länger aushalten konnte, beschloß unser Vater, ihn auf die Vorbereitungsschule der jüdischen Lehrerbildungsanstalt in Würzburg zu schicken, wo er dann schließlich auch Volksschullehrer wurde. Allerdings benötigte er anfänglich Nachhilfestunden in allen Fächern. Auf Wunsch meines Vaters ließ ich mich vom Rabbinerseminar und der Universität in Berlin beurlauben, um ihm zu helfen. Gleichzeitig gelang es mir, mich mit der gelben Judenkarte an der Universität zu immatrikulieren, d.h. der für die Juden verfügte Numerus clausus von 1 % der Studenten war noch nicht erreicht.

Promotion im letzten Moment - Professoren

Ich arbeitete an meiner Dissertation. Mein Doktorvater, Professor Hämel, ein frommer Katholik, bei dem schon zwei künftige Rabbiner promoviert hatten, erklärte mir sofort, er sei in die SA eingetreten, aber nur, um seinen Studenten helfen zu können. Das entsprach der Wahrheit. Am Ostersonntag arbeiteten wir noch in seinem Haus an meiner Dissertation, da er darauf drängte, mein Promotionsverfahren einschließlich des Rigorosums und der Drucklegung der Dissertation, müsse bis Ende des Semesters beendet sein. Offensichtlich wußte er schon etwas von den bevorstehenden "Nürnberger Gesetzen". Er sagte, es sei ihm leider nicht möglich, mir in dieser Zeit die Note "*summa cum laude*" zu geben. Ich war auch mit "*magna*" zufrieden. Das Doktordiplom erhielt ich, wenige Tage vor Toresschluß, vom Prorektor unterzeichnet, weil der Rektor erklärt hatte: "Einem Judd unterschreibe ich kein Diplom". Hämel wurde später von den Nazis mehreren Disziplinarverfahren unterzogen, da er "ein schwarzer Pfaffenbruder" sei, "der es wage, sogar in der nationalsozialistischen Zeit noch Juden zu promovieren". Da aber gegen den Rektor gleichzeitig eine Untersuchung wegen eines Vergehens an einer minderjährigen Sekretärin eröffnet werden mußte, zog sich das gegen Hämel gerichtete Verfahren über die Nazizeit hinaus. Er war gerettet.

In einer Vorlesung des Germanisten Woerner, eines über achtzigjährigen Mannes, der ich einmal beiwohnte, erklärte dieser, Hitlers "*Mein Kampf*" sei literarisch wertvoller als das gesamte Werk Goethes. Er blieb lange im Amt.

Der Psychologe Marbe, einer meiner Prüfer, welcher die damals neue experimentelle Psychologie vertrat, bewies Mut. Er hatte seine Studenten zu einem Umtrunk in einem öffentlichen Biergarten eingeladen. Zufällig war es der Tag meines Rigorosums. Nachdem ich seiner Assistentin die Teilnehme abgesagt hatte, rief er persönlich an, er würde schon etwas Koscheres, vielleicht ein paar Eier, für mich finden. Als ich ihm erklärte, der Grund meiner Absage sei, ihn nicht in Schwierigkeiten zu bringen, erregte er sich: "Das ist Unsinn, Sie müssen kommen!" Ich kam, es passierte nichts. Marbe wurde allerdings sofort mit dem Erreichen seines 65. Lebensjahres emeritiert.

Einige Episoden aus dem Leben in Oldenburg

Nach der Beendigung meiner Studien am Rabbinerseminar hatte ich die Wahl, in Berlin Assistent meines von mir hoch geschätzten Lehrers Alexander Altmann zu werden, dem jetzt zwei Synagogen übertragen worden waren, oder nach Oldenburg zu gehen, dessen Juden in bitterer Not waren. Ich entschied mich für die letztere Möglichkeit und wurde von den dortigen Juden zum Landesrabbiner gewählt. Da die Gemeinden verarmt waren, wurde mir ein minimales Gehalt von Berlin aus gezahlt.

Ich lebte im Haus meiner künftigen Schwiegermutter, der Witwe des Landesrabbiners Dr. Philipp de Haas.

Als Landesrabbiner von Oldenburg

In Oldenburg oblag mir außer den regulären Pflichten, wie Gottesdienst, Erwachsenenbildung, Religionsunterricht, Aufsicht über die rund 15 jüdischen Gemeinden im Land und Seelsorge, die Aufgabe, Juden Lebenshilfe zukommen zu lassen.

Unmittelbare Erfahrung: Die Wirkungen des Konzentrationslagers

Am ersten Sabbat meines Dienstes besuchte uns ein junger jüdischer Mann, welcher nach sechswöchiger "Erziehung" aus einem Konzentrationslager entlassen worden war. Wie ein Foetus gekrümmt saß er zehn Minuten lang auf einem Stuhl neben der Tür, ohne ein Wort zu sprechen. Dann ging er weg.

Gottesdienste unter Überwachung

Die Gottesdienste waren voll, doch saßen in der letzten Reihe der Synagoge Gestapobeamte, die sich den Inhalt der Predigten notierten. Ich mußte meine Zuflucht bei Andeutungen nehmen, welche die Juden verstanden.

Das tägliche Leben

Das Leben wurde nun immer unsicherer und bedrängter. Das Schicksal wurde zum dauernden Gesprächsthema. Beim Telefonieren stülpte man eine Kaffeehaube über den Apparat, da man annehmen mußte, daß man abgehört wurde. Ich fühlte einen dauernden Druck. Auf der Straße sah man sich nach jeder Seite um. Kam ein SA- oder SS-Mann des Wegs, so versuchte man sich unsichtbar zu machen. Marschierte eine uniformierte Truppe mit der Hakenkreuzfahne vorbei, so schlüpfte man schnellstens in einem Haus unter. Es war ja geboten, die Fahne zu grüßen, zugleich aber war dies den Juden verboten, so daß man, was immer man tat, sich strafbar machte. Den früheren Freunden ging man zu ihrem Schutz aus dem Weg. Man zögerte, selbst seit langem frequentierte Geschäfte zu betreten, weil man von anderen Kunden angepöbelt und herausgeworfen werden konnte. Öffentliche Anstalten, Bibliotheken, Theater, Kinos waren uns verschlossen. Außerhalb des Wohnorts konnte man mit keiner Unterkunft rechnen. Für die jüdischen Schulkinder wurde das Leben unerträglich. Auf dem Weg zur und von der Schule wurden sie von den anderen Kindern verhöhnt oder verprügelt, in der Schule von den Lehrern immer wieder gedemütigt.

Die noch bestehenden jüdischen Geschäfte verloren nach und nach ihre Kunden und wurden verkauft. In Oldenburg gab es nur noch einen jüdischen Arzt. Man mußte nach einem gutgesinnten nichtjüdischen Dentisten suchen, welcher bereit war, uns nach seinen Sprechstunden zu behandeln. Die Viehhändler konnten lediglich in den frühen Morgenstunden einige ihnen treu gebliebene Kunden bedienen. Angestellte waren arbeitslos und hungrig. Jeder hatte Angst, auf die Straße zu gehen.

Alle zwei Wochen kam die jüdische Sozialbeamtin aus Hamburg zur gemeinsamen Bearbeitung der Nothilfe und der Auswanderung zu uns.

Auswanderung

Während die Flut der Antragsteller anschwoll, wurde die Auswanderung immer schwieriger, da die Einwanderung nach Palästina und Amerika von den englischen bzw. amerikanischen Behörden überaus restriktiv gehandhabt wurde. In Oldenburg gab es Juden, welche wegen ihres früheren Eintretens für die Demokratie sehr gefährdet waren. Für sie mußten schnellstens Visen beantragt und Gelder zur Auswanderung bereitgestellt werden.

Gefängnisseelsorge und Deportation ins Konzentrationslager

Besuche der Gefängnisse wurden zur regelmäßigen Aufgabe. Hans Reyersbach war ein hoch angesehener Bürger und ausgesprochener Demokrat, welcher, trotz unserer Warnungen, auch weiterhin den Mund nicht hielt. Er wurde verhaftet. Ich besuchte ihn im Gefängnis. Eines Tages sah ich ihn ohne Mantel und mit einem Päckchen in der Größe von etwa zwei Zigarettenschachteln auf der Straße, die zum Bahnhof führte. Ich dachte, er sei frei, und ging freudig zu ihm hin. Dann sah ich erst den Gestapomann, der ihn ins Konzentrationslager brachte. Ich durfte ihm ein Wort des Segens mitgeben. Er kam nie wieder aus dem Konzentrationslager zurück.

Rassenschandeprozesse und Urteile

Es gab drei "Rassenschandeprozesse", denen ich zur Ermutigung der Angeklagten im Gerichtssaal beiwohnte. Im ersten Prozeß wurde der Angeklagte freigesprochen, da seine langjährige Geliebte schwor, sie hätten sich zwar umarmt, aber nie Geschlechtsverkehr gehabt. Nach dem Freispruch wurde er sofort nach Holland gebracht, wo ihn allerdings die Nazis später aufspürten und ermordeten.

Im zweiten Verfahren wurde ein armer Mann, der sich durch den Verkauf von Speiseeis an einem Stand in der Straße sein Leben kümmerlich bestritt, zu zwei Jahren Zuchthaus verurteilt. Er kam nie wieder heraus.

Im dritten Prozeß wurde ein etwas verludertes Geschwisterpaar verurteilt, welches sich in den Büschen mit gleichartigen Deutschen "amüsiert" hatte. Während den "Ariern" nichts geschah, wurde der junge Mann unter Anrechnung der sechsmonatigen Untersuchungshaft, zu zwei Jahren Zuchthaus verurteilt, das Mädchen außerdem zur Sterilisierung. Ich sah sie im Krankenhaus nach ihrer Operation, dann verschwand sie. Den Mann besuchte ich im Zuchthaus. Bei meiner Ankunft kam mir der Direktor der Strafanstalt, einen wilden Schäferhund an der Leine, entgegen, um mir zu erklären, es kümmere ihn nicht, ob ein Urteil moralisch und gerecht sei oder nicht, sondern er führe es als treuer Staatsdiener skrupellos aus. Der Gefangene selbst beschwerte sich, die Untersuchungshaft sei ihm nicht angerechnet worden, und bat mich, sich für ihn zu verwenden. Ich antwortete ihm scharf, ich könne nichts unternehmen, wohl wissend, daß er nach der Verbüßung seiner Strafe sofort von der Gestapo in ein Konzentrationslager gebracht würde, wo es kein Recht und keine Befreiung gab. Im Zuchthaus genoß er wenigstens noch sechs Monate den Schutz der für den allgemeinen Vollzug gültigen Gesetze und Verordnungen. Das konnte ich ihm nicht sagen, doch hat mich seine erkennbare Verzweiflung, selbst von seinem Rabbiner verlassen worden zu sein, nachhaltig bedrückt.

Die Landgemeinden

In den Landgemeinden sah es traurig aus. Vielen, einschließlich einer uralten armen Frau, welche nun vereinsamt und ganz verlassen in einem feuchten Häuschen auf dem Land wohnte, mußten Lebensmittel und Kohlen gebracht werden.

Die jüdische Gemeinde zu Wildeshausen verkaufte ihre Synagoge, um ihren wenigen Mitgliedern das Geld zur Auswanderung zu beschaffen. Ich leitete den Abschiedsgottesdienst.

Die große jüdische Gemeinde zu Jever konnte ihre imposante Synagoge nicht mehr benutzen, da man ihr wiederholt die Fenster eingeworfen hatte und eine Reparatur sowohl unerschwinglich als auch nutzlos war. Zusammengepfercht hielten ihre Mitglieder den Gottesdienst in einem kleinen Schulraum.

Auch in Oldenburg wurden die Synagogenfenster eingeschlagen. Es stellte sich heraus, daß die verseuchte Umwelt die Synagoge überhaupt nicht als ein Gotteshaus ansah, was sich später zeigen sollte.

In Vechta war der arme Synagogendiener aus seiner Wohnung geworfen worden. Die jüdische Gemeinde baute ihr Gotteshaus in eine Wohnung für ihn um und behielt nur einen winzigen Raum vor der heiligen Lade als Synagoge.

Juden dürfen mit Ariern nicht in einem Haus wohnen

Es war nun den Juden verboten, im gleichen Haus mit Ariern zu wohnen. Gab ein auswandernder Jude seine Wohnung auf, oder verkaufte er sein Haus, welches nur ein Arier kaufen durfte, so flog der Jude hinaus. Dies spürten wir am eigenen Leib, als unser jüdischer Hauswirt auswanderte und der neue Besitzer ins Haus zog. Kurzfristig gekündigt, fanden wir nur mit größter Mühe eine zeitweilige Unterkunft in einem Haus, dessen bereits ausgewanderter Besitzer noch keinen Käufer dafür gefunden hatte. Die Arier warteten nämlich den Zwangsverkauf, d.h. die Enteignung des jüdischen Besitzes, ab, der auch kommen sollte.

Gründung der jüdischen Schule

Da, wie schon gesagt, die jüdischen Kinder es in der Schule nicht mehr aushalten konnten, gründete ich eine jüdische Volksschule, in der auch Englisch und Hebräisch unterrichtet wurden. Bei den Vorbereitungen zeigte sich, daß selbst ein NS-Beamter hilfsbereit sein konnte. Wir stellten dem Ministerialdirektor vor, daß die Errichtung einer jüdischen Schule dem Willen der Nazis entspreche. Er sorgte für die Anstellung eines staatlich besoldeten Lehrers und gewährte uns, auf meinen Einwand hin, die Miete für die im Gemeindehaus untergebrachte Schule. Allerdings, so sagte er, müsse er einen christlichen Mischling als Lehrer anstellen, dem seine Stelle entzogen worden sei, gab sich dann aber mit meinem Argument zufrieden, daß ein solcher Lehrer den jüdischen Kindern feindselig gesinnt sei, was auf beiden Seiten zu Schwierigkeiten führte. Er warf zwar, sein eigenes Denken beleuchtend, ein: "Der Mann denkt, in ein paar Jahren ist die ganze Nazigeschicht´ vorüber, dann habe ich wieder meine Stelle und inzwischen meinen Beruf", doch erlaubte er die Anstellung des Lehrers Moses Katzenberg, welcher in einer Familie Unterkunft fand. Daneben wurde auf Kosten der Juden der Lehrer Freund von der Nachbarstadt Delmenhorst nach Oldenburg geholt, und ihm die Dienstwohnung im Gemeindehaus zugewiesen. Die Frau des Synagogendieners Hesse, eine geprüfte Handarbeitslehrerin, unterrichtete Handarbeit.

Die Synagoge

Mit der Umgestaltung der Gemeinderäume in eine Schule mußten die Gottesdienste, welche seit der Nazizeit im Winter der Ersparnis halber dort gehalten wurden, nun in der Synagoge stattfinden. Dort bröckelte der Verputz von den Wänden, und die Gemeinde, welche die früheren Staatszuschüsse verloren hatte, konnte diese aus Armut lediglich mit weißen Bettüchern überspannen. Bei einer Trauung wurden Steine an die Fenster geworfen.

57

Namen und Vornamen

Nr. 96 Dr. Trepp, Leo

der Aufnahme			des Ablaufs der Strafzeit			der Entlassung		
Tag	Monat	Jahr	Tag	Monat	Jahr	Tag	Monat	Jahr
10.	November	1938				11	November	1938
Stunde	9 30 Uhr		Stunde			Stunde	11 Uhr	

Heimat: Geburtstag	4. 3. 13.
Geburtsort	Mainz
Amt	do.
Letzter Wohnsitz	Oldenburg, Peterstr. 56
Religion (evangelisch / katholisch)	mos.
Verheiratet	geb. de Haas
Kinder	./.
Eltern	
Beruf	Landesrabbiner
Rentenempfänger	
Vergehen	
Vorstrafen	./.
Ort der Festnahme	Oldenburg,
Verurteilt: von welcher Behörde u. Tag des Erkenntnisses	Geheime Staatspolizei Staatspolizeistelle Wilhelmshaven Außendienststelle Oldenburg Abt. 4. B.N.P. 1004/38
auf wie viel Zeit	Schutzhaft
Tag der Aufnahmeverfügung:	10. 11. 1938
Briefe öffnen:	
Wohin entlassen:	Konzentrationslager Sachsenhausen
Entlassung angezeigt am:	
Grund der Entlassung:	Verfg. d. Geh. St. P. St. P. St. Whaven Außendienststelle Oldbg. Abt. 4. B.N.P. 1004/38

Beschreibung:

Alter	25 J.
Größe	175
Gestalt	schlank
Haare	schwarz
Stirn	hoch
Augenbrauen	
Augen	braun
Nase	gew.
Mund	gew.
Zähne	gesund
Bart	./.
Backenbart	./.
Kinn	rund
Gesichtsbildung	schlank
Gesichtsfarbe	
Besondere Kennzeichen	[illegible] Narbe unterm Kinn.

Bemerkungen:

Abdruckgenehmigung: Niedersächsisches Staatsarchiv Oldenburg

Sog. „Kristallnacht“: brennende Synagoge in Baden-Baden – 9. 11. 1938. Unten: KZ Auschwitz – Birkenau 1943/44. – Foto: Ullstein

Eine Falle für den Rabbiner?

Eines Tages kam ein Ehepaar in mein Studierzimmer. Dort befanden sich die alten Standesamtsregister der jüdischen Gemeinden, da der Landesrabbiner bis 1871 der jüdische Standesbeamte war. Das Ehepaar erklärte, der Großvater des Mannes sei als Jude geboren und als solcher registriert, was auch der Fall war. Mann und Frau baten mich, mit Tränen in den Augen, das Blatt herauszureißen, denn ihre Zukunft hänge von ihrer rein arischen Abstammung ab. Sie würden die Gemeinde dafür hochherzig belohnen. Ich lehnte dies ebenso ab, wie das Ansinnen, den Behörden gegebenenfalls zumindest einen ihnen günstigen Bescheid zu geben. Ich hörte niemals etwas von den Behörden und bin davon überzeugt, daß das Ganze für mich als eine Falle gedacht war.

Unterschiede im Verhältnis zu den Juden

Eine Unterstützung der Juden erforderte Mut, war aber nicht so gefährlich, wie es oftmals geschildert wird. Es gab Menschen, welche die Maßnahmen der Nazis nicht billigten und, wenn möglich, zu den Juden standen. Im katholischen Vechta starb eine alte Dame, die sich in der Gemeinde bewährt und vom Großherzog eine Auszeichnung für ihre Verdienste im Krieg erhalten hatte. Die Nazis verboten der Bevölkerung, an der Beerdigung teilzunehmen, und stellten Kameras auf, um etwaige Teilnehmer aufzunehmen. Ich traf die ganze Bevölkerung vor dem Trauerhaus an, und alle folgten dem Leichenzug zum Friedhof. Die Nazis photographierten sie, aber es geschah ihnen nichts. Im protestantischen Jever starb ein eingeborener jüdischer Mann im Alter von 101 Jahren, welcher zu einem Stück Geschichte der Stadt geworden war, als Stadtrat gewirkt hatte, und bis zur Nazizeit sehr verehrt war. Zu seiner Beerdigung kam außer den Juden kein Mensch.

Es gab keine Sicherheit, keine Ruhe, kein Gebiet der Entspannung und keinen Lebensbezirk, über den die Tyrannei der Nazis nicht zerstörend hereingebrochen wäre. Doch es war nur der Anfang.

Die dritte Phase: Pogrome und Zerstörung

Im Juli wurde eine internationale Konferenz zur Regelung der Flüchtlingsprobleme nach Evian am Genfer See einberufen. Man schuf ein "Intergovernmental Committee for Refugees", doch fand sich, bis auf die Dominikanische Republik, kein Land bereit, seine sehr geringen Einwanderungsquoten zu erhöhen und mehr Juden aufzunehmen. Myron Taylor, der amerikanische "Hohe Kommissar" des Komitees, gab jedoch im Namen der Vereinigten Staaten das Versprechen ab, die bestehenden Quoten von nun an voll auszuschöpfen. England war bereit, jüdischen Kindern Asyl zu gewähren.

Die Haltung der Konferenzteilnehmer verlieh Hitler die Überzeugung, daß die anderen Staaten dem Schicksal der Juden gleichgültig gegenüberstanden, auch selbst keine Juden in ihrer Mitte wollten, und daher gegen seine weiteren Judenverfolgungen keinen Einspruch erheben würden.

Völliger Ausschluß aus dem Wirtschafts- und Gesellschaftsleben

Bereits im April wurde die "endgültige Ausschaltung der Juden" aus dem Wirtschaftsleben beschlossen, nachdem Walther Funk, ein überzeugter Nationalsozialist, im Februar die Nachfolge Schachts als Reichswirtschaftsminister angetreten hatte, welcher die "Arisierung" jüdischen Besitzes, Vermögens und jüdischer Geschäfte rücksichtslos durchführte. Allerdings bestanden unter der NS-Bürokratie Meinungsverschiedenheiten darüber, ob eine übereilte Enteignung der Juden dem Wirtschaftsleben nicht schade. Diese Kontroverse wurde durch die "Reichskristallnacht" zugunsten der Radikalen entschieden.

Die Juden hatten im April ihr ganzes Vermögen anzumelden, womit ihre künftige Enteignung vorbereitet wurde. Die Ausübung der ihnen noch verbliebenen Berufe, wie Fremdenführer, Makler etc. wurde ihnen verboten.

Die jüdischen Gemeinden wurden ihrer Eigenschaft als "Körperschaften des öffentlichen Rechts" beraubt, ihre Bedienstete hörten auf, Beamte zu sein. Die Gemeinden wurden zu Vereinen und ihre Beamten zu Privatangestellten. Gleichzeitig wurden sie von den Verwaltungsbehörden des Staates überwacht und durften ohne deren Erlaubnis keine wesentlichen Entscheidungen mehr treffen. Dies war der Auftakt zu ihrer Kontrolle durch die Gestapo bis zur Vernichtung.

Von Juli an wurden den Juden besondere Personalausweise auferlegt, vom 17. August an wurden sie gesetzlich zum Tragen der Namen "Israel" und "Sara" gezwungen, um sie dadurch für die Umwelt kenntlich zu machen, und zu stigmatisieren. Vom 5. Oktober an wurden ihre Reisepässe durch ein großes rotes »J« gekennzeichnet. Die jüdischen Kinder wurden offiziell von den "deutschen" Schulen gewiesen.

Die Schwierigkeiten der Auswanderung

Verzweifelt suchten die Juden nach Auswanderungsmöglichkeiten und rissen sich um die wenigen Visen nach Amerika, Palästina, Afrika, Australien, Kuba, China, usw., wo immer sie Rettung finden konnten. In Schanghai entstand eine Niederlassung von 10.000 deutschen Juden.

Während Regierung und Partei die Auswanderung der Juden mit aller Kraft betrieben, legte die Bürokratie ihnen durch alle möglichen Schikanen endlose Schwierigkeiten und Verzögerungen in den Weg, welche unter Umständen die termingebundenen Visen ungültig machen konnten. Sie mußten die Genehmigung der Polizei, der Stadt- und Staatsbehörden, der Zollämter, der Finanzämter usw. einholen, um ihren Judenpaß und die Genehmigung zur Mitnahme der erlaubten zehn Mark zu erhalten, welche ihnen dann von einer Bank ausgehändigt wurden.

Die Regierung hatte eine hohe "Reichsfluchtsteuer" für solche eingeführt, welche dem Reich auf Dauer "entflohen". Diese zielte auf die Juden, obwohl diese nicht freiwillig "flohen", sondern vertrieben wurden. Die "Flüchtlinge" wurden außerdem im Augenblick der Überschreitung der Reichsgrenzen mit dem Verlust der deutschen Staatsangehörigkeit "bestraft", und der - zwangsmäßig - zurückgelassene Besitz dieser "Staatenlosen" fiel dem Reich anheim.

Die Weltmächte fügen sich ehrlos Hitlers Forderungen

Hitler hatte im Herbst einen unblutigen Sieg über England und Frankreich errungen, welcher ihn in seiner Überzeugung von ihrer Feigheit bestärkte. Er unterstützte die Sudetendeutschen in der Tschechoslowakei gegen die Regierung, forderte ihre Rückkehr, d.h. die Angliederung des Sudetenlandes an das Reich, und drohte mit Krieg. Im September unterzeichneten England und Frankreich in München den von Hitler und seinem Verbündeten Mussolini, dem Diktator Italiens, vorgelegten Vertrag, in dem ihm, ohne Befragung der tschechoslowakischen Regierung, das Sudetenland zugesprochen wurde. Neville Chamberlain, der Premierminister Großbritanniens, unterzeichnete einen Vertrag, in welchem Hitler auf alle künftigen Gebietserweiterungen verzichtete. Chamberlain zeigte das Papier stolz seinem Volk. Es bedeutete ihm "Frieden in unserer Zeit". Winston Churchill hingegen erklärte: "Sie [sc. die Vertreter Englands und Frankreichs] hatten die Wahl zwischen Ehrlosigkeit und Krieg, sie wählten die Ehrlosigkeit, sie werden den Krieg haben." Er behielt recht. Daß die Nachgiebigkeit der Mächte nur Hitlers Machtgier stärkte, sollten die Juden als erste spüren.

Verfügungen

Im Juli und September wurde durch Verfügungen Juden die Ausübung des Arzt- und Anwaltsberufes verboten. Von den 3.152 jüdischen Ärzten wurden nur etwa 22 % als "Krankenbehandler" der Juden, von den 1.753 Anwälten weniger als 10 % als "Konsulenten" der Juden zugelassen. In diesen Berufen hatten sich Juden des großen Vertrauens der Bevölkerung erfreut. Jetzt waren sie isoliert, die Mehrheit erwerbslos und die zugelassene Minderheit auf die wenigen jüdischen Patienten und Klienten beschränkt.

Juden konnten nun außerdem zur Zwangsarbeit in Fabriken zu niedrigsten Löhnen, ohne irgendwelchen Arbeitsschutz oder Anrecht auf Altersversorgung, verpflichtet werden und lebten mit der Drohung, bei zu geringen Arbeitsleistungen in ein Konzentrationslager eingeliefert zu werden.

Seit Oktober steigerte sich die vom Propagandaminister Joseph Goebbels gelenkte Judenhetze immer mehr, um die Bevölkerung auf die bevorstehenden Aktionen emotionell vorzubereiten.

Die Deportation der polnischen Juden - das Pariser Attentat

Die polnische Regierung haßte die Juden. Um die freiwillige oder erzwungene Rückkehr der etwa 50.000 in Deutschland und Österreich lebenden polnischen Juden zu verhindern, erließ sie im März 1938 ein Gesetz, welches die Pässe der seit über fünf Jahren im Ausland lebenden Polen vom 30. Oktober an für ungültig erklärte. Im Bewußtsein seiner unüberwindlichen Macht ordnete Hitler die Ausweisung aller polnischen Juden an, die am 28. Oktober mit unglaublicher Brutalität durchgeführt wurde. Etwa 18.000 polnische Juden wurden von der Polizei mitten in der Nacht aus ihren Betten gerissen und, manche noch im Nachthemd, an die polnische Grenze deportiert. Dort trieben sie die polnischen Soldaten, welche von der Aktion nichts wußten, wieder auf die deutsche Seite zurück, wo die deutsche Grenzwache sie mit dem Bajonett wieder nach Polen jagte. Schließlich wurden sie in polnischen Lagern unter den schrecklichsten Lebensbedingungen untergebracht, bis die jüdischen Gemeinden Polens sich ihrer annahmen.

Herschel Grynszpan, ein junger, in Deutschland geborener polnischer Jude, welcher in Paris bei Verwandten auf sein Visum für Palästina wartete, war durch die Nachricht der Verschleppung seiner Eltern so aufgewühlt, daß er sich entschloß, wenigstens einen symbolischen Racheakt zu verüben. Am 7. November drang er mit einer Waffe in die deutsche Botschaft zu Paris ein und schoß den Legationsrat vom Rath, in welchem er einen höheren Beamten vermutete, nieder. Dieser erlag am 9. November seiner Verwundung.

Das Attentat war für die Nazis der gesuchte Anlaß eines lang vorbereiteten Pogroms furchtbaren Ausmaßes.

Kristallnacht und Konzentrationslager

Nach Besprechung mit Hitler und mit seiner Zustimmung erließ der Propagandaminister Joseph Goebbels einen Aufruf an das Volk, seiner Empörung über das Verbrechen der Weltjudenheit, als deren Vertreter Grynszpan jetzt bezeichnet wurde, Ausdruck zu geben. Es erging die folgende Anordnung des Chefs der Geheimen Staatspolizei:

"Es werden in kürzester Frist in ganz Deutschland Aktionen gegen Juden, insbesondere gegen deren Synagogen stattfinden. Sie sind nicht zu stören (...) Es ist vorzubereiten die Festnahme von etwa 20 - 30.000 Juden im Reiche. Es sind auszuwählen vor allem vermögende Juden. Nähere Anordnungen ergehen noch im Laufe dieser Nacht (...)."[228]

Mit dem Ruf "Rache für den Tod an vom Rath" und "Tod dem internationalen Judentum" verwüsteten und verbrannten die SS- und SA-Männer und ihre Genossen in der Nacht vom 9. auf den 10. November 267 Synagogen. Torarollen und Gebetbücher wurden zerfetzt. Gemeindehäuser, Altersheime, Kinderheime und Leichenkapellen wurden demoliert. Polizei und Feuerwehr griffen nicht ein. Man war lediglich darum besorgt, das Feuer am Übergreifen auf nichtjüdische Gebäude zu hindern. Die Fensterscheiben jüdischer Geschäfte wurden zertrümmert und die Läden ausgeplündert. Die SS-Männer drangen in jüdische Häuser ein und warfen die Möbel aus den Fenstern, wobei sie Wertgegenstände für sich behielten. 7.500 jüdische Häuser wurden verwüstet. In dieser Nacht wurden 91 Juden ermordet. Die Straßen waren von zerbrochenem Glas übersät, so daß Goebbels von einer "Reichskristallnacht" sprach.

Gleichzeitig wurden 26.000 jüdische Männer im Alter von 18 - 60 Jahren festgenommen und in die bereits fertiggestellten Konzentrationslager von Dachau, Buchenwald und Sachsenhausen eingeliefert.

Die nichtjüdische Bevölkerung zeigte sich in der Regel ungerührt. Anscheinend galten ihr Synagogen nicht als Gotteshäuser. Auch angegriffene Juden fanden keine Hilfe. Für sie bestanden keine Menschenrechte mehr. Außerdem wurden die Mannschaften nicht in ihren Heimatorten eingesetzt, wo sie die Juden vielleicht kannten und mit ihnen ein gewisses Mitleid empfinden konnten, sondern von auswärts geholt.

Die Juden hatten ihre religiösen und kulturellen Zentren, ihre Torarollen, Gebetbücher, vor allem die einzigen Stätten, wo sie in Zusammenkunft, Gebet, Torawort und gegenseitigem Beistand Linderung ihrer Angst und Pein sowie die Kraft zum Bestehen der ihnen drohenden Prüfungen finden konnten, verloren. Das Gemeindeleben war vernichtet, die jüdische Gemeinschaft atomisiert.

Staat und Partei waren mit dem Erfolg des Pogroms als Auftakt der endgültigen "Ausschaltung" der Juden zufrieden. Um den Eindruck auf das Ausland zu mildern, ließ Goebbels veröffentlichen, dies sei eine "spontane Volksbewegung" in "Vergeltung" der jüdischen Verbrechen gewesen.

Die Juden werden für ihre Verluste bestraft

Zugleich zog der Staat aus seiner Aktion Profit. Die Juden wurden für ihr "Verbrechen" bestraft. Die Zahlung von einer Milliarde Mark wurde ihnen für vom Raths Tod auferlegt. Außerdem mußten sie die Abtragung der Trümmer der Synagogen sofort durchführen und aus eigener Tasche bezahlen und für die Schäden an Straßen und Geschäften in Höhe von 250 Millionen einstehen. Die Versicherungen hatten die Schäden am jüdischen Eigentum zwar zu ersetzen, doch gingen deren Zahlungen an den Staat.

Radikale Enteignung der Juden

Auf Anordnung Hermann Görings war die "Arisierung" der Wirtschaft, d.h. die Enteignung der Juden, schlagartig zu betreiben.

Die Juden wurden gezwungen, ihre Geschäfte schnellstens an "Arier" zu verkaufen, wobei man ihnen so lächerlich wenig zahlte, daß es sich in Wirklichkeit um eine Enteignung handelte. Der Erlös ging zudem auf ein Sperrkonto, das einem "arischen" Treuhänder unterstellt war, d.h. die Juden erhielten nichts.

Jede Geschäftstätigkeit wurde nun den Juden untersagt. Weder durften sie ihren Wohnsitz ohne Erlaubnis verlassen, noch zu gewissen Zeiten auf die Straße gehen.

Am 3. Dezember wurden alle Vermögenswerte der Juden, einschließlich Grundbesitzes, der Geschäfte, Autos, Wertpapiere, Juwelen, Pelzmäntel, Silberbestecke, Kunstgegenstände und Schmuck eingezogen und, bis zur Übernahme durch den Staat, "arischen" Treuhändern übertragen.

Persönliche Erinnerungen

Das Jahr 1938 begann für mich mit frohen Ereignissen und endete mit Terror und Auswanderung.

Im Januar wurde ich von der jüdischen Gemeinde in Köln eingeladen, für das im folgenden Jahr freiwerdende Amt des Gemeinderabbiners zu kandidieren. Sechsunddreißig Rabbiner hatten sich beworben, ich selbst glaubte, noch zu jung zu sein, um berücksichtigt werden zu können. Die Einladung überraschte mich. Nach einer Probepredigt, einem Talmudvortrag und einer Arbeitsgemeinschaft mit jungen Erwachsenen wurde mir gesagt: "Im Januar nächsten Jahres fangen sie bei uns an."

Am 26. April verheiratete ich mich mit Miriam de Haas, der Tochter meines verstorbenen Vorgängers.

Im Juli suchten meine Frau und ich Dr. Herman Hertz, den Oberrabbiner des Britischen Reiches in St. Moritz auf, um ihn zu bitten, uns nach England mitzunehmen. Die Lage war hoffnungslos geworden. Meine Frau wußte aus ihrer Zeit als Kindergärtnerin in der Schweiz, daß der Oberrabbiner jährlich in St. Moritz Ferien machte. Wir hatten noch unsere alten Pässe ohne das »J«. So kauften wir siebentägige Ferienkarten nach der Schweiz, die uns erlaubten, die Nächte in den Zügen zu verbringen, denn Geld durfte man nicht mitnehmen. In zwei schweren Rucksäcken hatten wir unseren Proviant für die Woche dabei. Wir trafen den "Chief Rabbi" und legten ihm unsere Not und unseren Wunsch dar. Aber er sagte: "Nein, ich nehme Sie nicht mit. Sie sind der Kapitän des Schiffes und müssen der letzte sein, der das Schiff verläßt." Wir kehrten nach Oldenburg zurück.

Im August begleiteten wir die Eltern und Kinder des Kindertransports nach England an den Bahnhof. Der Abschied war herzzerreißend, denn Eltern und Kinder wußten, sie würden sich niemals wiedersehen. Der arme Synagogendiener Hesse und seine Frau konnten sich von ihren beiden Kindern, trotz unserer Bemühungen, nicht trennen. Sie blieben zurück und mußten mit ihren Eltern in den Tod gehen. Ich denke oft an das schreckliche Schuldgefühl, welches die Eltern haben mußten, aus Liebe den Tod ihrer Kinder verschuldet zu haben.

Meine Predigt in der Seelenfeier des *Jom Kippur* (Versöhnungstags) hatte als Thema "Wir deutschen Juden müssen Kaddisch sagen für uns selbst".

In der Nacht des 27. Oktobers riß uns das Telefon aus dem Bett. Die polnischen Juden der Stadt standen schon zum Abtransport auf dem Bahnhof. Wir konnten ihnen ein paar Decken und Lebensmittel bringen, mehr war nicht möglich. Ihre in Deutschland geborenen Kinder wurden nicht als Polen anerkannt und mußten zurückbleiben. So konnten wir den Eltern nur versprechen, die Kinder liebevoll zu betreuen, und ihnen sagen, sie sollten und könnten uns jederzeit auf unsere Kosten anrufen, um mit ihrer Familie wenigstens noch so in Verbindung zu bleiben. Von da an war das Telefon im Rabbinat Tag und Nacht besetzt.

Vom 7. November an, dem Tag des Attentats auf vom Rath, lebten wir in größter Angst. Ein Gespräch aus Polen mußte am frühen Morgen angemeldet werden, um spät in der Nacht zustande zu kommen.

Der 9. November

Am frühen Morgen wurde ein Gespräch aus Polen angemeldet. Während des Tages ging ich zur Vorbereitung eines für den Abend angesetzten Vortrags in die Synagoge. Zur späten Abendstunde klingelte das Telefon, doch meldete sich am anderen Ende niemand, nur schweres Atmen war zu hören. Meine Anfrage bei der Vermittlung, ob eine Gesprächsverbindung gesucht werde, wurde verneint. Bald klingelte es wieder, der Rechtsanwalt Löwenstein war am Apparat: "Die Synagoge steht in Flammen." In der Annahme, daß es ein Unglücksfall sei, antwortete ich: "Ich gehe sofort hin, um wenigstens die Torarollen zu retten". "Sie dürfen nicht gehen", sagte er, "sonst beschuldigt man Sie, den Brand gelegt zu haben". Nun glaubten wir sicher, daß der vorherige Anruf vom Lehrer Freund kam, dessen Amtswohnung im Gemeindehaus ebenfalls brannte, und nahmen an, daß er vor Aufregung nicht sprechen konnte (Heute nehme ich an, daß der Anruf von der SS kam, die sich vergewissern wollte, daß ich zu Hause sei).

Nach kurzer Zeit schellte die Hausglocke. "Das ist Herr Freund". Meine Frau, noch im Morgenrock, lief schnell zur Tür, um ihn hineinzulassen. Stattdessen traf sie auf eine Gruppe von SS-Männern, die sie brutal anherrschten: "Sie brauchen sich nicht anzuziehen, es ist alles vorüber!" Sie gaben uns ein paar Minuten Zeit zum Anziehen, die sie dazu benutzten, nach Möglichkeit zu stehlen, einschließlich eines Betrages von RM 1000.- , den ich bar aufbewahrte, da man nicht wußte, ob die Bank noch an Juden Auszahlungen vornehmen werde. Dann mußten wir zu einer Kaserne am Pferdemarkt laufen, während die SS-Männer langsam mit gezogenen Revolvern im Auto hinterherfuhren. Besondere Treue zeigte die katholische Hausgehilfin Selma Jung, die die Kinder seit ihrer Geburt betreut hatte und nun unbedingt mit "ihrer Familie" in Haft genommen werden wollte.

Während der Nacht fanden wir nun die ganze Gemeinde, die Alten und die Jungen, die Kinder auf den Armen ihrer Mütter. Im Laufe der Stunden wurden die Juden von den Landgemeinden eingeliefert. Jetzt wußten wir, daß es eine organisierte Aktion war und alle Synagogen in Flammen aufgegangen waren. Am frühen Morgen wurden die Frauen und Kinder mit der Zusage entlassen, sie könnten ihre Männer während des Tages sprechen, die aber nicht gehalten wurde.

Der 10. November

Von der SA flankiert wurden wir nun durch die Hauptstraßen der Stadt an der ausgebrannten Synagoge vorbei ins Gefängnis gebracht. Die Bilder von unserem Marsch zeigen, wie die Juden stolz und aufrechten Hauptes durch die Straßen gehen. Die Zuschauer trugen teils unbekümmerte, teils neugierige, teils lachende Mienen zur Schau; einige wenige senkten das Haupt.

Im Gefängnis wurden wir "untersucht" und bis auf einige ganz alte Männer für gesund erklärt. Ich kam für einige Zeit in Einzelhaft, wo sich meine Verzweiflung entlud. Fassungslos hämmerte ich wild mit den Fäusten an die Wände und schrie: "Was hab ich denn getan!" Bald füllten sich jedoch die Zellen, weil es zu wenige gab. Vor den anderen Juden mußte ich nun meine Haltung bewahren.

Im Konzentrationslager

In der Frühe des nächsten Morgens wurden wir zum Zug gebracht, am Abend waren wir in Sachsenhausen. Auf freiem Feld wurden wir von SS-Männern mit Hunden aus dem Zug geholt und dann zeitweilig zum Rennen gehetzt, dann wieder angehalten. Wir hakten uns ein. Das war mein Glück, denn ich fiel über einen Grenzstein und wäre liegengeblieben, hätte mein Nebenmann, der Lehrer Katzenberg, mich nicht hochgerissen. Im Lager mußten wir uns in Reih und Glied aufstellen und so für 24 Stunden stehenbleiben. Mein beim Fall verrenkter Knöchel schwoll an - noch heute fühle ich von Zeit zu Zeit die Folgen dieses Falles im linken Knöchel.

Während der Nacht brach ein älterer Mann zusamen und lag zuckend auf der Erde. "Holt einen Doktor von den Juden", rief der SS-Mann. Ein gefangener Arzt trat aus der Gruppe: "Der Mann hat einen schweren Herzanfall, muß sofort ins Krankenhaus". "Krankenhaus?" lachte der Schutzstaffler und versetzte dem zuckenden Körper einen heftigen Fußtritt, "der ist tot - weg mit ihm". Eine Karre kam und brachte den lebenden Toten weg.

Eine Latrine gab es nicht. Mit Erlaubnis der Bewacher durfte sich der Gefangene an den Rand einer Grube hocken. Kaum hatte er begonnen, sich zu entleeren, wurde ihm befohlen: "Zwick´s ab!" Beschmutzt, denn Papier gab es natürlich nicht, und unentleert mußte er wieder ins Glied zurück.

Am Morgen wurden wir befragt: "Was bist du denn?" Als ich antwortete, ich sei Rabbiner, setzte es Ohrfeigen rechts und links. Dann wurden wir nackt untersucht oder beschaut. Um uns zu beschämen, mußten wir die Karte für die Registratur ausfüllen, die zwei Vermerke hatte: "Entlassen am ... Gestorben am ..." Nun erst durften wir uns ankleiden, bekamen einen dünnen Pyjama, die Haare wurden uns abgeschnitten, und wir kamen in die Baracken. Diese bestanden aus einem Aufenthalts- und Schlafraum mit Gerüsten aus Brettern, auf welchen wir zusammengepfercht schliefen. Daneben war ein Waschraum mit Latrine. Aus Brunnen in der Mitte des Raumes flossen mehrere eiskalte Wasserstrahlen, unter denen wir uns zu waschen hatten. Es gab keine Heizung, und wir froren, vor allem, wenn wir völlig durchnäßt aus dem Regen zurückkamen.

Nach unserer Einweisung in die Baracken erhielten wir zum ersten Mal seit unserer Gefangennahme etwas zu essen: eine wässerige Kartoffelsuppe, in welcher dünne Streifen Walfischfleisch schwammen, sowie ein Stück harten Schwarzbrots. Das Essen war immer gleich. Am Morgen gab es ein dunkles, wässeriges Getränk und wieder ein Stück Brot. Die frommen Juden wollten die Suppe nicht essen, da sie nicht *koscher* war. Wir mußten sie daher überzeugen, daß diese Nahrung als zur Lebenserhaltung notwendig nach jüdischem Gebot eingenommen werden müsse.

Die Arbeit bestand großenteils daraus, Sandsäcke einen Hügel hinauf- und wieder herunterzuschleppen. Ältere Gefangene warnten uns vor den "Scherzen" der SS-Männer. Das Lager war von einer Mauer mit Wachttürmen und einem elektrifizierten Stacheldraht umgeben, doch konnten Gefangene auch außerhalb beschäftigt werden. Dort rief nicht selten ein Wachtposten einen auf dem Feld arbeitenden Mann zu sich, welcher dabei unwissentlich die nicht markierte Grenze des Lagers überschritt und dann auf der "Flucht" von den Wachtmännern zu ihrem Vergnügen erschossen wurde. Solche Erschießungen "auf der Flucht" wurden uns wiederholt mitgeteilt. Daneben mußten wir immer wieder für lange Zeit in den Lagerstraßen auf den Beinen hocken oder winzige Abfälle oder Gräser auflesen. Übersah man einen noch so kleinen Gegenstand, wurde der einzelne oder die Gruppe streng bestraft.

Um vier Uhr morgens und dann am Nachmittag traten wir in Reih und Glied auf dem Paradeplatz an. Scheinwerfer ließen ihre Strahlen über die Menge kreisen, die Maschinengewehre auf den Wachttürmen waren auf uns gerichtet. So standen wir, wurden gezählt und wieder gezählt, daß keiner fehle. Dann, eines Morgens, sagte der Kommandant: "Ihr habt keinerlei Rechte, denn ihr seid der Abschaum der Menschheit und Verbrecher. Meine SS hat das Recht, jeden ohne weiteres zu erschießen, merkt euch das!" In dieser Stunde glaubte ich, das Ende sei gekommen - und in diesem Augenblick fühlte ich ganz einzigartig die Gegenwart Gottes. Hätte mich in diesem Augenblick der Tod ereilt, ich hätte ihn, das "*Schema Jisrael*" auf den Lippen, zufrieden angenommen.

Dies ist mir ein Trost und mag anderen ein Trost sein, die ihre Lieben im Vernichtungslager verloren haben. Den Nazis lag es daran, nicht nur den Körper, sondern auch den Geist ihrer Gefangenen zu brechen, sie zu "Muselmännern", d.h. gefühllosen Automaten, zu machen. Die dauernde schwere Unsicherheit und die unerbittliche und endlose Routine, ohne einen Sonnenstrahl der Hoffnung oder einen Moment der Entspannung, waren einige der dazu eingesetzten Mittel. Dennoch erreichten sie ihr Ziel nicht. Die Juden starben in Gottvertrauen. Ich weiß, daß meine Mutter so in den Tod ging.

Wir mußten uns in dieser Kraft gegenseitig stärken und außerdem, soweit wie möglich, Schlimmes zu verhüten suchen. Ein schöner Oldenburger Junge, dem man die Haare nicht abschneiden ließ, war in Gefahr, von einigen SS-Männern als "Spielzeug" benutzt zu werden, um dann sicher, nach dem Ende des "Spiels", umgebracht zu werden. Wir sahen zu, daß ihm in der Baracke schnellstens die Haare geschoren wurden. Mit kahlem Kopf verlor er an Anziehungskraft für die bestialischen Menschen.

Zu dieser Zeit sollten die Konzentrationslager noch nicht zur Vernichtung der Juden, sondern als Druckmittel für ihre beschleunigte Auswanderung dienen. Allerdings überlebten viele sie nicht, und ich frage mich heute immer wieder, ob ich, wäre ich in meinem jetzigen Alter dort gefangengehalten worden, die Pein überlebt hätte, und gedenke schmerzlich der älteren Männer, welche diese Torturen ertragen mußten, welche selbst für uns jungen unerträglich schienen.

Entlassung und Auswanderung

Inzwischen hatte meine Frau dem Chief Rabbi telegraphiert: "Das Schiff ist gesunken". Durch ihn erhielten wir das Visum für befristeten Aufenthalt in England, und ich wurde nach 18 Tagen entlassen. Bei der Entlassung wurden wir ermahnt: "Es ist euch hier gut ergangen, eure Behandlung in der Schutzhaft war sehr menschlich. Wagt niemals etwas anderes zu sagen, sonst kommt ihr zurück. Selbst wenn ihr aus Deutschland weg seid, sagt nie eine Lüge über schlechte Behandlung. Der Führer erreicht euch, ob ihr in England oder in Amerika seid. Habt ihr irgendeine Klage? Jetzt habt ihr die Möglichkeit, sie vorzubringen." Keiner hatte eine Klage, und wir unterzeichneten die Erklärung, daß wir sehr gut behandelt worden seien.

Mit mir wurde Herr Hirschberg entlassen. Wir erhielten unsere Kleider und verließen das Lager unter einem Fluch des Wachtpostens am Tor, eines Österreichers, wie ich überhaupt Österreicher als die schlimmsten Quäler erlebt habe. Weil unsere kahlen Köpfe uns als entlassene Häftlinge verraten hätten, behielten wir die Hüte auf. Auf der Fahrt nach Berlin befahl uns ein Mann im Zug aufzustehen, die Sitzplätze seien nur für Deutsche. Wir setzten uns in ein leeres Abteil.

Nach der Rückkehr versteckte ich mich in der Speisekammer, wann immer die Schelle klingelte.

Innerhalb von 14 Tagen hatte ich Deutschland verlasssen. An der Grenze in Bentheim wurden meine Frau und ich mit unserem wenigen Gepäck aus dem Zug geholt und bis aufs kleinste untersucht. Erst nach langer Wartezeit, als der Zug bereits das Abfahrtsignal erhalten hatte, durften wir zurück. Holländer sammelten schnell unsere paar Sachen und zogen uns in den anfahrenden Zug. Die Hoffnung der Grenzwächter, daß der Zug ohne uns abfahren würde und wir damit gefangen seien, haben diese Holländer vereitelt.

Ein schweres Ende führte uns zu einem schweren Anfang. Andere waren nicht so glücklich. Für sie gab es nur das Ende.

Die "*Oldenburger Nachrichten*" berichteten erst am 11. November kurz und tendenziös von den Aktionen:

"Vergeltungsaktion in Oldenburg

Als Vergeltung für den jüdischen Mord an dem deutschen Diplomaten in Paris gingen in Oldenburg, Jever, Brake usw. in der Nacht zum Donnerstag die Judentempel in Flammen auf. Überall wurde von der Feuerlöschpolizei dafür gesorgt, daß die anliegenden Gebäude vor den Flammen geschützt wurden. In Oldenburg war die Synagoge in der Peterstraße gegen 7 Uhr früh völlig ausgebrannt. Eine große Menschenmenge umstand den ganzen Tag über die Brandstätte. Auch an zwei jüdischen Geschäften in der Kurwickstraße wurden Vergeltungsmaßnahmen verübt. Die Geschäfte waren den ganzen Tag über durch Polizeibeamte gesichert."

Vernebelung der Tatsachen durch Euphemismen war für die Nazipropaganda typisch. Die deutsche Sprache wurde geschändet. Die Bezeichnung der Synagogen als "Judentempel" sollte ihnen den Charakter als Gotteshäuser entziehen, welcher dem Wort "Synagoge" noch anhaften konnte. Aus "Brandstiftungen" und "Plünderung" wurden "Vergeltungsmaßnahmen" des Volkes, obgleich die Polizei Wache halten mußte. In Konzentrationslagern befanden sich die Juden in "Schutzhaft", d.h. zu ihrem Schutz. Der Massenmord an den Juden wurde als "Endlösung" getarnt.[229]

Die letzte Phase: Weltkrieg und Holocaust

Im März 1939 annektierte Hitler, wieder auf das Stillhalten der Großmächte bauend, Böhmen und Mähren. Das nächste Ziel seiner Machtgier war nun Polen. Als erstes verlangte er die Rückgliederung der Stadt Danzig, welche nach den Bestimmungen von Versailles "frei" war, d.h. nicht zu Deutschland gehörte, sondern unter einem Völkerbundkommissar stand, während sie nach außen von Polen vertreten wurde, an das Deutsche Reich, wohl wissend, daß Polen dem nie zustimmen werde. Ein Angriff auf Polen könnte zwar, wie zuvor der Raub Böhmens und Mährens, von den Westmächten, trotz ihrem Bündnis mit Polen, hingenommen werden, aber weil die Gefahr bestand, daß Rußland eingreifen würde, schloß Hitler am 23. August mit seinem Erzfeind, der kommunistischen Sowjetunion, einen Nichtangriffspakt. Hitler und Stalin einigten sich, Polen unter sich aufzuteilen. Als die Westmächte endlich aus ihrem Schlaf erwachten, erklärten sie Hitler, ein Angriff auf Polen bedeute Krieg.

Am 1. September begann der Zweite Weltkrieg. In einem Blitzkrieg, dessen militärische Aktionen mit einer bislang noch nicht erlebten Präzision abliefen, wurde Polen erobert. Am 5. Oktober kapitulierten die letzten polnischen Truppen.

Die "Endlösung" beginnt

In einer Reichstagsrede des Jahres 1939 hatte Hitler seinen unbeugsamen Entschluß, alle Juden auszurotten, öffentlich bekundet:

"(...) In der Zeit meines Kampfes um die Macht war es in erster Linie das jüdische Volk, das nur mit Gelächter meine Prophezeiungen hinnahm, ich würde einmal in

> Deutschland die Führung des Staates und damit des ganzen Volkes übernehmen und dann unter vielen anderen auch das jüdische Problem zur Lösung bringen. Ich glaube, daß dieses damalige schallende Gelächter dem Judentum in Deutschland unterdes wohl schon in der Kehle erstickt ist. Ich will heute wieder ein Prophet sein: Wenn es dem internationalen Finanzjudentum in und außerhalb Europas gelingen sollte, die Völker noch einmal in einen Weltkrieg zu stürzen, dann wird das Ergebnis nicht die Bolschewisierung der Erde und damit der Sieg des Judentums sein, sondern die Vernichtung der jüdischen Rasse in Europa."[230]

Es war eine Drohung an die Welt, sich entweder seinen Kriegsplänen zu fügen oder die Verantwortung für die von ihm beschlossene Vernichtung der Juden zu übernehmen.

Mit der Eroberung Polens fielen etwa zwei Millionen Juden in Hitlers Hände. Sie wurden bis auf etwa 50.000 bis 100.000 im grausamsten Völkermord der Geschichte vernichtet.

Der Vernichtungsplan war genau so sorgfältig ausgearbeitet wie die Strategie der Heere, mit welcher er zu koordinieren war.

Die politische Leitung der Organisation "zur Lösung der Judenfrage" unterstand dem Reichsführer SS Heinrich Himmler, die Ausführung wurde Reinhard Heydrich, dem Chef der "Sicherheitspolizei" und des "Sicherheitsdienstes", übertragen, der sich schon in Österreich und der Tschechoslowakei durch seine Brutalität ausgezeichnet hatte. Die bürokratische Abwicklung, d.h. die Deportationen und der Betrieb der Vernichtungslager, lag in den Händen Adolf Eichmanns. Zum Chef der Zivilverwaltung mit der Amtsbezeichnung "Generalgouverneur" ernannte Hitler den "Reichsrechtsführer" und Reichsminister ohne Geschäftsbereich Hans Frank, welcher Rassenpolitik und Ausrottung der Juden von Anbeginn betrieben hatte.

Die Vernichtungsaktion

Um der Juden schneller habhaft zu werden und sie der "Endlösung" zuführen zu können, erließ Heydrich am 21. September an den Chef der Einsatzgruppen eine Anordnung. In ihr werden die Juden selbst, durch ihre "Judenräte", für die Durchführung der Verordnungen verantwortlich gemacht, und die für sie vorgesehene Abkapselung in Ghetti wird zum ersten Mal erwähnt.

Im Oktober wurde die Zwangsarbeit für Juden angeordnet,[231] im November kam die Anordnung, daß alle im Generalgouvernement lebenden Juden über zehn Jahre eine Armbinde mit dem Davidstern zu tragen hätten.[232]

Letzte "Auswanderungen"

Die Zerschlagung der Tschechoslowakei und die Einverleibung Böhmens und Mährens in das Reich ermutigten Hitler zu den Vorbereitungen zum Überfall auf Polen. Dazu benötigte er aber Geld. Eine Quelle war der Besitz der Juden, nun bereits in "arischer" Treuhand, der in dem Augenblick, wo sie die Reichsgrenze überschritten, an den Staat fiel. Eine neu geschaffene "*Reichszentrale für jüdische Auswanderung*" unter der Leitung Heydrichs betrieb die "Auswanderung". Da nach der "Kristallnacht" Präsident Franklin D. Roosevelt die vollkommene Ausschöpfung der amerikanischen Quote angeordnet hatte, konnten sich bis zum Ausbruch des Krieges nochmals 150.000 Juden durch die Auswanderung nach den Vereinigten Staaten und nach Palästina retten, so daß insgesamt etwa 60 % der deutschen Juden der Vernichtung entkamen.

Die "Reichsvereinigung der Juden in Deutschland"

Am 4. Juli wurde durch Gesetz die "*Reichsvertretung der deutschen Juden*" in eine "*Reichsvereinigung der Juden in Deutschland*" umgewandelt. Der neue Name sollte bezeugen, daß es keine "deutschen Juden" mehr gab, sondern die Juden Fremde waren, eben nur noch "Juden in Deutschland". Der Sache nach handelte es sich jetzt um eine Zwangsvereinigung aller Juden und "nichtarischen" Christen, die als Instrument der Gestapo ohne jedes Mitspracherecht bei den Deportationen und der Auflösung aller jüdischen Vereine, Organisationen und Stiftungen mißbraucht wurde. Die "Ältestenräte" in den eroberten Ländern wurden nach diesem Muster geschaffen.

Das Jahr 1940

Durch seinen Blitzkrieg gelangte Hitler in den Besitz des größten Teils West- und Osteuropas. Die dort lebenden Juden waren seinen Vernichtungsplänen ausgeliefert. In vielen Ländern, wie in der Ukraine und in Rumänien, stießen diese auf die Mithilfe der Bevölkerung, im besiegten Frankreich, dem "Etat français", erfreuten sie sich der Unterstützung des Staatsapparats. In Dänemark hingegen trat König Christian für sie ein. Bei seinem täglichen Ritt auf seinem ihm seit Jahren ergebenen Pferd stürzte er sich zu Tode. Wahrscheinlich war dem Pferd heimlich auf der Straße ein Mittel eingespritzt worden. Die Juden des Landes wurden jedoch von dänischen Fischern bei Nacht und Nebel, auf kleinen Booten versteckt, nach Schweden gebracht und gerettet.

Die deutsche Bevölkerung als Nutznießer der Beute aus diesen Ländern erfreute sich in diesem Stadium des Krieges noch eines guten Lebens. Mit Beginn des Krieges wurden zwar Lebensmittelkarten eingeführt, doch waren die Zuteilungen noch relativ großzügig bemessen und außerdem gab es viele Lebensmittel, wie Geflügel und Fische, die frei verkauft werden durften. Die Rationen der Juden hingegen wurden laufend verringert. Die jüdischen Lebensmittelkarten trugen ein »J«, das sie für den Bezug gewisser Lebensmittel ungültig machte. Außerdem wurde den Juden der Einkauf nur während bestimmter, weniger Stunden gestattet.

Im März traf eine Schiffsladung von Bohnenkaffee in Berlin ein, für dessen Bezug sich alle Bewohner melden konnten, die Juden nicht ausgenommen. 500 Juden meldeten sich. Als die Listen dem Ernährungsamt vorlagen, strich es die Juden von der Liste und erlegte ihnen Strafen wegen Friedensstörung auf. Dagegen legten sie Einspruch bei Gericht ein und bekamen Recht. Daraufhin erhielt der Richter für seine "Bloßstellung" der deutschen Verwaltung eine schwere Rüge. Sein Urteil widerspreche dem "gesunden Volksempfinden", die Juden hätten wissen müssen, daß sie auf diesen Kaffee kein Anrecht hatten. Die 500 Juden wurden sofort in ein Vernichtungslager gebracht.

Das Jahr 1941 - Krieg gegen die Sowjetunion

Im Juli griff Hitler seinen bisherigen Verbündeten, die Sowjetunion, mit starken Kräften an und drang tief ins Land ein. Er bekam nun das Kernland jüdischer Ansiedlung in seinen Griff. Die Auswanderung von Juden wurde nun völlig verboten. Schon 1940 war die Auswanderung von wehr- und arbeitsfähigen Juden nach anderen europäischen Ländern sowie nach Palästina, dies, um die Araber nicht zu verärgern, untersagt worden. Jetzt hatte Hitler für die Vernichtung von Millionen Juden freie Hand.

Nach gewaltigen Anfangserfolgen versteifte sich der russische Widerstand. Der Vormarsch kam zum Erliegen, ja ein Rückzug mußte ins Auge gefaßt werden. Zwar lehnte Hitler diese Option ab, doch wollte er auf alle Fälle sicher gehen, die Juden besiegt und vernichtet zu haben. Ihre Vernichtung war sofort, auf schnellstem Weg und mit wirksamen technischen Mitteln durchzuführen.

Giftgas und Vernichtungslager

Das "zweckmäßigste" Mittel war Giftgas, welches auf Hitlers Befehl schon im "Euthanasie"-Programm zur Ermordung von geistig und körperlich Schwerbehinderten angewandt worden war. Doch mußten für Massenvernichtungen neue, billigere und effektivere Methoden gefunden werden.

Den Juden wurde erst einmal unter Androhung der Todesstrafe verboten, ohne Erlaubnis den ihnen zugewiesenen Wohnbezirk zu verlassen. Am 31. Juli erhielt Heydrich von Göring den Auftrag:

> "(...) beauftrage ich Sie hiermit alle notwendigen Vorbereitungen (...) zu treffen

für eine Gesamtlösung der Judenfrage im deutschen Einflußgebiet in Europa (...) Ich beauftrage Sie weiter, mir in Bälde einen Gesamtentwurf zur Durchführung der angestrebten Endlösung der Judenfrage vorzulegen."[233]

Am Eisenbahnknotenpunkt Auschwitz-Birkenau bestand ein Gefangenenlager für Russen, welches als solches sowohl vom Feind unangreifbar war, als auch keinen Verdacht erregte. Dort wurden nun mit Hilfe von Ärzten, die mit der Beendigung des "Euthanasieprogramms" im August andere Aufgaben übernehmen konnten, an russischen Gefangenen Vergasungsexperimente durchgeführt.

Daraufhin ging man zur Tötung der Juden vermittels der Auspuffgase besonders umgebauter Lastkraftwagen über. Um eine wirksamere und billigere Methode zu finden, unternahm der Lagerkommandant Rudolf Höß Versuche mit kristalliner Blausäure, Zyklon B, in geschlossenen Bade- und Duschräumen. Innerhalb von sechs Monaten wurden damit 97.000 Juden ermordet, und das Gas allgemein als Vernichtungsmittel eingeführt.

Bald darauf wurde das Vernichtungslager Chelmno in Betrieb genommen. Gegen Ende des Jahres war das Lager Belzec, in der Nähe von Lublin, fertig. Die bereits bestehenden Konzentrationslager von Majdanek und Treblinka wurden zu Vernichtungslagern umgebaut.

Offenkundig hatte sich der verbrecherische und menschenverachtende Ungeist der NS-Führung noch nicht überall in dem erwarteten Maß durchgesetzt. Andernfalls hätte sich der Generalfeldmarschall Walter von Reichenau, ein überzeugter Nationalsozialist, nicht zu dem berüchtigten Tagesbefehl veranlaßt gesehen:

"Hinsichtlich des Verhaltens der Truppe gegenüber dem bolschewistischen System bestehen vielfach noch unklare Vorstellungen. Das wesentlichste Ziel des Feldzuges gegen das jüdisch-bolschewistische System ist die völlige Zerschlagung der Machtmittel und die Ausrottung des asiatischen Einflusses im europäischen Kulturkreis. Hierdurch entstehen auch für die Truppe Aufgaben, die über das hergebrachte einseitige Soldatentum hinausgehen. Der Soldat ist im Ostraum nicht nur ein Kämpfer nach den Regeln der Kriegskunst, sondern auch Träger einer unerbittlichen völkischen Jdee und der Rächer für alle Bestialitäten, die deutschem und artverwandtem Volkstum zugefügt wurden. Deshalb muss der Soldat für die Notwendigkeit der harten, aber gerechten Sühne am jüdischen Untermenschentum volles Verständnis haben. Sie hat den weiteren Zweck, Erhebungen im Rücken der Wehrmacht, die erfahrungsgemäss stets von Juden angezettelt wurden, im Keime zu ersticken (...) Fern von allen politischen Erwägungen der Zukunft hat der Soldat zweierlei zu erfüllen: 1.) die völlige Vernichtung der bolschewistischen Jrrlehre, des Sowjet-Staates und seiner Wehrmacht, 2.) die erbarmungslose Ausrottung artfremder Heimtücke und Grausamkeit und damit die Sicherung des Lebens der deutschen Wehrmacht in Russland. Nur so werden wir unserer geschichtlichen Aufgabe gerecht, das deutsche Volk von der asiatisch-jüdischen Gefahr ein für allemal zu befreien."[234]

Das Jahr 1942

Inzwischen hatte Hitler den Vereinigten Staaten von Amerika den Krieg erklärt. Japan hatte am 7. Dezember 1941 mit einem überraschenden Luftangriff auf Pearl Harbor, den bedeutendsten Stützpunkt der amerikanischen Wehrmacht im Pazifischen Ozean, ihre pazifische See- und Luftflotte großenteils vernichtet und damit den Krieg mit Amerika herausgefordert.

Mit der Kriegserklärung an Amerika und der Ausweitung des Kriegs zu einem "Weltkrieg" war die Auswanderung unmöglich geworden. Die "Endlösung der Judenfrage" mußte ohne Verzögerung und mit größter Eile unternommen und zu Ende geführt werden.

Die Wannseekonferenz - die "Endlösung"

Heydrich berief nun eine Konferenz in die Villa "Am Großen Wannsee 56-58" ein. Sie fand am 20. Januar 1942 statt. Fünfzehn führende Vertreter der SS, der Ministerien, der Polizei und des Generalgouvernements beschlossen dort "mit anschließendem Frühstück" die Einzelheiten der "Endlösung".

Aus Eichmanns Protokoll, in dem die geplante Ermordung der Juden immer mit "Endlösung" oder "Evakuierung nach dem Osten" umschrieben wird, geht u.a. folgendes hervor:

Der "bisherige Kampf gegen diesen Gegner" mit dem Ziel, ihn aus den Lebensgebieten und dem Lebensraum des deutschen Volkes zu entfernen, habe gewisse Erfolge gebracht, sei aber zu verstärken.

Bisher hätten etwa 537.000 Juden, unter ihnen 360.000 aus dem "Altreich" (Deutschland ohne Annexionen), das Land verlassen. Die Nachteile der Auswanderung würden vor allem dadurch aufgewogen, daß die Juden des Auslands Devisen hätten aufbringen müssen, wodurch dem Reich $ 9,5 Millionen zugeflossen seien.

> "Inzwischen hat der Reichsführer SS (...) im Hinblick auf die Gefahren einer Auswanderung im Kriege und im Hinblick auf die Möglichkeiten des Ostens die Auswanderung von Juden verboten. Anstelle der Auswanderung ist nunmehr als weitere Lösungsmöglichkeit nach entsprechender vorheriger Genehmigung durch den Führer die Evakuierung der Juden nach dem Osten getreten."[235]

Was unter "Möglichkeiten des Ostens" und "weitere Lösungsmöglichkeiten" zu verstehen war, war den Teilnehmern klar.

Die Zahl der eventuell betroffenen Juden wurde auf elf Millionen geschätzt, wobei die Juden Englands, Finnlands, Irlands, Portugals, Schwedens, der Schweiz, Spaniens sowie der europäischen Türkei, also aus Ländern, auf die sich die deutsche Herrschaft (noch) nicht erstreckte, miteingerechnet wurden. Es wurde ausgeführt, daß die geschätzte Zahl der Juden zu gering sein könnte, da viele Länder die Juden noch nach der Religionszugehörigkeit und nicht nach der Rasse zählten.

Juden über 65 Jahre, Schwerkriegsbeschädigte oder Träger von Kriegsauszeichnungen (Eisernes Kreuz 1. Klasse) seien in "Altersghetti" zu überführen.

Bezüglich der Mischlinge wurde beschlossen, daß Mischlinge zweiten Grades mit einem "rassisch besonders ungünstigen Erscheinungsbild, das ihn schon äußerlich zu den Juden rechnet", zu deportieren seien.

Es wurde der Wunsch geäußert, die Judenfrage so schnell wie möglich zu lösen und "gewisse vorbereitende Arbeiten im Zuge der Endlösung gleich in den betreffenden Gebieten selbst durchzuführen, wobei jedoch eine Beunruhigung der Bevölkerung vermieden werden müsse". In seinen Tagebuchaufzeichnungen notierte Goebbels:

> "Der Führer gibt noch einmal seiner Meinung Ausdruck, daß er entschlossen ist, rücksichtslos mit den Juden in Europa aufzuräumen. Hier darf man keinerlei sentimentale Anwandlungen haben. Die Juden haben die Katastrophe, die sie heute erleben, verdient. Sie werden mit der Vernichtung unserer Feinde auch ihre eigene Vernichtung erleben. Wir müssen diesen Prozeß mit einer kalten Rücksichtslosigkeit beschleunigen, und wir tun damit der leidenden und seit Jahrtausenden vom Judentum gequälten Menschheit einen unabschätzbaren Dienst. Diese klare judenfeindliche Haltung muß auch im eigenen Volke allen widerspenstigen Kreisen gegenüber durchgesetzt werden. Das betont der Führer ausdrücklich, auch nachher noch einmal im Kreise von Offizieren, die sich das hinter die Ohren schreiben können."[236]

> "Überhaupt vertrete ich die Meinung, daß, je mehr Juden während dieses Krieges liquidiert werden, desto konsolidierter die Lage in Europa nach dem Kriege sein wird. Man darf hier keine falsche Sentimentalität obwalten lassen."[237]

Die besiegten und mit Hitler verbündeten Staaten wurden nun "durchgekämmt". Die Alten und Schwerkriegsversehrten kamen nach Theresienstadt, einem Musterlager, welches auch ausländischen Besuchern gezeigt wurde. Doch führte von dort nur ein Weg hinaus: ins Vernichtungslager.

Alle anderen wurden in Viehwaggons nach einem Lager transportiert. Dort angekommen, wurden sie kurz einem Arzt vorgeführt, der unterschied, wer zur Zwangsarbeit abkommandiert und wer sofort umzubringen sei. Ein Dr. Mengele war berüchtigt für die Form seiner Auslese. Die Arbeitssklaven schufteten dann unter den barbarischen Bedingungen. Waren sie zur Arbeit nicht mehr tauglich, so wurden sie vergast. Die Mehrheit wurde sofort in Baracken gebracht, wo sie sich nackt ausziehen mußten und dann von den baltischen oder ukrainischen Hilfstruppen mit Bajonetten und Peitschen in die Gaskammern getrieben wurden. Die Leichen wurden in Gasöfen verbrannt. Über der Gegend lagen Rauch und der beißende Geruch brennenden Fleisches.

Über die unmenschlichen Grausamkeiten liegen zahllose erschütternde Berichte vor. Hier war in der Tat "anus mundi".

Die Lage der in Deutschland auf ihre Verschleppung wartenden Juden wurde immer schlimmer. Sie wurden in "Judenhäusern" zusammengepfercht. Ihre Lebensmittelrationen wurden immer mehr zusammengestrichen. Weißbrot, dann auch Fleisch wurde ihnen entzogen. Die Ration für kleine Kinder wurde pro Tag auf einen halben Liter Magermilch herabgesetzt. Der Inhalt der Geschenkpakete aus dem Ausland wurde auf ihre Rationen angerechnet und schließlich überhaupt von den Zollämtern konfisziert. "Vorbestrafte" Juden wurden sofort "lebenslänglich" ins Konzentrationslager eingeliefert. Selbst die Buße für eine einmalige Überschreitung der Höchstgeschwindigkeit im Straßenverkehr galt als Vorstrafe. Zeitungen gab es für sie nicht mehr. Die Wochenschrift der "*Reichsvereinigung*" verkam zu einem zweiseitigen Verkündigungsblatt der immer neuen und schikanierenderen Anordnungen. Eine Beschreibung der Einzelheiten wird der schrecklichen Lage nicht gerecht, vor allem nicht der dauernden Angst, die zu Tausenden von Selbstmorden führte. Einer kleinen Zahl wagemutiger Juden gelang es, mit Hilfe christlicher, arischer Freunde unterzutauchen. 6.000 von ihnen kamen nach dem Krieg wieder zum Vorschein.

Die Führer der "*Reichsvereinigung*", welche das tägliche Kontingent der zu Deportierenden zu liefern hatte, standen vor der schrecklichen Wahl, den Juden ihr Schicksal bekannt zu machen, oder sie, so lange wie möglich, im Glauben zu belassen, sie würden nur umgesiedelt. Die "Ältestenräte" unterlagen einem Druck, unter welchem die Schwächeren unter ihnen zerbrachen. Einige verschafften ihren Familienmitgliedern und Freunden Aufschub der Deportation, andere nahmen sich das Leben.

Die Jahre 1943-1945

Mit den Niederlagen der deutschen Armeen und dem Vordringen der Gegner im Osten und Westen wurde die Judenvernichtung mit immer größerer Eile betrieben. Die Chemiker entwickelten besseres und billigeres Giftgas, die Reichsbahn hielt sich gewissenhaft an ihre Fahrpläne. Selbst die militärisch notwendige Bereitstellung von Transportmitteln mußte zugunsten der Vernichtungszüge zurücktreten. Als 1942 General Kurt Freiherr von Gienanth Generaloberst Jodl die Schwierigkeiten darlegte, welche die Judenvernichtung Rüstung und Nachschub bereitete, und um die Erlaubnis nachsuchte, diese in solcher Weise durchzuführen, daß die Belange der Kriegführung berücksichtigt würden, wurde er seines Kommandos enthoben. Ein totaler Sieg über die Juden mußte errungen werden, selbst wenn Deutschland unterging.

Der Aufstand der Juden im Warschauer Ghetto

Im Oktober des Jahres 1942 waren 310.000 Juden des Warschauer Ghettos vernichtet worden. Als 1943 auf Himmlers Befehl die Deportation der übrigen 70.000 beginnen sollte, leisteten die Juden zum ersten Mal Widerstand. Sie hatten Waffen eingeschmuggelt. Obwohl sie wußten, daß ihr Kampf aussichtslos war, und sie alle sterben würden, wollten sie kämpfend in den Tod gehen und der Weltöffentlichkeit ein Zeichen setzen. Es war "*Kiddusch ha Schem*", Heiligung des Gottesnamens im Widerstand gegen Gottes satanische Feinde.

Am 19. April 1943 mußte die Waffen-SS, unterstützt von abgestellten Wehrmachtsteilen und polnischen Polizeikräften, eingesetzt werden, doch dauerte der Kampf beinahe einen Monat. Erst am 16. Mai konnte der Obergruppenführer J. Stroop berichten, er habe das Warschauer Ghetto vernichtet und 56.065 Juden seien getötet worden. Von eigenen Verlusten war kaum die Rede. Auch in den Lagern begannen die Juden, Widerstand zu leisten

Das Endergebnis für die Juden

Bei Ende des Krieges betrug die Zahl der Ermordeten etwa 6.000.000.[238] Die Regierung Bulgariens widerstand den Deportationsaufforderungen der Nazis und rettete die Majorität der jüdischen Bürger. Der faschistische ungarische Reichsverweser Nikolaus Horthy, Hitlers Verbündeter, schützte seine 659.000 Juden. Erst mit dem deutschen Einmarsch im Jahre 1944 und Horthys Absetzung begannen die Deportationen. Der schwedische Gesandschaftsbeamte Raoul Wallenberg rettete Tausende, indem er ihnen schwedische Pässe gab. Er wurde von den Russen verhaftet und verschwand spurlos. Die Vereinigten Staaten verliehen ihm als Drittem in ihrer Geschichte das Ehrenbürgerrecht (die anderen waren der französische General de Lafayette, welcher wesentlich zum Sieg der Amerikaner im Unabhängigkeitskrieg beigetragen hatte, und Winston Churchill). Italien verweigerte die Auslieferung der Juden, obwohl sein Diktator Mussolini Hitlers enger Alliierter war, doch wurde ein Teil von ihnen nach der deutschen Besetzung deportiert. Der Vatikan gewährte Schutzsuchenden Unterschlupf.

Die überlebenden Juden in den Lagern wurden von den russischen und amerikanischen Truppen befreit. Zu den ersten Befreiern zählten amerikanische Regimenter von Schwarzen und Japanern.

Das Endergebnis für Deutschland

Hitler beging am 30. April 1945 Selbstmord, nachdem er dem deutschen Volk vorgeworfen hatte, seiner Größe nicht würdig gewesen zu sein. Goebbels nahm sich ebenfalls mit seiner Frau das Leben und vergiftete gleichzeitig seine unschuldigen Kinder. Die meisten anderen Rädelsführer wurden in Nürnberg vor ein internationales Gericht gestellt und zum Teil zum Tod, zum Teil zu langen Haftstrafen verurteilt.

Deutschland lag in Ruinen und seine Bewohner durchsuchten die Trümmer nach etwas Eßbarem. Dies war Hitlers, der Nationalsozialisten und ihrer Anhänger Vermächtnis.

Heroische Menschen

Unter dem Hitler-Regime erreichte Deutschland den Abgrund seiner Geschichte. Zugleich wurde es durch die Hingabe einiger weniger Menschen zu einem geistig-geschichtlichen Höhepunkt geführt. Deren Charakter und heroische Taten leuchten wie Sterne in der Nacht der Verworfenheit. Ihr Vorbild kann der Erneuerung dienen.

Die Haltung der Bevölkerung

Hitlers Maßnahmen geschahen öffentlich und waren dem Volk, vielleicht nicht in vollem Ausmaß, doch gewiß soweit bekannt, daß ein ehrenhafter Mensch die Rechtsbeugung und das grauenvolle Unrecht erkennen mußte. Die Majorität des Volkes stand jedoch der Judenpolitik Hitlers ziemlich gleichgültig gegenüber. Die Parteimitglieder begrüßten sie begeistert. Es bestand jedoch eine nicht unbedeutende Minorität, welche mit den Leiden der Juden Mitleid hatten, es aber nicht wagten, dem "Führer" entgegenzutreten. Unter ihnen waren viele, aber nicht ausschließlich, Arbeiter. Hitler und seine Genossen waren sich dessen bewußt und, wie viele Verordnungen bezeugten, trugen Sorge, diese Volksteile nicht zu sehr zu provozieren, sondern Schritt für Schritt vorzugehen. Stieß er aber auf Menschen, die sich ihm öffentlich widersetzten, so kannte er nur mitleidlose Härte.

Menschen im Widerstand

Einige wenige heroische Menschen leisteten den Nazis dennoch öffentlich Widerstand und setzten sich unter Lebensgefahr für Juden ein. Nur einige seien erwähnt. Der evangelische Pfarrer Martin Niemöller, welcher wegen seiner Proteste während der Nazizeit in einem Konzentrationslager eingesperrt war, trug nach dem Krieg zur Erneuerung der evangelischen Kirche bei. Der Theologe Dietrich Bonhoeffer und Propst Heinrich Grüber widersetzten sich der Nazigewalt und Vernichtung von Juden. Allerdings ist es nicht ganz klar, ob sie ihre theologischen Vorurteile gegen das Judentum ganz überwinden konnten, insofern sie sich vorwiegend für Christen jüdischer Abstammung einsetzten. Bonhoeffer wurde kurz vor Ende des Krieges hingerichtet. Grüber, welcher ein Büro zur Unterstützung von "nichtarischen" Christen unterhielt, wurde nach dem Krieg zu einem Kronzeugen der an den Juden begangenen Verbrechen. Diese Pfarrer waren in ihrer eigenen Kirche weitgehend isoliert.

Der katholische Probst Bernhard Lichtenberg betete im Berliner Hedwigsdom täglich und öffentlich für die verfolgten Juden. Er starb auf dem Transport ins Konzentrationslager. Der protestierende Philosoph Karl Jaspers, seines Amtes enthoben, wurde nicht verfolgt und konnte seine Tage in Abgeschiedenheit in Heidelberg verbringen. Der evangelische Theologe Paul Tillich verließ das Land. Fritz Bultmann, der Bruder des Neutestamentlers Rudolf Bultmann, wurde aufgrund seiner Proteste als Landpfarrer im Oldenburger Land abgesetzt und wiederholt verhaftet. Der Pfarrer Spitta in der Stadt Oldenburg, welcher mit Hilfe von Frau Oppermann, Inhaberin eines kleinen Lädchens, Lebensmittel für die Juden sammelte und sie ihnen persönlich ins Haus brachte - wovon des Pastors eigene Frau nichts wissen durfte - wurde eingezogen und an die gefährlichsten Stellen der Front versetzt, wo er fiel.

Die katholische Frau Gerschütz, Gattin eines Zahnarztes im Dorf Stadtlauringen, nahm zwei jüdischen Frauen auf und rettete ihr Leben. Auf meine Frage, warum sie dies getan habe, antwortete sie schlicht: "Ich bin doch Christin, es war doch meine Menschenpflicht". Diese Pflichtauffassung hat andere Deutsche davon abgehalten, von ihren mutigen Taten zu reden. Ohne sie hätten 6.000 Juden nicht im Untergrund überleben können.

Die Offiziere

Die hohen Offiziere, die am 20. Juli das - fehlgeschlagene - Attentat auf Hitler verübten, können als Retter der Ehre der deutschen Wehrmacht angesehen werden. Das Offizierskorps, dessen Mitglieder, wie alle Soldaten, einen persönlichen Treueeid auf Hitler geleistet hatten, hatte sich ihm ehrlos unterworfen. Nur eine kleine Gruppe kam zur späten Erkenntnis, daß es einen höheren Eid gab, der sie auf das Überleben des deutschen Volkes verpflichtete. Die Verschwörer wurden teils standrechtlich erschossen, teils zum Selbstmord gezwungen, die meisten jedoch, vom Volksgerichtshof zum Tod verurteilt, wurden auf gräßlichste Weise hingerichtet. Ihr Todeskampf wurde gefilmt, so daß Hitler sich an den Bildern von ihren Qualen weiden konnte.

Die Weiße Rose

Die Weiße Rose war eine Bewegung, die Kurt Huber, ein sonst unbedeutender Philosophieprofessor an der Universität München, ins Leben gerufen hatte. In ihr fand der Idealismus von Deutschen seine höchste Verwirklichung.

Huber nahm Kant ernst. Kant hatte drei Universalprinzipien der Ethik verkündet: 1. Die ethische Pflicht ist aus reinem Pflichtbewußtsein, ohne Berücksichtigung des Resultates oder der Folgen, zu erfüllen. 2. Diese Pflichterfüllung muß auf dem Willen beruhen, welcher von dem Prinzip geformt ist, daß die "Maxime" des menschlichen Handelns zur allgemeinen Gesetzgebung werden könne. 3. Daraus erwächst die moralische Notwendigkeit, das Menschentum, sei es in der eigenen Person, oder der eines anderen, niemals zum Mittel der Erreichung eines anderen Zieles anzusehen, sondern dieses Menschentum immer als einzigen Endzweck und alleiniges Ziel anzuerkennen und zu behandeln.

Es war daher, wie Huber erkannte, die Aufgabe jedes einzelnen, seine Pflicht zu tun, ohne die Folgen zu berücksichtigen, und in seinem persönlichen Handeln die volle Verantwortung für die Ethik der Gemeinschaft zu übernehmen. Lüge, Vergewaltigung und Mord an anderen Menschen widersprachen kategorisch dem ethischen Universalprinzip Kants, welches die Gleichwertigkeit aller Menschen und damit das Verbot, einem anderen Menschen seine Würde zu nehmen oder ihn gar zu vernichten, als Grundvoraussetzung der menschlichen Ethik erklärte. Aus diesem Pflichtbewußtsein schuf Huber seine Bewegung "Die Weiße Rose".

Studenten unter der Führung der Geschwister Scholl und einfache Menschen schlossen sich zusammen.

> "»Unsere Aufgabe wird sein«, sagte Professor Huber, »die Wahrheit so deutlich und hörbar als möglich hinauszurufen in die deutsche Nacht (...) Vielleicht gelingt es, in letzter Stunde gemeinsam die Tyrranis abzuschütteln und mit den anderen Völkern Europas diesen wunderbaren Augenblick zu erkennen, um eine neue, menschlichere Welt aufzubauen, in der die Nationen und Staaten sich als Nachbarn fühlen und nicht als Feinde.« »Und wenn es nicht gelingt?« erhob sich eine Frage. »Ich zweifle sehr, daß es möglich sein wird, gegen diese eisernen Wände von Angst und Schrecken anzurennen, die jeden Willen zur Erhebung schon im Keim ersticken.« »Dann müssen wir es trotzdem wagen«, entgegnete Christl leidenschaftlich. »Dann haben wir durch unsere Haltung und Hingabe zu zeigen, daß es noch nicht aus ist mit der Freiheit des Menschen. Einmal muß das Menschliche hoch emporgehalten werden, dann wird es eines Tages wieder zum Durchbruch kommen«."[239]

Aus reinem Idealismus und im vollen Bewußtsein der Lebensgefahr sowie der Hoffnungslosigkeit ihres Unternehmens schritten sie zur Tat, verfaßten, vervielfältigten und verteilten Flugblätter gegen die Greueltaten der Nazis und riefen zu ihrem Sturz auf.

Sie wurden von den berüchtigten "Volksgerichtshof" gestellt, der weder Recht noch Gesetz folgte, sondern nur dem "gesunden Volksempfinden". In der Verhandlung erklärte Huber stolz, er habe aus Verantwortungssgefühl gegenüber dem deutschen Volk gehandelt, sein Handeln sei nicht illegal gewesen, da er erstrebt habe, das Recht als Grundlage des deutschen Staatslebens wiederherzustellen; der Volksgerichtshof könne ihn zwar wie den niedrigsten Verbrecher verurteilen, aber die Geschichte werde ihn rechtfertigen. Er schloß mit Fichtes nationalistischer Formulierung des Prinzips Kants:

> "Und handeln sollst Du so,
> Als hinge von dir und deinem Tun allein
> Das Schicksal ab der deutschen Dinge,
> Und die Verantwortung wär´ dein."

Huber und die Geschwister Scholl wurden im Jahre 1943 auf dem Schafott hingerichtet. Vor ihrer Größe stehen wir in Ehrfurcht und in Reue, nicht selbst mehr getan zu haben.

Von Huber - und wir mögen andere einschließen - sagt der jüdische Philosoph Emil Fackenheim:

> "Hubers Handeln war *Tikkun* (die Wiederherstellung der Welt gemäß dem Willen Gottes) (...) denn er schuf den Boden dafür in der wirklichen Menschheit, wenn auch nur in seiner eigenen Person. Dies war Hubers Tikkun in Philosophie in einem Zeitalter des katastrophischen Zusammenbruchs."[240]

Mitten in der vollkommenen Entmenschlichung der deutschen Gesellschaft leitete die "Weiße Rose" durch ihr Opfer "*Tikkun Olam*", die Wiederherstellung der Welt, in die Wege. Ohne sie hätte man an dieser verzweifeln können.

Zum Gedenken

In der Nachkriegszeit waren die Juden bestrebt, diese deutschen Menschen ausfindig zu machen. Einmal um sie zu ehren. Für jeden von ihnen, den "Gerechten der Welt", wurde in einem Hain in Jerusalem ein Baum gepflanzt. Zum anderen weil sie Zeugen sind, daß der Geist der Menschlichkeit selbst in Nazideutschland nicht vollkommen verschwunden war, und damit zu Vorbildern des neuen Deutschland werden können.

Das Bemühen der Juden, diese wenigen, dank denen die Ethik im deutschen Volk überlebte, zu finden und ihre Lebensbeschreibungen der Welt zu vermitteln, wird auch nach dem Tod dieser wahren Helden weitergehen.

20. Juden in Deutschland - Deutsche Juden

Grundlagen einer Erneuerung des deutschen Judentums aus jüdischer Sicht

Die überlebenden deutschen Juden standen dem neuen Deutschland mit größtem Mißtrauen gegenüber. Sie hatten erkennen müssen, daß ihre Überzeugung, Teil des deutschen Volkes zu sein, auf Irrtümern beruht hatte, die ihnen zum tödlichen Verhängnis gereicht hatten.

Nach achtzehnhundertjähriger Verschmelzung mit Deutschland war es für sie undenkbar, daß ihnen im Land der "Bildung" das Heimat- und Lebensrecht entzogen werden könnte. Vor der Emanzipation waren sie immer, wenn auch nicht als Gleichberechtigte, in das Reich integriert, sei es als "Juden und andere Bürger", wie in der Frühzeit, oder als kaiserliche "Kammerknechte", oder, unter den Landesfürsten, im Hinblick auf ihre "Nützlichkeit" Zugelassene. Nach Erlangung der Gleichberechtigung bemühten sie sich daher in jeder Weise, in Stadt und Land "nützlich" zu sein, sei es als Frontsoldaten, als Denker, Dichter, Schriftsteller, Wissenschaftler, Künstler, in den freien Berufen, sowie als Kaufleute, welche die Wirtschaft stärkten.

Weil "Bildung" eines ihrer Ideale war, galt ihnen Schiller, der deutsche "Nationaldichter", als der Verkünder des deutschen Geistes, dessen Botschaft lautete: "Alle Menschen werden Brüder". In Wirklichkeit schwelgten die Deutschen lediglich in seiner Sprache.

Für die Juden lag es außerhalb des Vorstellbaren, daß man ihnen lediglich aufgrund ihres Seins ihr Leben nehmen könnte. Selbst in der antijüdischen Theologie der Kirche hatte ihr Lebensrecht seinen festen Platz. Selbst die zügellosen Kreuzfahrer hatten ihnen eine - wenn auch unannehmbare - Wahl gelassen. Nahmen sie die Taufe, so war ihr Leben gerettet.

Natürlich waren sich die deutschen Juden über die gegen sie gerichteten Agitationen im klaren und verfolgten sie besorgt. Sie glaubten aber, in ihnen bloße Nachwirkungen der Vergangenheit sehen zu dürfen, welche mit der Vernunft bekämpft werden könnten und die allmählich verschwinden würden, da sie im deutschen Volk ein gebildetes, ethisch denkendes Volk sahen und dabei die emotionellen Ströme in seiner Seele übersahen.

Als Juden hatten sie eine Reihe von Charakterzügen, welche sie auf ihre nichtjüdischen Nachbarn übertrugen.

Weil sie das Judentum als Religion der Vernunft betrachteten, glaubten sie, die Argumente ihrer Gegner mit der Vernunft entkräften zu können.

Weil sie den Gottesglauben als Botschaft des Friedens verstanden, vergaßen sie, welche Rolle in der deutschen Geschichte der Waffenkampf mit der Vernichtung des Gegners gespielt hatte.

Weil sie unter der prophetischen Botschaft standen, erkannten sie die Liebe zum Nächsten, zum Fremden, Schwachen, Angehörigen von Minoritäten als höchste, gottgegebene Verpflichtung, die das Christentum übernommen hatte. Daß man die Juden aus der Kategorie "Menschen" tilgen würde, kam ihnen nie in den Sinn.

Sie waren in ihrer eigenen Kultur so fest verankert, daß sie von Anfang an Angehörige anderer ethnischer Gruppen aufnahmen. "Wo du hingehst, da will auch ich hingehen; wo du bleibst, da bleibe ich auch. Dein Volk ist mein Volk, und dein Gott ist mein Gott" (Ruth 1,16), sagte die verwitwete Moabiterin Ruth zu ihrer jüdischen Schwiegermutter. Sie wurde herzlich empfangen, heiratete einen der jüdischen Aristokraten und wurde Ahnin des Idealkönigs der Juden, des Königs David. Die Pharisäer durchzogen auf ihren Missionsreisen die Welt (siehe Matthäus 23,15), ohne sich um Hautfarbe oder Rasse zu kümmern. Die jüdische Gemeinschaft war so stark, daß sie alle Menschen integrieren und von ihrem Beitrag Gewinn ziehen konnte. Ganze Völker, wie die Chasaren, traten zum Judentum über. Erst im Christentum wurde unter Androhung der Todesstrafe der Übertritt zum Judentum verboten. So waren die Juden ein harmonisches Gewebe aus vielen Völkern und "Rassen".

Darum konnten sie nicht glauben, andere Deutsche seien innerlich so schwach und geistig so leer, daß sie wähnten, sich einer Rassenideologie verschreiben und allen anderen kulturellen Einflüssen verschließen zu müssen, um ihr eigenes kulturelles Erbe zu bewahren.

Aus der Stärke ihrer Selbsterkenntnis heraus waren die Juden immer bereit, Verantwortung zu übernehmen. Selbst dann, wenn sie diese überhaupt nicht oder nicht in vollem Ausmaß trugen, hielten sie sich zur Selbstprüfung verpflichtet. Vielleicht traf sie ihr Schicksal "um unserer Sünden willen". Ohne Selbstmitleid konnten sie das Mitleid der Deutschen mit sich selbst und ihre Suche nach "Sündenböcken" nicht wahrnehmen.

Sie fühlten sich der Demokratie verpflichtet, vor allem da diese die gottgegebene Gleichberechtigung aller Menschen zur Grundlage hatte. Sie sahen im Gesetz, vor allem in der Verfassung, das unzerstörbare Fundament der Gesellschaft, in der Freiheit das höchste Ziel und im Verantwortungsbewußtsein jedes einzelnen den Weg zur Freiheit. Sie ahnten nicht, daß Deutsche sich die Freiheit abkaufen ließen, die Rechtsbeugung hinnahmen, die Abschaffung der Verfassung billigten, sogar sich über das Gottesgebot der Unverletzbarkeit jedes Menschenlebens hinwegsetzen würden. Und all dies, um durch einen "Führer" der persönlichen Verantwortung und Entscheidung enthoben zu sein und durch ihn um den Preis der Freiheit in den Genuß eines ungetrübten höheren Wohlstands zu gelangen.

Wie Fackenheim ausführte, ging das deutsche Volk soweit, ein menschliches Geschöpf, den "Führer", als allmächtigen und unfehlbaren "Gott" zu betrachten und anzubeten. Dies war Götzendienst. Eine solche Verirrung hatten die Juden den Deutschen nie zugetraut.

Die Erneuerung eines deutschen Judentums wird davon abhängen, ob die in der Geschichte wahrnehmbaren Züge im deutschen Volk bezwungen sind, und das Zusammenleben mit allen Menschen, nicht nur mit den Juden, unerschütterlich auf den Fundamenten von Einigkeit und Recht und Freiheit gründet.

Die Befreiung eines kleinen Überrests

Als die Armeen der Alliierten die Konzentrations- und Vernichtungslager befreiten, fanden sie, neben Bergen von Skeletten und "lebenden Skeletten", d.h. Menschen, welche nicht mehr lebensfähig waren, nur noch "lebende Schatten" vor. In Auschwitz, wo zu den eineinhalb Millionen Juden noch über 200.000 Nichtjuden - russische Kriegsgefangene, polnische Widerstandskämpfer und Roma - vergast worden waren, konnten nur noch etwa 6.700 Häftlinge lebend befreit werden.

Die Nazis hatten ihre Vernichtungslager außerhalb der Reichsgrenzen errichtet, um das Reich nicht zu "beschmutzen" und behaupten zu können, im Reich gebe es keine Vernichtungslager.

Das bereits 1933 in Dachau errichtete Konzentrationslager, das Modell aller folgenden, war zwar keine "Todesfabrik", dennoch starben dort etwa 50.000 Menschen aus "natürlichen Ursachen" oder bei den grausamen Experimenten deutscher Ärzte. Etwa 32.335 Juden wurden von den Amerikanern befreit, weitere 20.000 in den Alpen aufgefunden, wohin sie in einem Todesmarsch getrieben worden waren, um dort, vor den Amerikanern verborgen, umgebracht zu werden.

Mit dem Vorrücken der alliierten Armeen, vor allem der russischen, mußten die Lager schnellstens geräumt werden. Rücksichtslos wurden die entkräfteten Menschen ins Reich getrieben. Viele kamen unterwegs um. Ein bedeutendes Sammellager war in Bergen-Belsen, in der Nähe von Hannover. Es wurde am 15. April 1945 von den Engländern besetzt. Ihre Fotografien vermittelten der schaudernden Welt ein erstes Bild von der unmenschlichen "Endlösung". Nur 60.000 Gefangene waren noch am Leben, aber durch Hunger und Krankheiten so entkräftet, daß trotz hingebungsvollster Betreuung 14.000 von ihnen innerhalb weniger Tage, weitere 17.000 bis zum Oktober des Jahres starben.

Die Überlebenden aus den verschiedenen Teilen Europas wurden bis zu ihrer Weiterwanderung in sogenannten "Übergangslagern" untergebracht. Sie hielten sich also nur vorübergehend in Deutschland auf.

Ansätze zu jüdischem Leben in Deutschland - die "Restgemeinschaft"

Von den deutschen Juden waren über 170.000 ermordet worden, die anderen waren entkommen. Etwa 6.000 Juden waren untergetaucht und überlebten dank dem Mut und der Standhaftigkeit "arischer" Menschen, die ihnen Unterschlupf und Nahrung gewährten oder wenigstens ihr Versteck nicht verrieten.

14.000 mit "Ariern" verheiratete Juden konnten unter kärgsten und erniedrigenden Umständen überleben, da sich ihre Ehepartner trotz dauernden Drucks weigerten, sich scheiden zu lassen.

Aus diesen sich wieder hervorwagenden Juden, einer geringen Zahl Rückkehrern aus dem Ausland, sowie aus Verschleppten ("displaced persons"), die nach ihrer Entlassung aus den Übergangslagern in Deutschland blieben, weil sie hier besser ihren Lebensunterhalt zu finden hofften, setzte sich die Gemeinschaft von etwa 30.000 Juden in Deutschland zusammen. Viele dieser Juden behielten ihre ausländischen, z.T. israelischen, Pässe und "saßen auf ihren Koffern", um im Falle neuer Verfolgungen schnell flüchten zu können. Sie lebten in Unsicherheit und Angst *in* Deutschland und ohne Beziehung zu ihm, seiner Geschichte und Kultur. Im Gebet fanden die Frömmeren Kraft. So entstanden, z.T. mit Hilfe der Besatzungsmächte, kleine Betsäle. Der Gottesdienst knüpfte jedoch nicht an die ehemaligen deutschen Formen, sondern an den ostjüdischen Ritus an.

Grundsätzlich sahen sich diese Juden als eine "Restgemeinschaft", als "Nachlaßverwalter" an, da sie mit ihrem Aussterben innerhalb einer Generation rechneten. Das ehemalige profilierte deutsche Judentum war verschwunden.

Hoffnungsvolle Anfänge

Die pessimistischen Zukunftserwartungen sollten sich nicht verwirklichen. Zwar ist das Überleben der Juden in Deutschland noch keineswegs gesichert, denn die Gemeinschaft ist zahlenmäßig sehr klein und noch immer überaltert. Noch schwieriger ist es vorauszusagen, ob ein *deutsches* Judentum wieder erstehen wird, d.h. ein Judentum, dessen Mitglieder sich als deutsche Juden bekennend, in deutscher wie jüdischer Kultur wurzelnd, beiden Kulturen Beiträge von Bedeutung liefern werden. Doch bestehen hoffnungsvolle Keime dazu, welche sorgsam zu pflegen sind, und deren Früchte von der Selbsterkenntnis der jüdischen wie der nichtjüdischen Deutschen abhängen werden.

Annäherung und "Wiedergutmachung"

Die Annäherung der Juden an Deutschland begann mit dem weltgeschichtlichen Ereignis der Gründung des souveränen Staates Israel im Jahre 1948. Den Juden gab die Erneuerung des jüdischen Staates ein neues Selbstbewußtsein. Hier war ein neues Zentrum jüdischer Kultur, welche sich aus den inneren Kräften des Judentums entfalten und in die Welt ausstrahlen konnte. Hier war eine Volksgemeinschaft, welche aktiv um ihre Einwanderung warb, bereit und imstande, ihnen unmittelbar nach ihrer Ankunft das volle Bürgerrecht zu verleihen. Die Juden in Deutschland wußten, daß es jetzt ein Land gab, das sie aufnehmen würde, sollte ihre Situation noch einmal unerträglich werden. Für die nichtjüdische Umwelt hatte sich ihre Lage "normalisiert". Sie waren nicht länger ein undefinierbares Volk.

Im Jahre 1960 trafen sich David Ben Gurion, der seinerzeitige Premierminister des Staates Israel, und Konrad Adenauer, der damalige Kanzler der Bundesrepublik, in New York, um gemeinsam eine Brücke über den Abgrund zu schlagen.

Wiedergutmachung

Der erste Schritt war die finanzielle "Wiedergutmachung". Nachfolgegemeinden wurden die Vermögen ihrer Vorgänger, Privatpersonen der Wert ihres verlorenen Besitzes erstattet. Letztere erhielten Ruhestandsbezüge als ehemalige Beamte oder Renten aus der Altersversorgung. Das Vermögen Verschollener fiel an den Staat Israel, wo es einen bedeutenden Aufbaufaktor darstellte. Zwar gibt es keine Wiedergutmachung für die seelischen Leiden, doch waren diese Erstattungen eine wesentliche Hilfe vor allem für jene Juden, welche sich in den neuen Ländern wirtschaftlich nicht erholt hatten. Vor allem bezeugten diese Abfindungen den Willen des neuen Deutschlands, für die schrecklichen Gewalttaten an seinen jüdischen Bürgern einzustehen und ihnen, wenn möglich, eine Wiedergutmachung zukommen zu lassen.

Umgestaltung des Wesens

Der zweite Schritt war wesentlich schwerer. Das deutsche Volk mußte sich mit seiner jüngsten Vergangenheit, den Hitlerjahren, in aller Ehrlichkeit auseinandersetzen, um sie zu bewältigen. Es mußte die ihr zugrunde liegende, jahrhundertelange Verleumdung und Unterdrückung der Juden als Verirrung erkennen und ihren Geist überwinden. Es durfte die Vergangenheit nicht verdrängen, um sie zu vergessen. Der Bürger durfte sich nicht aus der Mitverantwortung mit der Behauptung herausreden, er habe von den Verbrechen nichts gewußt. Die Tarnung der Nazis war so mäßig, daß keinem verborgen bleiben konnte, wie die

Juden ihres Status als Menschen beraubt wurden, selbst wenn er das ganze Ausmaß der Vernichtung nicht kannte. Er durfte sich nicht in Selbstmitleid ergehen. Die Schwierigkeiten dieser Umstellung dürfen aber auch nicht verkannt werden, denn Menschen fällt es unendlich schwer, ihre Schuld sich selbst und der Welt einzugestehen und zu offenbaren. Dennoch ist dies zur Erneuerung Deutschlands unerläßlich. Damit ging es langsam voran.

Rückschläge

Es gab Deutsche, welche die Ansicht vertraten, man müsse über kurz oder lang über diese ganze Periode "den Schwamm ziehen", als ob die geschichtliche Erinnerung nur das Gute, nicht aber das Böse lebendig erhalten solle. Diese Stimmen wurden im Laufe der Jahre lauter. Damit aber würden die Lehren des Holocausts verloren gehen und es drohte die Gefahr, daß das deutsche Volk wieder in frühere Fehler verfalle.

Es gab andere, welche voller Selbstmitleid die Ansicht vertraten, die letzten Kriegsjahre hätten so viel Leid über Deutschland gebracht, daß damit der Holocaust "ausgeglichen" sei. Dabei vergaßen sie, daß ein Leid das andere nicht "ausgleichen" kann und, vor allem, daß die Leiden der Deutschen während der letzten Kriegsjahre das Ergebnis der Politik des "Führers" waren. Mit der Vernichtung der Juden hatte er ein Zimmer im Hause des deutschen Volkes in Brand gesteckt, und man durfte daher nicht überrascht sein, wenn die Flammen das ganze Haus zerstörten.

Es gab auch Deutsche, in welchen Antisemitismus, Rassenwahn und die Abkapselung gegenüber der Umwelt den Niedergang Deutschlands im Krieg überlebten.

Trotz der überwältigenden Beweislage verbreiteten manche die Lüge, der Holocaust habe nie stattgefunden, und wenn schon, so belaufe sich die Zahl der Vernichteten höchstens auf einige Hunderttausend, als ob die Ermordung eines einzelnen Menschen nicht schon ein ungeheures Verbrechen sei. Die Verbreitung dieser "Auschwitzlüge" wurde von der Bundesrepublik unter Strafe gestellt.

Es gab vor allem Jugendliche, welche, von Agitatoren aufgehetzt, auf die Parole "Deutschland den Deutschen" hörten, sich an Mord und Brandstiftung gegen Fremde ausließen, Juden bedrohten und jüdische Geschäfte und Friedhöfe schändeten.

Die Wiedervereinigung Deutschlands gab dieser Ideologie und diesem Treiben Auftrieb. Die Bevölkerung des kommunistischen Ostdeutschlands lebte nach dem Krieg noch jahrzehntelang gleichgeschaltet unter einer menschenverachtenden Diktatur und konnte die Pflichten der Verantwortung unter der

Demokratie nicht lernen. Ihre Jugend wurde außerdem, gemäß kommunistischer Rechnung mit der "Verkommenheit" des "zionistischen Staates", nämlich Israels, und damit der ganzen Judenheit indoktriniert. Mit der Wiedervereinigung erwarteten die Menschen der Ostgebiete, sofort zu Wohlstand zu gelangen. Da sich diese Hoffnungen nicht verwirklichten, sahen manche in den Juden und Asylanten einen willkommenen Sündenbock. Doch waren diese Verschwörungen auch unter entwurzelten und erfolglosen oder irrgeleiteten Menschen Westdeutschlands zu finden.

Wieviele anonyme Deutsche, vor allem der älteren Generation, aber auch in der jüngeren, in ihrer Seele über Juden denken, ob sie nicht doch froh sind, die Juden "los zu sein", läßt sich nicht bestimmen.

Ominös war das Entstehen kleiner, nationalsozialistisch geprägter Splitterparteien, welchen es gelegentlich gelang, Abgeordnete in die Parlamente zu schicken. Sie standen am äußersten Rand und ihre Stimmenzahl war gering. Dennnoch bedrückt es, daß die NS-Ideologie, welche über Deutschland so viel Unglück gebracht hat, überhaupt noch, wenn auch in wenigen, existiert. Es ermutigt aber auch, daß diese Gruppen keinen festen Halt finden. Doch so haben auch die Nazis angefangen. Das deutsche Volk ist zur Abwehr, die Juden sind zur Wachsamkeit aufgerufen.

Voraussetzungen auf jüdischer Seite zur Verständigung

Vorsicht darf jedoch nicht zu allgemeinem Mißtrauen und zur Ablehnung führen. Die Tora verkündet den Juden, daß die Vergebung bei Gott liegt. Gott vergibt dem Sünder, welcher seine Vergangenheit von ganzem Herzen bereut und im Leben überwindet. Gott belastet die "Söhne", d.h. die neue Generation, nicht mit den Verbrechen der "Väter". Doch liegt auf dieser zweiten Generation die besondere Verantwortung, gegen ein Abgleiten in das Böse der Vergangenheit zu kämpfen (siehe Deuteronomium 14,16; Ezechiel 18 und 33). Verpflichtet, im Lichte Gottes wandelnd ihm nachzustreben, und belehrt, jeden Mitmenschen zu dessen Gunsten zu beurteilen (siehe Mischna Avot 1,6), muß der Jude sich den Menschen öffnen, welche zur Hitlerzeit am Rande standen und seitdem ihre menschliche Aufrichtigkeit bewährt haben, wie z.B. dem Mann, welcher als Kind in das Jungvolk eintreten mußte, oder demjenigen, welcher bereuend bekennt, aus Schwäche gegenüber der Macht angesichts der Verbrechen geschwiegen zu haben.

Der Jude hat zu bestätigen, daß die neue Generation für die Freveltaten ihrer Vorfahren keine Schuld trägt. Er kann jedoch von ihr erwarten und fordern, daß sie sich zum Erbe der tragischen Vergangenheit bekennt und daraus die besondere Berufung auf sich nimmt. sich als Vorkämpfer für Recht und Freiheit in Deutschland wie in aller Welt einzusetzen.

Beides, vor allem das erstere, wird dem Juden sehr schwer werden. Er wird sich immer fragen, was "am Rand" bedeutet, und wie weit der andere seinen Geist erneuert hat. Es gibt Juden, die das Geschehene so sehr verletzt hat, daß sie sich dazu nicht aufschwingen können. Dafür muß man Verständnis haben. Im Streben nach Verständigung und Aussöhnung haben sich sehr viele Juden in verschiedenem Ausmaß zu dieser Haltung durchgerungen, andere werden es tun. Dies hängt von ihren laufenden Erfahrungen mit Deutschland ab.

Auf dem Weg zur Verständigung

Gegenüber den Anzeichen einer noch nicht bewältigten Vergangenheit und den Versuchen, sich ihr zu entziehen, lassen sich viele andere, hoffnungsvolle erkennen.

Die Kirche

Durch ihr Bekenntnis vom Gewissen besonders bedrängt, rang sich die Kirche zum Bekenntnis ihrer Schuld und Reue für ihr Schweigen und ihre Mitarbeit mit den Nazis durch. Dies fiel ihr anfänglich schwer, da so viele Pfarrer dem "Führer" gehuldigt und seinen Staat begrüßt und gefördert hatten. Der Durchbruch kam mit den Erklärungen des Zweiten Vatikanischen Konzils und evangelischerseits verschiedener Landessynoden.

Beide christliche Konfessionen begannen, den Dialog mit den Juden zu fördern und auszuweiten. In einigen Landeskirchen wurde Judentumskunde zu einem Pflichtfach in der Ausbildung der Pastoren an Universitäten und Kirchlichen Hochschulen. Kirchengemeinden luden mich, als Rabbiner, zu Predigten ein.

Das Erziehungswesen

Nach langem Zögern fand der Holocaust in seinem ganzen Ausmaß seinen Platz im Lehrplan. Die Schulen regten die Schüler an, den lokalen Auswirkungen der *Schoa* sowie dem Leben der Juden vor der Hitlerzeit nachzugehen. Bei ihrer Suche stießen die Schüler oftmals auf Widerstand oder zumindest auf das Schweigen der Älteren, ließen sich aber in der Regel nicht abschrecken und erzielten wertvolle Ergebnisse, welche auch veröffentlicht wurden.

Das Tagebuch der Anne Frank ist in Schulen zur Pflichtlektüre geworden. Viele Schulen sind stolz darauf, den Namen dieses jüdischen Mädchens zu tragen, welches zur Märtyrerin wurde und dennoch niemals den Glauben verlor, daß die Menschen gut seien.

Unter Erwachsenen der neuen Generation verbreitete sich das Bedürfnis, die Juden, vor allem die deutschen, und das Wesen des Judentums zu verstehen. Die Volkshochschulen richteten Kurse ein. Ein Großteil der Teilnehmer an den Lehrveranstaltungen der jüdischen Volkshochschulen besteht aus Nichtjuden. In kleineren Ortschaften wurden Gastredner eingeladen.

Universitäten erfüllten die Aufgaben, zu welchen die kleinen jüdischen Gemeinden nicht in der Lage waren. Sie betrieben die Wissenschaft des Judentums, und übernahmen ebenfalls die Erforschung, Bewahrung und Übermittlung des geistigen und wissenschaftlichen Erbes der deutschen Juden. Lehrstühle für Judaistik, für welche Juden von Leopold Zunz bis Hermann Cohen vergeblich plädiert hatten, wurden nun zur Wirklichkeit. Unter nichtjüdischen Professoren trifft man auf hervorragende Gelehrte und Lehrer.

Zur Ausbildung jüdischer Kultusbeamter wurde, von der Bundesregierung gefördert, die "Hochschule für Jüdische Studien" in Heidelberg errichtet, deren Hörer jedoch in ihrer Mehrzahl Nichtjuden sind.

Neben vielen wissenschaftlichen Veröffentlichungen von Juden und Nichtjuden kamen volkstümliche Darstellungen heraus. Meine eigene Einführung ins Judentum "Die Juden" (Rowohlt Verlag) hat in mehreren Auflagen Tausende von Lesern erreicht.

Von den Experten an den Universitäten beraten, erforschten zahlreiche Autoren die Geschichte und das Ende der jüdischen Mitbürger, sowie die Friedhöfe ihrer Heimat. In einigen, auch kleineren Gemeinden wurden jüdische Museen eingerichtet.

In der Bevölkerung

Die Begegnung zwischen Juden und Christen begann mit der Gründung von "*Gesellschaften für christlich-jüdische Zusammenarbeit*", in welchen sich ein kleiner Kreis von Angehörigen beider Religionen zum Dialog, zur Förderung allgemeinverständlicher Vorträge und zur Herausgabe von Forschungsergebnissen zusammenfand. Oftmals war die Zahl der Juden sehr gering, da es ja kaum Juden gab, dennoch ging die Beschäftigung mit dem Judentum in diesen Organisationen voran. Arbeitsgemeinschaften haben Christen und Juden im Studium der Bibel zusammengebracht.

Die Woche der Brüderlichkeit war ein Schritt in die allgemeine Gemeinschaft. Sie ist eine gute Einrichtung, doch bezeugt die Notwendigkeit, sie alljährlich zu veranstalten, die noch bestehende Zerbrechlichkeit des Verhältnisses. Hätte man die Brüderlichkeit mit Juden im täglichen Leben als selbstverständlich betrachtet, so wäre sie nicht notwendig gewesen.

Ignatz Bubis. Vorsitzender des Zentralrats der Juden in Deutschland, 1992.
Foto: Ullstein – dpa

Seminar für Judaistik Mainz, 1996

Judenmärsche und Proteste

An jedem Jahrestag der sogenannten "Kristallnacht" finden in vielen Städten Mahnmärsche statt, welche dem Verlauf des Judenmarsches folgen. Sie belegen die Bereitschaft zur öffentlichen Bezeugung des neuen Geistes.

Riesige Züge mit Kerzenlicht gaben der Entrüstung über die Mordwut der Juden- und Fremdenhasser Ausdruck.

Einladungen an "ehemalige jüdische Mitbürger"

Viele Gemeinden luden ihre überlebenden jüdischen Mitbürger zu einem nochmaligen Besuch ihrer alten Heimat ein. Eine Reihe der Überlebenden fürchtete, der Besuch werde alte, kaum vernarbte Wunden wieder aufreißen. Diese Juden konnten es nicht übers Herz bringen, nach Deutschland zurückzukehren. Andere kamen mit großen Vorbehalten. In den meisten Fällen war das Erlebnis tief bewegend. Über den Abgrund des Schrecklichen hinweg kam die alte Liebe zu Deutschland in diesen Menschen wieder hervor. Sie erlebten ihre Kindheit noch einmal und sahen das ideale Deutschland ihres eigenen Traumes. Für wenige Tage wurden sie, was sie einstmals gewesen waren: deutsche Juden. Sie besichtigten die Stätten ihrer Kindheit, trafen sich mit Jugendfreunden, und gingen in die Schulen, um den Schülern zu erzählen, wie es einmal gewesen war, um sie zu ermahnen, Bauleute einer besseren Zukunft zu werden. Die Berichte in den Medien brachten der Bevölkerung zum Bewußtsein, wer diese Menschen waren, die einst in ihrer Mitte gelebt hatten. Damit wurde unter den Gutgesinnten ein Verständnis erweckt, obgleich es auch andere gab, welche diese Besuche als "Verschwendung guten deutschen Geldes" ansahen.

Mahnmale und Begegnungsstätten

In beinahe allen Orten, wo Juden einst gelebt hatten, wurden Mahnmale errichtet, Friedhöfe - oftmals von Freiwilligen, auch aus der Schuljugend - betreut und Gedenktafeln an den Statten ehemaliger Synagogen angebracht. In einer Reihe von Orten wurden frühere, teils ruinierte, teils an andere Besitzer übergegangene Synagogen von den Gemeinden erworben, stilgerecht renoviert, aber meist zu "Begegnungsstätten" umgestaltet, da es keine Judengemeinden mehr gibt.

Die mittelalterliche Synagoge zu Worms wurde restauriert und ihrer heiligen Bestimmung wieder übergeben. Sie bleibt aber im wesentlichen ein Museum, da es in Worms keine Juden mehr gibt. Amerikanische Soldaten jüdischen Glaubens hielten dort an den Hohen Feiertagen Gottesdienste ab. Ich selbst leitete einen *Schavuot*gottesdienst, in welchem sich Amerikaner und Deutsche,

Christen und Juden, Professoren und Studenten zu Feier und Gebet zusammenfanden.

Die Medien, vor allem Radio und Fernsehen, bringen jüdische Themen in die Familien.

Die Zahl der deutschen Pilger nach Israel überschreitet die der anderen europäischen Länder.

Probleme

Der Fortschritt einer kulturellen Einbürgerung der Juden in Deutschland wird durch eine Reihe von Problemen gehemmt. Die Gemeinschaftsarbeit von Juden und Christen erfaßt nur eine besonders interessierte Minorität. Die Majorität in Deutschland hat keinen wirklichen Kontakt mit Juden und dem Judentum.

Vor allem gibt es so wenige Juden in Deutschland, daß viele Nichtjuden einem Juden niemals bewußt begegnet sind. Treffen sie einen Juden oder eine Jüdin, so wird dieser oder diese zur Stereotype des Judentums. Stereotypen bergen aber immer eine Gefahr, besonders aber in diesem Fall, da ein einzelner Jude weder in seinem Wissen noch in seiner Lebensführung das Wesen des Judentums zu repräsentieren vermag.

Es ist einem Nichtjuden kaum möglich, einem jüdischen Gottesdienst beizuwohnen oder Gast bei einer *Bar-Mizwa*-Feier oder einer Trauung zu sein. Manche jüdischen Gemeinden lehnen den Besuch von Nichtjuden ab. In jedem Fall benötigt der Besucher eine eingehende Vorbereitung auf den hebräischen Gottesdienst, ohne welche er ihn nicht verstehen kann, aber diese wird ihm kaum zuteil. *Bar-Mizwa*-Feiern und Trauungen finden nur selten statt.

Ein ganz wesentliches Problem ist das Fehlen ausgebildeter jüdischer Dialogpartner und Dozenten. So mußten jetzt in Israel oder Amerika lebende jüdische Gelehrte mit deutscher Erziehung und deutschen Sprachkenntnissen nach Deutschland berufen werden; eine Reihe von ihnen ist auch diesem Ruf gefolgt. Trotzdem wird mit den Jahren ihre Zahl immer mehr abnehmen. In Deutschland ist Nachwuchs noch nicht zu erkennen.

Die überwiegende Mehrzahl der wenigen Rabbiner in Deutschland ist nicht gewillt, und vielleicht auch nicht entsprechend ausgebildet, diese Aufgabe zu übernehmen.

Juden in Deutschland - deutsche Juden

Nur mit Vorbehalten kann eine Entwicklung der Juden in Deutschland zu deutschen Juden vorausgesagt werden. Einige Anzeichen dafür gibt es jedoch.

Russische Juden

Durch die Einwanderung russischer Juden stieg die Zahl der Juden in Deutschland auf etwa 50.000 an und steigt vielleicht weiter. Viele dieser Einwanderer sind hoch gebildet. Da sie unter dem kommunistischen Regime als Juden harten Sondergesetzen unterworfen waren, wurde Deutschland für sie ein wahrhaft gutes Land, mit welchem sie sich voll identifizieren können. Allerdings wissen diese Juden kaum etwas von jüdischer Lehre und jüdischem Leben. Die jüdische Gemeinschaft hat die schwere Aufgabe, sie in die Lehren und Lebensformen des Judentums einzuführen, und sie von derem Wert zu überzeugen, sollen sie nicht dem Judentum verloren gehen.

Die neue Generation

Eine neue Generation wächst heran, viele besuchen die Universität. Damit wird eine engere Verbindung zu Deutschland geknüpft. Juden, welche Jura studieren, haben sich für Deutschland entschieden, denn sie können - anders als ein Mediziner - ihre Kenntnisse in keinem anderen Land nutzen. Die Wahl des Studiums drückt die Gesamtidentifizierung aus. Es ist die Aufgabe der älteren Generation, sie in ihrer Treue zum Judentum zu erhalten und zu bestärken. Es gibt bewußt jüdische Professoren und sogar Präsidenten an Universitäten.

Menschliche Verbindungen

Enge menschliche Verbindungen persönlicher Art zwischen Christen und Juden geben den Juden das Bewußtsein, zu Hause zu sein, und die Zuversicht, in Not und Gefahr gegenseitigen Beistand erfahren zu dürfen. Es ist eine neue Art der Verbundenheit, welche im Vorkriegsdeutschland kaum bestand.

Deutsche Juden

Es gibt bereits deutsche Juden, welche ihr Judentum-Deutschtum ganz einfach im Herzen tragen, ohne es zur Schau stellen zu wollen. Ich bin ihnen wiederholt, z.B. in Oldenburg, begegnet.

Ignatz Bubis, der Präsident des "*Zentralrats*", d.h. der Dachorganisation der Juden Deutschlands, mag vielleicht als Beispiel eines deutschen Juden dienen. Er ist ein reicher Mann, der nun sein Leben der Gemeinschaft widmet und vielleicht mit Josel von Rosheim verglichen werden kann. Er scheut sich nicht, der Regierung wie dem gesamten deutschen Volk ihre Mängel vor Augen zu halten und ihnen zum ethischen Gewissen zu werden. Unermüdlich durchs Land reisend, erinnert er Juden wie Nichtjuden an ihre Menschenpflichten. Er wurde

Synagoge der jüdischen Gemeinde zu Oldenburg, Innenansicht.
Foto: Ilse Rosemeyer

Hochschule für Jüdische Studien Heidelberg.
Foto: Elfriede Winterer

von Nichtjuden als Kandidat für das Amt des Bundespräsidenten vorgeschlagen, was er ablehnte; von anderen erhielt er Todesdrohungen, welche er im Bewußtsein seiner Aufgabe beiseite schob.

Neue jüdische Gemeinden

In neuen jüdischen Gemeinden beginnt jüdisches Gemeinschaftleben zaghaft wieder zu sprießen. Von den politischen Gemeinden wurden ihnen neue Synagogen als Ersatz für die in der Kristallnacht niedergebrannten gegeben.

Besonders auffällig an einigen wenigen dieser neuen jüdischen Gemeinden ist ihre Ausrichtung. Sie streben danach, die Tradition des Judentums mit den Forderungen der Neuzeit zu verbinden, um die kommenden Generationen dem Judentum zu erhalten. Sie sind bereit, als Gestalter eines neuen deutschen Judentums Neues zu wagen und sich dem Urteil der Geschichte über ihr Handeln anzuvertrauen. Dies unterscheidet sie von den älteren.

Oldenburg

Am 5. März 1995 wurde mir die neue, von der Stadt Oldenburg gebaute Synagoge übergeben. Sie steht nicht weit vom Mahnmal am Platz der alten, deren Zerstörung ich in der Kristallnacht als Oldenburger Landesrabbiner miterleben mußte. Eine kleine jüdische Gemeinde ist dort wieder erstanden. Sie setzt sich aus Juden vieler Länder zusammen. Sie ist die erste jüdische Gemeinde in Deutschland, welche Frauen die gleichen Rechte wie Männern zugesteht und eine Frau als Rabbiner berufen hat.

Deutsche Juden

Wird es sie einstmals wieder geben? Wir müssen es hoffen und gemeinsam danach streben.

Anmerkungen

1) N. Brüll, Stammen die Juden in den südlichen Rheinlanden von den Vangionen ab? In: Jahrbücher für Jüdische Geschichte und Literatur IV, Frankfurt a.M. u.a. 1879, S. 34-40, hier: S. 38f.; L. Ginzberg, The Legends of the Jews IV, S. 53; VI, S. 212.
2) Cod. Theod. 16,8,3 = H. Schreckenberg, Die christlichen Adversus-Judaeos-Texte I (EHS.T 172), Frankfurt a.M. u.a. 1982, S. 260.
3) Cod. Theod. 16,8,4 = Schreckenberg I, S. 260f.
4) G.H. Pertz (Hg.), Monumenta Germaniae Historica. Scriptores I, Nachdr. Stuttgart-New York 1963, S. 190; Schreckenberg I, S. 483.
5) H. Schreckenberg, V. Die Lehre von der servitus Judaeorum und die mittelalterliche Kammerknechtschaft, in: W. Haase [Hg.], Aufstieg und Niedergang der römischen Welt II 21/2, Berlin-New York 1984, S. 1179-1191; ders., Die christlichen Adversus-Judaeos-Texte II (EHS.T 335), Frankfurt a.M. u.a. 1988, S. 15.
6) Schreckenberg II, S. 41.
7) Schreckenberg II, S. 41-43.
8) Schreckenberg I, s.v. Konzile.
9) G.H. Pertz (Hg.), Monumenta Germaniae Historica. Scriptores III, Nachdr. Stuttgart-New York 1963, S. 765; Schreckenberg I, S. 536f.
10) Schreckenberg I, S. 525f.
11) L. Caro, Sozial- und Wirtschaftsgeschichte der Juden I^2, Frankfurt a.M. 1924, S. 250f. 490f.
12) Übersetzung nach G. Mayer, Rabbenu Gerschom bar Jehuda Meor ha-gola - Unser Lehrer Gerschom, Jehudas Sohn, die Leuchte des Exils, in: F. Schütz (Hg.), Juden in Mainz, Mainz 1978, S. 43-46, hier: S. 43.
13) Schreckenberg II, S. 300-303.
14) B. Blumenkranz, in: K.H. Rengstorf - S. v. Kortzfleisch (Hg.), Kirche und Synagoge. Handbuch zur Geschichte von Christen und Juden I, Stuttgart 1968, S. 116; A. Neubauer - M. Stern (Hg.), Hebräische Berichte über die Judenverfolgungen, Berlin 1892, S. 4 (hebr.) und S. 90 (dt.).
15) Schreckenberg II, S. 174-176.
16) A. Neubauer - M. Stern (Hg.), Hebräische Berichte über die Judenverfolgungen, Berlin 1892, S. 65 (hebr.) und S. 187 (dt.); B. Blumenkranz, in: K.H. Rengstorf - S. v. Kortzfleisch (Hg.), Kirche und Synagoge I, S. 122.
17) Germania Judaica I, Tübingen 1963, S. 476.
18) Schreckenberg II, S. 217.
19) B. Blumenkranz, in: K.H. Rengstorf - S. v. Kortzfleisch (Hg.), Kirche und Synagoge I, S. 129-131; Schreckenberg II, S. 324-328; F. Battenberg, Das europäische Zeitalter der Juden I, Darmstadt 1990, S. 74-77.
20) A. Neubauer - M. Stern (Hg.), Hebräische Berichte über die Judenverfolgungen, S. 218; Schreckenberg II, S. 306. 318f.
21) Vollständiger hebräischer Text mit deutscher Übersetzung z.B. in: S. Baer, Die Selichoth-Gebete für alle Buß- und Fasttage. Sorgfältigst nach Handschriften korrigiert und mit deutscher Übersetzung versehen, Rödelheim ^{3}1905, S. 162-167.
22) Text z.B. in: Seder ha-kinot le-tisch'a be'av, Sulzbach 1829, S. 126ff. .
23) Schreckenberg II, S. 46-49.

24) H. Schreckenberg, Die christlichen Adversus-Judaeos-Texte III (EHS.T 497), Frankfurt a.M. u.a. 1994, S. 153ff.).
25) G. Kisch, Forschungen zur Rechts- und Sozialgeschichte der Juden in Deutschland während des Mittelalters, Stuttgart 1955, S. 16-90; Schreckenberg III, S. 78-83.
26) Kisch a.a.O.; Schreckenberg, ANRW II 21.2, S. 1187; Ders., Die christlichen Adversus-Judaeos-Texte III, S. 274.
27) Schreckenberg III, S. 394f.
28) G. Caro, Sozial- und Wirtschaftsgeschichte der Juden I, S. 412-424; II, S. 116-142.
29) Schreckenberg II, S. 404.
30) Schreckenberg II, S. 407f.
31) Schreckenberg II, S. 410.
32) Schreckenberg II, S. 424.
33) Schreckenberg II, S. 423.
34) Schreckenberg II, S. 629-635.
35) Schreckenberg III, S. 71. Zur Kennzeichnung überhaupt vgl. G. Kisch, The Yellow Badge in History, in: Ders., Forschungen zur Rechts-, Wirtschafts- und Sozialgeschichte der Juden, Sigmaringen 1979, S. 115-164; L. Poliakov, Geschichte des Antisemitismus I, Worms 1977, S. 56-70.
36) Schreckenberg I, S. 557f.
37) Schreckenberg III, S. 224ff.
38) L. Caro, Sozial- und Wirtschaftsgeschichte der Juden I, S. 424f.
39) Z. Avneri [Hg.], Germania Judaica II.2, Tübingen 1968, S. 828f.
40) Schreckenberg III, S. 249.
41) Text z.B. in: Seder ha-kinot le-tisch'a be'av, Sulzbach 1829, S. 169bff. .
42) I. Agus, Rabbi Meir of Rothenburg, 2 Bde., Philadelphia 1947; Germania Judaica II.2, Tübingen 1968, S. 709-713. Foto der Grabsteine nach S. 712.
43) D. Kaufmann, Die Sau von Wittenberg, in: M. Brann (Hg.), Gesammelte Schriften von David Kaufmann I, Frankfurt a.M. 1908, S. 161-168; B. Blumenkranz, Le Juif médiéval au miroir de l'art chrétien, Paris 1966.
44) Schreckenberg III, S. 148-151.
45) Schreckenberg III, S. 326f.
46) Beiträge zur jüdischen Sagen- und Spruchkunde im Mittelalter, in: N. Brüll (Hg.), Jahrbücher für Jüdische Geschichte und Litteratur IX, Frankfurt a.M. 1889, S. 1-71, hier: S. 22f.
47) שערי תפלה - Gates of Prayer - The New Union Prayer Book, New York 1975, S. 180. Übersetzung von mir.
48) Zwischen zwei Welten <Der Dybuk>. Dramatische Legende in vier Akten von An-Ski. Einzig autorisierte Übersetzung von Rosa Nossig. Mit einer Einleitung von Dr. Jacob Heinsdorf, Berlin-Wien 1922.
49) Schreckenberg III, S. 517f.
50) W.P. Eckert, Aus den Akten des Trienter Judenprozesses, in: P. Wilpert (Hg.), Judentum im Mittelalter, Berlin 1966 (= Miscellanea Mediaevalia 4), S. 283-336.
51) Vgl. Schreckenberg III, S. 362. 369f. 387f. 508. 552-555. 567f. 573.
52) K.J. Baum, Das Endinger Judenspiel als Ausdruck mittelalterlicher Judenfeindschaft, in: P. Wilpert (Hg.), Judentum im Mittelalter, Berlin 1966 (= Miscellanea Mediaevalia 4), S. 337-349.
53) F. Winzinger (Hg.), Albrecht Altdorfer. Graphik, München 1963, Nr. 173 u. 174.

54) Schreckenberg III, S. 603-606.
55) Johannes Reuchlin, Gutachten über das jüdische Schrifttum. Hg. und übers. v. Antonie Leinz - v. Dessauer, Konstanz-Stuttgart 1965.
56) Weimarer Ausgabe 11, S. 307-336, hier: S. 314f.
57) Weimarer Ausgabe 53, S. 412-552, hier: S. 461f.
58) Ebd., S. 522.
59) Ebd., S. 523-526.
60) Vgl. H.A. Oberman, Wurzeln des Antisemitismus. Christenangst und Judenplage im Zeitalter von Humanismus und Reformation, Berlin 1981.
61) Schreckenberg III, S. 622f.
62) Schreckenberg III, S. 631-635.
63) Zitiert nach: K.H. Rengstorf - S. v. Kortzfleisch (Hg.), Kirche und Synagoge. Handbuch zur Geschichte von Christen und Juden I, Stuttgart 1968, S. 289.
64) S. Stern, Josel von Rosheim. Befehlshaber der Judenschaft im Heiligen Römischen Reich Deutscher Nation, Stuttgart 1959, S. 78.
65) Wider die räuberischen und mörderischen Rotten der Bauern, WA 18, Weimar 1908, S. 344-361.
66) Aus Josels (hebräischen) Memoiren. Hg. v. I. Kracauer, in: Revue des études juives 16 (1888), S. 85-95, hier: S. 89. Deutsch nach H.H. Ben-Sasson, Geschichte des jüdischen Volkes II, München 1979, S. 324.
67) S. Stern, Josel von Rosheim, S. 67-70.
68) S. Stern, Josel von Rosheim, S. 72-75. Vgl. noch oben.
69) S. Stern, Josel von Rosheim, S. 115-117.
70) Schreckenberg III, S. 608.
71) Schreckenberg III, S. 608f.; S. Stern, Josel von Rosheim, S. 85-89.
72) L. Feilchenfeld, Rabbi Josel von Rosheim, Straßburg 1898. Beilage III, S. 156; Ben-Sasson, Geschichte des jüdischen Volkes II, S. 325.
73) S. Stern, Josel von Rosheim, S. 98-101; F. Battenberg, Das europäische Zeitalter der Juden I, Darmstadt 1990, S. 187f.
74) S. Stern, Josel von Rosheim, S. 125-131.
75) S. Stern, Josel von Rosheim, S. 136-138.
76) S. Stern, Josel von Rosheim, S. 153.
77) Ben-Sasson, Geschichte des jüdischen Volkes II, S. 369.
78) Memoiren. Hg. v. I. Kracauer, S. 28; S. Stern, Josel von Rosheim, S. 166.
79) F. Battenberg, Das europäische Zeitalter der Juden I, Darmstadt 1990, S. 188f.; S. Stern, Josel von Rosheim, S. 160-162.
80) S. Stern, Josel von Rosheim, S. 176-181.
81) M. Horovitz (Hg.), Die Frankfurter Rabbinerversammlung von 1603, Frankfurt/Main 1897.
82) S. Stern, The Court Jew, New Brunswick-Oxford 1985, S. 17-29. 95-99.
83) S. Stern, The Court Jew, S. 88-93.
84) S. Stern, The Court Jew, S. 199f.
85) S. Stern, The Court Jew, S. 200-207.
86) S. Stern, The Court Jew, S. 57-59. 251f.
87) S. Stern, The Court Jew, S. 226.
88) S. Stern, Jud Süss. Ein Beitrag zur deutschen und jüdischen Geschichte, München 1973; dies., The Court Jew, S. 44-46. 115-136. 238-241. 257-266.

89) Vgl. M. Toch, Die jüdische Frau im Erwerbsleben des Spätmittelalters, in: J. Carlebach (Hg.), Zur Geschichte der jüdischen Frau in Deutschland, Berlin 1993, S. 37-48.
90) D. Kay, An Alternative Prayer Canon for Women: The Yiddish Seyder tkhines. In: J. Carlebach (Hg.), Zur Geschichte der jüdischen Frau in Deutschland, Berlin 1993, S. 49-96.
91) Nach Ellen M. Umansky - Dianne Ashton, Four Centuries of Women's Spirituality, Boston 1992, S. 53-55.
92) D. Kaufmann (Hg.), Die Memoiren der Glückel von Hameln 1645-1719, Frankfurt/Main 1896.
93) So Encyclopaedia Judaica, Jerusalem 1971, s.v. u.a. Nach Kaufmann, S. 23: ת"ז = 1646/7.
94) A. Feilchenfeld (Hg. u. Übers.), Denkwürdigkeiten der Glückel von Hameln, Berlin 1920, S. 11-13.
95) A. Feilchenfeld (Hg. u. Übers.), Denkwürdigkeiten der Glückel von Hameln, S. 105f.
96) A. Feilchenfeld (Hg. u. Übers.), Denkwürdigkeiten der Glückel von Hameln, S. 107.
97) A. Feilchenfeld (Hg. u. Übers.), Denkwürdigkeiten der Glückel von Hameln, S. 107f.
98) Zitiert aus: S. Dubnow, Weltgeschichte des jüdischen Volkes VII, Berlin 1930, S. 22f.
99) G. Scholem, Sabbatai Ṣevi. The Mystical Messiah, 1626-1676, Princeton, N.J. 1973.
100) A. Feilchenfeld (Hg. u. Übers.), Denkwürdigkeiten der Glückel von Hameln, S. 61f.
101) S. Stern, Der preußische Staat und die Juden I/2, Tübingen 1962, Nr. 7, S. 7.
102) S. Stern, Der preußische Staat und die Juden I/2, Tübingen 1962, Nr. 12.
103) G. Stemberger, Einleitung in Talmud und Midrasch, ^{8}München 1992, S. 222f.
104) S. Stern, Der preußische Staat und die Juden III/1, Tübingen 1971, S. 234-254.
105) Text bei I. Freud, Die Emanzipation der Juden in Preußen, Berlin 1912, S. 22-55; vgl. ferner S. Stern, Der preußische Staat und die Juden III/1, Tübingen 1971, S. 9-110.
106) Moses Mendelssohn, Gesammelte Schriften. Jubiläumsausgabe 12/2, Stuttgart-Bad Cannstatt 1976, S. 44f.
107) Moses Mendelssohn, Gesammelte Schriften. Jubiläumsausgabe 7, Berlin 1930, S. 3.
108) Moses Mendelssohn, Gesammelte Schriften. Jubiläumsausgabe 7, Berlin 1930, S. 10.
109) Moses Mendelssohn, Gesammelte Schriften. Jubiläumsausgabe 7, Berlin 1930, S. 12.
110) Moses Mendelssohn, Gesammelte Schriften. Jubiläumsausgabe 7, Berlin 1930, S. 14.
111) J. Allerhand, Das Judentum in der Aufklärung, Stuttgart - Bad Cannstatt 1980 (= Problemata 86), S. 105-115.
112) M. Mendelssohn's gesammelte Schriften 6, Leipzig 1845, S. 452.
113) Moses Mendelssohn, Gesammelte Schriften. Jubiläumsausgabe 8, Stuttgart-Bad Cannstatt 1983, S. 129.
114) Moses Mendelssohn, Gesammelte Schriften. Jubiläumsausgabe 8, Stuttgart-Bad Cannstatt 1983, S. 156f.
115) Moses Mendelssohn, Gesammelte Schriften. Jubiläumsausgabe 8, Stuttgart-Bad Cannstatt 1983, S. 165f.
116) Moses Mendelssohn, Gesammelte Schriften. Jubiläumsausgabe 8, Stuttgart-Bad

Cannstatt 1983, S. 183f.
117) Moses Mendelssohn, Gesammelte Schriften. Jubiläumsausgabe 8, Stuttgart-Bad Cannstatt 1983, S. 204.
118) Moses Mendelssohn, Gesammelte Schriften. Jubiläumsausgabe 12/2, Stuttgart-Bad Cannstatt 1976, S. 102.
119) C.W. Dohm, Ueber die bürgerliche Verbesserung der Juden, Berlin-Stettin 1781, S. 26.
120) C.W. Dohm, Ueber die bürgerliche Verbesserung der Juden, Berlin-Stettin 1781, S. 45.
121) C.W. Dohm, Ueber die bürgerliche Verbesserung der Juden, Berlin-Stettin 1781, S. 86.
122) C.W. Dohm, Ueber die bürgerliche Verbesserung der Juden, Berlin-Stettin 1781, S. 92f.
123) C.W. Dohm, Ueber die bürgerliche Verbesserung der Juden, Berlin-Stettin 1781, S. 122.
124) C.W. Dohm, Ueber die bürgerliche Verbesserung der Juden, Berlin-Stettin 1781, S. 130.
125) H.G. Göpfert (Hg.), G.E. Lessing. Werke 7, München 1976, S. 311ff.
126) G.E. Lessing, Die Erziehung des Menschengeschlechts, Berlin 1780, § 18 [= G.E. Lessing, Sämtliche Werke. Hg. v. K. Lachmann u. F. Muncker, Nachdr. [13]Berlin 1979, S. 419].
127) Bibliographie bei Schreckenberg III, S. 716f.
128) J.G. Herder, Ideen zur Philosophie der Geschichte der Menschheit, Darmstadt 1966, S. 316.
129) J.G. Herder, Ideen zur Philosophie der Geschichte der Menschheit, Darmstadt 1966, S. 437.
130) W. Dantine, in: K.H. Rengstorf - S. v. Kortzfleisch (Hg.), Kirche und Synagoge II, Stuttgart 1970, S. 204f.
131) J.G. Fichte, Beitrag zur Berichtigung der Urtheile des Publikums über die französische Revolution. Erster Theil 1793 = Gesamtausgabe. Werke Band 1, Stuttgart - Bad Cannstatt 1964, S. 292.293).
132) A. v. Arnim, Schriften. Hg. v. R. Burwick u.a., Bd. VI, Frankfurt/Main 1992, S. 361.
133) Zitiert nach D. Bruce, Von Washington bis Lincoln. Sechzehn amerikanische Präsidenten. Dt. Übers. v. G. v. Holzhausen, Frankfurt/Main 1959, S. 96. Text bei: H.S. Commager (Hg.), Documents of American History, [3]New York 1943, Nr. 80 S. 125f.
134) Übersetzung nach Verfassung der Vereinigten Staaten von Amerika, U.S. Information Service, [3]Bad Godesberg 1975. Text bei: H.S. Commager (Hg.), Documents of American History, [3]New York 1943, Nr. 87 S. 145.
135) G. Schnelle (Hg.), Œuvres de Turgot et documents le concernant, Bd. V, Paris 1923, S. 539 (Übersetzung von mir).
136) Nach W. Heydelmeyer (Hg.), Die Menschenrechte. Erklärungen, Verfassungsartikel, Internationale Abkommen, [3]Paderborn u.a. 1982, S. 61.
137) Nach J. Höxter, Quellenbuch zur jüdischen Geschichte, Nachdr. Zürich 1983, Bd. 2, Tl. V, S. 7f.
138) Juden in Mainz, Mainz 1978, S. 61.
139) Zitiert nach Battenberg II, S. 101.

140) Ed. betr. die bürgerlichen Verhältnisse der Juden in dem Preuß. Staate. V. 11. März 1812. In: Gesetz-Sammlung für die Königlichen Preußischen Staaten, 1806-1866. Zweite Abtheilung: Gesetzgebung für Verwaltungs-Beamte. II. Band. Berlin 1867, S. 28-30, hier: S. 28 und 29.
141) Zitiert nach Battenberg II, S. 119.
142) R.M. Friedman, Eine Familie - Zwei Filme: Die Rothschilds, in: G. Heuberger (Hg.), Die Rothschilds. Beiträge zur Geschichte einer europäischen Familie, Sigmaringen - Frankfurt a.M. 1995, S. 337-354, hier: S. 339-341.
143) Über das in der vorigen Anm. genannte Werk hinaus vgl. noch G. Heuberger (Hg.), Die Rothschilds. Beiträge zur Geschichte einer europäischen Familie, Sigmaringen - Frankfurt a.M. 1995.
144) Nach M. Richarz, Jüdisches Leben in Deutschland. Bd. 3: Selbstzeugnisse zur Sozialgeschichte 1918-1945, Stuttgart 1982 (= Veröffentlichungen des Leo Baeck Instituts), S. 24.
145) R. Heusinger, Markt Stadtlauringen, Beiträge zur Heimatgeschichte, Stadtlauringen 1994, S. 63-69.
146) B. Bauer, Die Juden-Frage, in: Deutsche Jahrbücher für Wissenschaft und Kunst, No. 274, 17. November 1842, S. 1.
147) Schreckenberg III, S. 721f.
148) W. Dantine, in: K.H. Rengstorf - S. v. Kortzfleisch (Hg.), Kirche und Synagoge II, S. 192.
149) Vgl. M. Eger, Wagner und die Juden. Fakten und Hintergründe, Bayreuth ²1985.
150) Zitiert nach K. Dede, Die mißbrauchte Hymne, Oldenburg 1989, S. 61.
151) Hoffmann von Fallersleben, Unpolitische Lieder. Zweiter Theil, Hamburg 1841, S. 155.
152) K.H. Rengstorf - S. v. Kortzfleisch (Hg.), Kirche und Synagoge II, S. 191f.
153) Zitiert nach K.H. Rengstorf - S. v. Kortzfleisch (Hg.), Kirche und Synagoge II, S. 183.
154) H. v. Hundt-Radowsky, Der Judenspiegel. Ein Schand= und Sittengemälde alter und neuer Zeit, Reutlingen 1821, S. 109.
155) Ebd.
156) Bibliographie bei Schreckenberg III, S. 724f.
157) H. Cohen, Heine und das Judentum, in: Jüdische Schriften II, Berlin 1924, S. 2-44; vgl. E. Simon, Heine und die Romantik, in: Brücken, Heidelberg 1965, S. 135-156.
158) H. Bieber (Hg.), Heinrich Heine. Gespräche. Briefe, Tagebücher, Berichte seiner Zeitgenossen, Berlin 1926, S. 297.
159) On ne change pas de religion. On en quitte une qu'on n'a plus pour une autre qu'on aura jamais. Je suis *baptisé*, mais je ne suis pas *converti* (H. Bieber, Heinrich Heine. Gespräche, S. 313).
160) Zitiert nach H. Cohen, Jüdische Schriften II, S. 43.
161) Höxter 2/V, S. 33f.
162) Höxter 2/V, S. 38.
163) Bundes-Gesetzblatt des Norddeutschen Bundes. 1869, Nr. 319, S. 292.
164) Alle Zitate nach L. Trepp, Die Oldenburger Judenschaft, Oldenburg 1973, S. 105-112.
165) Neunzehn Briefe über Judentum, ³Frankfurt 1901, Vierter Brief, S. 19f.
166) Siebter Brief, S. 37f.

167) Neunter Brief, S. 45. 47f.
168) Hirsch bedient sich seiner eigenen Aussprache des Hebräischen. So finden wir Jissroẹ̈l für Israel; Thauróh für Tora, etc.
169) Sechzehnter Brief, S. 86.
170) Sechzehnter Brief, S. 86f.
171) Sechzehnter Brief, S. 87.
172) Fünfzehnter Brief, S. 84.
173) L. Geiger (Hg.), Abraham Geiger's Nachgelassene Schriften II, Berlin - London 1875, S. 62.
174) Nothwendigkeit und Maass einer Reform des jüdischen Gottesdienstes. Ein Wort zur Verständigung, in: L. Geiger (Hg.), Abraham Geiger's Nachgelassene Schriften I, Berlin-London 1875, S. 203-229, hier: S. 206-210.
175) W. Plaut, The Rise of Reform Judaism, New York 1963, S. 253.
176) Protokolle und Aktenstücke der zweiten Rabbiner-Versammlung, abgehalten in Frankfurt am Main vom 15ten bis zum 28ten Juli 1845, Frankfurt/Main 1845, S. 19f.
177) J. Carlebach (Hg.), Wissenschaft des Judentums, Darmstadt 1992.
178) M. Richarz (Hg.), Jüdisches Leben in Deutschland. Zweiter Band: Selbstzeugnisse zur Sozialgeschichte im Kaiserreich, Stuttgart 1979 (= Veröffentlichungen des Leo Baeck Instituts), S. 13; Dies., Dritter Band: Selbstzeugnisse zur Sozialgeschichte 1918-1945, Stuttgart 1982, S. 14.
179) M. Richarz (Hg.), Jüdisches Leben in Deutschland. Dritter Band: Selbstzeugnisse zur Sozialgeschichte 1918-1945, Stuttgart 1982 (= Veröffentlichungen des Leo Baeck Instituts), S. 14.
180) B. Pappenheim, Die Frau im kirchlichen und religiösen Leben, in: G. Bäumer (Hg.), Der Deutsche Frauenkongreß Berlin, 27. Februar bis 2. März 1912, Leipzig - Berlin 1912, S. 237-245, hier: S. 241.
181) B. Pappenheim, Die Frau im kirchlichen und religiösen Leben, S. 241.
182) B. Pappenheim, Die Frau im kirchlichen und religiösen Leben, S. 245.
183) B. Pappenheim, Die Frau im kirchlichen und religiösen Leben, S. 245.
184) M. Zimmermann, Wilhelm Marr. The Patriarch of Anti-Semitism, New York - Oxford 1986, S. 88-95.
185) Schreckenberg III, S. 740f.
186) O. Glagau, Der Börsen- und Gründungsschwindel in Berlin. Gesammelte und stark vermehrte Artikel der "Gartenlaube", Leipzig 1876, S. XXX.
187) Schreckenberg III, S. 734f.
188) H. v. Treitschke, Unsere Aussichten, in: Preußische Jahrbücher 44 (1879), S. 559-576, hier: S. 575.
189) H. Cohen, Ein Bekenntnis in der Judenfrage. In: B. Strauß (Hg.), Hermann Cohens Jüdische Schriften II, Berlin 1924, S. 73-94, hier: S. 73.
190) H. Cohen, Ein Bekenntnis in der Judenfrage, S. 73.
191) Faksimile in Battenberg II, nach S. 186.
192) E. Simon, Unser Kriegserlebnis, in: Brücken, Heidelberg 1965, S. 17-23, hier: S. 21-23.
193) E. Fuchs, "Die Zukunft der Juden", in: Im deutschen Reich 18 (1912), S. 257-275, hier S. 268.
194) Im deutschen Reich 20 (1914), S. 339.
195) Th. Herzl, Der Judenstaat. Versuch einer modernen Lösung der Judenfrage, Leip-

zig - Wien 1896, S. 11-27.
196) Zitiert nach J.B. Sapir, Der Zionismus, Brünn 1903, S. 79.
197) Zitiert nach Ch. Sykes, Kreuzwege nach Israel, München 1967, S. 3.
198) Die Zahlen nach M. Richarz, Jüdisches Leben in Deutschland. Zweiter Band: Selbstzeugnisse zur Sozialgeschichte im Kaiserreich, Stuttgart 1979 (Veröffentlichungen des Leo Baeck Instituts), S. 32.
199) H. Cohen, Das Gottesreich. In: Jüdische Schriften III, Berlin 1924, S. 169-175, hier: S. 173f.
200) M. Buber, Jüdische Religiosität, in: Reden über das Judentum, Frankfurt am Main 1923, S. 101-123, hier: S. 103f.
201) M. Buber, Der Geist des Orients und das Judentum, in: Reden über das Judentum, Frankfurt am Main 1923, S. 67-99, hier: S. 98.
202) M. Buber, Der heilige Weg, in: Reden über das Judentum, Frankfurt am Main 1923, S. 143-197, hier: S. 179-181.
203) M. Buber, Der heilige Weg, in: Reden über das Judentum, Frankfurt am Main 1923, S. 143-197, hier: S. 194f.
204) M. Buber, Cheruth, in: Reden über das Judentum, Frankfurt am Main 1923, S. 199-235, hier: S. 232f.
205) M. Buber, Ich und Du, in: Die Schriften über das dialogische Prinzip, Heidelberg 1954, S. 5-121, hier: S. 7.
206) F. Rosenzweig, Briefe. Hg. v. E. Rosenzweig, Berlin 1935, S. 71.
207) F. Rosenzweig, Das Freie Jüdische Lehrhaus, in: Kleinere Schriften, Berlin 1937, S. 100-102.
208) Kirche und Judentum werden von der christlichen Kunst des Mittelalters als Frauengestalten dargestellt. Die Attribute zeigen die Unterlegenheit der Synagoge an. Vgl. z.B. Schreckenberg, Die christliche Adversus-Judaeos-Literatur II, Nr. 126. 179. 211.
209) F. Rosenzweig, Briefe, S. 73-75.
210) F. Rosenzweig, Das neue Denken, in: Kleinere Schriften, Berlin 1937, S. 373- 398, hier: S. 377. 380.
211) F. Rosenzweig, »Urzelle« des Stern der Erlösung, in: Kleinere Schriften, Berlin 1937, S. 357-372, hier: S. 359f.
212) F. Rosenzweig, »Urzelle« des Stern der Erlösung, in: Kleinere Schriften, Berlin 1937, S. 357-372, hier: S. 364.
213) F. Rosenzweig, »Urzelle« des Stern der Erlösung, in: Kleinere Schriften, Berlin 1937, S. 357-372, hier: S. 364f.
214) F. Rosenzweig, »Urzelle« des Stern der Erlösung, in: Kleinere Schriften, Berlin 1937, S. 357-372, hier: S. 365.
215) F. Rosenzweig, »Urzelle« des Stern der Erlösung, in: Kleinere Schriften, Berlin 1937, S. 357-372, hier: S. 366.
216) Alle Zitate aus: F. Rosenzweig, »Urzelle« des Stern der Erlösung, in: Kleinere Schriften, Berlin 1937, S. 364-368.
217) F. Rosenzweig, Der Stern der Erlösung, ^{4}Haag 1976 (= Gesammelte Schriften II), S. 471f.
218) L. Baeck, Dieses Volk: Jüdische Existenz. Zweite unveränderte Auflage, Frankfurt a. M. 1958, S. 31.
219) Emil Fackenheim, The Jewish Return into History, New York 1978, S. 32.

220) Emil Fackenheim, The Jewish Return into History, New York 1978, S. 96f. Beide Übersetzungen von mir.
221) Für folgende Darstellung war W. Jochmann, Gesellschaftskrise und Judenfeindschaft in Deutschland 1870-1945, Hamburg 1988 von besonderem Wert.
222) Daniel Frymann [i.e. Heinrich Claß], Wenn ich Kaiser wär, Leipzig 1912.
223) Siehe dazu G. Larsson, Fakten oder Fälschung? Die Protokolle der Weisen von Zion, Jerusalem 1995.
224) Zitiert nach Battenberg II, S. 235.
225) Text nach R. Kühnl, Der deutsche Faschismus in Quellen und Dokumenten, Köln 1975, S. 105.
226) A. Hitler, Mein Kampf. Jubiläumsausgabe, München 1939, S. 676.
227) J. Fangmeier - H. Stoevesandt (Hg.), Karl Barth. Briefe 1961-1968 (= Gesamtausgabe V. Briefe), ^{2}Zürich 1979, S. 403.
228) Zitiert nach Battenberg II, S. 278f.
229) Diesen Erinnerungen liegt meine Darstellung in L. Trepp, Die Oldenburger Judenschaft, Oldenburg 1973, S. 337-341, zugrunde.
230) Zitiert nach Battenberg II, S. 282.
231) Verordnung über die Einführung des Arbeitszwangs für die jüdische Bevölkerung des Generalgouvernements. In: Verordnungsblatt des Generalgouverneurs für die besetzten polnischen Gebiete, Krakau 1939, S. 6f.
232) Verordnung über die Kennzeichnung von Juden und Jüdinnen im Generalgouvernement. In: Verordnungsblatt, S. 61.
233) Procès des grands criminels de guerre devant le tribunal militaire international. Nuremberg 14 novembre 1945 - 1er octobre 1946, Bd. 26, Nürnberg 1947, S. 267.
234) Procès des grands criminels de guerre devant le tribunal militaire international. Nuremberg 14 novembre 1945 - 1er octobre 1946, Bd. 35, Nürnberg 1949, S. 84-86.
235) Text des Wannsee-Protokolls bei R.M.W. Kempner, Eichmann und Komplizen, Zürich 1961, S. 133-147; das Zitat steht auf S. 5 des Protokolls = S. 137.
236) L.P. Locher (Hg.), Goebbels. Tagebücher. Aus den Jahren 1942-43, Zürich 1948, S. 87f.
237) L.P. Locher (Hg.), Goebbels. Tagebücher. Aus den Jahren 1942-43, Zürich 1948, S. 113.
238) Statistiken u.a. in: Raul Hilberg, The Destruction of the European Jews, New York 1961, S. 670; The American Jewish Committee, American Jewish Year Book, New York XLVIII (1946-47), S. 606-609; L (1948-49), S. 697; LI (1950), S. 246-247.
239) I. Scholl, Die weisse Rose, Frankfurt/Main 1952, S. 44f.
240) E.L. Fackenheim, To Mend the World, New York 1982, S. 266-270. Übersetzung von mir.
Der "katastrophische Zusammenbruch" der Philosophie fand seinen bedeutendsten Ausdruck in dem weltberühmten Philosophen Martin Heidegger, welcher unmittelbar nach der "Machtergreifung" seiner Begeisterung für die Nazis in seiner "Rektoratsrede" freien Lauf ließ. Selbst nach dem Krieg verlor er niemals ein Wort des Bedauerns oder der Reue für seine Hingabe an den Nationalsozialismus.

Glossar

Agudas Jisroel אגודת ישראל
Aschkenasische Aussprache für »*Agudat Jisrael*« = »Vereinigung Israels«, orthodoxe Weltbewegung, 1912 in Kattowitz gegründet, seit 1948 politische Partei in Israel.

Akdamut אקדמות
»Vor den [Zehn] Worten«, religiöses Gedicht in aramäischer Sprache des Wormser Talmudisten und Dichters Me'ir ben Isaak aus der Zeit Raschis, das am *Schavuot*fest in die *Tora*lesung eingeschaltet wird.

Alenu עלינו לשבח
»An uns ist es, den Herrn des Alls zu preisen«, Anfang und Bezeichnung der Schlußhymne des Gottesdienstes.

Alija עליה
»Hinaufziehen«, Einwanderung nach Palästina/Israel als Erfüllung eines zionistischen Ideals.

Amora אמורא
Lehrer aus der Zeit des *Talmuds.*

Arenda
Aus dem Polnischen stammende Bezeichnung für die Pacht von Regalien und Landgütern.

Aron ha-Kodesch ארון הקודש
»Heilige Lade«, der an der Ostwand der *Synagoge* angebrachte Schrein, in dem die *Tora*rollen aufbewahrt werden.

Aschkenas אשכנז
Biblischer Völkername (Genesis 10,3), seit dem 11./12. Jahrhundert mit Deutschland und Nordfrankreich gleichgesetzt. *Aschkenasim* heißen die (ursprünglich) aus diesem Gebiet stammenden Juden, die sich heute noch in bezug auf den Ritus von den *Sephardim* unterscheiden.

Av אב
11. Monat des jüdischen Kalenders (Juli/August). Der *9. Av* תשעה באב ist Trauertag (Fasttag) zur Erinnerung an die Zerstörung des Tempels, Vertreibung aus Spanien u.a.

Avot אבות
»Väter«, Name eines *Mischna*traktats mit ethischen Sentenzen.

Baal Schem Tov בעל שם טוב
»Meister des guten Namens«, Beiname des Israel ben Elieser, des Begründers des *Chassidismus.*

Baal Teschuva בעל תשובה
»Herr der Umkehr«, ein Reuiger, zum Judentum Zurückgekehrter.

Bar Mizwa בר מצוה
»Sohn des Gebots«, ein Knabe, der seinen 13. Geburtstag begangen hat und damit *halachisch* volljährig geworden ist. Auch Bezeichnung der mit diesem Ereignis verbundenen Feier (im liberalen Judentum auch »Konfirmation«).

Bat Mizwa בת מצוה
Bei Nichtorthodoxen eine *Bar Mizwa* entsprechende Feier für Mädchen, wenn sie das 12. Lebensjahr zurückgelegt haben.

Berachot ברכות
»Benediktionen<, Titel des ersten *Mischna*traktats, der sich mit Zeitpunkt, Anlaß und Wortlaut von Gebeten befaßt.

Biur ביאור
»Erklärung«, »Kommentar«, besonders der Kommentar zu Mendelssohns Bibelübersetzung.

B'nai Berith בני ברית
»Söhne des Bundes«, ans Englische angelehnte Schreibweise, zur Hebung der Sittlichkeit und Einprägung der Grundsätze der Menschenliebe 1843 in New York gegründeter jüdischer Orden.

Chacham חכם
»Weiser«, »Gelehrter«, Titel des *sephardischen* Rabbiners.

Chasid חסיד
»fromm«, 1. Anhänger einer mittelalterlichen mystisch-*asketischen* Bewegung in Deutschland (*Chaside Aschkenas* חסידי אשכנז). 2. Anhänger der auf *Baal Schem Tov* zurückgehenden mystischen, pantheistisch gefärbten Richtung, in Osteuropa. Die Gemeinde schart sich um den »*Rebbe*« (jiddisch für »*Rabbi*«), dessen Wort in allen Lebensfragen gilt. Heute vor allem in Israel und den Vereinigten Staaten (hier wurde die in der Literatur übliche Schreibweise mit -ss- beibehalten).

Divre Schalom we-Emet דברי שלום ואמת
»Worte des Friedens und der Wahrheit« (Esther 9,30), Titel einer Flugschrift Hartwig Wesselys.

Dybuk (*Dibbuk*) דיבוק
Ein böser Geist (die Seele eines Sünders), der von einem Menschen Besitz ergriffen hat.

Elle divre ha-berit אלה דברי הברית
»Dies sind die Worte des Bundes« (Deuteronomium 28,69), das Verdammungsurteil *talmudischer* Autoritäten über den Hamburger Tempelverein.

Gaon (Plural *Geonim*) גאון, גאונים
»Exzellenz«, Ehrentitel eines Schulhaupts.

Gemara גמרא
»Vollendung«, die amoräische Diskussion der *Mischna*, Zensurbegriff für *Talmud*.

Golem גולם (Psalm 139,16)
Ein durch magische Praktiken erschaffenes menschenähnliches Wesen.

Hachschara (Plural *Hachscharot*) הכשרה, הכשרות
»Tauglichmachung«, (landwirtschaftliches) Vorbereitungslager für die Einwanderung nach Palästina/Israel.

Halacha הלכה
»Wandel«, 1. Gesamtheit der das jüdische Leben bestimmenden und strukturierenden Vorschriften, 2. eine Einzelvorschrift. Die *Halacha* ist grundsätzlich nicht abgeschlossen. Sie im Einzelfall herauszufinden, ist Sache des Rabbiners.

Haskala השכלה
»Einsicht«, Bezeichnung der jüdischen Aufklärung.

Hechalot היכלות
»Paläste«, die himmlischen Hallen, die der Visionär beim Aufstieg zur *Merkava* durchwandert. Die *Hechalot*-Literatur beschreibt unter anderem den Aufstieg und seine Gefahren.

Hitgallut התגלות
Innere Offenbarung, Schau.

Hitlahavut התלהבות
»Entflammung«, die brennende Liebe zu Gottes Gegenwart (Ekstase).

Hohe Feiertage ימים נוראים
Bezeichnung für *Rosch ha-Schana* und *Jom Kippur.*

Holocaust
Eigentlich »Brandopfer«, aus dem Griechischen gebildete Bezeichnung für die nationalsozialistische Judenausrottung, vor allem in den angelsächsischen Ländern üblich. Hebräisch entspricht *Schoa* שואה.

Iggeret Nechama אגרת נחמה
»Brief des Trostes«, ermutigendes Sendschreiben Josels von Rosheim.

Jeschiva (Plural *Jeschivot*) ישיבה, ישיבות
»Sitzen«, traditionelle *Talmud*hochschule.

Jom Kippur יום כיפור
»Versöhnungstag«, am 10. *Tischri* (September/Oktober), mit Fasten verbundener Festtag, den auch der Religion fernerstehende Juden in der *Synagoge* verbringen.

Kabbala קבלה
»(empfangene) Tradition«, die mittelalterliche jüdische Mystik.

Kavod כבוד
»Herrlichkeit (Gottes)«, »Ehrenschein (Gottes)«.

Kibbuz קיבוץ
(vorwiegend landwirtschaftliches) Kollektiv.

Kiddusch קידוש
»Heiligung«, Gebet, das zur Weihe des *Sabbats* über einem Becher Wein gesprochen wird. Seinen Ort hat es in der häuslichen Feier vor dem Mahl, in der *Synagoge* am Schluß des Gottesdienstes.

Kiddusch ha-Schem קידוש השם
»Heiligung des (göttlichen) Namens«, Bezeichnung des Martyriums.

Kohen (Plural *Kohanim*) כהן, כהנים
»Priester« (bezogen auf den Jerusalemer Tempel), Angehöriger der ersten Klasse des jüdischen Volkes, in die man über die väterliche Linie hineingeboren wird. Heute nur noch in der Orthodoxie bei Eheschließungen und der Ausübung bestimmter Vorrechte von Bedeutung.

Kol Nidre כל נדרי
Aram. »Alle Gelübde«, feierliche Erklärung am Vorabend des *Jom Kippur*, daß alle Ge-

lübde, die der einzelne sich in der Ausübung seines Glaubens auferlegt hat, nichtig seien; ergreifende Melodien. Danach auch Bezeichnung dieses Gottesdienstes.

koscher
aschkenasische Aussprache für *kascher* כשר, den Speisegesetzen, auch dem Religionsgesetz überhaupt entsprechend.

Laubhüttenfest/Sukkot סוכות
Erntefest, 15.-21.(22) *Tischri* (September/Oktober), während dessen in symbolischer Form in einer Hütte סוכה gelebt werden soll.

Magen David מגן דויד
»Davidstern« (eigentlich: »-schild«), Hexagramm; hat sich seit dem 17. Jahrhundert allmählich als Symbol des Judentums durchgesetzt.

Marranen (*Marranos*)
»Dreckige Kerle«, »Schweine«, »Gauner«, seit dem Konzil von Tortosa (1429) gebräuchlicher Schimpfname für zwangsgetaufte Juden, die heimlich am Judentum festhielten.

Maskil (Plural *Maskilim*) משכיל, משכילים
»Einsichtiger«, Anhänger der *Haskala.*

Merkava מרכבה
»Wagen«, Gottes Thronwagen (Ezechiel 1) als Gegenstand der mystischen Lehre.

Midrasch מדרש
»Auslegung (der Bibel)«, dann auch die bis ins Mittelalter hinein entstandene Auslegungs-Literatur. Drei Gattungen: exegetischer, homiletischer, narrativer *Midrasch.*

Mikwe (*Mikwa*) מקוה
Tauchbad zur Wiedererlangung der rituellen Reinheit; kein geschöpftes Wasser. Zumeist nur noch von Frauen benutzt.

Minjan מנין
»Zahl«, die für den öffentlichen Gottesdeinst nötige Zehnzahl. Bei Orthodoxen zehn Männer nach der Vollendung des 13. Lebensjahrs; die Reform kennt kein Quorum; die übrigen Nichtorthodoxen zählen Frauen mit.

Misrachi מזרחי
Aus *Merkas Ruchani* מרכז רוחני »geistiges Zentrum« zusammengezogene Bezeichnung einer Organisation der zionistischen Orthodoxie, 1902 in Wilna gegründet. Tritt in Israel als politische Partei auf.

Mischna משנה
»Lehre«, normativ gewordene Sammlung des Lehrstoffs aus den rabbinischen Schulen Palästinas, als ideale Verfassung gedacht, um 200 abgeschlossen; gliedert sich in sechs Ordnungen und 63 Traktate.

Mitnaggedim מתנגדים
»Sich Widersetzende«, die orthodoxen Gegner des *Chassidismus.*

Mizwa (Plural *Mizwot*) מצוה, מצוות
»Gebot«, »religiöse Pflicht«. Seit der Spätantike zählt man 613 Gebote und Verbote. Als Folge des *Holocaust* um das 614. Gebot des Überlebens erweitert.

Morenu מורנו
»Unser Lehrer«, *aschkenasischer* Gelehrtentitel.

Mus(s)ar-Bewegung מוסר
»Zurechtweisung«, im Litauen des 19. Jahrhunderts entstandene Bewegung zur (ethischen) Persönlichkeitsbildung.

Ne'ila נעילה
»Abschluß«, der Abschlußgottesdienst des *Jom Kippur.*

Orchot Chajim ארחות חיים
»Wege des Lebens« (nach Sprüche 2,19), ethisches Werk Eli'esers des Großen.

Parnes u-manhig פרנס ומנהיג
»Vorsteher und Leiter«, die Kombination der beiden Funktionsbegriffe drückt den besonderen Rang aus.

Pentateuch
»Fünfbuch«, aus dem Griechischen übernommene Bezeichnung für die fünf Bücher Moses; gleichbedeutend mit »(schriftliche) *Tora*«.

Pesach פסח
»Passa«, Fest zur Erinnerung an die Befreiung aus der ägyptischen Sklaverei, 15.-21.(22.) *Nisan* (März/April). Volle Feiertage sind nur der erste und der letzte Tag bzw. die beiden ersten und die beiden letzten Tage.

Pesachim פסחים
»Passa-Opfer«, Name eines Traktats der *Mischna* und der beiden *Talmude*, der sich mit der *Pesach*-Feier befaßt.

Pijjut פיוט
1. Bezeichnung eines religiösen Gedichts, das in die Liturgie Aufnahme gefunden hat, 2. der liturgischen Dichtung überhaupt.

Poale Zion פועלי ציון
»Arbeiter Zions«, Name verschiedener sozialistischer zionistischer Bewegungen.

Rav (*Rab*) רב
»Herr«, »Lehrer«

Rabbi רבי
»mein Herr«, »mein Lehrer«

Rabbenu רבנו
»unser Herr«, »unser Lehrer«, Gelehrtentitel und -anrede.

Rokeach רוקח
»Salbenmischer«, religionsgesetzliches Werk des El'asar ben Jehuda aus Worms.

Rosch ha-Schana ראש השנה
»Jahresanfang«, am 1. (und 2.) *Tischri* (September/Oktober), wird als Bußtag begangen.

Sabbat שבת
»Ruhe(-tag)«, der letzte Tag der Woche, entspricht dem Samstag, vom Ruhegebot geprägt, wichtigster jüdischer Feiertag, der sich vom Alltag auch äußerlich abheben soll.

Sanhedrin סנהדרין
1. »Synedrion«, ein Name für den Senat (»Hohen Rat«) im jüdischen Staat zur Zeit des Zweiten Tempels; 2. eine nach dessen Vorbild benannte Institution unter Napoleon I.; 3. Name eines *Mischna*- und *Talmud*traktats, der sich mit dem Gerichtsverfahren befaßt.

Schächter
Eindeutschung für *Schochet* שוחט, ritueller Metzger.

Schalet
Speise aus regional unterschiedlichen Zutaten, die am Freitag nachmittag in die Kochkiste kommt.

Schavuot שבועות
»Wochen(fest)«, am 50. Tag (= sieben Wochen) nach *Pesach*, Fest der Sinai-Offenbarung.

Schechina שכינה
»Einwohnung«, die Präsenz Gottes.

Schema Jisrael שמע ישראל
»Höre, Israel», Anfangsworte und Bezeichnung des jüdischen Bekenntnisses (Deuteronomium 6,4).

Schoa שואה
= *Holocaust.*

Schofar שופר
»(Widder-)Horn«, Naturblasinstrument, dessen traditionelle Tonfolgen an *Rosch ha-Schana* und am *Jom Kippur* zu hören sind.

Seder סדר
»Ordnung«, 1. eine der sechs Ordnungen der *Mischna* und des *Talmuds* (Plural *Sedarim* סדרים); 2. die häusliche *Pesach*feier.

Sefer Chasidim ספר חסידים
»Buch der Frommen«, ethische Schrift des Jehuda he-Chasid.

Sefer ha-Mikne ספר המקנה
»Buch des Erwerbs«, ethisches Werk Josels von Rosheim.

Sefer Jezira ספר יצירה
»Buch der Schöpfung«, Werk der frühen Mystik (2.-6. Jahrhundert), nach dem Gott mit den Zahlen 1-10 und den zweiundzwanzig Buchstaben des hebräischen Alphabets die Welt erschafft.

Sepharad ספרד
Biblischer Landname (Obadja 20), seit dem Mittelalter mit der Iberischen Halbinsel identifiziert. *Sephardim* = die (ursprünglich) spanischen/portugiesischen Juden, die sich durch einen besonderen Ritus auszeichnen.

Stadlan (Schtadlan) שטדלן
»Fürsprecher«, Vertreter der jüdischen Gemeinschaft bei Fürsten, Regierungen u.ä.

Synagoge
»Versammlung«, aus dem Griechischen übernommene Bezeichnung des jüdischen Gotteshauses.

Takkana (Plural *Takkanot*) תקנה, תקנות
Rabbinische Verordnung.

Tallit טלית

Gewand mit speziell geknoteten Quasten, zumeist auf das Format einer Stola reduziert. Die Gemeinde trägt den *Tallit* im Morgengottesdienst, der Vorbeter in allen Gottesdiensten; manche tragen ihn beständig. Vgl,. Numeri 15, 37-41.

Talmud תלמוד

»Belehrung«, der schriftlich fixierte Lehrstoff der rabbinischen Schulen in Palästina und Babylonien nach Abschluß der *Mischna*. Demgemäß gibt es einen Palästinischen (Jerusalemischen) und einen Babylonischen *Talmud*. Der »*Talmud*« schlechthin ist der Babylonische *Talmud*, die Hauptquelle der *Halacha*.

Tammus תמוז

10. Monat des jüdischen Kalenders (Juni/Juli).

Tanna(it) תנא

Gelehrter aus der Zeit der *Mischna*.

Techinnes

»Flehen«, »Bittgebete«, *aschkenasische* Aussprache für *Techinnot* תחינות, besondere Frauengottesdienste.

Tefillin תפילין

Plural von »*Tefilla*« (= »Gebet«), die Gebetsriemen. An zwei schwarzen Würfeln aus Pergament, die die Schriftstellen Deuteronomium 6,4-9; 11,13-21; Exodus 13,1-10.11-17 enthalten, sind schwarze Lederriemen angebracht, mit denen der eine Würfel am linken Arm, der andere an der Stirn befestigt wird. Symbol der Gegenwart Gottes; am *Sabbat* und an Festtagen nicht getragen.

Tetragramm(aton)

»Der vierbuchstabige (Name)«, Bezeichnung des Gottesnamens JHWH יהוה, dessen Aussprache auch heute noch die meisten Juden vermeiden.

Tikkun Olam תיקון עולם

»Wiederherstelung der Welt«, aus der Mystik übernommener Begriff zur Bezeichnung der Heilung der Welt nach ihrem Sturz in die Unmenschlichkeit zur Zeit des *Holocaust*.

Tora תורה

»Weisung«, 1. die schriftliche *Tora* = die fünf Bücher Moses, 2. die Gesamtheit der Sinai-Offenbarung, bestehend aus der schriftlichen *Tora* und der mündlichen *Tora* (durch die Traditionskette der *Rabbinen* überliefert, 3. Beschäftigung mit der *Tora*.

Tora im Derech Erez תורה עם דרך ארץ
Antik: »*Tora*studium verbunden mit weltlicher Beschäftigung«. Neo-orthodox: »*Tora*studium verbunden mit weltlicher Bildung«.

Zaddik צדיק
»Frommer«, »Gerechter«, der Führer einer *chassidischen* Gemeinschaft, zwischen Gott und Volk stehend und mittels seines Fluchs oder Segens Einfluß ausübend.

Register

Personen

Geographische Namen

Institutionen und Firmen